BIBLIOTHEK
DES 18. JAHRHUNDERTS

Herausgegeben
von der Verlagsgruppe
Kiepenheuer
Leipzig und Weimar

Nicolas-Edme Restif de la Bretonne

Die Nächte von Paris 1789–1793

Mit 12 zeitgenössischen Abbildungen

1989
Gustav Kiepenheuer Verlag
Leipzig und Weimar

Französischer Originaltitel:
Les Nuits de Paris (Les Nuits révolutionnaires)
Aus dem Französischen übertragen und herausgegeben
von Martina Bender

Bildnachweis: ›Archiv für Kunst und Geschichte‹, Berlin (West)
(Seiten 11, 41, 53, 83, 109, 173, 235, 325);
Musée de Versailles (Seite 185);
Bibliothèque nationale, Paris (Schutzumschlag).

© 1989 Gustav Kiepenheuer Verlag Leipzig und Weimar

ISBN 3-378-00294-8

Erste Auflage
Lizenz Nr. 396/265/13/89   LSV 7352
Gesamtherstellung: Offizin Andersen Nexö,
Graphischer Großbetrieb, Leipzig III/18/38
Schrift: Baskerville
Gestaltung: Walter Schiller, Altenburg
Printed in the German Democratic Republic
Bestell-Nr. 812 270 1
01680

Erster Teil

SIEBEN NÄCHTE IN PARIS

Schrift zur Geschichte des Palais-Royal
Die Extreme berühren sich!

VORREDE

Nachdem wir alles, was an diesem berühmten Garten interessant sein kann, vorgestellt haben, sei es uns nun erlaubt, ein ernsthafteres Thema zu behandeln. Bei unserer geheimen Ankunft in Paris am 23. Juni waren wir von der Erregung der Gemüter dort erschreckt. Wir hofften, daß man sich beruhigen würde. Aber wir irrten uns: Die allgemeine Verwirrung wurde immer größer. Sie war zwar wie ein heilsames Fieber ... aber eben doch ein Fieber. Wir sahen, wie junge Leute unter der Passage du Cirque, die noch im Bau war, auf die Tribünen gestiegen waren. Von dort aus verlasen sie flammende Pamphlete, die die ohnehin brodelnde Stimmung noch aufheizten und nährten. Heute bewundern wir, was uns damals ungewöhnlich, ja sonderbar erschien.

Wir erkundigten uns, was hier vorgefallen sei und was dem vorausgegangen war. Ein junger Mann, der gerade gesprochen hatte und der verletzt wurde, weil der Tisch, auf dem er noch eben stand, von der Menge seiner Zuhörer umgestoßen wurde, kam, auf zwei Freunde gestützt, auf uns zu und sprach uns an:

»Sie sind fremd hier, Monsieur?«

»Nein; ich komme nur gerade aus der Schweiz zurück.«

»Nun, das macht nichts. Ich werde Ihnen von allem berichten. Man soll mich ins Café de Foi bringen!«

Wir folgten ihm dorthin. Man richtete ihm einen Platz, und da er kein dringenderes Bedürfnis zu haben schien, als zu sprechen, erzählte er uns das Folgende:

ERSTE NACHT

27. April 1789

Die Generalstände traten zusammen: Die Aristokratie, die vor dem Untergang stand, ohne sich dessen bewußt zu sein, wollte eine letzte Anstrengung unternehmen. Necker, dieser ehrenhafte, weise Minister, hatte dem Volk Einfluß verschafft, indem er die doppelte Zahl der Sitze für den dritten Stand durchgesetzt hatte; das entsprach zwar noch immer nicht den tatsächlichen Verhältnissen – ganz und gar nicht! –, aber mehr konnte man jetzt noch nicht erwarten. Die Aristokraten (das heißt: die Minister, der Hochadel, die Räte, die Intendanten, die Stellvertreter, die Bischöfe, die Stiftsherren, die Mönche, die Beamten aller Art, die Prokuratoren und ein Teil ihres Hilfspersonals, die Rentiers, die Börsenspekulanten, fast alle reichen Leute, sogar die Scharfrichter), die Aristokraten also, versuchten dem König zu beweisen, daß das Volk unlenkbar und ein wildes Tier sei, das, hätte es die Oberhand, alle Schranken niederreißen und aus einem unter dem Despotismus vorzüglich geordneten Königreich ein schreckliches Chaos der Anarchie machen würde.

Aber dieses Volk dachte überhaupt nicht daran, sich zu erheben. In aller Ruhe wartete es voller Neugier, aber ohne Ungeduld, die Arbeit der erlauchten Versammlung ab.

Die Aristokratie hingegen zitterte davor. Sie ist eine große Dame, geboren zwischen Paris und der Normandie; sie mißt eine Länge von sechs Fuß; sie ist mager, ja vertrocknet: Einst hatte sie ein vornehmes Gesicht, aber jetzt ist sie nur noch bösartig. Durch die Allianzen ihrer Vorfahren gehörte sie drei Königshäusern an. Sie war einmal sehr reich, inzwischen ist sie verarmt und lebt nur noch von Pensionen, die sie jedoch auch nicht vor der Not bewahren, da sie sie ihren Gläubigern zu überlassen hat. Sie meint, daß jegliche Macht nur ihr zukäme, und sieht mit Neid die Krone auf dem Haupt der Bourbonen ... Sie wagt es aber nicht, laut darüber zu reden. Zu Fuß ging sie nun in die Richtung Porte de Saint-Antoine, zu einem Notar, um dort einen gefälschten Wechsel diskontieren zu lassen; auf dem Weg dorthin fixieren ihre Blicke die Türme der Bastille. Dieser Anblick

Zusammenrottung im Faubourg Saint-Antoine
vor Réveillons Tapetenmagazin am 28. April 1789

erfreut sie. So kommt sie zu dem Notar. Die Unterschrift des Manufakturbesitzers Réveillon wurde so perfekt nachgemacht, daß der Beamte sich täuschen ließ, obwohl er wenige Monate zuvor eine andere Fälschung erkannt hatte, die von einem ... Priester gemacht worden war. So diskontierte er den Wechsel.

Madame Aristokratie konnte also befriedigt von dannen ziehen. Der Notar blickte ihr nach. Er meinte etwas Göttliches in ihrem Gang zu sehen. Die hochmütige Bettlerin, trunken vor Freude, Geld und Gold an sich gebracht zu haben, geht nun in die Vorstadt; dort versucht sie, sich beliebt zu machen: Sie beklagt die Lage des Volkes, aber nicht etwa die des nützlichen Handwerkers, der arbeitet, sondern die des Nichtsnutzes, der nur von Schall und Rauch lebt und eitlen Träumen von Reichtum nachhängt. Das Gold rinnt ihr durch die Finger. Sie kommt auf den Gedanken, daß man die elende Menge ihrer Anstellung berauben müsse, die der nützliche, tugendhafte Bürger ihr gibt; den verleumdet sie, und sie stiftet dazu an, ihn auszuplündern.

Ihre einschmeichelnden Reden zeigten Wirkung: Die Faulenzer, die nichts anderes tun, als zweifelhaften Geschäften nachzugehen, verbreiten, daß der Patron den Tageslohn herabsetzen will. Diese Nachricht versetzte die anständigen Arbeiter in Schrecken. So kommt es zum Aufruhr: Die Tagediebe wiegeln den Faubourg Saint-Marceau auf, und der blinde dumme Handwerker merkt nicht, daß er dabei ist, seine eigenen Lebensgrundlagen zu zerstören. Er meutert. Das passierte am Montagabend ... Sie stürmen zum Haus des Wohltäters der Armen; sie umzingeln es; einige berittene Polizisten treiben sie zurück. So vergeht die Nacht. Am nächsten Morgen tauchen die Müßiggänger wieder auf. Madame Aristokratie war inzwischen beim Polizeileutnant de Crosne und hat die Freilassung der im Gefängnis von Bicêtre inhaftierten Vagabunden erwirkt (einerlei, ob sie den Leutnant verführt hat oder ob sie die Unterschrift gefälscht hat): jedenfalls hat sie die Häftlinge befreit und bringt sie in die Vorstadt. Die Verbrecher müssen nicht erst zum Plündern aufgefordert werden. Madame Aristokratie eilt zurück zur Polizeiwache und trifft dort auf einen berittenen Wachposten, der von der Obrigkeit bewaffneten Beistand verlangt:

»Vierzig Männer genügen nicht, um die Straßenfronten dieses großen Gebäudes zu sichern!« schreit er.

Madame Aristokratie sorgt dafür, daß seine Forderung vergeblich bleibt. Und Réveillon wird ausgeplündert. Es hätte ihn den Kopf gekostet, wäre er nicht in weiser Voraussicht geflohen. Genau so trachtete Madame Aristokratie nach seinem Leben. Sie schürt das Feuer, sie sengt, sie verheert, sie zerstört. Ein Monster, das ihr sehr ähnelt, ein gehässiger, mißgünstiger Gauner führt die Meute an und stiehlt fünfzehntausend Livres, mit denen er sich dann auf seinen Sitz (so wird jedenfalls erzählt) zurückzieht.

Madame Aristokratie läßt den Plünderern diesen Anführer. Sie schlüpft in die Uniform eines getöteten Gardisten und heizt die Wut der Soldaten gegen das Volk an, um die allgemeine Verwirrung zu vergrößern und jeden gegen jeden aufzubringen. Aber diesmal hat sich das hinterlistige Weib geirrt! Die Gardisten verteidigen sich und schlagen die Räuber zurück; aber in dem Gewühl treffen sie auch ehrbare Bürger und werden deshalb beschimpft. Ein Schmähruf, der sie um so härter trifft, da er aus dem Munde von Frauen und Mädchen kommt, läßt sie vor Scham erröten. ›Handlanger der Monarchie!‹ ist dieses schreckliche Wort. Madame Aristokratie, du hast dich verrechnet! Die Gardisten werden nicht mehr gehorchen! Nachdem sie mit Gewehrsalven aus dem geplünderten Haus gejagt wurden, vor Pflastersteinen und irdenen Töpfen, die aus den Fenstern flogen, entkommen mußten, beginnen die Räuber in dieser unglückseligen Nacht nun, die Geschäfte zu plündern. Die Feinschmecker rauben die Fleisch- und Bäckerläden aus, die Habgierigen die Juweliere, Krämer- und Wäschegeschäfte; sie nehmen sich, was ihnen gefällt; sie erzwingen, daß man ihnen die Türen öffnet, oder sie schlagen sie mit der Axt gewaltsam auf! So vergehen die Nächte vom 27. bis zum 29. April ... Das, o Fremder, oder Patriot in der Fremde, war also der erste Schlag von Madame Aristokratie, aber es sollte nicht der letzte sein. Die Generalstände treten zusammen; Madame Aristokratie verlangt unverschämt, bei der ersten Versammlung allein den Vorsitz zu führen. Aber sie stößt auf Madame Demokratie, von der sie eine Ohrfeige erhält. Derart gereizt, will sie sich rächen. Madame Demokratie bleibt jedoch unverrückbar auf ihrem Platz. Schließlich hat Madame Aristokratie gestern dann aber doch beinahe triumphiert. Aber ich sage Euch voraus, daß ihr Triumph von kurzer Dauer sein wird.

Dies sprach der junge Mann, der durch seinen Sturz so verletzt war, daß ihm jetzt Stimme und Atmung versagten; er mußte zur Ader gelassen werden. Er blieb fortan ans Bett gefesselt, bis wir ihn am Abend des 11. Juli im Palais-Royal wiedersahen. Aber wir gingen ihm aus dem Weg, denn wir wollten ungestört anhören, was von den verschiedenen Gruppen dort gesagt wurde.

Währenddessen verging die Zeit, und der 12. Juli brach an. Noch blieben die Minister hart. Am 10. war es dumpfe Erregung; aber das Gewitter zog sich am 11. zusammen. Gegen zehn Uhr, im Moment gefährlichster Spannung, versuchte ein junger Adliger, der von Versailles ins Palais-Royal geeilt war, das Volk zu beruhigen, indem er rief:

»Alles wird sich zum besten wenden!«

Aber alles wandte sich zum schlechten, wie man es am nächsten Tag nur allzu gut erfuhr.

Doch jetzt die Geschichte eines Abenteuers, von dem uns an diesem Abend erzählt wurde. Wir berichten es hier, um die schrecklichen Bilder etwas zu mildern.

Wie zwei Mädchen eins geworden sind

Ein junger Mann aus der Provinz, unglücklich verheiratet, kam nach Paris und ließ sich dort nieder. Als er eines Abends von der Rue de l'Échelle in die Traversière-Saint-Honoré einbog, bemerkte er in einer Seidenstickerei zwei Schwestern, von denen die ältere, ungefähr fünfzehn Jahre alt, das schönste Mädchen war, das er jemals gesehen hatte. Die jüngere war ein hübsches Kind, sie schien das zehnte Jahr erreicht zu haben; ihr Lachen war voller Anmut und Naivität, ihr rundliches Gesicht würde sicher auch in vielen Jahren noch so jugendlich aussehen.

Im Jahre 1784, achtzehn Jahre später, als Maribert, so war der Name des jungen Mannes, einmal von der Rue Saint-Honoré in die Rue des Poulies ging, erblickte er eine sehr hübsche, ja aufregende Frau, die eine Tasche mit einigen Lebensmitteln trug. Ihre Anmut nahm ihn für sie ein. Er ging auf sie zu und erkannte in ihr Sophie, die jüngere Schwester der schönen Julie, die er einmal geliebt hatte, auf die er aber verzichten mußte, da er verheiratet und nicht sehr begütert war. Sophie hatte gerötete Augen. Obwohl sie sehr gepflegt war, sah man ihr auch äußerlich an, daß sie Kummer hatte. Maribert folgte ihr, ohne von ihr gesehen zu werden, bis an ihr Haus; sie öffnete eine leergeräumte Wohnung in der dritten Etage, warf sich in einen Lehnstuhl (fünf weitere, ein Bett und ein kleiner Tisch waren ihr gesamtes Mobiliar), und begann zu weinen:

»Jetzt ist auch mein letztes Geld aufgebraucht, ich muß also auch den Rest der Möbel verkaufen!« sagte sie ganz laut und seufzte.

Der frühere Anbeter Julies ging hinunter in den Laden und informierte sich. Er erfuhr, daß Mademoiselle Sophie Bellièvre seit sechs Monaten Witwe war, sich wegen ihres Mannes mit ihrer Familie überworfen hatte und es nun nicht wagte, sich an ihre Nächsten zu wenden. Das zu wissen, genügte Maribert.

Seine Geschäfte hatten ihm zehntausend Livres eingebracht. Er hatte sie für den Unterhalt seiner boshaften Frau und deren Familie vorgesehen; es blieb ihm aber noch genug, um seinem Herzen zu folgen, denn er war bis aufs Äußerste berührt. Was denn, dieses schöne junge Mädchen, Schwester seiner Angebeteten ... und im Elend! Er kam am nächsten Abend zurück. Sophie war noch unterwegs. Er sah, wie sie gerade ein Brot kaufte. Auf dem Rückweg sprach er sie an:

»Madame«, sagte er, »verzeihen Sie einem Mann, der den tiefsten Respekt für Sie hegt, daß er Sie anspricht und um ein kurzes Gespräch bei Ihnen bittet.«

»Monsieur«, antwortete Sophie, »ich kenne Sie doch gar nicht.«

»Ich kenne ihren Namen auch nicht«, erwiderte Maribert, »aber ich bringe es nicht fertig, Ihre Nähe zu meiden. Ein schwer zu erklärendes Interesse zwingt mich seit einigen Tagen, Ihren Schritten zu folgen. Lassen Sie mich nicht durch eine unverdiente Zurückweisung leiden, woran ich verzweifeln würde! Ich will nicht von Liebe sprechen, ich empfinde Zuneigung zu Ihnen wie ein Bruder. Hören Sie mich zunächst an und urteilen Sie dann über mich.«

Sophie tat sich mit der Entscheidung ein wenig schwer, aber schließlich willigte sie ein, daß der Fremde mit in ihre Wohnung kam, ließ sich aber vorsichtshalber von einer Gehilfin des Ladenbesitzers begleiten.

Als sie in ihrer Wohnung waren, verhielt sich Maribert äußerst respektvoll. Er bot Sophie an, sein Vermögen mit ihr zu teilen, sich als ihr Bruder auszugeben und dafür nichts weiter zu fordern, als hin und wieder mit ihr gemeinsam zu essen und spazierengehen zu können. Das Mädchen aus dem Laden war überrascht von Sophies Skrupeln, die doch am selben Tage noch ins Auge gefaßt hatte, den Rest ihrer Möbel zu verkaufen und sich mit einem kleinen Zimmer zu begnügen. Sie schimpfte mit ihr und drohte, ihre Herrin herbeizuholen. Dann ging sie hinunter und schickte die Frau des Hauses hinauf.

Maribert erklärte der Händlerin seine Absichten mit so viel Ehrerbietung, daß diese Frau, der Sophie schon einiges schuldete, ein Machtwort sprechend, befahl, das Angebot des Monsieur anzunehmen. Sophie gab aus Furcht nach. Die Händlersfrau ging wieder hinunter. Maribert, nun allein mit Sophie, verhielt sich noch respektvoller. Er gab ihr die Miete für die erste Woche, dann ging er, um etwas zum Abendessen zu holen, was Sophie, wie ihm schien, nötig brauchte. Er kam vom Gastwirt zurück, gefolgt von einem Jungen, der einen Topf mit Reis und Hühnchen trug. Sie aßen die Hälfte davon auf, und Sophie ließ den Rest für den nächsten Abend. Um elf Uhr ging Maribert.

»Können Sie ihre Wohnung halten?« fragte ihn die Seidenstickerin.

»Ja, Madame«, antwortete Maribert.

»Sie kostet vierhundert Francs, sie schuldet mir zweihundert.«

»Hier ist ein Schuldschein«, antwortete Maribert. »Wenn Sie bitte quittieren wollen!«

Während ihr Mann quittierte, sagte die Meisterin zu Maribert:

»Sie müssen nicht auf ihre Einwände hören; tun Sie ihr Gutes, selbst gegen ihren Willen! Sie hat Hilfe nötig! Sie lebt sehr sittsam, trifft niemanden, arbeitet und weint seit dem Tod ihres Mannes. Und dann ist sie noch sehr hübsch!«

»Madame, ermuntern Sie mich nicht, sie zu lieben, denn mein Herz ist ihr für ewig zugetan. Ich wäre niemals glücklicher, als sie getröstet und zufrieden zu sehen; aber ich liebe sie wie eine Schwester.«

»Ha, ha, ha! Vielleicht ist sie es sogar, wer weiß!« sagte die Stickerin. »Die Frauen haben manchmal ihre Allüren. Die Männer ... Wahrlich, in Paris ist alles möglich! ...«

Als der Mann die Quittung ausgestellt hatte, hörte das Gerede endlich auf.

Am nächsten Tag kam Maribert um ein Uhr. Sophie hatte das Essen vorbereitet und war fast fertig zurechtgemacht. Dafür hatte sie einen besonderen Geschmack! Sie empfing ihren Wohltäter mit einem Lächeln. Er küßte ihr die Hand. Sie aßen zusammen. Ihr Gespräch war ein Dialog von feinfühliger Höflichkeit. So faßte Sophie Vertrauen. Als er ging, gab Maribert ihr die Quittung und bat sie, die Wohnung zu behalten.

Sophie war glücklich. Sie brauchte nur die Hälfte der Summe, die er ihr gab, und hatte so den Rest zu ihrer Verfügung. Maribert kam am selben Abend wieder und so nun jeden Tag, acht Monate lang, ohne sein Verhalten zu ändern.

Eines Tages passierte es, daß Maribert nicht zum Essen kam. Sophie war dadurch außerordentlich beunruhigt, war sie doch so schön zurechtgemacht und glücklich in der Erwartung Mariberts. Am Abend erschien ihr Freund (sie begann, ihn so zu nennen) früher als gewöhnlich. Sophie hatte gelitten, weil er nicht gekommen war, sie lief ihm jetzt entgegen und warf sich fast in seine Arme.

»Warum sind Sie nicht gekommen, mein lieber Freund?«
»Ein wichtiges Geschäft.«
»Und wie ist mir die Zeit lang geworden!«
»Für mich war es grausam! ...«
»Werden Sie mich heute abend dafür entschädigen?«

Sie aßen zu Abend und plauderten dabei. Darüber wurde es Mitternacht.

»O Gott, schon Mitternacht! Ich werde gehen!«
»Aber so spät!«
»Ja, man muß jetzt doppelt auf sein Leben achtgeben!«
»Wenn Ihnen nun ein Unglück ...«
»Das ist leicht möglich bei den momentanen Unruhen ...«
»Möglich! ... Sie gehen jetzt nicht in die Nacht hinaus!«
»Wenn Sie zwei Betten hätten?«
»Ja, ich habe zwei.«
»Gut, ich bleibe!«

Er blieb. Sie gingen ruhig zu Bett, schliefen friedlich, und am nächsten Morgen verließ Maribert das Haus, ohne Sophie zu wecken, um sich seinen Geschäften zu widmen.

Sie hatte gehofft, mit ihm zu frühstücken. Sie stand am Morgen auf, wagte aber nicht, nach dem Bett zu sehen, in dem sie ihn noch schlafend wähnte. Sie glaubte ihn auch noch dort, als der Kaffee fertig war. Schließlich sah sie nach ihm. Niemand da! Sie war untröstlich. Sie hatte keine Lust zu frühstücken, doch da kam Maribert zurück.

»Ich habe keinen Lärm gemacht, weil wir so spät ins Bett gegangen sind! ... Aber ich bin gekommen, um Ihnen einen guten Morgen zu wünschen. Ich kam hier vorbei, als ich wegen eines Geschäfts unterwegs war.«

»Ein Glück, daß ich Frühstück gemacht habe!« antwortete Sophie.

Es war vielleicht zuvor niemals schöner gewesen. Sophie gestand Maribert, ohne dazu gedrängt zu sein, daß sie ihn liebte. Sie sagte das ganz naiv und natürlich. Bei diesem unerwarteten Geständnis sank Maribert vor Sophie auf die Knie und versicherte ihr, daß er sie verehre.

»Ist das auch wirklich wahr?«

»Aber ja, ich habe eher den Beweis als das Geständnis erbracht.«

»Doch wird das auch so bleiben?«

»Ich habe es doch schon mehr als bewiesen, und das seit zwanzig Jahren!« antwortete er.

»Seit zwanzig Jahren?«

»Ja, meine Sophie ... Erinnern Sie sich daran, daß Ihre Schwester damals Briefe von einem Unbekannten erhielt, den die Ladenburschen eines Abends festhielten, gerade in dem Moment, als er den letzten Brief gebracht hatte?«

»Ja, ja! Doch was hat das damit zu tun?«

»Der Liebhaber Ihrer Schwester war ich. Sie war so schön. Als ich sie sah, mußte ich sie lieben, ohne etwas dagegen tun zu können. ... Ich sah sie wieder. Sie waren bei ihr, so voller Charme, voller Jugend und Fröhlichkeit, so wie heute auch noch. Sie waren zehn Jahre alt; Ihre Schwester, die ich damals liebte, fünfzehn. Aber wie schön fand ich auch Sie! Ich wußte nicht, wem ich von meiner Liebe zu Julie erzählen konnte! So schrieb ich es ohne bestimmte Absichten auf. Aber als ich dann das Geschriebene sah, so wie es auf dem Papier stand, auf dem ich mich also mit ihr unterhalten hatte, auch mit Ihnen (denn ich sprach immer mit Ihnen beiden), da wurde es heilig für mich; ich betrachtete es als etwas, das von ihr ist und von dem ich nur noch der Übermittler war. Ich trug es voller Ehrfurcht bei mir. Ziemlich ungeschickt ließ ich es dann in Ihrer Nähe liegen. Und Sie, meine Sophie, bemerkten es und zeigten es Ihrer Schwester ... Ich erinnere mich noch wie ... Ich sehe es heute noch vor mir, wie Ihr Finger darauf zeigte, mit der feinen Art, die Ihnen eigen ist ... Sie nahmen es und brachten es Ihrer Mutter. Ich sah, wie es vorgelesen wurde und daß Sie beide zuhörten. Das war vielleicht der allerschönste Augenblick meines Lebens. Ich betete die schöne Julie an; Sie liebte ich wie ein niedliches Kind und als ihre Schwester: So hörten Sie meine Gedanken; ich sprach zu Ihnen. Für einige Minuten fühlte ich mich wie ein Gott, doch dann wurden die Türen geschlossen, ich sah nichts mehr und wurde wieder ein unglücklicher Sterblicher!

Sie wissen, meine schöne Sophie, daß ich mehrere Briefe geschrieben hatte. Aber Sie erinnern sich gewiß an das Mißgeschick: Ich war verheiratet. Deshalb wagte ich es nicht mehr zu kommen. Ihre Schwester wurde nach Versailles verheiratet; ich sah sie nicht wieder. Sie sind in Paris geblieben, so daß ich Sie manchmal traf, so auch eines Tages in den Tuilerien mit Ihrem Ehemann. Aber ich verbarg mich vor Ihren Blicken; versteckt hinter einem hohlen Kastanienbaum, rollte ich eine nachgemachte Orange vor Ihre Füße, in der der letzte, nicht abgeschickte Brief an Julie war.«

»Ich hob ihn auf und ... Ich erinnere mich daran!«

»Das war kein angenehmes Gefühl! Ihr Mann zerriß den Brief.«

»Und ich behielt die künstliche Orange. Hier ist sie!«

»Tatsächlich. Ich mischte mich unter eine Menschenmenge, die mich verdeckte, und ging fort ... Seit ich Julie nicht mehr sah, vergaß ich sie nicht, aber ich kam immer mehr dazu, Sie beide nicht mehr voneinander zu unterscheiden. Denn ich erinnerte mich an Julie nur noch durch Sie und an Sie nur noch durch Julie: ›Zwei wurden zu einer‹, dachte ich. Durch die Kleine denke ich an die Ältere, an die süßen Gefühle, die sie in mir erregte. Während einiger Jahre verlor ich Sie dann völlig aus den Augen. Schließlich sah ich Sie eines Abends nicht weit von hier in der Rue Saint-Honoré zwischen zwei Männern, von denen der eine krank war. Es durchzuckte mich, als wären Sie selbst Julie. Sie waren mir genauso teuer, ich fühlte es. So erfuhr ich, wo Sie wohnten. Es schien mir, daß Sie großen Kummer hätten. Also ging ich jetzt jeden Abend hier vorbei. Aber ich hatte nur selten das Glück, Sie zu sehen. Eines Abends schließlich sah ich Sie allein vorbeigehen, in Tränen aufgelöst. Ich erkundigte mich bei Ihren Nachbarn. Sie hatten gerade Ihren Mann verloren. Ich war versucht, mich Ihnen vorzustellen, aber ich wagte es nicht. Erst beim dritten Mal sprach ich Sie an. Mein Herz erzitterte vor zärtlichster Erregung schon beim ersten Wort, das Sie mir geantwortet haben. Ich fühlte mich Ihnen nahe wie ein Bruder seiner über alles geliebten Schwester. Wenn Sie mich abgewiesen hätten, wäre ich untröstlich gewesen. Den Rest kennen Sie, meine Sophie. Ihre Schwester war die Ursache meiner Zuneigung, die durch Sie noch größer und wunderbarer geworden ist.«

Sophie hatte ihn nicht unterbrochen. Als er sein Geständnis beendet hatte, warf sie sich in seine Arme und brach in Tränen aus:

»An welch glückliche Zeiten du mich erinnerst!« sagte diese liebenswerte Frau und duzte ihn zum ersten Mal! »Ja, eine solche Zuneigung muß ewig dauern! Ich bin mir der deinen so sicher wie der meinen für dich.«

»Ach, meine Sophie! Welch großes Glück Sie mir in diesem Augenblick bereiten. Aber ich werde Sie nicht duzen.«

»Es würde mich auch ärgern! Eine geliebte Tochter duzt ihren Vater, er sie aber nicht.«

»Sophie, im tiefsten Innern meines Herzens empfinde ich für Sie alle Gefühle der Liebe!«

So verging die Zeit des Frühstücks. Maribert, der täglich sehr viel geschäftlich zu tun hatte, verließ Sophie schließlich. Als die reizende Schwester der schönen Julie dann allein war, wurde ihr bewußt, daß sie ihre ältere Schwester schon seit zwei Jahren nicht mehr gesehen hatte. Sophies Ehemann hatte Streit mit Julie gehabt und Sophie dann verboten, sie zu sehen. So hatte sich ihr Verhältnis abgekühlt. Julie glaubte sich von ihrer Schwester gekränkt und ließ sich das auch anmerken. Die sensible Sophie fühlte sich ganz verlassen ... und selbst als sie völlig verzweifelt war, in dem Moment, da sie ihre letzten Möbel verkaufen sollte, hatte sie es nicht gewagt, ihre Schwester um Hilfe zu bitten. Dann traf sie Maribert. Er war wie ein wohltätiger Gott, der sie vor noch Schlimmerem als dem Elend rettete, nämlich vor der Schande. Aber nach dem, was sie von Maribert gehört hatte, dachte sie wieder mit Zärtlichkeit an ihre Schwester, die jetzt in Paris war. Sophie fühlte sich stark genug, um sie zu besuchen und ihr für all das zu danken, was Maribert für sie getan hatte. So machte sie sich zum Ausgehen fertig. Sie sah immer gepflegt aus, jetzt wollte sie elegant erscheinen. Sie war noch nicht einmal dreißig Jahre alt, aber so, wie sie aussah, wirkte sie wie zweiundzwanzig. Das Glück stand ihr in den Augen; sie liebte, und sie wurde von einem ehrbaren Mann geliebt. Sie hatte gerade einen Vater wiedergefunden. Sophie nahm eine Droschke und machte sich auf den Weg.

Sie wurde ihrer Schwester gemeldet. Julie hatte gerade den Besuch von drei Damen aus ihrem Bekanntenkreis, die gekommen waren, um ihr mitzuteilen, daß Sophie in das tiefste Elend gestürzt sei, daß sie sich als Dienstmädchen verdingt habe und daß sie sich vor allen Blicken verbarg. Und ausgerechnet in diesem Moment fügten sie noch hinzu, daß sie häßlich, entstellt und nicht wiederzuerkennen sei. Als sie das hörte, weinte Julie. In diesem Augenblick trat Sophie ein. Sie lief ihrer Schwester entgegen, die sie in die Arme nahm und gar nicht aufhörte, sie zu liebkosen. Die Damen, ganz beschämt, waren sprachlos.

»O meine liebe Julie«, rief Sophie voller Erregung aus, »ich bin der glücklichste Mensch und verdanke es dir!«

»Mir, meine Schwester?«

»Ja dir, dir allein.«

»Wie das, meine Liebe, man hat dich gewiß getäuscht!«

»Aber nein, nein! Der einzige, der mich glücklich gemacht hat, betrügt niemals.«

»So sag, wer ist es!«

»Ich werde dir alles, wenn die Damen es gestatten, unter vier Augen erzählen.« Sie ging mit Julie in ein Nebenzimmer.

So erzählte Sophie der älteren Schwester ihre ganze Geschichte. Dabei hob sie ganz besonders das hervor, was der frühere Verehrer Julies für sie getan hatte. Die schöne Julie war voller Bewunderung. Sie ließ sich mehrmals alles wiedererzählen. Besonders, daß sich Maribert wie ein Bruder verhielt, beeindruckte sie sehr. Durch die Einzelheiten, von denen ihr Sophie berichtet hatte, war Julie von der Treue Mariberts überzeugt und sagte zu der Jüngeren:

»Das ist wirklich das schönste Beispiel für die Liebe, das es jemals gab! Ohne jemals Hoffnungen gehegt zu haben, ohne daß ich jemals mit ihm gesprochen hätte, mich in meiner Schwester zu verehren! Oh, wie gern würde ich ihn sehen, diesen ehrbaren, großmütigen Mann, dem ich deine Rettung verdanke! Denn ich weiß, wie leicht verletzlich du bist, und da du dich verachtet glaubtest, hättest du deine Schwester niemals um Hilfe gebeten. Da bist du ungerecht! Aber ich nehme es dir nicht übel; ich hätte genauso gedacht.«

»Er wird mit mir essen«, antwortete Sophie, »willst du nicht dabei sein?«

Julie dachte aber an die drei Damen, und so bat sie ihre Schwester, Monsieur Maribert zu ihr einzuladen.

»Es wird ihm eine Ehre sein«, antwortete Sophie, »und nur unaufschiebbare Geschäfte könnten verhindern, daß ich ihn zu dir bringe.«

Während sie das sprach, ging sie und ließ die Damen in ihrem Staunen zurück!

»Aber sie sieht ja viel jünger aus! Sie sah niemals so gut aus!«

»Weil sie glücklich ist!« antwortete Julie.

»Aber sie sagt, daß sie Ihnen ihr Glück zu verdanken hat?«

»Ja, aber nur indirekt. Die gute Partie, die sie jetzt macht, ist der erste Mann, der in mich verliebt war; damals war Sophie erst zehn Jahre alt. Er hat sie wiedergesehen in den letzten Tagen, da ihr Mann noch lebte.«

»Ah! Aber sie ist doch noch nicht ...«

»Ich glaube es nicht ... Nachdem mein Schwager seinen letzten Seufzer getan hatte, bot Monsieur Maribert meiner Schwester die Freundschaft eines Bruders, die Zärtlichkeit eines Vaters und die Hand eines Gatten an. Sie jedoch wollte ihn zunächst kennenlernen. Da sie doch von der Stärke seiner Liebe überrascht war, bat sie um einige Erklärungen. Und heute morgen hat er sich als mein erster Verehrer zu erkennen gegeben. Er hat ihr gesagt, daß er mich seit nunmehr achtzehn Jahren immer noch genauso liebt, wenngleich er von meiner Heirat gehört hatte. ›Aber die beiden Schwestern sind in meinem Herzen eine!‹ hat er hinzugefügt. ›Ich könnte mit der, die frei ist, ebenso glücklich sein, wie ich es durch die gewesen wäre, die als erste die Liebe in mir erweckte.‹ Es ist unmöglich, sich vorzustellen, wie sehr meine Schwester geliebt wird! Aber Sie werden es selbst sehen. Ich hoffe, daß wir sie zum Essen hier haben werden. Deshalb ist meine Schwester so schnell wieder gegangen; sie wird ihn zu uns bringen, wenn nicht unabdingbare Geschäfte Monsieur Maribert daran hindern zu kommen.«

Die Damen waren entzückt, ihre Neugier befriedigt zu haben. Denn es ist ein Vergnügen, eine Neuigkeit als erste und sicher zu kennen, sie weiterzuerzählen, ohne die Furcht haben zu müssen, etwas Falsches zu sagen. Man sprach viel von Sophie und den Gerüchten (den nur zu gut begründeten), die über sie im Umlauf waren. Gegen zwei kamen zwei weitere Damen mit ihren Ehemännern und ihren Töchtern von vierzehn und fünfzehn Jahren. Man beeilte sich, ihnen anzukündigen, daß man Sophie und ihren Zukünftigen erwarte.

»Ah, Sophie«, sagte eine der neu hinzugekommenen Damen, die ungefähr vierzig Jahre alt war. »Meine Tochter und ich haben sie im Elend gesehen! Nicht wahr, Angélique?«

»Ja, Mama. Sie hatte eine Tasche in der Hand und ging gerade in einen Bäckerladen. Dabei hob sie die Augen und sah uns an, aber ach, mit einem Blick ... schmerzerfüllt, als hätte sie um ein Almosen gebeten! Das berührte mich sehr, und ich ging auf sie zu. Aber Maman hielt mich zurück.«

»Aber nicht doch, mein Kind! Du hättest sie gedemütigt.«

(Man merkte, daß Julie gerade nicht dabei war, sie gab der Dienerschaft ihre Anweisungen.)

»Ich«, sagte eine andere der Damen, »habe, unter uns gesagt, Übles über Sophie gehört! Man erzählte mir sogar, daß sie ... im Palais-Royal oder in den Tuilerien ... ihr Geld verdiene.«

»Um Gottes willen«, rief eine der drei Damen. In diesem Augenblick wurde die Ankunft Sophies gemeldet. Julie kam in den Salon zurück. Sie lief vor ihrer Schwester, die Monsieur Maribert mitgebracht hatte. Julie erkannte ihn auf den ersten Blick wieder. Sie war ganz durcheinander. Maribert war noch aufgeregter. Er brachte nicht ein einziges Wort heraus, aber er küßte ihr beide Hände. Julie errötete, und sie stellte ihn den Damen vor, die er, noch immer vollkommen verwirrt, begrüßte. Den Männern gegenüber erlangte er seine würdevolle Fassung zurück und fragte nach Monsieur de Glancé, dem Ehemann Julies. Das war sein erstes Wort.

»Er ist noch nicht zu Hause, Monsieur«, antwortete Julie.

Auch Sophie, die sich sehr liebenswürdig gab, tauschte den Gruß mit den Damen, die sich jedoch seltsam steif und gekünstelt benahmen. Sie beobachteten Monsieur Maribert, der sich zu Sophie wie ein zärtlicher Vater verhielt und wie ein Untertan vor seiner Herrscherin zu Julie. Sophies Konversation war sittsam, herzlich und geistvoll ... Da kam Monsieur de Glancé. Seine Frau ging schnell, ihm alles zu erzählen. So war er außerordentlich neugierig, Monsieur Maribert kennenzulernen. Dieser hatte nicht gehört, wie Monsieur de Glancé gemeldet wurde, lief ihm dann aber entgegen, umarmte ihn und hielt ihn in seinen Armen fest.

»Für einen ehemaligen Rivalen ist das aber ein herzlicher Empfang«, meinte Glancé lachend.

»Ja«, rief Maribert, »vor allem, was mit ihr zu tun hat, fühle ich einen geheiligten Respekt und meine Zuneigung ...«

Nachdem er das gesagt hatte, küßte er Sophie die Hand, die ihn mit unaussprechlicher Zärtlichkeit ansah. So ging man zu Tisch. Dort sprach man von allerlei Neuigkeiten. Beim Dessert wandte man sich wieder an Sophie.

»Wo um alles in der Welt waren Sie denn in diesen zwei Jahren?« fragte die Dame, die gerade noch abscheuliche Dinge erzählt hatte.

»Hier ist der Zeuge meines Tuns«, antwortete Sophie, wobei sie auf Maribert zeigte, »dieser würdige und verehrungswürdige Freund hat mich jeden Tag gesehen. Ich habe diese selbstlose Liebe nicht mir zu verdanken; er liebt und verehrt eine andere Frau wie eine Göttin, und zwar seit achtzehn Jahren ... Ich habe das Glück, zu dieser heimlich verehrten Frau zu gehören, und die Gefühle, die er für sie empfindet, brachten mir die starke Liebe des ehrlichsten und reinsten Herzens.«

»Erklärt es uns doch, Monsieur, denn von Ihnen ist doch die Rede!« sagte die gleiche Dame.

»Sehr gern, Madame ...«, und so erzählte Maribert, indem er das, was er am Morgen Sophie gesagt hatte, wiederholte: Wie er einst Julie geliebt hatte. Dann fügte er noch hinzu: »Als der ehrbare Vater von Julie und Sophie mich in seinem Haus entdeckt hatte, nachdem ich von seinen Gehilfen festgenommen worden war, fragte er mich mit strengem Blick, wie ich es wagen könnte, im Herzen seiner älteren Tochter Gefühle erwecken zu wollen, die sie unglücklich machen oder zumindest durcheinanderbringen müßten. Ich gestand meine Verfehlung ein, denn es war eine solche: Ich war verheiratet ... Man kann verstehen, daß ich sein Angebot, vor aller Augen in seinem Haus zu verkehren, nicht annehmen konnte. So zog ich mich voller Scham zurück. Ich wagte es nur noch im geheimen, das brennende Verlangen, Julie zu sehen, zu befriedigen. Einige Jahre später verlor ich sie aus den Augen. Aber ich sah Sophie. Sophie war der Trost für ein verzweifeltes Herz; ich fand keinerlei Unterschied mehr zwischen ihr und ihrer Schwester. So waren die beiden für mich nur noch eine. Die Jahre vergingen, und ich hatte jede Hoffnung auf Glück aufgegeben, als ich eines Abends, nach sechs Jahren, die ich Sophie nicht gesehen hatte, sie mit ihrem Ehemann bemerkte. Bei dieser Gelegenheit brachte ich in Erfahrung, wo sie wohnten. Dieses Haus wurde für mich fortan der Mittelpunkt der Welt, denn alles bezog sich nur darauf. Ich sah Sophie wieder. Ich paßte sie jeden Abend ab. Daß sie Witwe war, erfuhr ich noch an demselben Tag, da es passierte. Damals hörte ich auch zwei Damen, Mutter und Tochter, über sie sprechen, dabei erschreckten mich besonders folgende Worte: ›Sie hat sich mit ihrer Schwester überworfen.‹ – ›Das hat sie nicht, ich schwöre es‹, sagte ich zu mir selbst, ›denn ich werde ihr Vater, Mutter, Bruder und, wenn es möglich ist, auch Schwester sein. Für sie werde ich Julie sein!‹ Dieses reizende Kind! Denn ich werde sie immer wie damals, in dem Alter sehen, da sie mit ihren entzückenden Händchen ihrer Schwester meine Briefe zeigte. ›Liebstes Kind, ich will Ihnen so viel Liebe und Zärtlichkeit geben, daß Sie Vertrauen zu mir fassen werden!« So sprach ich sie an, blieb dabei jedoch voller Respekt und Hochachtung. Ich ließ mein Herz sprechen, und das Herz überzeugt immer. Ich überwand alle Hemmungen, die mir Bescheidenheit, Zurückhaltung und Schamgefühl auferlegten, aber gerade aus Ehrenhaftigkeit überwand ich sie. Ich wollte erwünscht sein, nicht gewaltsam in ihr Leben eindringen. Ich verließ mich auf die Sprache meines Herzens und war mir sicher, daß ich, wenn auch nur flüchtig bekannt, das Vertrauen und die Achtung erlangen würde, weil ich es verdiente. Ach, wie sehr habe ich Sophie doch geliebt! Wenn man sich davon eine Vorstellung macht, kann man verstehen, wie sehr ich Julie verehrte! So habe ich erfahren, was Glück ist! Ich hatte eine kleine Kostprobe von dem, was ich erfahren hätte, wenn das Schicksal es erlaubt hätte, daß ich die bekomme, die ich mehr als mein Leben liebte. Verzeihen Sie, glücklicher Gatte Julies, wenn ich mit dieser Freiheit vor Ihnen spreche! Aber ich liebte sie, ich betete Julie an, noch bevor Sie sie kannten. Ich war ihr erster Verehrer, als sie gerade der Kindheit entwachsen war. Ich habe niemals mit ihr gesprochen, nur heute und in Ihrer ehrenvollen Gegenwart. Ich möchte noch mehr sagen, um vor Ihnen ohne Schuld dazustehen: Ja, Monsieur, ich bete sie an, ja, ich brenne noch für sie, in heißester Liebe. Sie sehen sie jetzt alle so, wie sie hier steht. Ich hingegen sehe sie noch wie mit fünfzehn Jahren, neben ihrer Schwester. Sie sieht noch genauso aus, als ob die Julie von damals unter einem Schleier ist. Ich sehe die jugendliche Julie und nicht Madame de Glancé. Doch soll diese Liebe nicht beängstigen! Julie wird meine Liebe nur durch Sophie erfahren, da sie und Sophie dieselbe sind, Sophie, der mein Herz ergeben ist und deren Vorzüge und Tugenden Ansehen und Reiz der unbekannten Schwester noch verstärkt haben. Es ist mir unmöglich, wenn ich mein Herz befrage, zu sagen, welche der beiden Schwestern ich mehr liebe, welche weniger; sie sind mir beide gleich teuer. Aber ohne Julie würde ich Sophie nicht lieben; ich würde sie nicht einmal kennen. Und ohne Sophie, wie hätte ich heute das Glück, vor Julie zu stehen und mit ihr zu sprechen? Welch unvergleichliche Schwestern! Die eine von ihnen ist frei: Ich darf sie lieben und ihr das auch sagen. Diese Freiheit allein macht den Unterschied im Ausdruck meiner Gefühle, die doch im Grunde die gleichen für alle beide sein werden. Ich will Ihnen nicht verheimlichen, daß sie alle beide eine unwiderstehliche Macht über mich haben ... Nun habe ich alles offenbart, was ich in meinem Herzen fühle!«

Man war zutiefst gerührt. Julies Ehemann umarmte den Geliebten von Sophie und nannte ihn seinen Bruder. Die Damen nahmen ihre Verleumdungen zurück, indem sie eingestanden, zu Unrecht die Gerüchte verbreitet zu haben, und waren auch gleich so klug, das an ihre Töchter weiterzugeben.

»O Mutter«, antwortete die Tochter jener Dame, die Sophie auf der Straße gesehen hatte, »ich habe niemals ein Wort davon geglaubt! Ich habe sehr wohl bemerkt, daß Sie das, was Sie als bestätigt weitererzählt haben, selbst nur als eine Annahme gehört hatten.«

»Ja«, sagte der Vater, »so entstehen Verleumdungen. Die erste Frau vermutet, die zweite behauptet, die dritte versichert, indem sie sich auf die beiden ersten als Zeugen beruft.«

Seit diesem Besuch bei Julie waren Sophie und Maribert noch glücklicher. Man sagte, daß Glancé seine Frau auf die Probe stellen wollte und mit List ein Tête-à-tête für sie und Maribert inszenierte. Aber er muß von der Ehrbarkeit der beiden überzeugt worden sein, denn er liebte seine Frau jetzt noch mehr. Die Liebe zu ihr, zuvor schon erkaltet, wurde wieder geweckt: er liebt sie so, wie Maribert es getan hätte.

Was diesen betrifft, so hat er, da er seit einigen Tagen Witwer war, feierlich um Sophies Hand angehalten und wird sie nun heiraten. Wenn er Julie und Sophie sieht, fühlt er von Tag zu Tag mehr, daß in ihrer Würde, Grazie und Liebe die beiden nur eine einzige sind.

ZWEITE NACHT

12. Juli [1789]

Wir verließen das Haus um sechs Uhr abends und gingen in Richtung Pont-Neuf. Als wir zum Quai du Louvre kamen, sahen wir, wie eine entsetzte Menge auf der Flucht war. Daraufhin erkundigten wir uns nach dem Grund dafür.

»Monsieur Necker ist abgesetzt, und Foulon soll an seine Stelle treten! ... Die Truppen ... die Truppen kommen! ... Fürst Lambesq ...« Mehr bekamen wir nicht zur Antwort.

In diesem Moment kam ein hochgewachsenes junges Mädchen, das aussah wie eine Nymphe aus der Rue de l'Arbre-Sec, und fragte:

»Wohin laufen denn all diese Männer?«

Man antwortete ihr:

»Sie fliehen mit ihren Frauen.«

»Feiglinge«, schrie sie und packte einen der Fliehenden am Kragen, »laß deine Frau gehen und kehre um!«

Der junge Mann lächelte.

»Das ist meine Schwester«, antwortete er, »ich will sie nur in Sicherheit bringen, dann komme ich bewaffnet zurück ...«

Ein anderer junger Mann, anscheinend der Geliebte der Schönen, nahm sie bei der Hand und führte sie weg. Die junge Dame drehte sich jedoch noch um, und als sie die Männer noch immer fliehen sah, stampfte sie empört mit ihrem hübschen Fuß auf.

Wovor flohen die Pariser in solchem Entsetzen?

Vom schönen Wetter verlockt und um den Sonntag zu genießen und frische Luft zu schöpfen, ging der brave Pariser in die einst von Le Nôtre angelegten Gärten. Der gutherzige Mann trägt das Kind, um seiner besseren Hälfte den Weg leichter zu machen, denn er ist der Stärkere; das Nachdenken über die Ereignisse führt ihn zur freien Natur zurück, obwohl es scheint, daß er sich von ihr entfernt. Auf dem Rasen an den schattigen Bassins setzen sich Mann und Frau nieder, um auszuruhen, während das Kind, das man getragen hatte, nun zu den anderen spielenden Kindern läuft. Es tobt herum, und die Mutter lächelt glücklich dazu.

Währenddessen werden die unnötigerweise auf der Terrasse am Fluß postierten Soldaten von einigen Unbesonnenen provoziert. Man sagt, daß Lambesq von einem Stein am Helm getroffen wurde. Der empörte Kommandant bebte vor Wut. Er läßt sich zu unüberlegten Handlungen hinreißen und dringt zu Pferde in den königlichen Garten ein ... in dieses dem Spielen, dem Lachen und der Liebe geweihte Asyl, in dem Mars nur als Statue geduldet wird. Er stürmt nach vorn, den Säbel in der Hand. Es ertönt lautes Gebrüll, das Schreien der jungen Mütter ist die Antwort. Sie springen auf und ergreifen ihre Kinder; jetzt dürfen die Väter sie nicht mehr tragen. Die erschrockenen Frauen glauben sie in den mütterlichen Armen sicherer. Die Kinder weinen, da man sie ihren unschuldigen Spielen entrissen hat; die Frauen rufen ihre Männer zum Schutz herbei. Alles flieht, die Frauen aus Angst, die Männer, um ihre Familien in Sicherheit zu bringen. Lambesq merkt jedoch bald, daß er einen Fehler begangen hat. Er möchte auf der Stelle umkehren. Aber ein kühner Greis wagt es, ihm den Weg zu versperren und zu schreien: »Zieht die Drehbrücke zurück!«

Der Unglückliche bricht unter den Schlägen Lambesqs zusammen. Welch verhängnisvolle Tat! Aber er hätte nicht beritten in den Garten eindringen dürfen; es ist ein Verbrechen, von dem Lambesq sich nicht reinwaschen kann.

All das erfuhr ich beim Zusammentreffen mit der mutigen Schönen. Ich ging zum Palais-Royal, wo seit dem 7. Juni viele Versammlungen abgehalten wurden, wo die Beschlüsse der Distrikte oder der Stadtverwaltung ihren ersten Ursprung hatten. Ich traf dort aber nur allerhand Flegel, die mit funkelnden Augen eher an Reichtum als an die Freiheit dachten. So floh ich.

Ich lief zu den Tuilerien. Welch ungeheure Einöde fand ich hier vor! Die Gärten des Lachens sahen so traurig aus, daß ich unwillkürlich ausrief: »O Könige, was seid Ihr ohne Untertanen!« Dabei dachte ich über die kindischen Ideen der Aristokraten nach, die dem Volk das Leben absichtlich erschweren, und ich sah in ihnen Narren, die ihres Glückes überdrüssig sind. ›Alles gehört dem Volk, alles ist für das Volk!‹ dachte ich, und ein wahnwitziger Tor ist, wer die Leiden der Menschen noch vergrößert, er ist ein Verbrecher an der Majestät des Volkes, schuldiger als Lambesq.

Während ich so umherirrte, brach die Nacht an. Ich kehrte in die Stadt zurück und ging zum Palais d'Orléans.

Aufgeregte Menschenansammlungen diskutierten leidenschaftlich die Ereignisse des Tages. Sie ergingen sich in Drohungen und setzten Kopfpreise fest! Ich aber erschauderte: Ich sah, daß sich eine Wolke des Unheils über der unseligen Hauptstadt zusammenzog, die vor kurzem noch die wollüstigste, die freieste, die angenehmste und demzufolge die glücklichste aller Städte der Welt war. O London! Bei all deinem Hochmut solltest du dich niemals mit Paris vergleichen! Selbst unter Saint-Florentin, Sartine und Lenoir war es für den ehrenhaften Mann freier als dieses verräucherte London, wo man von Straßenräubern, gegen die die Polizei nichts auszurichten vermag, ausgeplündert werden kann! Während der letzten fünfundzwanzig Jahre habe ich in Paris freier als ein Vogel gelebt. Zwei Dinge genügten für alle Menschen, um hier ebensolche Freiheit zu genießen wie ich: Sie mußten rechtschaffen sein und durften keine Schriften gegen die Minister verfassen. Alles andere war erlaubt, und meine Freiheit ist niemals gestört worden. Erst seit der Revolution hat ein gemeiner Schuft mich zweimal arretieren lassen können.

Gegen elf Uhr abends, müde vom Zuhören und Beobachten, verließ ich das Palais-Royal. Aber was war das für ein fürchterlicher Lärm! Von allen Seiten ertönten wütende Schreie. Ich sehe die Rue des Petits-Champs von bewaffneten Räubern erfüllt. Unter Gefahr für mein Leben wage ich mich näher heran. Ich weiche Degen und Knüppeln aus; man prügelt sich oder tut so, als ob man kämpft. Ich beobachtete alles im Vorbeigehen. In den blitzenden Augen dieser elenden Schufte zeichnete sich die Raublust. An der Ecke der Rue des Vieux-Augustins wäre ich fast durch einen Pistolenschuß getötet worden. Ich erreiche die Markthallen. Mir bot sich ein Bild der Hölle. ›O mein Vaterland!‹ rief ich mir selbst zu, (denn die Stadt, in der wir leben, wo wir Ehemann und Vater sind, ist unsere Heimat!) ›O mein Vaterland, du wirst verderben durch diese Bastarde, die deine legitimen Kinder ermorden!‹

Ich entkomme, und unter den verschiedensten Gefahren erreiche ich gegen Mitternacht die Rue des Prouvaires. Da werde ich am Kragen gepackt.

»Du bist ein Pfaffe!«

»Nein, nein, meine Freunde, ich bin Vater und Großvater.«

»Er ist zu alt!« sagt ein anderer. Der brutale Kerl, der mich gepackt hielt, stieß mich in den Straßenschmutz und gab mich frei.

Ich kam in die Rue du Roule, die Straße der alten Münze. Dort wurde gerade die Haustür eines Waffenschmiedes eingeschlagen. Darauf kam ein Trupp der französischen Infanterie unter Trommelwirbel und flatternden Fahnen und führte die Randalierer ab. Ich befand mich an der Ecke zur Rue Betisi. Hier blieb neben mir ein junger Mann stehen, der seine junge, reizende Frau an der Hand hatte. Plötzlich wird er von den marschierenden Soldaten ergriffen und gezwungen, seine Frau zurückzulassen. Die junge Dame will ihn festhalten, sie schreit auf. Ein Rüpel stößt sie mit einem Faustschlag zurück und beschimpft sie mit den übelsten Ausdrücken. Da sank sie ohnmächtig zusammen. Ich konnte sie in meinen Armen auffangen, und dieser Augenblick entschädigte mich für alle Pein dieses Abends. Mit Hilfe ihres Riechfläschchens brachte ich sie wieder zu Bewußtsein.

»Beruhigen Sie sich nur«, sagte ich zu ihr, »Ihr Gatte wird an der nächsten Straßenecke fliehen und zu Ihnen zurückkehren! Haben Sie keine Angst um ihn! Er scheint ganz zuversichtlich gewesen zu sein. Wenn er zu lange fort bleibt, werde ich Sie nach Hause begleiten. Sagen Sie nur, daß ich Ihr Vater sei, denn ich habe eine Tochter, die in Ihrem Alter ist.«

»Ah, Sie sind Vater! Dann habe ich Vertrauen zu Ihnen, Monsieur! Bringen Sie mich zu meinem Vater!«

Der war ein Seidenwarenhändler in der Nähe der Markthallen. Wir machten uns auf den Weg.

Gegenüber der Rue Tirechape sahen wir jemanden, der mit der Leichtfüßigkeit eines Hirsches davonlief. Er wurde von zwei mit Lanzen bewaffneten Kerlen verfolgt.

»Das ist mein Mann!« rief die junge Frau.

Ohne ihr zu antworten, ging es mir nur darum, sie zu retten.

»Hierher, zu mir! Hierher!« schrie ich aus Leibeskräften.

Die beiden Verfolger blieben stehen und kamen auf uns zu. Genau das wollte ich. Ich beschwor sie, mir zu helfen, meine Tochter nach Hause zu tragen. Sie erklärten sich dazu bereit ... Aus Lanzen und Jacken machten sie eine Trage, setzten sie darauf und trugen sie nach Hause. Der junge Ehemann hatte das beobachtet. Als er sich nicht mehr verfolgt sah, legte sich seine Angst, er kehrte um, folgte uns und kam mit uns zusammen bei seinem Schwiegervater an. Als sie ihn erblickte, kam die junge Frau wieder zu sich ... So verließ ich sie, um ebenfalls nach Hause zu gehen. Am Zugang zum Pont Notre-Dame wurde ich abermals von Räubern angefallen, aber meine

Freundlichkeit entwaffnete sie; so kam ich glücklich zu Hause an, wo ich erst einmal meine Familie beruhigte.

Dies ist die Schilderung, die ich von der ersten Revolutionsnacht geben kann. Ich berichte nur von den Dingen, die ich selbst gesehen habe.

Die drei, die eins geworden sind

Hier nun eine Begebenheit, von der mir am selben Abend erzählt wurde.

In der Rue de la Bûcherie wohnte eine Familie, zu der drei gleichermaßen reizende Töchter gehörten: Amasie, sie war groß, stattlich und schön wie eine Griechin; Amable, die zweite, hatte braunes Haar, ein rundliches, typisch französisches Gesicht, einen lilienweißen Teint, ein niedliches Lachen aus einem zierlichen Mund und sehr große Augen; Aimée, die dritte, war hübsch, lebhaft und verspielt, obwohl sie so streng wie eine Engländerin aussah, und sie hatte sehr blonde Haare.

Es trug sich zu, daß ein überaus reicher junger Mann, der bereits sein eigener Herr war und dessen Seele so empfindsam war, daß nur die Liebe ihn glücklich machen konnte, Amasie in der Kathedrale Notre-Dame sah und sich unsterblich in sie verliebte. Das war am 14. Februar, genau zehn Jahre vor dem Tag des großen nationalen Te Deums. Vom nächsten Tag an folgte er ihr, entschlossen, um ihre Hand anzuhalten.

Als er am Abend desselben Tages in seine Wohnung am Quai Saint-Bernard zurückkehrte, traf er auf eine ältere Dame, der er behilflich sein konnte, indem er sie vor den unverschämten Beleidigungen zweier Betrunkener, die von der Place aux Veaux kamen, bewahrte. Er begleitete sie nach Hause. Sie wohnte in dem Haus der Schönen. Monsieur Bernardin war darüber entzückt. Er war sehr froh, der Dame nützlich gewesen zu sein, die ihrerseits von seiner Höflichkeit angetan war und ihn zu sich bat. Die Hoffnung, dabei seine Schöne sehen zu können, ließ ihn die Einladung annehmen.

Als sie eintraten, lief Amable vor ihrer Mutter durch das Haus. Bernardin war geblendet von dieser Schönheit und konnte seine Komplimente nur mühsam stammeln. Einen Augenblick später kam Aimée, die in ihrem Zimmer gewesen war, herunter, lief auf ihre

Mutter zu, um sie zu umarmen. Bernardin wußte nicht, wie ihm geschah, denn diese erschien ihm noch liebenswerter. Schließlich kam Amasie, die sich gerade umgezogen hatte, in den Raum. Bernardin, der erstaunt und entzückt war, vor der Mutter der drei schönsten Mädchen, die er je gesehen hatte, zu stehen, blieb regungslos. Die Dame lud ihn ein, zum Essen zu bleiben. Er nahm diese Einladung voller Freude an. Etwas außergewöhnlich erschien ihm, daß man sich nach seiner Situation, nach dem, was er war, erkundigte. Seine Antworten befriedigten, denn Monsieur Bernardin war bekannt und geschätzt. Man war geehrt, ihm etwas schuldig zu sein, und der Abend wurde bezaubernd und sehr lang.

Am nächsten Tag suchte der junge Mann Monsieur und Madame Dupré, die Eltern der drei Mädchen, auf, um den Vorschlag zu machen, bei ihnen als Pensionär zu wohnen. Man stimmte mit Freuden zu, und er zog noch am selben Tag ein. Nur über den Preis wurde gestritten, aber um zu verhindern, daß er zu hoch würde.

Bernardin bewunderte seine drei Angebeteten während mehrerer Monate. Er hatte gehofft, sich für eine entscheiden zu können, wenn er sie täglich sähe und wie in einer Familie mit ihnen lebte. Aber er entschied sich jeden Tag anders, für eine nach der anderen: es war immer die, mit der er gerade sprach, die ihm am liebsten war. Und immer, wenn er kurz davor war, seinen Antrag zu machen, kam eine der beiden anderen hinzu, was seinen Entschluß wieder änderte.

Eines Tages jedoch, als er sehr lange mit Amable geplaudert hatte, fühlte er sich fest entschlossen. Er ging zu der Mutter, die gerade bei ihrem Mann war, und so teilte er beiden seinen Wunsch mit, ihr Schwiegersohn zu werden. Er wollte gerade den Namen Amables aussprechen, ohne daß man ihn danach gefragt hatte, als die beiden anderen, Amasie und die junge Aimée, zusammen ins Zimmer kamen. So schwieg er. Die Eltern schickten die Töchter hinaus, um seine Wahl nicht zu beeinflussen; und als die Mädchen gegangen waren, forderten sie Bernardin auf, sich zu erklären. Der konnte sich nicht entscheiden: Alle drei Schwestern übten in diesem Moment die gleiche Anziehung auf sein Herz aus. Deshalb antwortete er, daß es sein einziger Wunsch sei, ihr Schwiegersohn zu werden, und daß sie selbst ihm diejenige ihrer Töchter geben sollten, die sie dafür bestimmten.

Die Mutter liebte die jüngste am meisten, der Vater die zweite, aber der Brauch und die Vernunft sprachen für die ältere. Vater und Mutter sannen nach. Die Mutter wagte es nicht, Aimée vorzuschlagen, aus Angst, ihren Mann zu verdrießen. Monsieur Dupré wollte nicht Amable nennen, da er fürchtete, seine Frau zu verärgern. Beide dachten aber auch, daß es richtig wäre, Amasie zu erwählen. So hin und her gerissen und weil sie nicht wußten, welche der Töchter ihrem Pensionär am besten gefiel, konnten sie nichts sagen und blieben stumm. Bernardin drängte sie. Da es alle beide aus Vorsicht nicht wagten, zugunsten ihrer bevorzugten Tochter zu sprechen, nannten sie gemeinsam Amasie. Als der Name ausgesprochen war, fühlte Bernardin, daß er die Hoffnung, Amable zu bekommen, aufgeben und auf Aimée verzichten müßte. So erzitterte er und stammelte vor sich hin.

»Aber wählen Sie doch selbst!« riefen die beiden Eheleute. »Wählen Sie nur! Wir wollen Sie nicht beeinflussen!«

»Verschieben wir es auf morgen!« sagte Bernardin.

Man schob es auf.

Am nächsten Tag war er ganz bezaubert von Amasie, er entschied sich für sie und beeilte sich, es mitzuteilen.

Der Vater schüttelte den Kopf, ebenso die Mutter. Bernardin bemerkte es, so betonte er, daß Amasie ein Recht darauf hätte. Er erhielt die ersehnte Einwilligung. Als er es der Schönen, in die er sich zuerst verliebt hatte, eilig mitteilen wollte, traf er auf Aimée. Er wollte sich nicht aufhalten, aber die Kleine war so verführerisch! Sie hielt ihn fest, und sie plauderten miteinander. Das Resultat ihrer Unterhaltung war, daß Bernardin, anstatt der schönen Amasie zu gestehen, daß er sie gerade zur Frau erkoren hatte, zu den Eltern zurückeilte, um ihnen zu eröffnen, daß er sich ganz sicher für Aimée entschieden hätte ... Die Mutter warf sich ihrem künftigen Schwiegersohn in die Arme und sagte:

»Mein lieber Sohn, du wirst das Glück meines Lebens machen, indem du das deine machst! Aimée ist reizend!«

»Ja«, sagte der Vater, »sie ist meine Tochter wie die beiden anderen: Aber ... den beiden Schwestern vorgezogen zu werden! ... Wäre es die älteste, wäre die Ungerechtigkeit geteilt.«

In diesem Augenblick trat Amable ein. Sie kam, um dem Vater von der Erfüllung eines Auftrages zu berichten. Als Bernardin sie sah, fühlte er für die beiden anderen nichts mehr; er war nur noch Feuer und Flamme für die schöne Amable. So sagte er zum Vater:

»Sie haben recht, Monsieur! Wenn Mademoiselle Amable einwilligt, beenden wir die ganze Sache auf der Stelle?«

Amable errötete. Der Vater reichte seinem Schwiegersohn die Hand, und die Hochzeit war beschlossen. Bernardin ging, glücklich, sich endlich entschieden zu haben.

Als er seine zukünftigen Schwiegereltern verließ, kreuzte Aimée seinen Weg. Sie erregte ihn sehr. Sie waren allein. Er war ganz verzaubert. So sprach die Sinnlichkeit ... und alles weitere kam, wie es kommen mußte.

So hatte sich Monsieur Bernardin also für Aimée entschieden. Er beeilte sich, es der Mutter zu sagen, allerdings ohne die ganze Wahrheit zu gestehen. Die gute Frau war überglücklich. Sie schlug vor, alle Hochzeitsvorbereitungen so weiterlaufen zu lassen, als wären sie für Amable, und dann Aimée zu heiraten. Bernardin versprach es.

Am folgenden Tag machten Amable und Aimée zusammen mit ihrer Mutter Einkäufe, die heimlich in sich hineinlachte.

›Wir kaufen jetzt für die Hochzeit meiner geliebten Aimée ein‹, dachte sie, ›aber man muß Amable in ihrer Illusion lassen ...‹ So machten sie die Besorgungen.

Indessen hatte Bernardin, der mit Amasie allein zu Hause geblieben war, eine Unterhaltung mit ihr, bei der sie ihm so liebreizend und so zärtlich erschien, daß er es seinerseits auch war. Amasie widerstand kaum; man kann fast annehmen, daß sie ihn verführte. So war es dann auch die vollkommene Liebe.

Nun war Bernardin vollends in Verwirrung geraten! Im Grunde seines Herzens war es Amable, die er am meisten liebte, das fühlte er in diesem Moment. Und ausgerechnet ihr hatte er seine Liebe noch nicht bewiesen. Darüber war er sehr betrübt, obwohl er sie noch nicht wieder gesehen hatte. So war er für den Rest des Tages verärgert und nachdenklich, ebenso am nächsten und am übernächsten Tag. Der Vater fragte ihn, ob er verstimmt sei, weil er Amable heiraten sollte!

»Ganz im Gegenteil«, antwortete Bernardin, »die liebe ich am meisten! Aber ... aber.«

Beim zweiten ›Aber‹ stockte er, und der Vater ließ ihn sich auch nicht weiter erklären.

Als er sich zurückzog, kam Bernardin ein einzigartiger Gedanke:
›Sollte ich diejenige heiraten, die ich ein bißchen weniger liebe, und die verlieren, die ich etwas mehr liebe! Wollen wir sehen, die Natur soll darüber entscheiden ... Im Grunde liebe ich alle drei Schwestern: Sollte ich mir die versagen, die ich am meisten liebe? Nein,

nein, ich werde sehen, welche mir die Natur als Ehefrau bestimmt, indem ich sie zur Mutter mache!«

Gesagt, getan. Als er die schöne Amable allein sah, ging er auf sie zu ... Nie zuvor war Schönheit so anrührend ... Aber wir sind Berichterstatter und sollten uns hier nicht als Maler betrachten. Amable war sehr zärtlich zu ihrem Bräutigam, obwohl sie ihre Unschuld bewahren wollte; sie machte ihm sehr große Schwierigkeiten. Bernardin hatte Mühe, diese schließlich zu überwinden. Aber die Liebe, die Einsamkeit, das Verlangen, Venus oder die Schönheit begünstigten sein Vorhaben. So bescherte er den drei Grazien das gleiche Schicksal.

Von da an bevorzugte er Amable. So schlug sein Herz aus heftiger Furcht in der Erwartung dessen, was da kommen sollte! Die Hochzeit wurde verschoben. Bernardin selbst, der ja im Grunde ein Ehrenmann war, wäre verzweifelt gewesen, nicht die zu heiraten, die vielleicht als einzige schwanger würde. Er zögerte die Hochzeit unter den verschiedensten Vorwänden hinaus, was die Eltern und auch die drei Schönen sehr beunruhigte. Diese machten nacheinander ihr Geständnis. Amable dem Vater, Aimée nur ihrer Mutter, und Amasie allen beiden, aber als letzte.

Nach dem Eingeständnis Amables, das zuerst kam, bestand der Vater sehr heftig auf Heirat. Nachdem Aimée einige Tage später gebeichtet hatte, drängte die Mutter Bernardin sehr, ihre jüngste an den Altar zu führen. Nach dem Geständnis Amasies in der folgenden Woche blieben der Vater und die Mutter zunächst unentschieden; sie waren versucht, in Bernardin einen Heiratsschwindler zu sehen. Sie brauchten einige Tage, um sich zu beratschlagen. Der Schmerz war ihnen in die Gesichter gezeichnet. Schließlich entschlossen sie sich, ihn zur Rede zu stellen.

An einem Morgen nahmen sie Bernardin zur Seite:

»Monsieur«, sprach der Vater zu ihm, »Sie haben sich in einer Art und Weise verhalten, daß es für uns ein großes Unglück ist, Sie in unser Haus aufgenommen zu haben!«

Bei diesen Worten, deren ganze Härte Bernardin spürte, warf er sich ihnen zu Füßen:

»Haben Sie die Güte, mich anzuhören, bevor Sie mich verdammen!« sagte er zu ihnen. »Ihre drei Töchter sind alle gleich liebenswert; ich habe sie alle drei gleich geliebt, und sehr heftig! Ihre Vorzüge sind so vollkommen gleichwertig, daß ich immer gerade die bevorzuge, mit der ich zusammen bin oder die ich gerade als letzte gesehen habe. Das ist der Grund, weshalb ich so unentschlossen und schwankend war. Ich habe das Glück herausgefordert, ich habe nicht in betrügerischer Absicht gehandelt. Ich liebte sie aufrichtig, wenn ich es ihnen bewies. Ich bin verzweifelt über das, was ich getan habe, trotzdem hoffe ich noch. Die Natur soll mein Schicksal bestimmen. Die erste, die schwanger ist, soll meine Frau sein.«

Vater und Mutter waren ein wenig beruhigter und willigten darin ein, wenn auch mit Schmerzen ... Man wartete.

Der Vater, ein raffinierter Beamter, wollte seine geliebte Amable verheiratet sehen, denn sie ähnelte den Schönheiten aus seiner Familie, und deshalb sah er in ihr mehr seine Tochter als in den beiden anderen, von denen Aimée nach der mütterlichen Seite kam, und Amasie nach einem alten Gerichtsschreiber.

Monsieur Dupré riet seiner zweiten Tochter also ganz geschickt, die Anzeichen der Schwangerschaft vorzutäuschen. Es fiel ihr schwer, sich darauf einzulassen, dennoch gehorchte sie ihrem Vater. Im Gegensatz dazu mußten Aimée und Amasie eine tatsächliche Schwangerschaft verstecken. So wurde also zur großen Zufriedenheit des Vaters und des Bräutigams selbst die Hochzeit mit Amable beschlossen. Man wollte es aber geheimhalten, um Amable nicht den neugierigen Blicken auszusetzen und um die beiden Schwestern nicht zu enttäuschen. Man verheiratete Bernardin und Amable mit Aufgebot und nach einer Ausnahmeregelung. Die beiden Schwestern bemerkten nichts davon. Der Tag der Hochzeit war wie ein ganz gewöhnlicher Tag. Aber die Zeit verging, sie flog dahin, alles Vergängliche mit sich reißend, das Leben, die Schönheit, das Schamgefühl und alle anderen Umstände und Nebensächlichkeiten. Die Schwangerschaft von Aimée konnte nicht mehr verborgen werden; Amasie bereitete sie Beschwerden, man konnte sie nicht mehr verstecken. Im Gegensatz dazu war Amable auch in der Ehe nicht schwanger geworden. Welch ein Schmerz für die Eltern! Bernardin selbst war niedergeschlagen. Amable hingegen war so anständig, daß sie sogar ein schlechtes Gewissen hatte. Die Mutter war untröstlich und dachte an nichts anderes, als die Ehe unter dem Vorwand eines Irrtums annullieren zu lassen. Sie wollte diesen Plan gerade verwirklichen, als Amable schließlich doch in den gleichen Umstand geriet wie ihre beiden Schwestern.

Der Zustand der beiden Unverheirateten wurde weiter versteckt:

Sie bekamen ihre Kinder im verborgenen, und als auch Amable entbinden sollte, löste man das Problem so, daß man ihr alle drei Kinder zuschrieb. Diese dreifache Mutterschaft wurde sogar als Phänomen in der ›Gazette de Leyde‹ besprochen, wobei man besonders bewunderte, wie kräftig die Drillinge waren. Die beiden Schwestern wollten nicht heiraten. Bernardin hat heute sehr viele Kinder, die alle als die seiner Frau gelten. Wenn jemand die große Zahl der Kinder erstaunlich fand, antwortete man ihm (das hat uns eine Person gesagt, die es wissen muß), ›daß die drei nur noch wie eine einzige sind‹.

DRITTE NACHT

13. Juli [1789]

Tagsüber zogen die Banditen des Faubourg Saint-Marcel an meinem Haus vorbei. Sie wollten sich mit den Räubern aus dem Faubourg Saint-Antoine vereinigen. Diese Banditen waren Bettler von Geburt, mit ihnen kamen die grausigen Flößer; sie vereinten sich zu einer verabscheuungswürdigen Rotte, die zu sagen schien: ›Heute ist der letzte Tag der Reichen und Wohlhabenden; morgen sind wir an der Reihe. Morgen werden wir auf weichen Kissen schlafen, und diejenigen, denen wir das Leben gelassen haben, können, wenn sie wollen, in unseren düstern Löchern hausen.‹ Die Frauen zitterten vor Angst. Was mich betrifft, so sagte ich mir:

›Jetzt oder nie ist der Augenblick gekommen, da es gilt, eine nationale Bürgermiliz zu bilden!‹

Also ging ich nicht an meine Arbeit, sondern stand schon früh auf, zum erstenmal seit vielen Jahren, und suchte die Arbeiter und Handwerker aus meinem Bekanntenkreis auf.

»Freunde«, sprach ich zu ihnen, »lauft in eure Stadtviertel, sagt den Leuten, daß sich die ehrbaren Bürger bewaffnen müssen, um sich vor Räubern und Herumtreibern zu schützen!«

Ich hatte noch nicht zu Ende gesprochen, als Berthet, Binet, Cordier, Meimac, Jeannin le Roux und Daniol le Manceau, derselbe Daniol, der mich noch vor ein paar Tagen niederschlagen wollte, Brihamet, Martin, der Anstreicher; außerdem Eloi, Allois, Nerat, Saunier, Perchelet, Angot, Desgosiers, Fouquet, Barri, Filâtre und Violot aus der Werkstatt hinauseilten. Jeder von ihnen ging, hundert anderen die traurige Nachricht zu überbringen, daß die Räuber planten, die Unruhen auszunutzen und die Stadt in der kommenden Nacht zu plündern.

Sogleich versammelten sich die erschreckten Bürger und berieten, was zu tun sei. Andere schritten sofort zur Tat und schlossen sich den Patrouillen an. Als ich abends gegen zehn Uhr das Palais-Royal verließ, sah ich mit Befriedigung die erste Bürgerpatrouille. Ein großer stattlicher Mann in weißem Mantel und hohen Stiefeln kommandierte sie. Er schritt in imposanter Würde einher. Er überquerte den schlammigen Rinnstein gegenüber der Rue Saint-Honoré, wo schon ein Gardistenkorps aufgestellt war, und gab sich dort zu erkennen, mit der Absicht, so vom ersten Moment an falsche Patrouillen zu entlarven. Ich möchte diesen ehrbaren Bürger kennenlernen und anderen bekannt machen; er wird sich in meiner Beschreibung selbst wiedererkennen. Es war am Montag, dem 13. Juli, um zehn Uhr abends, daß ich ihn gegenüber vom Café Militaire mit seiner Patrouille gesehen habe.

Die Sturmglocke läutete, im Palais-Royal wurde heiß diskutiert; alles war in Aufregung und Verwirrung. Im Laufe des Tages hatte man bereits das Hôtel des Invalides nach Waffen durchsucht, am nächsten Tag sollte das gleiche in der Bastille geschehen ... in der Bastille, deren hohe Türme noch auf den starken Fundamenten ruhten, die von den Tränen so vieler Unglücklicher durchtränkt waren!

Durch den Anblick der Bürgerpatrouillen beruhigt, wagte ich es, in den Straßen der Hauptstadt umherzustreifen. Ich weiß nicht, warum ich die der Stadt von außen drohenden Verschwörungen nicht fürchtete. Ich hatte nur Angst vor den Banditen, auch wenn ich sah, daß es eine wachsame bewaffnete Gegenwehr gab. Aber leider, Gesetz und Mißbrauch der Amtsgewalt, Gift und Heilmittel liegen oft dicht beieinander! Als ich ins Marais-Viertel kam, hörte ich plötzlich Schreie. Sechs bewaffnete junge Männer verfolgten ein junges Mädchen, das eine Kammerzofe zu sein schien. So wie das Rebhuhn, das vor dem Habicht flieht und dabei manchmal in die Arme des Jägers läuft, warf sich das junge Mädchen an meine Brust. Ich war aber ohne Waffe, und man riß es von mir fort.

»Wir wollen Ihnen doch nichts tun«, sagte der Anführer der Truppe, »aber Sie müssen die Tür öffnen. Wir müssen wissen, ob der Mann, den wir suchen, nicht doch in dem Haus ist, das Sie gerade betreten wollten. Ob er Waffen und Munition hat!«

»Aber Messieurs, ich bin allein zu Hause; alle Dienstboten sind heute morgen mit den Herrschaften abgereist, und da ich mich allein ängstige, wollte ich hier ganz in der Nähe bei einer Bekannten übernachten, dort haben Sie mich herauskommen sehen. Ich hatte etwas vergessen und wollte noch einmal zurück, um es zu holen; da habe ich Sie bemerkt, bekam Angst und bin zurückgelaufen.«

»Das klingt glaubwürdig; trotzdem wollen wir das Haus durchsuchen.«

Jacques Necker

Das junge Mädchen wurde gezwungen, die Tür aufzuschließen. Mir befahl man, mich davonzumachen. Ich lief aber nicht weit; trotz der Gefahr, der ich mich aussetzte, verbarg ich mich im Dunkeln und lauschte. Ich hörte das junge Mädchen schreien. Aber im selben Moment erblickte ich eine andere Patrouille.

»Messieurs«, wandte ich mich an sie, »eine Patrouille ist in dieses Haus eingedrungen; ich glaube, daß es eine falsche ist, und was mir diese Annahme bestätigt, sind die Schreie der jungen Kammerzofe, die man gezwungen hat, die Tür zu öffnen.«

Daraufhin näherte sich der Führer der Patrouille der Tür und wollte eintreten. Aber ein Wachposten, den man aufgestellt hatte, widersetzte sich ihm. Dieser Widerstand verstärkte den Argwohn. Man verschaffte sich mit Gewalt Zutritt. Der Posten schoß in die Luft und verschwand. Wir hörten viel Lärm im Haus, es klang, als ob Leute durch den Garten flüchteten. Man schoß auf sie, und so ließen sie alles fallen. Es waren Diebe, Dienerschaft aus den Nachbarhäusern. Da sie wußten, daß die Herrschaft des jungen Mädchens abgereist war, hatten sie sich als Patrouille verkleidet, um zu stehlen. Sie ließen einen Unbekannten mit dem Mädchen sprechen. Als sie sich Herr der Lage und außerhalb jeglicher Gefahr glaubten, wurden sie von der Schönheit Josephines in Versuchung gebracht und wollten ihr Gelüste befriedigen, aber sie hatte geschrien. Als der Gewehrschuß des Postens Gefahr signalisierte, sind die Einbrecher geflohen. Man brachte alle Sachen wieder an ihren Platz. Die echte Patrouille benahm sich, wie es sich für ehrenwerte Bürger gehört; man schloß die Türen fest zu, und das junge Mädchen ging zu seiner Freundin, um dort zu übernachten.

Dieses Ereignis ist nur eines von den vielen Geschehnissen dieser schrecklichen Nacht, die einem noch furchtbareren Tag vorausging, einem Tag, der in der Geschichte Frankreichs ewig berühmt sein wird.

Die acht Schwestern und die acht Freunde

Ein sehr ehrenhaftes, aber nicht sehr reiches Ehepaar hatte eine große Familie, zu der acht Töchter gehörten, mit einem Altersunterschied von jeweils einem Jahr. Adèle war mit ihren zwanzig Jahren die älteste, dann folgten Adélaïde, Sophie, Julie, Rose, Victoire, Isabelle und schließlich Adéline, die dreizehn Jahre alt war. Sie waren alle sehr hübsch, tugendhaft und begabt, wie es die Sprößlinge kinderreicher Familien meist sind.

Ein junger Mann aus Lyon verbrachte seine Studienzeit in Paris. Er war reich und schön. Als er eines Tages im Jardin des Plantes spazierenging und dabei vor sich hin träumte (denn er beschäftigte sich mit Literatur), hörte er, wie sich hinter einem Fliederstrauch zwei junge Mädchen miteinander unterhielten. Dabei sagte die eine zur anderen:

»Ich werde immer unglücklich sein, denn meine Seele ist zu empfindsam!«

»Wie kannst du das wissen in deinem Alter?« entgegnete ihr ihre Gefährtin; »du bist erst fünfzehn Jahre alt!«

»Das weiß ich aber«, antwortete Victoire, »bei dem Gefühl, das mich ergreift, wenn ich den jungen Mann dort sehe, der an der Ecke der Rue des Fossés-Saint-Victoire stehenbleibt! Ich spüre, wenn ich ihn sehe, nicht den Wunsch, daß er mein sei; so viel bin ich nicht wert, aber ich möchte, daß er glücklich ist. Mir scheint nur, daß, wenn ich sein Glück sein könnte ... ach, wie wunderbar wäre das!«

»Du liebst ihn also, meine Kleine!« antwortete Adèle. »Ich kenne ihn zwar nicht, aber er muß sehr liebenswert sein, denn du hast ja einen ganz besonders guten Geschmack.«

Dorival wollte sehen, wer da sprach, und er erkannte zwei reizende Mädchen aus dem Nachbarhaus. Victoire hatte schon früher seine Aufmerksamkeit geweckt; nach dem, was sie gerade gesagt hatte, verliebte er sich in sie.

Zu den beiden jungen Mädchen gesellten sich sechs weitere, die sie ihre Schwestern nannten. Als er das hörte, durchzuckte Dorival ein Gedanke.

›Ich will doch sehen‹, sagte er zu sich, ›ob sie wirklich Schwestern sind. Aber zumindest sind sie Freundinnen oder Gefährtinnen.‹

Er machte einen Umweg und kam von einem Hügel herunter direkt auf die reizende Gesellschaft zu, in deren Mitte die Mutter saß. Er blieb stehen. Eine leichte Verlegenheit erfaßte die Damen.

»Madame«, sprach der junge Mann, »verzeihen Sie meine Neugier! Sind Sie die Mutter dieser acht jungen Damen?«

»Ja, Monsieur.«

»Ich bin entzückt, Madame.«

»Ganz meinerseits, Monsieur ...«

Als er das hörte, zog sich der junge Mann zurück, sehr zum Bedauern Victoires.

Am folgenden Tag wurde Monsieur Pin (so hieß der Vater der acht Schwestern) von einem großen jungen Mann aufgesucht, der ihm einen Brief von einem seiner Freunde überbrachte. Dieser Freund hatte sich vor fünfundzwanzig Jahren durch eine reiche Heirat in Lyon niedergelassen. Es war Monsieur Dorivals Vater, und er schrieb an Monsieur Pin, daß er sich, da er seinen Sohn nach Paris geschickt, ihrer alten Freundschaft erinnert habe. Er wolle ihm seinen Sohn empfehlen, ihn bitten, daß er ihm mit Rat und Tat zur Seite stehe, und fragen, ob er ihn nicht sogar in Pension zu sich nehmen könne. Da Monsieur Pin Monsieur Dorival herzlich verbunden und von dessen Brief sehr berührt war, erkundigte er sich bei dem jungen Mann, ob er dieser Sohn sei.

»Ja, Monsieur.«
»Und Sie wollen bei mir in Pension wohnen?«
»Das wäre mein heißester Wunsch. Ich würde mich wie zu Hause fühlen, wenn ich bei dem Freund sein könnte, von dem mir mein Vater so oft und mit viel Liebe erzählt hat.«
»Fühlen Sie sich also hier wie zu Hause«, antwortete Monsieur Pin tief gerührt, »als Sohn meines Freundes sollen Sie auch mein Sohn sein ...«

Und er umarmte ihn. Es wurde festgelegt, daß Dorival ein kleines Appartement in der dritten Etage beziehen sollte. Madame Pin war nicht zu Hause, und auch ihre Töchter hielten sich in ihren Zimmern auf. So führte der Vater Dorival in die leerstehende Wohnung und forderte ihn auf, seine Anweisungen für die Möblierung zu geben. Der junge Mann kümmerte sich darum und ging dann aus dem Haus.

Zur Mittagszeit kam er wieder. Monsieur Pin hatte seine Frau in groben Zügen unterrichtet. Sie war sehr überrascht, als sie den neugierigen jungen Mann vom Vortag wiedererkannte. Sie begrüßte ihn wie einen alten Bekannten, und dann setzte man sich zu Tisch. Und wie schlug der kleinen Victoire das Herz! Sie konnte keinen Bissen essen.

Dorival schrieb noch am selben Abend an seinen Vater und berichtete von seiner Logierung bei Monsieur Pin.

Vierzehn Tage später schrieb er einen zweiten Brief, in dem folgendes stand:

›Wenn Sie, Vater, nicht damit einverstanden sein sollten, eine der Töchter des Monsieur Pin als Schwiegertochter zu sehen, wird es höchste Zeit, daß ich dieses Haus verlasse.‹

Monsieur Dorival hatte nichts gegen eine Verbindung mit einer Tochter seines Freundes, aber er wollte schon, daß ihm die Schwiegertochter gefiel. Er schrieb an seinen Sohn, daß er sich dessen Auserwählte ansehen wollte. In einem weiteren Brief bat er Monsieur Pin, auf den jungen Mann nun besonders achtzugeben.

Monsieur Dorival und seine Frau trafen eine Stunde, nachdem die Briefe angekommen waren, ein. Sie stiegen in einer Pension ab, die ganz in der Nähe des Hauses von Monsieur Pin gelegen war. Dorthin gingen sie sofort, nachdem sie gesehen hatten, daß ihr Sohn ausgegangen war. Den Brief von seinen Eltern hatte man Dorival noch nicht gegeben. Die beiden Freunde bezeugten einander eine echte Zuneigung: Monsieur Dorivals Vater erzählte seinem Freund, daß er beschlossen hatte, seine Ankunft dem Sohn zunächst zu verbergen: und dann bat er darum, der Familie vorgestellt zu werden.

Monsieur Pin rief zuerst Adèle, die gerade vorbeikam:

»Wenn sie die Wahl unseres Sohnes sein sollte«, riefen die Eltern Dorivals begeistert, »werden wir uns dem nicht entgegenstellen, denn Mademoiselle, Ihre Älteste, ist reizend!«

Dann erschien Adélaïde. Sie fand man nicht weniger liebreizend. Ebenso Julie. Sophie war die nächste. Ihr folgte Rose. Dann kam Isabelle, schließlich Adéline.

»Unser Sohn soll die nehmen, die er möchte. Sie sind alle reizend!«

»Ich habe aber erst sieben gezählt!« sagte Madame Dorival.

»Victoire ... sie wird gleich kommen«, erwiderte die Mutter, denn sie ist sehr schüchtern. Ich werde sie holen.«

Sie ging hinaus.

Das Ehepaar Dorival lobte die sieben jungen Damen gerade, als Victoire mit ihrer Mutter ins Zimmer kam. Sie rief die größte Bewunderung hervor. Madame Dorival stand auf und nahm sie auf ihren Schoß.

»Ah, Himmel! ...«, rief der Vater des jungen Mannes, doch hielt er sich ansonsten in Victoires Gegenwart zurück. Als sie dann aber hinausgegangen war:

»Wenn die Herzen von Vater und Sohn irgendeinen Gleichklang miteinander haben, dann muß es diese sein, die mein Sohn erwählt, sie ist es, die wir uns als Schwiegertochter wünschen! Aber er kann ja jeden Moment wiederkommen. Er darf uns auf keinen Fall sehen, bevor er seine Entscheidung getroffen und uns mitgeteilt hat.«

So gingen sie, und als der junge Dorival nach Hause kam, gab man ihm den an ihn gerichteten Brief.

Er las ihn sehr bewegt, aber er zeigte ihn niemandem. Er wurde noch herzlicher und Monsieur und Madame Pin gegenüber noch zuvorkommender. Er schenkte allen acht Schwestern die gleiche Aufmerksamkeit, so daß man seine Absichten wahrlich nicht erahnen konnte. So vergingen einige Tage. Madame Pin machte ihren Töchtern eine Andeutung, damit sie Dorival veranlaßten, sich zu erklären.

Eines Tages saßen sie zu viert im Salon an ihren Stickrahmen, da ließ Adéline ihr Garnwickel fallen. Dorival, der dabei stand und mit Madame Pin plauderte, schoß wie ein Pfeil zu Boden, hob das Knäuel auf und gab es der jungen Adéline zurück, die ihm lächelnd dafür dankte.

Einen Augenblick später ließ Adèle, die Älteste, das ihre fallen und direkt vor Dorivals Füße kullern. Er hob es mit der gleichen Eile auf und gab es auch mit der gleichen Zuvorkommenheit zurück. Er unterhielt sich aber weiter mit der Mutter. Schließlich ließ Victoire ihr Garn fallen, Dorival hob es mit ernstem Gesicht auf; er gab es ihr in respektvoller Zuneigung zurück und wandte sich wieder der Dame des Hauses zu.

»Mesdemoiselles!« sagte diese sehr ernsthaft, »ist das ein Spiel?«

»Nein, Mama«, antwortete Adéline, »ich habe es nicht mit Absicht fallen lassen.«

»Aber ich, Mutter, habe es mit Absicht getan«, erwiderte Adèle, »um zu sehen, ob Monsieur zur Ältesten genauso höflich wäre wie zur Jüngsten.«

»Und du?« (indem sie die dritte ansah.)

»Mama«, antwortete Victoire errötend, »aus Angst, daß es mir auch hinunterfallen könnte, ist es mir aus der Hand gerutscht.«

»Nun, dann trifft also niemanden eine Schuld, das beruhigt mich«, erwiderte die Mutter.

»Gute Mama!« rief Adéline, »wie gerecht du bist! …«

Darauf zog sich Dorival zurück.

Es vergingen acht weitere Tage, ohne daß etwas Besonderes geschah. Am neunten Tag kam Madame Pin auf den Einfall, vor Dorival in Tränen auszubrechen. Dorival, der darüber erschrocken war, eilte auf sie zu und rief:

»Aber Madame! Mutter! Was ist Ihnen?«

»Ich habe all meine Töchter gleich lieb ... Aber wenn ich eine verlieren sollte!«

»Welche denn, Madame?«

»Aber das ist doch völlig gleich für eine Mutter!«

»Sicher, das stimmt, Madame! Aber was fehlt ihr denn? Welche denn, Madame?«

»Die arme Adèle ...«

»Beruhigen Sie sich doch, liebevolle Mutter! Wir werden ihr zu Hilfe eilen.«

»Sie kümmert sich um ihre Schwester. Sie hat die ganze Nacht damit verbracht.«

»So ist es gar nicht sie!«

»Das liebe Kind! ... Adélaïde ...«

»Beruhigen Sie sich!«

»Sie wird ihre ältere Schwester ablösen.«

»Wollen Sie mir nicht sagen, welche ...«

»Julie.«

»Wie traurig, wenn ...!«

»Und Sophie ... können jetzt nicht mehr bei ihr sein.«

»Madame!«

»Isabelle ... Adéline sind bei ihr ...«

›O Himmel, so sollte es also Victoire sein! ... (für sich) ach, der Himmel will mein Unglück und meinen Tod!‹

»Beruhigen Sie sich, mein lieber Dorival! Nur einen Augenblick, dann bin ich wieder hier!«

»Ich komme mit Ihnen, Madame!«

»Nein, das möchte ich nicht!«

»Sie wissen nun, welche er liebt!« sagte Madame Pin zu Vater und Mutter des jungen Mannes, die in einem Nebenraum versteckt und Zeugen dieser Szene waren, wie sie es selbst verlangt hatten.

»Ja«, antwortete Monsieur Dorival, »es ist Victoire, unser Liebling! So bringen Sie sie doch gleich her!«

Das wurde auf der Stelle getan. Victoire, der man ihr Glück ganz schonend beigebracht hatte, kam ins Zimmer und setzte sich zwischen die künftigen Schwiegereltern. In der Zwischenzeit war Dorival fast verzweifelt.

»O meine geliebte Victoire! Du Göttin meines Herzens und meiner Seele! Wenn ich dich verlieren sollte, dann will ich auch nicht länger leben!«

Victoire hörte diesen Ausruf. Aber der Vater Dorivals sagte zu ihr:

»Meine Tochter, Ihr Ehemann darf niemals wissen, daß Sie in seinem Herzen lesen konnten. Er soll Sie auf seine Art lieben.«

Madame Pin war zu dem jungen Mann zurückgekehrt und sagte zu ihm:

»Sie ruht sich aus, lassen wir sie also allein, denn jede Aufregung wäre gefährlich!«

Dorival küßte Madame Pin beide Hände und sagte dabei:

»Ach, ich gäbe mein Leben für sie.«

Und dann ging er.

Als er nach einer Stunde zurückkam, sah er die schöne Victoire; sie trug ein Häubchen, mit dem sie bezaubernd aussah. Ein wenig blaß war sie. Sie saß zwischen Vater und Mutter und zwei Unbekannten, die ihm den Rücken zuwandten. Er grüßte und, nachdem er der Mutter die Hand geküßt hatte, fragte er sie:

»Geht es ihr besser?«

Victoire lächelte. Sie war so schön, daß Dorival fast vor ihr auf die Knie gesunken wäre. Man sah, daß er schon eine solche Bewegung machen wollte.

»Monsieur und Madame«, sagte er, ohne die Fremden zu erkennen, von denen der Mann einen Mantel übergeworfen hatte und die Frau eine Haube trug, »ich habe sieben sehr enge Freunde, so wie Monsieur Pin der Freund meines Vaters ist. Wir haben einen Pakt geschlossen. Darf ich sie Ihnen vorstellen?«

»Aber sicher, alles, was Sie möchten, lieber Freund«, antwortete Monsieur Pin.

Mit keiner anderen Erwiderung als einer Verneigung zog sich Dorival zurück.

»Sollte unser Sohn einer der acht Verschworenen sein?« fragte Monsieur Dorival. »Wir haben in Lyon acht junge Männer, die in einem heimlichen Bund sind und sich geschworen haben, nur Schwestern oder zumindest Mädchen, die sehr gute Freundinnen sind, zu heiraten! Wenn sie es wirklich sind, werden Ihre acht Töchter eine gute Partie machen; diese jungen Männer sind genauso wohlhabend, wie es mein Sohn sein wird.«

Madame Dorival erklärte einige weitere Einzelheiten. Sie berichtete, daß die jungen Männer so eng befreundet wären, daß des einen Glück auch das der anderen bedeute. Die Eltern der acht jungen Männer wußten nicht, ob ihr Sohn dazugehörte, wohl aber, daß alle acht gegen jegliches Unglück füreinander einstehen würden.

Gerade als sie das sagte, kam Dorival, von sieben anderen jungen Männern begleitet, herein. Sein Vater und seine Mutter gingen beiseite. Die sieben Freunde grüßten wortlos. Dorival bat darum, daß man die anderen sieben jungen Damen riefe. Auf Wunsch ihrer Mutter erschienen sie. Die jungen Männer gingen einer nach dem anderen auf Monsieur und Madame Pin zu und sagten dabei alle:

»Erlauben Sie?«

Der Vater und die Mutter, die noch wortkarger waren, nickten nur mit dem Kopf. So nahm sich der älteste der acht Adèle; der nächste, fünfundzwanzig Jahre alt, Adélaïde; der Vierundzwanzigjährige Sophie; der von dreiundzwanzig Jahren nahm Isabelle; und der Neunzehnjährige entschied sich schließlich für Adéline. Da klatschte Dorival in die Hände und sprach:

»Es sind wahre Freunde! Sie wissen, daß ich der am wenigsten tugendhafte bin, und so haben sie mir die Frau gelassen, der auf ewig treu zu sein, es keinerlei Mühe bedarf!«

Bei diesen Worten ihres einzigen Sohnes jubelten Monsieur und Madame Dorival und gaben sich zu erkennen. Ihr Sohn warf sich in ihre Arme und ließ sie auch Victoire umarmen.

»Du bist also einer der acht? Und das sind sie alle!«

»Ja, verehrter Vater. Wem es gelungen ist, ein liebendes Herz zu gewinnen, der muß als letzter wählen. So wie Sie es gerade miterlebt haben. Meine treuen Freunde haben mein Geheimnis erkannt, ohne daß ich dies beabsichtigt hatte!«

»Ich kenne sie alle!« versicherte Monsieur Dorival Monsieur und Madame Pin; sie sind Ihrer Töchter würdig.«

Die acht Hochzeiten fanden noch am selben Tag statt.

VIERTE NACHT

Der 14. Juli [1789]

Ich war spät aufgestanden, um die ›Tableaux de la vie‹ zu vollenden, die ich nach Neuwied sandte. Gegen halb vier Uhr verließ ich das Haus, noch ganz wirr im Kopf, und wie ein Betrunkener ging ich vom Pont Notre-Dame aus meinen Weg. Der große Tag, der die Freiheit bringen sollte, begann mich wachzurütteln; ich atmete befreit, als ich vor mir eine erregte Menschenmenge erblickte. Das überraschte mich zunächst nicht sehr. Ich ging weiter und ... o Gott, ein Bild des Grauens! Ich sah zwei Köpfe, die auf Lanzen gespießt waren.

Fürchterlich erschreckt, suchte ich Näheres zu erfahren.

»Das sind«, antwortete mir ein Fleischer, »die Köpfe von Flesselles und Launay.« Bei diesen Worten überkam mich ein Schauder. Ich sah eine Wolke des Unheils über der unseligen Hauptstadt der Franzosen heraufziehen. Allerdings war die Auskunft zum Teil unrichtig, denn der Kopf Flesselles', der durch den Pistolenschuß, der sein Leben beendet hatte, total entstellt war, schwamm auf den Wogen der Seine. Was ich sah, waren die Köpfe von Launay und seinem Major.

Ich ging schnellstens weiter und hörte tausend Stimmen sich zu dem Gerücht vereinen:

›Die Bastille ist erstürmt!‹

Ich glaubte kein Wort davon und ging weiter, um mir die Belagerung der Bastille anzusehen. Mitten auf der Place de Grève angelangt, sah ich eine Leiche ohne Kopf im Rinnstein liegen, um sie herum noch fünf oder sechs andere. Ich fragte nach ... Es war der Gouverneur der Bastille.

Es schien unfaßbar: Da lag nun dieser Mann, der selbst bis vor kurzem noch taub war für das verzweifelte Flehen vieler Unglücklicher, die unter seiner Gewalt lebendig begraben waren, und dessen einzige Antwort grausame Befehle waren! Ich entfernte mich, ohne weitere Fragen zu stellen; meine Seele war derart erschüttert, sie hätte in ihrer tiefen Erregung keine genaueren Einzelheiten ertragen können. Nachdem ich die Arkaden des Rathauses passiert hatte, traf ich auf Leute, die wie Kannibalen hausten: Einer von ihnen, ich habe es mit eigenen Augen gesehen, setzte diese Bezeichnung in die Tat um: Er trug auf der Spitze einer Lanze die blutenden Eingeweide eines Opfers des Volkszorns, und niemanden entsetzte dieses grauenvolle Bukett!

Ein Stück weiter stieß ich auf die Toten der Belagerer, die auf einer Bahre fortgeschafft wurden; ich sah insgesamt fünf, und noch zwei Verletzte. Danach kamen die festgenommenen ›Invaliden‹ und Schweizergarden; dazu riefen junge, hübsche Mädchen – das läßt mich noch heute erschaudern! –:

»Erhängt sie! Aufhängen!«

Noch mehr erschütterte mich der Anblick eines großen und kräftigen Schweizer Gardisten, dem man eine Fleischermütze auf den Kopf gesetzt hatte und der beim Laufen von einem Straßenlümmel hin und her gestoßen wurde, dessen ganzes Gewicht er tragen mußte. Und dieser kleine Tiger, den ich am liebsten erschlagen hätte, setzte seinen schrecklichen Beleidigungen noch die Krone auf, indem er mit einem Stock auf die Knöchel und Beine des Soldaten einschlug. Aber dieser Soldat wurde nicht geopfert; es waren die beiden unglücklichen Invaliden, die man schon der Todeslaterne übergeben hatte.

Ich wollte mir den Sturm auf die Bastille ansehen, doch es war schon alles vorbei; die Festung war genommen. Die Sieger warfen hoch von den Türmen Papiere in die Gräben hinab, Papiere, die für die Geschichtsschreibung von hohem Wert hätten sein können. Ein Geist der Zerstörung überkam die Stadt. So sehe ich sie, die gefürchtete Bastille, auf die ich seit drei Jahren bei meinen allabendlichen Spaziergängen durch die Rue Neuve-Saint-Gilles nicht den Blick zu richten wagte! Ich sehe sie fallen und mit ihr ihren letzten Gouverneur!

Welch ein Wirrwarr in meinem Kopf. Ich war wie betäubt davon und konnte kaum einen Gedanken fassen. Aber ich nahm mich zusammen. Mit den Gefühlen des Schreckens, von denen ich ganz erfüllt war, mischte sich ein Gefühl der Freude darüber, daß dieses furchtbare Ungeheuer schließlich dem Untergang anheimfiel. Nachdem ich wieder auf die Place de Grève zurückgekehrt war, informierte ich mich über die genaueren Umstände. Hier erfuhr ich, wie man Launays habhaft geworden war; die Gründe des Volkszorns, den er selbst heraufbeschworen hatte; wie der ehrenwerte Delorme umkam, obwohl er von einem ehemaligen Häftling verteidigt wurde.

Zug der Pariser Marktweiber
nach Versailles am 5./6. Oktober 1789

Wie der unentschlossene Launay das Opfer des Mutes seines Kommandanten wurde, der Widerstand leisten wollte. Wie er in seinem Wankelmut die Zugbrücke hatte hochziehen lassen, nachdem die Eroberer schon eingedrungen waren. Und wie nicht er, sondern andere den Befehl gaben, auf das Volk zu schießen; wie er von einem Grenadier ergriffen wurde und dabei, als er auf den Platz geführt wurde, um der Stadtverwaltung übergeben zu werden, von einem Lausebengel mit einem Stock auf den unbedeckten Kopf geschlagen wurde, wobei er in Tränen ausbrach und rief:

»Ich bin verloren!«

Wie dieser Schlag, dem noch tausend weitere folgten, das Signal für seine Hinrichtung war, bei der man ihm ganz in der Nähe der ersten Ständerhäuser am Hafen den Kopf abgeschlagen hatte, den man dann auf einer Lanze davontrug. Wie man ihn durchsucht und seine Papiere dann ins Rathaus gebracht hatte. Wie diese dann den unglückseligen Flesselles kompromittierten, dem man den Tod des Gouverneurs verheimlichte. Wie man ihn, Flesselles, wiederum gezwungen hatte, das Rathaus zu verlassen, und wie ihm ein großer, kräftiger Mann, weil er einen Verräter in ihm sah, das Gehirn zertrümmerte. Schließlich, wie man die beiden verwundeten Artilleristen an der Straßenlaterne aufknüpfte, nachdem man auch ihnen die Köpfe abgeschlagen hatte!

Ich erschauderte. ›O Lambesq!‹ dachte ich bei mir. ›Dein unvorsichtiges Verhalten hat dem Volk diese finstersten Gedanken eingegeben, und so bist du der eigentliche Mörder der fünf Unglücklichen!‹

Für den Rest des Abends irrte ich in den Straßen umher. Als ich an der Place Dauphine vorbeikam, hörte ich den Trommelschläger. Ein gutgekleideter Mann gab der Öffentlichkeit zur Kenntnis, daß sich im Luxembourg unterirdische Gänge befänden, durch die man in die Plaine Montrouge gelangen könne. Ich blieb ruhig; mir war klar, daß das ein Gerücht war, daß man, gäbe es wirkliche Schreckensmeldungen, nicht eine solche nichtige in die Welt gesetzt hätte. Ich ging zum Palais-Royal. Dort waren alle Läden geschlossen. Die abgeschlagenen Köpfe schienen wie das Haupt der Medusa alles versteinert zu haben. Die in den Gärten debattierenden Menschen waren nicht mehr wie an den vorangegangenen Tagen mit Gesetzentwürfen beschäftigt, sondern sie sprachen nur noch vom Töten, vom Erhängen und vom Enthaupten. Mir sträubten sich die Haare. Da tauchte plötzlich ein Mann auf und rief:

»Messieurs, wir befinden uns in größter Gefahr! Auf dem wichtigsten Posten, am Zugang zum Pont-Royal, stehen nur acht Männer, achthundert müßten es sein, um die Kanone zu verteidigen ... Alle guten Bürger sollten jetzt ihren Eifer zeigen. Sie sollten den Aufruf im Distrikt Saint-Roch verbreiten, während andere dem Posten schnelle Verstärkung ankündigen sollten.«

Ich ging zum Pont-Royal. Dort sah ich tatsächlich nur acht Männer. Ich überquerte die Brücke und kam über den Quai des Quatre-Nations zurück. Dort rief man wie im Kriegszustand »Wer da?«. Die kursierenden Gerüchte hielten alles in Atem. Ich ging weiter. Hier riß man das Straßenpflaster auf, um die Kavallerie aufzuhalten, an einer anderen Stelle türmte man die Kirchenbänke zu Barrikaden auf, trotz der Protestschreie der Wächterinnen. In allen Straßen liefen Patrouillen, und die Posten unterzogen sämtliche Passanten einem Verhör.

So ging ich an meiner Wohnung vorbei bis zur Île-Saint-Louis, die ich bis zu diesem Tag niemals versäumt hatte zu umrunden. Mitten auf der Rue Saint-Louis wurde ich angehalten und verhört. Ich sagte aus, was ich gesehen hatte, daß gerade vor einem Augenblick ein Reiter angejagt kam und geschrien hatte: »Zu den Waffen!« Ein in Schwarz gekleideter Mann wurde auf mich aufmerksam und rief mich an. Ich nannte ihm meinen Namen und entfernte mich.

Auf dem Weg nach Hause hielt mich auf dem Pont de la Tournelle ein Wachposten an, ein kleiner Kerl, der mir ziemlich bösartig erschien. Er behandelte mich mit anmaßender Frechheit und zwang mich in das Wachhaus hinein. Es wäre um mich geschehen gewesen, hätte sich der Schuft, der einen Straßenräuber bestochen hatte, gezeigt.

Es ist leider wahr, daß ich angezeigt wurde. Mein Glück war, daß der Wachposten mich nicht persönlich kannte und daß der schwarzgekleidete Mann, dem ich gerade über den Weg gelaufen war, mich nur durch meinen roten Rock beschrieben hatte. So bemerkte ich zwischen den Wachen einen anderen Mann, der auch etwas Rotes trug und den man statt meiner festgenommen hatte. Der unverschämte Wachposten, in dem ich einen mir von der Insel bekannten prahlerischen Stutzer wiederzuerkennen glaubte, führte seltsame Reden und wollte mich durchsuchen, jedoch nicht sofort, sondern erst, nachdem er für einen Moment hinausgegangen war. Ganz sicher hatte er den Denunzianten, der mich von draußen sehen konnte, um

Rat gefragt. Ich verlangte den diensthabenden Offizier zu sprechen. Man verwies mich an den Sergeanten, der mir nicht gerade viel Aufmerksamkeit schenkte. Ich wurde ungeduldig. Den versehentlich festgenommenen Mann ließ man frei. Ein kleiner Junge flüsterte dem Sergeanten etwas zu, der daraufhin hinausging. Als er wieder hereinkam, war er wie verwandelt. Er sprach zu dem Wachposten:
»Du hast den ersten weggeschickt, ich lasse den zweiten frei.«
Der Wachposten packte mich beim Kragen und sagte:
»Ich habe Informationen! Ich habe zuverlässige Informationen! Er ist der Spion des Königs.«
»Um Gottes willen!« antwortete ich ihm, »ich bin der Spion des Lasters, aber nicht der des Königs; mir wurde niemals die Ehre zuteil, je eine Begegnung mit dem Oberhaupt der Nation gehabt zu haben. Aber«, fügte ich mit Schärfe hinzu, »der Offizier gibt mich frei, Posten! (Ich stieß ihn zur Seite.) Gehorche also deinem Vorgesetzten!«
Es gelang mir, mich loszureißen. Ich wiederhole es, es wäre um mich geschehen gewesen, hätte man mich aufs Rathaus geführt. Der gemeine Denunziant hatte es auf mich abgesehen und wollte mich an dem berüchtigten Laternenpfahl hängen sehen. In diesen Tagen waren genauere Untersuchungen nicht üblich.
Aber wer hatte den Sergeanten zu meinen Gunsten umgestimmt? Ein junges Mädchen, eine schöne Brünette, die mich täglich auf der Insel bemerkte und die mir von ihrem Fenster aus oft zusah, wenn ich meine Daten einmeißelte! Sie hörte mit an, wie der Denunziant den Hinweis gab, mich festzunehmen. Sogleich war die junge Person mit ihrer Köchin auf die Straße hinuntergeeilt und hatte mich tatsächlich von draußen durch das niedrige Fenster des Wachhauses erkannt. Ich versuchte gerade, alles zu erklären.
»Ach«, sagte sie, »das ist der arme ›Datenkritzler‹, den die Kinder ›Federkratzer‹ rufen, seit ein kleiner, schwarzer Bösewicht sie dazu aufgehetzt hat. Er ist ein guter Mann. Ich bin ihm so oft nachgegangen, um zu lesen, was er schreibt. Das war immer sehr unschuldig, ich versichere es!«
Sie rief einen kleinen Jungen heran und schickte ihn in die Wache, damit er den Sergeanten heraushole. Der Mann kam heraus, und die reizende Brünette verwandte sich bei ihm für mich. So wurde er mir wohlgesonnen. Als ich mich entfernte, traf ich sie. Trotz der ihrem Geschlecht eigenen Schüchternheit, der späten Stunde und der Ereignisse des Tages sprach sie mich an:

»Ich möchte Sie nach Hause begleiten; Sie haben einen grausamen Feind, denn ich habe mit angehört, wie er Sie denunziert hat. Reichen Sie mir Ihren Arm, ich will Sie beschützen.«

Überrascht und verwirrt dankte ich ihr. Der Wachhabende war auf seinen Posten zurückgekehrt. Dieser Mann war ein Angestellter des Vaters der jungen Dame.

»Wer sind Sie?« fragte sie mich.

»Ich bin der Autor des ›Paysan perverti‹.«

»Der sind Sie ... Ach, wenn mein Vater zu Haus wäre, würde er Sie umarmen! ... Vorwärts, bringen wir ihn nach Hause. Er war mir aufgefallen, ohne daß ich ihn gekannt habe. Und du, elender Kerl, nimm dich in acht!« drohte sie dem Wachposten.

So gingen wir los.

»Ich werde Sie meinem Vater vorstellen, wenn Sie wieder einmal auf diese Insel kommen.«

»Ich werde nicht wieder herkommen, Mademoiselle! Ich habe meine Insel geliebt, aber nun ist sie entweiht. Ich kann niemals wieder hierher zurückkommen. Aber sie war ja schon beschmutzt! Ein Schurke hat hier meine Tochter verhaften lassen, die zu unser aller Unglück seine Frau ist. Das konnte ich meiner teuren Insel nicht verzeihen, und dennoch liebte ich sie so zärtlich, daß ich sie nicht verlassen konnte. Aber jetzt muß ich mich von ihr trennen ... Sie hat mich durch ihre Kinder beschimpft; ich habe es ihr verziehen, weil die Kinder bisher noch nicht grausam waren. Doch heute sind sie es geworden und haben sie damit entweiht, da sie mich an einer der geheiligten Laternen aufhängen wollten, die mir in der Stille und im Dunkel der Nacht so oft Licht gegeben haben. (Indem ich mich umwandte und einen Stein am Rand des Pont-Tournelle küßte.) Oh, meine Insel, meine geliebte Insel, auf der ich so viele wonnevolle Tränen vergossen habe, ich sage dir adieu, adieu für immer! Alle Franzosen werden frei sein, nur ich nicht! Ich bin von meiner Insel verbannt! Ich werde nie wieder die Freiheit haben, dort spazierengehen zu können! So ist die letzte Freude meines Lebens zerstört!«

Ich hielt inne.

Das junge Mädchen war gerührt.

»Sie werden um unsertwillen hierher zurückkommen!« sprach sie zu mir.

»Nein, nein! Der Schurke, der meine Familie in den Schmutz gezogen hat, würde mich hier vor Ihren Augen aufhängen lassen. Ich werde nicht mehr zurückkommen.«

Und ich bin wirklich nicht wieder zurückgekommen. Der 14. Juli 1789 ist das letzte meiner Daten auf der Insel ... 14. Juli, es war an diesem Tag im Jahre 1751, als ich zum erstenmal in die Stadt kam, so wie es das erste Bild des ›Paysan-Paysanne‹ zeigt! Du warst es, 14. Juli, der mich für immer den Feldern entriß und der mich jetzt von meiner Insel verbannt!

Wir gingen schweigend weiter. Als wir in meinem Haus ankamen, lernte das junge Mädchen dort Marion, meine geliebte Tochter, kennen, und sie schloß sie ins Herz; sie hat sie noch heute gern, sie werden einander bis zum letzten Atemzug lieben.

Gesellschaftlicher Aufstieg

Ein etwas frühreifer junger Mann von fünfzehn Jahren verliebte sich in ein Mädchen, das fünf oder sechs Jahre alt war. Man wird darüber nicht mehr erstaunt sein, wenn man weiß, daß die kleine Adélaïde schon viel früher zwei heftige Leidenschaften entflammt hatte. Sie hatte ein hübsches Gesicht, ein reizendes Lachen und vor allem sehr schöne Augen, die mit ihrem Strahlen förmlich blendeten und die, wenn sie ihre langen Wimpern niederschlug, die zärtlichsten Gefühle wecken konnten. Als der junge Dorange Adélaïde an einem Sonntag im Palais-Royal sah, fand er sie wunderschön, und er fühlte, daß er sie lieben würde. Er sah sie lange an, was die Kleine bemerkte.

Auf dem Heimweg wurden sie in der Menschenmenge hin und her gestoßen, wobei der junge Mann ein wenig aufschrie. Adélaïde, die auf Dorange schon aufmerksam geworden war, rief ihm zu:

»Monsieur, geben sie acht!«

Dieser Beweis der Anteilnahme ließ den jungen Mann endgültig zu seinem Entschluß kommen.

Gleich am nächsten Tag ging er deshalb zu seiner Mutter:

»Mama«, sagte er, »du liebst mich doch und möchtest, daß ich glücklich bin. Ich weiß nun, daß ich es nur durch die Liebe werden kann, durch die Liebe zu einem einzigen Mädchen.«

»Bevor ich deine Vorstellungen nur anhöre, mein Sohn«, antwortete die Mutter, »müssen zwei Bedingungen erfüllt sein: daß deine Angebetete hübsch ist, auch in den Augen anderer Leute, und daß sie mehrere Jahre jünger ist als du. Ist das nicht der Fall, wollen wir alles Reden lassen. Erspare mir also den Schmerz, dir etwas verbieten zu müssen.«

»Forderst du nur diese zwei Bedingungen, Mama?« rief der junge Mann.

»Und daß sie gute Manieren hat.«

»Das ist selbstverständlich«, entgegnete der Sohn. »Nur diese drei?«

»Und dann, daß sie nicht das Kind unehrenhafter Leute ist; denn trotz allem möchte ich weder die Tochter eines Henkers, noch die eines Kerkermeisters oder die eines Betrügers, egal, ob er nun ein großer oder ein kleiner ist.«

»Ach, Mama, all diese Bedingungen sind doch selbstverständlich.«

»Mehr hätte ich nicht dagegen.«

»Die ich liebe«, sagte der junge Mann gelassen, »ist die Tochter ehrenwerter Leute, die, mit uns verglichen, nicht reich sind, aber auch nicht arm. Sie ist das einzige Kind, vielleicht sieben, acht, neun oder zehn Jahre alt. Sie ist von außergewöhnlicher Schönheit! Sie würde dich entzücken, Mama, wie sie mich entzückt hat.«

»Wie kannst du in ein zehnjähriges Mädchen verliebt sein?«

»Es ist sicher keine Liebe, denke ich, sondern tiefe Zuneigung. Sie ist so hübsch, und ich stelle mir vor, daß ich sie eines Tages lieben werde. Aber da ich bei dir aufgewachsen bin, Mama, weiß ich den ganzen Wert einer guten Erziehung zu schätzen! Ich sorge mich um die Adélaïdes. Ich selbst möchte sie unter deiner Anleitung erziehen, Mutter.«

»Das sind ja eigenartige Ideen!«

»Höre meinen Plan! Seit einiger Zeit denke ich darüber nach, was Glück bedeutet. Für mich besteht es darin, eine Ehefrau auf das zärtlichste zu lieben, aber ich sehe, daß die Liebe nicht immer von uns selbst abhängt. Ich sehe all die Menschen, die heiraten, ohne sich zu kennen. Meist möchte der Mann seine Frau lieben, aber sie kümmert sich nicht darum; oder es ist die Ehefrau, die lieben möchte, und der Mann entfernt sich. Ich werde deshalb einen anderen Weg gehen; ich möchte das Herz meiner Frau durch eine lange Gewöhnung an mich binden, bevor ich sie heirate. Wir sind nicht persönlich bekannt mit dem Vater und der Mutter von Adélaïde, denn es sind kleine Ladenbesitzer. Gib mich bei ihnen in Pension unter dem Vorwand, daß ich den Kaufmannsberuf erlernen soll. So kann ich dann

Adélaïde formen, tausend kleinen Charakterschwächen vorbeugen, in ihr die Talente und Eigenschaften wecken, die ich liebe und die für mein Glück notwendig sind.«

»Ach, sieh mal an! Da haben wir ja einen Philosophen!« rief Madame Dorange. »Aber selbst wenn das alles noch so gut klingt, kann es mich nicht überzeugen, wenn die junge Dame nicht schön ist.«

»Du mußt sie auf der Stelle sehen, Mama. Laß uns ins Palais-Royal gehen. Heute wird zwar der zweite Ostersonntag gefeiert, aber der Laden wird geöffnet sein: Adélaïde wird ebenso schön wie gestern aussehen. Du wirst sie sehen.«

Nachdem die Dame sich zum Ausgehen zurechtgemacht hatte, gingen sie los.

Es war ein Uhr, als sie im Palais-Royal ankamen. Adélaïde kam auch gerade, begleitet von einem Ladenmädchen. Ihre Mutter war schon dort. Unter der ersten Kolonnade, die noch eine aus Holz war, bemerkte Dorange Adélaïde, die sich an der Passage aufhielt. Er ging auf sie zu, um ihr die Hand zum Gruß zu reichen. Das Kind lächelte, aber wollte seine Hand nicht geben. Madame Dorange ihrerseits bestaunte sie und ging auf sie zu. Adélaïde hatte mehr Zutrauen zu einer Dame, deren Äußeres so beeindruckend war; sie gab ihr die Hand und ging dann weiter.

»Wenn das deine Adélaïde ist, mein Sohn«, sagte Madame Dorange ganz leise, »dann hast du meine Einwilligung.«

»Sie ist es.«

»Dann werden wir deinen Plan in die Tat umsetzen. Sind das ihre Eltern?«

»Ja, Monsieur Micron.«

»Ich kenne ihn als einen rechtschaffenen Mann; er genießt einen sehr guten Ruf. Doch reden wir über unser Vorhaben. Wenn ich sie zu mir nähme?«

»Nein, Mutter«, antwortete der junge Mann, »es gäbe zu viele Ablenkungen und Zerstreuungen. Adélaïde sähe dort zu häufig das Beispiel unserer Damen. Ihre Erziehung darf nicht gestört werden; außerdem wird sie mich mehr und wirklich lieben, wenn sie in mir ihresgleichen sieht. Komm also morgen wie eine Händlerin gekleidet wieder her und bitte darum, daß ich in dem Haus aufgenommen werde. Ich werde mich dieser Art zu leben unterwerfen, denn ich habe meine Studien beendet. Meine wichtigste Aufgabe ist nun, mir eine Ehefrau heranzubilden. Da der Handel meine Aufmerksamkeit kaum in Anspruch nehmen wird, kann ich mich weiterhin den Dingen widmen, die ich eines Tages brauchen werde.«

Madame Dorange war einverstanden. Der Anblick Adélaïdes, ihre Schönheit und Jugend gefielen ihr, und da sie ihren Sohn liebte, wollte sie ihn auf die Art glücklich machen, die er selbst gewählt hatte. Sie beobachtete die kleine Micron mit Wohlwollen, ohne von dieser bemerkt zu werden; sie sah, wie sie mit dem Ladenmädchen spazierenging, gemeinsam Mittagsmahlzeit hielt und herumtollte, sie konnte sich nur schwer, nun aber selbst vom Hunger getrieben, davon abwenden.

Am nächsten Tag, der immer noch Feiertag war, führte Madame Dorange, die wie eine wohlhabende Frau gekleidet war, ihren Sohn in einem ganz neuen schlichten grauen Anzug zu dem Laden der Familie Micron.

»Monsieur und Madame«, sagte sie, »Ihr Ruf von Rechtschaffenheit und Klugheit bei dem umfangreichen Handel, den Sie betreiben, und Ihre sonstigen guten Vorzüge veranlassen mich, Ihnen meinen Sohn, der hier neben mir steht, als Lehrling vorzuschlagen. Ich werde soviel Kostgeld zahlen, daß es Sie für seine Unerfahrenheit entschädigen wird. Ich bin gut bekannt mit Madame Esprit, Madame Choufleurs, deren Nachbarin und der ihren sowie mit vielen anderen Leuten aus dem Palais-Royal.«

Während die Dame sprach, wurde der junge Mann neugierig betrachtet, und er gefiel. Dennoch antwortete man zunächst nicht.

So sprach die Mutter weiter.

»Ich biete 2400 Livres als Kostgeld.«

»Es soll also für vier Jahre sein, Madame?« sagte schließlich Monsieur Micron.

»Nein, Monsieur. Mein Sohn soll für vier Jahre bleiben, oder noch lieber für sechs; aber ich zahle diese Summe pro Jahr.«

»Wir sind einverstanden«, sagte nun Madame Micron. »Aber wir können ruhig ein wenig mit dem Preis heruntergehen ...«

»Madame«, entgegnete die Mutter, »wir sind wohlhabende Leute, und ich möchte nicht an den Ausgaben für die Sorge um meinen Sohn sparen.«

So war die Sache beschlossen. Man vereinbarte, noch am selben Abend die Sachen des jungen Mannes zu schicken.

In dem Augenblick kam Adélaïde mit dem Ladenmädchen herein. Sie hörte es mit Freude, daß Dorange in ihrem Haus wohnen würde.

Die zärtliche Begrüßung der Dame ließ sie erröten; sie war wieder überaus liebreizend. Nach einer kurzen Unterhaltung mit Dorange, während der die Eltern letzte Absprachen trafen, sagte Adélaïde zu dem jungen Mann:

»Du wirst hier wie mein Bruder leben; und wenn du willst, kann ich mit dir Vater und Mutter teilen: ich werde nicht eifersüchtig sein. Du kannst mir ja die Hälfte deiner Mutter abgeben.«

Madame Micron, die ihre Tochter über alles liebte, war immer hellhörig für das, was sie sagte; so war ihr auch jetzt nichts entgangen, und mit Entzücken wiederholte sie es leise.

»Das allein wäre für mich ein Grund, einverstanden zu sein, wenn ich es nicht schon gewesen wäre!« sagte Monsieur Micron.

Madame Dorange und ihr Sohn blieben zum Essen in dem Geschäft. Die tägliche Mahlzeit war sehr gut in der Familie Micron, und Madame Dorange war damit zufrieden. Aber besonders beglückt war sie von der erwachenden Zuneigung Adélaïdes, die sich für Dorange sehr zu interessieren schien. Dafür gab es ganz kleine Anzeichen und einen Ausdruck der Zufriedenheit, was sie immerzu lächeln ließ. Die Tochter war das Thermometer der Mutter; jene lebte und dachte nur durch ihre Tochter. Und so tat sie es ihr gleich, sie behandelte Dorange mit größter Aufmerksamkeit und sprach zu ihm mit der gleichen Zärtlichkeit wie zu ihrer eigenen Tochter. Madame Dorange war von all dem entzückt, und so konnte sie mit weniger Schmerz auf den täglichen Anblick ihres Sohnes verzichten.

Schon am Mittwoch begann Dorange mit der Erziehung Adélaïdes. Durch einige Vorträge erweckte er in ihr zunächst die Bewunderung für Mesdemoiselles Grêtry, Levêque und Debelair, deren Talente er pries. Adélaïde hörte aufmerksam zu. Einen Augenblick später, als ihre Mutter gerade beschäftigt war, zog sie Dorange am Ärmel beiseite und sagte ganz leise:

»Kannst du mich nicht auch so weit bringen.«

»Wir können es versuchen, wenn du willst?«

»O ja, versuchen wir es, mein lieber Dorange.«

Der junge Mann unterrichtete die Mutter kurz davon und begann mit seinen Lektionen. Adélaïde gab sich solche Mühe, daß diese kleine Person, die eben noch verspielt war, jetzt ganz ernsthaft wurde. Dorange, der erreichen wollte, daß sie eine feste Gesundheit hat, teilte den Eltern mit, daß er beschlossen habe, seinen Unterricht für die Tochter mit einem Spaziergang zu verbinden und sogar mit einem Lauf im Garten. Als er das vorschlug, schloß ihn die Mutter in ihr Herz. Sie war beglückt darüber, einen Jungen im Haus zu haben, der viel Geld dafür bezahlte, der Lehrer ihres Kindes sein zu können. Dorange zeigte der Tochter das Tanzen, lehrte sie Musik, Grammatik, Geographie, das Italienische und das Englische, außerdem die Harfe und das Cembalo; er hatte sehr viele Dinge gelernt, und indem er sie an seine Schwester, wie er sie nannte, weitergab, übte er sich selber.

Die Mutter und noch mehr der Vater Adélaïdes waren wegen der Schönheit ihrer Tochter noch etwas mißtrauisch. Das kleine Mädchen, das vor kurzem noch niemandem anders als ihrem Vater, der Mutter oder ihrer Amme die Hand gegeben hatte, bebte vor Freude, wenn es von Dorange in den Garten geführt wurde. Deshalb gaben sie sich nur den Anschein, zu Hause den Lehrer und die Schülerin in vollkommener Freiheit zu lassen; sie hielten das Ladenmädchen fern, aber das taten sie, um besser aufpassen und um bis zum letzten Wort alles mit anhören zu können. Doch während all der sechs Jahre fiel nicht ein Satz, sahen sie nicht eine Geste, die nicht rein und unschuldig war. Mit vierzehn Jahren war Adélaïde ausgebildet und so schön, daß man sie nur voller Bewunderung ansehen konnte. Madame Dorange, deren Sohn inzwischen einundzwanzig Jahre alt war, kam, um für ihn um ihre Hand zu bitten.

»Aber Madame«, sagte daraufhin die Mutter Adélaïdes, »ist er denn in seine Schwester verliebt? Er hat ihr davon niemals ein Wort gesagt, auch uns nicht, seit er hier ist. Oft habe ich es bereut, daß sie sich Bruder und Schwester nannten; denn sie fühlen nun auch als solche füreinander, und ich sehe auf der ganzen Welt nur Dorange, dem ich meine Tochter geben wollte.«

Madame Dorange war gerührt und versicherte, im Auftrag ihres Sohnes zu sprechen. So rief man die beiden jungen Leute herein.

»Adélaïde«, sagte Madame Micron, »du wirst die Gattin deines guten Freundes sein; seine Mutter hat gerade um deine Hand angehalten.«

»Ach«, rief das junge Mädchen, indem sie sich in die Arme ihrer künftigen Schwiegermutter warf, »wie machst du mich glücklich! Wenn wir uns jemals hätten trennen müssen, wäre ich an dem Schmerz darüber gestorben! Nicht wahr, Dorange?«

»Ich glaubte gar nicht, daß ich ein solch glücklicher Mensch bin!« antwortete der junge Mann.

»Was, du wußtest nicht, daß ich nicht einen Moment ohne dich sein könnte!«

»Aber mein kleines Schwesterchen, ich fühle doch ebenso.«

»Seht ihr, wir wären beide vor Kummer gestorben, wenn man uns getrennt hätte!«

Diese anrührende Naivität brachte Madame Dorange zum Weinen.

»Wir wollten euch niemals voneinander trennen.«

»Ich glaube es!« antwortete Adélaïde. »Mein Vater und meine Mutter lieben mich sehr; neulich habe ich mit angehört, wie sie einen jungen, reichen und, wie man sagt, schönen Edelmann abwiesen. Als wenn jemand schön sein könnte wie Dorange.«

»Aber es war er, den Ihre Eltern abwiesen, meine liebe Schwiegertochter; ich habe mit meinem wahren Namen um Ihre Hand anhalten lassen!«

»Ach, Mama Dorange«, sagte Adélaïde mit einem niedlichen Schmollmündchen, das ihr reizend stand, »mir einen solchen Streich zu spielen!«

»Dorange ist also ein adliger Herr!« vergewisserte sich der Vater.

»Und sehr reich«, antwortete Madame Dorange.

»Ist er etwa deshalb liebenswerter?« fragte die kleine Adélaïde.

»Aber ja doch, meine Tochter«, rief Madame Micron rundheraus.

»Wenn du meinst, dann freue ich mich darüber, Mama.«

Die Ehe wurde geschlossen: Monsieur und Madame Micron hatten trotz der Revolution die überholten Vorurteile bewahrt, mehr noch als der Adel selbst und hundertmal mehr als Madame Dorange. Sie waren trunken vor Glück, daß ihre Tochter nun zu einer Marquise wurde. Adélaïde aber hatte bei ihrer Heirat zur Bedingung gemacht, Vater und Mutter nicht verlassen zu müssen. Man war damit einverstanden, doch die Eitelkeit hinderte das Ehepaar Micron daran, ihr Glück zu genießen. Sie wollten ihre Tochter in einem vornehmen Haus sehen und sie deshalb fortschicken. Aber Adélaïde setzte sich durch. Ihr Mann hatte sie zu gut erzogen, als daß sie nicht eine vorbildliche Tochter wäre. Er unterstützte sie.

»Ich bin zu glücklich in diesem Haus gewesen, als daß ich es verlassen könnte«, sagte auch Dorange zu den Eltern seiner jungen Frau.

Nach der Hochzeit verhielt sich der junge Mann, der seiner Angebeteten niemals zuvor von Liebe gesprochen hatte, sehr zärtlich und sehr verliebt. Er wußte, daß Adélaïde ihre Eltern über alles verehrte, und so machte er diese glücklich, um seine Frau noch glücklicher zu sehen. Er wartete noch zwei volle Jahre ab, bevor er sie ganz zu seiner Frau machte; sie sollte das sechzehnte Lebensjahr erreicht haben. Während dieser Zeit war Dorange ein zärtlicher, zuvorkommender aber respektvoller Liebhaber. Er hatte vorher gesagt:

»Ich möchte meiner Frau nicht das Glücksgefühl rauben, ganz zu lieben. Ich bin ihr Bruder gewesen, ihr Kamerad; jetzt bin ich ihr Liebhaber. Ich muß alles für sie sein. In einiger Zeit bin ich ein Ehemann und werde schließlich wieder so, wie ich begonnen habe, ihr Kamerad und Freund sein.«

Dorange setzte seine Pläne in die Tat um. Als Adélaïde das sechzehnte Jahr vollendet hatte, wurde sie, nun ganz seine Frau, schwanger. Jetzt war er zärtlicher und aufmerksamer Ehemann. Die gute Madame Micron war ganz bezaubert davon, und selbst Madame Dorange bewunderte das Verhalten ihres Sohnes. Was Adélaïde betraf, sie war ganz einfach glücklich, ohne darüber nachzudenken. Aber das Glück machte sie so liebreizend, daß sie für Vater, Mutter, Schwiegermutter und Ehemann gleichsam eine Freude war.

Sie schenkte einem Sohn das Leben. Von da ab sah man mit einer gewissen Überraschung, daß Dorange seinen Ton änderte. Er behandelte seine Frau nun überaus würdevoll, er erhob sie über sie selbst, und er änderte sein Verhalten, denn er sah in ihr jetzt eine Familienmutter, die man anbeten und respektieren mußte. Dabei blieb es dann zunächst. Aber er wird wieder anders sein, wenn seine Frau einmal die Mutter erwachsener Kinder ist. Trotz der Würde, die sie schon heute ausstrahlt, fällt auf, daß sich darein immer noch etwas Zimperlichkeit mischt. Sie ist also eine niedliche Mama, die man bei all den Unannehmlichkeiten der Schwangerschaft verwöhnen muß. Sowohl seiner Mutter als auch den Eltern seiner Frau hat Dorange erklärt, daß er für die Zeit, da die Kinder groß sind und die Marquise d'Orange keine mehr bekommen würde, ein nicht weniger vollkommenes Glück erwarten würde als das, was dem vorausgegangen sei: Sie würde nämlich wieder seine Schwester sein. Ihre Kinder würden in ihnen nur ein einziges Wesen sehen, das in zwei Körpern steckt; sie hätten füreinander alle Achtung und Ehrerbietung, gleichzeitig alle Freiheiten, die eine wahre Freundschaft ausmachen. Die Ehe wird ihre Rechte angleichen; und nur die ganz jungen Ehemänner dürfen ihre Frauen beherrschen; die vollkommene Gleichheit kommt den Familienvätern und -müttern zu. Ungleichheit hingegen verletzt das Anstandsgefühl, sogar die Sittlichkeit in den Augen der Kinder, die beide gleichermaßen verehren müssen. Zwei Greise, auch wenn sie unterschiedlichen Geschlechts sind, müssen mit der gleichen Ehrerbietung behandelt werden.

Das sind die Grundsätze des jungen Dorange; und es hieße ihn mißverstehen, würde man von all diesen Gedanken ableiten, daß die Ehemänner in den großen Städten inkonsequent seien und daß ihr verrücktes Verhalten Verachtung oder Mitleid hervorrufen müsse.

Diese Geschichte ist genauso wahr, wie sie eine wirkliche Moral hat.

FÜNFTE NACHT

Der 17. Juli [1789]

Während all der Unruhen erlebten wir auch einen Freudentag. O König, Oberhaupt des Volkes! Indem das Volk dich ehrt, ehrt es sich selber! In seiner Liebe zu dir liegt das mächtigste Zeichen der allgemeinen Brüderlichkeit! Du sollst gesegnet sein, guter Ludwig XVI.! Die Nachwelt wird dich nicht vergessen, denn du bist unsterblicher als zehn Könige zusammen!

Am Abend des 16. war es in aller Munde: ›Der König kommt nach Paris! Er kommt, um uns zu beweisen, daß er der Hauptstadt wegen der Erstürmung der Bastille nicht grollt!‹

»So soll er doch kommen!« schrien Rasende, »aber er wird nicht kommen!«

»Er kommt ganz gewiß!« entgegneten ruhig die guten Bürger, die im Palais-Royal waren, diesem Abbild der Chimere mit dem Kopf einer schönen Prostituierten, deren Augen Flammen werfen, deren Zunge, wie die einer Schlange, mal Gift, mal heroische Reden speit. Sie hat Hände wie ein Drache. Ihr Herz ist leer und wird von lüsterner Begierde lebendig gehalten; zwischen Hüfte und Knie trägt sie die Quelle der schändlichsten Übel; sie hat den Schenkel eines Satyrs, die Waden eines Hirsches und den Fuß eines Schweins.

»Er wird kommen, wir kennen sein gütiges Herz.«

»Er wird kommen«, rief eine kreischende Stimme, »und d'Artois flieht! Seine Kinder ließ er schon fortgehen! Auch die Polignac reißen aus!«

»Sie fürchten den Volkszorn! Ihr habt einen Preis auf ihre Köpfe ausgesetzt! Wem kann man es verdenken, wenn er vor einem grausamen Tod flieht!«

So wurde im Garten der Chimere diskutiert.

Währenddessen machte sich Ludwig tatsächlich bereit, um nach Paris zu kommen. In Versailles war alles in Aufregung geraten. Während die Königin zittert, die Prinzen fliehen, ist Ludwig der einzige, der sich mit Festigkeit wappnet. So kam der Morgen des 17., und Ludwig reiste ab.

Zwei Ehrenmänner, der tugendhafte Bailly und der junge, heldenmütige La Fayette, hatten sich bereit gezeigt, die Zügel in der Stadt in die Hand zu nehmen, einer für die Verwaltung, der andere für das Militär. Der erste eilt dem Monarchen entgegen, letzterer bereitet die Bevölkerung für den würdigen Empfang vor. Bailly überbringt die Schlüssel der Stadt, alle guten Bürger bringen die Schlüssel zu ihren Herzen dar.

Ludwig trifft ein. Eifrig werden zu seinen Füßen Blumen gestreut, zwischen schußbereiten Kanonen, Kanonenkugeln und Gewehren.

O La Fayette, du sollst gesegnet sein! Du hast das Kommando nur übernommen, um es den Intriganten, den Schuften und Verrätern zu entreißen. Sei gesegnet, Held zweier Welten! Und du, Bailly, sei ebenfalls gesegnet! Denn du hast die Menschlichkeit, das Wissen, die Moral und die Weisheit an die Stelle dessen gesetzt, was vor deinem Amtsantritt in der Polizeiverwaltung herrschte: Unterdrückung, Unwissenheit und Dummheit. Dabei haben wir alle gewonnen. Aber du hast deinen Frieden und dein geliebtes Spiel mit den Musen eingebüßt! Dein Geist wird gelähmt! ... Aber was sage ich hier? Du nutzt deine langen philosophischen Studien zum Wohle deines Vaterlandes! So setzt du in die Tat um, was du immer erträumt hast. Sei gesegnet!

Ich konnte die Ergüsse meines Herzens kaum beherrschen.

Ich will hier nicht berichten, was Bailly dem König gesagt hat. Er schilderte ihm, wie das Volk ihn liebte; denn so fühlten alle. Ludwig antwortete nur mit einem aus tiefem Herzen kommenden Ausruf:

»Ich werde mein Volk bis in alle Ewigkeit lieben.«

Man hat die Rufe ›Es lebe der König!‹ bis zur Ankunft des Monarchen unterdrücken wollen, aber am Eingang zum Rathaus machten sich die Gefühle Luft. »Es lebe der König!« rief die Menge wie aus einem Mund. Der Jubel pflanzte sich durch die Stadt weiter fort, und auch in den entferntesten Stadtvierteln fand er Widerhall. Frauen und sogar Kranke öffneten die Fenster und antworteten denen, die auf der Straße waren: »Es lebe der König!«

Es wird genug andere Leute geben, die berichten können, was am Hofe und mitten in der Stadt gesagt wurde; der Geschichte wird nichts verlorengehen. Als der nächtliche Beobachter will ich hingegen weiter hinaus in entferntere Stadtteile gehen und die bisher unbekannten Einzelheiten festhalten. Das, was ich soeben erzählte, habe ich selbst gesehen und gehört. Ich bin auch der Augen- und Ohrenzeuge dessen, was ich jetzt noch schildern will.

Selbst dieser schöne Tag, der fast genau in der Mitte zwischen zwei schrecklichen Ereignissen lag, verging nicht ohne Blutvergießen. Eine schwangere Frau wurde von einem außer Kontrolle geratenen Flintenschuß getötet. Bei diesem Vorfall besann sich die Bevölkerung von Paris auf ihre Menschlichkeit; die Stimmung war aufs äußerste gespannt, und man hatte geschworen, den zu bestrafen, der es als erster wagen würde zu schießen. Wärst du, junger Garneri, nicht fast das Opfer dieses Schwurs geworden? Dein Name war auf hundert Pamphleten zu lesen. Der Schuß löste sich aus der Flinte dieses Buchhändlers, als er auf dem Weg nach Hause war. Sogleich stürzte sich die rasende Menge auf ihn und wollte ihn, ihrer Menschlichkeit gehorchend, aufhängen. Glücklicherweise war er von Freunden umgeben, die dem Vorhaben außer Vernunftgründen auch ihre Körperkraft entgegensetzten. So wurde er gerettet; und seine liebreizende und zarte Schwester, deren Schönheit nur ihrer Tugend vergleichbar war, konnte einen Bruder in die Arme schließen, der ihrer Jugend ein Vater war.

Die Anwesenheit des Königs schien gleich der wohltätigen Sonne, die die dicken Wolken zerstreute, die unseren Horizont bedeckten. Das Gewitter grollte nur noch in der Ferne. Auch ich atmete auf. Ich wollte es wagen, durch meine Insel zu streifen. Dort suchten meine Blicke nach dem unverschämten Wachposten. Mein schwarzer Denunziant hatte sich in der Bastille versteckt, aus der er bald verjagt wurde.

Noch wußte ich nicht, daß sich zwei nicht weniger schreckliche Wolken zusammenballten, die eine in Viry, die andere in Compiègne, und daß sie sich vereinigen und über der Hauptstadt entladen mußten.

Als ich zur Insel kam, traf ich dort die liebenswürdige Brünette, die mir das Leben gerettet hatte. Sie zeigte mich ihrem Vater, als ich schon auf der Brücke war. Sie gaben mir ein Zeichen, und ich blieb direkt auf dem höchsten Punkt der Brücke stehen, also an der Stelle, die, wie ich meinte, die Grenze zwischen der Insel und dem Gebiet des Stadtteils Saint-Nicolas-du-Chardonnet sein mußte. Dort wartete ich auf Vater und Tochter. Sie eilten auf mich zu und wollten mich unter allen Umständen in ihr Haus einladen, aber ich lehnte ab und beteuerte, nie wieder auf meine Insel zurückkehren zu wollen.

»Als ich auf Geheiß des schwarzen Spitzbuben das erste Mal beleidigt worden war«, so erzählte ich ihnen, »hatte ich den Stadtverwaltern geschrieben: ›Seid auf der Hut, man hat es hier mit jener Art Aufruhr und Insubordination zu tun, die Folgen haben kann! Duldet es nicht!‹ Der apathische C** geruhte, meine Bitte nicht zu beachten, und so wurde ich fortan täglich beschimpft. Aber ich mußte niemals für mein Leben fürchten. Heute jedoch, da der Ruf eines Kindes oder die Aussage einer Kräuterhändlerin einen Menschen an den Laternenpfahl bringen kann, werde ich mich sehr hüten, meinen Mitbürgern die Veranlassung zu einem solchen Verbrechen zu geben. So werde ich diesen teuren Ort fliehen! Ihn zu entbehren, wird meine Trauer sein. Aber noch mehr werden mir die ehrenwerten Bewohner meiner Insel fehlen!«

Ich setzte meinen Weg fort. Die Ankunft des Königs hatte mein Herz mit Trost erfüllt: Die Befürchtungen, die ich um mein geliebtes Paris, das mir Heimat geworden war, hegte, hatten sich zerstreut. So war ich versucht, einen Gang über meine Insel zu machen; ein unvorhergesehenes Ereignis sollte mich jedoch daran hindern, meinen Schwur zu brechen.

Als ich mein Haus verließ, sah ich sechs bewaffnete Männer, die im Schatten der Häuser entlanggingen. An der Rue des Rats angekommen, sagten sie:

»Hier ist es ...«

Sie fragten eine Obsthändlerin nach dem Namen eines Advokaten.

»Der wohnt schon lange nicht mehr in diesem Viertel! Ich glaube, daß er jetzt in der Rue du Jardinet logiert, in der Nähe der Cordeliers.«

Die bewaffneten Männer entfernten sich, und ich folgte ihnen.

Ich habe immer versucht, das menschliche Herz zu ergründen, aber man kann nicht hineinsehen; man kann es nur durch das Tun der Menschen kennenlernen. Das studiere ich deshalb, obwohl ich von Natur aus kein neugieriger Mensch bin. Aber weshalb ist mir die Neugier so fremd? Ich will es erklären. Der phantasielose Mensch, der arm an Ideen und Gedanken ist, kann das neugierigste Wesen sein. Gleiches gilt für Frauen, die wenig Temperament haben und die sehr träge sind. Denn das Verhalten anderer bietet ihnen ein Schauspiel, das sie um so mehr erstaunt, je weniger sie die Motive verstehen. Im Gegensatz dazu ist ein Mensch, der sehr viel nachsinnt, der sich mit seinem Inneren beschäftigt, der heftige Leidenschaften haben kann, selten neugierig. Er erlebt häufig in sich selbst ein viel interessanteres Drama, als die Schicksale der anderen es ihm bieten können. Daraus folgt, daß ich mich sogar zwingen muß, neugierig zu sein, wie andere sich Zwang antun müssen, es nicht zu sein. Deshalb spiele ich einem anderen niemals übel mit. Ich bedarf dessen nicht, um mich zu amüsieren oder mir die Langeweile zu vertreiben; ich langweile mich niemals.

Ich verfolgte also diese sechs Männer. Sie gingen zur Place Sorbonne, wo sie Verstärkung anwarben. Dann kamen sie zur Rue Hautefeuille, dort schlossen sich ihnen weitere Menschen an. Schließlich waren sie in der Rue du Jardinet angelangt. Der Advokat war zu Hause. In seinem Entsetzen, dreißig bis vierzig Mann vor sich zu sehen, wollte er durch das Fenster entkommen. Dabei stürzte er und zerschmetterte sich den Schädel. Man brachte ihn zu einem Wundarzt und von dort ins Gefängnis. Was hatte er verbrochen? Er hatte ein Pamphlet geschrieben, das die Wahrheit verkündete und das die Pariser ermahnte, ihre Landsleute nicht in Angst und Schrecken zu versetzen, nicht Handel und Wandel lahmzulegen; sich also nicht ins Elend zu stürzen.

Ich hatte nun kein Verlangen mehr, meinen Eid zu brechen, deshalb betrat ich meine Insel nicht. Ich zog mich in meine Wohnung zurück.

O Volk! Pariser! ... Franzosen! Was denkt ihr, wer das Chaos unter euch stiftet? Wer, glaubt ihr, bewaffnet die Räuber, die die Nationalversammlung bekämpfen? Wer hetzt nach eurer Meinung zum Aufruhr, verteuert die Lebenshaltung und läßt riesige Geldsummen verschwinden? Es sind nicht etwa die hitzig-rasenden Aristokraten, die man auf den Rednertribünen sieht; es sind vielmehr die Adligen, die euch schmeicheln und euch umgarnen; es sind die Priester, diese Busiris in der Soutane, die euch mit den Händen segnen und mit den Herzen verfluchen. Es ist eine Menge von wütenden Adligen, von denen jeder im einzelnen soviel Unheil anrichtet, wie er nur vermag. Es sind schließlich, und das vor allen Dingen, eure eigenen Brüder, die von den beiden geschlagenen Ständen mit Diners und Schmeicheleien bestochen werden.

»Monsieur, Sie wollen in die Nationalversammlung! Meine Karosse steht zu Ihrer Verfügung, wir können gemeinsam hinfahren!«

O Abgeordnete, schlagt diese schändlichen Angebote aus! Speist niemals mit ihnen, geht niemals mit ihnen zusammen, es sind die Erzfeinde des Volkes! Und ihr, Distrikte, niemals dürft ihr die Freiheit des einzelnen antasten! Verhaftet nur die Räuber, die Flüchtigen! Respektiert den Schriftsteller, ganz gleich, was er schreibt! Stellt er sich gegen das Volk, wird die Verachtung des Publikums eure Rache sein. Die Presse muß frei sein! Daß ein jeder das Recht habe, eine Druckerei zu betreiben, wenn er nur eine Erklärung beim Distrikt eingereicht hat, die dieser dann seinerseits an den Polizeiausschuß weiterleitet. Dem hat der neue Drucker den Eid zu leisten, bei der Veröffentlichung eines Pamphletes den Namen des Verfassers anzugeben und eine Geldstrafe in Höhe von hundert Livres zugunsten der Stadt zu zahlen. Das soll nicht gültig sein, wenn der Drucker der Hetzschrift erklärende Bemerkungen beifügt, mit denen er zu dem, was man Verwerfliches darin finden könnte, Stellung nimmt. In diesem Fall muß er kein Bußgeld zahlen, aber das Pamphlet darf unter Androhung einer Strafe von tausend Talern nicht wieder gedruckt werden.

Aber ehe ihr von Pressefreiheit sprecht, stellt überhaupt erst einmal die Freiheit im Staate her! Ansonsten würden sechsunddreißig privilegierte Drucker noch grausamere Feinde der Gedankenfreiheit sein, als alle Zensoren zusammengenommen!

O Lebrun, Marchand, Albaret, Mairobert, Vicomte Toustain, ihr habt die Gedanken niemals behindert! In den schlimmsten Jahren des Despotismus habt ihr höchstens eine Bemäntelung für die kühnsten Ideen gefordert. Währenddessen wird jeder der sechsunddreißig, sei es aus Furcht, sei es aus Hochmut oder Standesdünkel, hundertmal mehr Druck ausüben als Dhemeri, Adnet, Lourdet, Pretot, Sartine und Marolles!

Die ehrbare Geliebte

Élise Demartinville war ein junges Mädchen von neunzehn Jahren: zierlich, lebhaft, ein wenig blaß und, wie sie von sich selbst sagte, mit dem Gesichtchen einer grauen Maus. Aber in Wirklichkeit war sie das ganze Gegenteil, und ihre Statur war wie von den Grazien geschaffen; sie war einfach reizend. Folglich hatte sie auch eine große Zahl von Verehrern: einen Notar; einen Advokaten, einen berühmten Maler; einen Amtsanwalt, der ein gemachter Mann war; weiterhin zwei Gerichtsschreiber, von denen einer der Bruder ihrer einzigen Freundin war; und zwei Priester, die auf die Abschaffung des Zölibats für Geistliche rechneten.

Élise, und stets bei ihr die Freundin Fanchonette Tayi, war des öftern von diesem Hof umgeben. Man wollte ihrem Harfenspiel zuhören, das noch etwas harmonischer war als ihre Stimme, oder man kam, um zu plaudern, denn sie war sehr geistreich und belesen.

Bei diesem vielbegehrten Mädchen führte der junge Demartinville, ihr Cousin, einen sehr würdigen Mann ein, mit dem er befreundet war.

Dieser Monsieur Dupuits de Courson war der Autor zahlreicher Werke, nur das Theater fehlte noch zu seinem Ruhm. Er hatte gerade ein Stück geschrieben, und Demartinville, der davon wußte, schlug ihm vor, es seiner gebildeten Cousine vorzustellen. Der Vorschlag wurde angenommen, man verabredete sich für vier Uhr abends. Die Verehrer waren einer nach dem anderen gekommen; Élise hatte sie dazugebeten. Die Versammlung war vollständig, als Monsieur Courson erschien, nachdem ihn der junge Demartinville angekündigt hatte. Der Schriftsteller hatte allerdings nur Élise erwartet; deshalb war er sehr überrascht, ein so zahlreiches Publikum zu sehen, das er sich nicht ausgesucht hatte. Man bot ihm den Ehrenplatz an der Seite der jungen Göttin an, und so begann er mit der Lektüre.

Wir wollen das Stück hier nicht wiedergeben; es ist bereits gedruckt; sein Titel ist ›Le Libertin fixé‹.

Es war ein Werk in Prosa, das einige Schönheiten aufwies, aber auch viele Schwächen hatte, und vor allem weit entfernt von den zur Zeit üblichen Regeln für das Theater war. Der Notar, der Advokat und der Amtsanwalt kritisierten es. Sie waren jeder in seinem Bereich wichtige Männer, zeigten kaum einmal Gefühlsregungen, und nur die verführerische Élise konnte sie erwärmen. Der Maler und die beiden Gerichtsschreiber applaudierten; der erste, weil ihm die bildreiche Sprache gefiel, die beiden anderen wegen der Leidenschaften, die darin beschrieben waren. Was die beiden Priester betraf, so hätten sie es vorgezogen, wenn das Stück in Versen geschrieben und mit Arietten versehen gewesen wäre. Élise hörte aufmerksam zu. Sie hielt während der ganzen Zeit ihre schönen Augen fest geschlossen, um weniger abgelenkt zu sein.

Der Amtsanwalt glaubte, sie schliefe, und machte den Autor, als der seine Lektüre beendet hatte, vorwurfsvoll darauf aufmerksam. Élise, die ganz im Gegenteil hellwach war, bestritt das sofort und gab eine Einschätzung des Stückes, dessen Schönheiten sie ganz besonders hervorhob. Sie sagte auch etwas zu den Schwächen, fügte aber hinzu, daß gerade die ihr gefielen, da sie Monsieur de Courson aus der Herde der gewöhnlichen Schriftsteller heraushöben. Sogleich rühmten alle das Stück, und der Amtsanwalt selbst war nun einer der eifrigsten Lobredner.

Die Gesellschaft ging auseinander, als Élise feststellte, daß es schon spät geworden sei; den Autor und Demartinville hingegen hielt sie unbemerkt zurück. Fanchonnette blieb auch im Haus; sie kam mit ihrem Bruder zusammen zurück, nachdem alle anderen gegangen waren.

»Monsieur«, sprach Élise zu Monsieur de Courson, als dieser mit ihr und Demartinville allein war, »Ihr Stück hat mir die größte Freude bereitet. Ich lobe es nicht, ich versichere es Ihnen, aus Schmeichelei. Nein, es hat mir wirklich gefallen! Aber bei den meisten Leuten wird es keinen Beifall finden: bei den Seelen aus Holz wie dem Amtsanwalt Durenroches oder dem Advokaten Criardin, dem Notar Hum-hum-hum, und den tändelnden Priestern, deren abgestumpftes Herz korrupter ist als das einer Kurtisane. Habt Ihr den Maler bemerkt? Er hat Sie verstanden. Tayi, der Bruder meiner Freundin, er hat wie Sie gefühlt, weil er wirklich eine empfindsame Seele hat; seinen Freund hat besonders das Verhalten Ihres Libertin entzückt. Was mich betrifft, verehre ich den Mann, der das menschliche Herz ergründen will und der sich nicht damit begnügt, die Damen der adligen Gesellschaft ein wenig zu erschrecken. So zeichnet er mit seiner Figur der Justine die wahre Menschlichkeit und nicht die oberflächlichen Unterschiede zwischen dem Adligen und dem Bürger, die ohnehin bald für immer verschwinden werden, zum Beispiel die Unterschiede zwischen Herzogin und Kaufmannsfrau oder der Frau des Künstlers. So werden eines Tages alle Klassen gleich sein, alle Männer, die Bürger sind, und ihre Frauen werden in gleichem Rang nebeneinander in einem freien Land leben: Das ist es doch, was Sie verkünden wollen!«

»Sie verstehen meine Gedanken, Mademoiselle, und ich werde versuchen, sie bis zu den Ihren emporzuheben.«

»Was soll dieses unsinnige Gerede? Es riecht förmlich nach aristokratischer Schmeichelei! Weiß ich doch nur zu gut, daß meine Ideen weit unterlegen sind, denn Ihre sind es, die meine erst hervorgebracht haben! Sie haben Ihr Lob nur auf Grund meines Alters, meines Geschlechts und eventuell meines ein wenig aufgeweckt scheinenden Wesens herausgefordert. Machen Sie mir also niemals wieder den Hof, indem Sie mich vor mir selbst täuschen wollen.«

In diesem Moment traten Fanchonnette und ihr Bruder ein. Élise schien darauf nicht zu achten, sie fuhr fort:

»Sie haben mir gerade den ersten und den einzigen Menschen gezeigt, der mir nützlich sein könnte. Ich habe Ihr Wesen durchforscht. Wollen Sie mein Freund sein?«

»Gern, Mademoiselle, aber ich stelle zwei Bedingungen. Die erste: daß ich Sie niemals herausgeputzt antreffe, Sie dürfen nie besonders reinlich, mit elegantem Schuhwerk oder frisiert sein; Sie sollen ein rundes Häubchen tragen, schmutzig und zerknittert, alte ausgetretene Schuhe; Ihre Hände und Arme sollen von einem alten Handschuh aus zitronenfarbenem Leder bedeckt sein, denn das hasse ich ... Die zweite Bedingung: daß Sie niemals Ihre Launen verstellen, auch nicht die Wut oder den Jähzorn!«

»Warum das alles?« fragte Élise.

»Weil ich gern Ihr Freund sein möchte, aber nicht Ihr Liebhaber.«

»Sehr gut! Ich werde tun, was Sie verlangen; denn auch ich möchte Sie schätzen, Sie gern haben, aber nicht verliebt in Sie sein. Aber da Sie noch jung sind und wie andere auch auf Ihre Erscheinung achten, werden Sie die Güte haben, mich nur in diesem braunen Anzug, von dem Demartinville mir erzählt hat, zu besuchen (und das kann jeden Tag sein, wenn Sie wollen), in den weiten Beinkleidern, den eisenbeschlagenen Schuhen, mit dem Regenhut und dem weiten Mantel?«

»So sei es, Mademoiselle.«

»Damit haben wir also unsere Vereinbarungen getroffen!«

»Einverstanden.«

Tayi sagte zu seiner Schwester: »Wir werden sehen, wie deine Freundin als Quäker aussehen wird. Wahrlich, ich befürchte, daß sie als solche noch liebreizender ist!«

»Doch nicht als Quäker!« antwortete Fanchonnette. »Nichts ist reinlicher, nichts ordentlicher als die Frauen dieser Sekte, nach dem, was man mir erzählt hat. Meine Freundin wird ›Diogenette‹ und Monsieur der reine Diogenes sein.«

»Sie essen doch mit uns«, lud Élise den Schriftsteller ein. »Ich werde es meiner Mutter sagen, die entzückt sein wird, Sie zu sehen, nach all den Erzählungen des Cousins. Ich muß Sie unbedingt vorstellen.«

Monsieur de Courson nahm ein wenig gegen seinen Willen an; dieses Essen störte seinen gewöhnlichen Lebensrhythmus, aber Élise war nicht die Frau, der man irgend etwas abschlagen konnte. Man stieg zur Wohnung von Madame Demartinville hinab, die in der ersten Etage lag.

Monsieur de Courson wurde hier mit der größten Ehrerbietung empfangen. Man plauderte. Élise strahlte, sie verzauberte alle. Fanchonnette, in dem Glanz einer Rose, war äußerst charmant; sie wollte ihren Bruder herausfordern und ihn opfern, indem sie in Monsieur de Courson die Liebe weckte. Ein schönes Mädchen, das gefallen will, muß eben sehr verführerisch sein! Gegen elf ging man auseinander.

Monsieur de Courson war wie im Taumel; und Demartinville selbst, der sonst ein rechter Tropf war, schien im Wonnerausch. Und Tayi, der mit ihnen zusammen das Haus verließ, sagte zu dem Schriftsteller: »Monsieur, ich stehe tief in Ihrer Schuld. Ich habe niemals all die Reize, die ganze Heiterkeit und Klugheit der Freundin meiner Schwester bemerkt. Élise hat das weit übertroffen, was ich mir erträumt hatte.«

»Und Mademoiselle Tayi erst!« rief Demartinville. »Wie schön sie gewesen ist! Oh, sie ist meine Cousine wert!«

Monsieur de Courson verließ die beiden jungen Männer an der Rue Aubrile-Boucher. Demartinville, der Kaufmannslehrling war, ging durch die Rue Saint-Denis zu Monsieur Levêque, und Tayi mußte durch die Rue de la Ferronnerie, um zu seinem Notar in der Rue Saint-Honoré zu gelangen.

Nun allein, begann Monsieur de Courson über alles nachzudenken: ›Habe ich mich schon wieder auf etwas eingelassen, nicht auf mich achtgegeben? Alle vier Jahre eine neue Leidenschaft! Oh, ich will nicht mehr lieben! Ich habe zu viel gelitten! Ich werde es verhindern. Ich möchte niemals, daß Élise etwas an sich hätte, das nicht abstoßend wäre! Wenn sie sich nur ein einziges Mal schön macht, fliehe ich. Ich werde also dank dieses unnatürlichen Verlangens ein Mittel finden, der Schönheit zu trotzen. Das wäre wunderbar!‹

Erfüllt von diesen schönen Gedanken, kehrte der Schriftsteller nach Haus zurück.

Als er am nächsten Tag gegen drei Uhr zum Essen ausging, fühlte er sich von dem Wunsch gedrängt, Élise wiederzusehen. Er kleidete sich wie gewöhnlich und ging in Richtung Rue Saint-Nicolas-des-Champs. Dort angekommen, klopfte er schüchtern und ein wenig beschämt wegen seines Aufzugs. Man hatte ihn kommen sehen. Bevor sie zur Tür kam, bat ihn Élise, einen Moment zu warten. Schließlich öffnete sie.

Sie trug ein schmutziges, rundes Häubchen und ein schlechtes Hauskleid; ihre Strümpfe saßen nicht fest; sie trug alte Pantoffeln, für eine Frau das widerwärtigste Schuhwerk.

»Bonjour, Monsieur!« begrüßte sie ihn mit ein wenig Humor. »Treten Sie ein, nehmen Sie Platz und lassen Sie mich die Kopie eines Notenblattes beenden.«

Sie benötigte eine Stunde dafür. De Courson sah ihr zu und langweilte sich. Endlich war sie fertig, und sie plauderten.

Das Gespräch kreiste um die Physik, das System der Welt, die Entstehung der Dinge. Monsieur de Courson stellte die Theorie vor, die man im ersten Band der ›Nuits de Paris‹ nachlesen kann, und später geschrieben, in ›Monsieur Nicolas‹ oder den ›Ressorts du cœur humain dévoilé‹; sie ist sehr weit entfernt von dem unsinnigen, platten und falschen System des Monsieur Bernardin. Élise, die dieses Thema ausgewählt hatte, um die Leidenschaften zu verdrängen, erreichte ihr Ziel nicht, sie kam voller Schwärmerei zum Thema Liebe zurück. Die beiden Philosophen gingen auseinander und waren voneinander sehr angetan. Élise konnte ihr feines Lächeln, ihre schönen Augen und ihren zauberhaften Mund nicht verbergen, und ihr schalkhaftes Gesicht hatte selbst ihre schmutzige, häßliche Haube hübsch erscheinen lassen.

Ein zweiter Besuch verlief ebenso. Man sah sich fortan jeden Tag, und jeden Tag verschwand ein wenig mehr von der Häßlichkeit ihres lächerlichen Aufzuges. Auch die Gesprächsthemen änderten sich: Man sprach von Religion, von Philosophie. So kam man schließlich wiederum auf die Liebe.

Eines Tages hatte Élise nicht das runde Käppchen, sondern ein Spitzenhäubchen auf dem Kopf. Da sie es nicht wagte, sich vollständig anzukleiden, trug sie nur schwarze Schuhe, allerdings von Bourbon aus der Rue des Vieux-Augustins gefertigt, also das Verführerischste, was man sich unter Schuhen überhaupt vorstellen kann. Ansonsten war sie nur im Korsett mit einem kleinen Jüpchen, das ihre Figur reizvoll betonte. An diesem Abend gab es wohl kaum etwas Hinreißenderes als diese Élise. Courson war auch sehr gepflegt. Das wurde sofort bemerkt; denn man grollte ihm und sagte:

»Was denn, Monsieur, so gut angezogen! Während ich ...«

»Sprechen Sie nicht von sich, Verräterin!« antwortete Courson, »Sie sind so hundertmal anziehender als im prächtigsten Kleid!«

Élise, die sich der Wirkung ihrer List sicher war, lenkte das Gespräch so, daß es ihren Absichten entsprach.

Zudem muß man sagen, daß Élise, seit sie Courson sah, von Tag zu Tag mehr Gefallen an ihm fand. Es war nicht seine schöne Erscheinung, die sie für ihn einnahm; es war seine Klugheit, der Anstand in seinem Verhalten. Courson war in höchstem Maße so, wie sie es sich wünschte. Er hatte kühne Ideen, eine freie Art zu denken, seine Vorstellungen waren originell und überzeugend; seine Sprache leicht und warmherzig. Er wurde angebetet. Ohne mit ihm darüber zu sprechen, verzichtete Élise darauf zu heiraten, denn Monsieur de Courson war verheiratet, obgleich er allein lebte. Sie wollte sich erklären, sich hingeben, glücklich sein und nach ihrer Philosophie leben. Sie sprach von Liebe.

Bei diesem Thema ebenso wie bei allen anderen war Courson einzigartig, unerschöpflich. Er sprach von der Liebe wie ein Mann, der sie kennt, der sie erlebt hat. Élise ihrerseits führte keine gelehrten Reden; sie sagte ganz einfach, wie sie lieben wollte, und gerade das bewies ihr zartes Gefühl. Während dieser wonnevollen Unterhaltung legte Monsieur de Courson einen Arm um Élises schlanke Taille, drückte sie an sich und sagte seufzend:

»Ah! Welch empfindsame Seele! Aber warum sind Sie so hart, und ich darf nicht ...«

»Wozu die Frage!« unterbrach ihn Élise lebhaft. »Wir sind frei hier. Warum sollten wir uns nicht lieben? Wer hindert uns, unsere Seelen zu vereinigen?«

»Vereinte Seelen wollen auch die Körper miteinander verbinden!« antwortete Courson.

»Mein Freund«, entgegnete Élise, »wenn es nötig ist um deines Glückes willen, dir diese Blume zu geben, die ich mir ohne Mühe bewahrt habe, werde ich sie dir geben. Ich werde sie selbst dann nicht schänden, wenn ich sie dir zu Füßen lege. Ich will nur hoffen, daß du sie nicht für gewöhnliche Gelüste pflücken willst! Dann wäre es ein Frevel. Aber wenn es dir dein Leben wert ist, deine Ruhe und dein

Glück, dann würde ich sie dir opfern. Du kannst auf meine Freundschaft zählen. Sie wird dann noch zärtlicher sein und nicht weniger rein, da sie wahre Liebe geworden ist.«

Diese Worte brachten Élise den tausendfachen Dank. Die beiden Freunde sahen sich noch einige Male. Aber eines Abends war Élise nicht da. Courson, der zurückkehren mußte, ohne sie gesehen zu haben, fühlte, wie ihm Tränen in die Augen stiegen. Er zitterte, er bebte. Er zwang sich, seine Liebe zu überwinden, indem er aufhörte, Élise zu sehen. Davon wurde sie krank und glaubte sogar sterben zu müssen. Sie sahen sich wieder und ... verließen einander; kamen erneut zusammen ... Zehn Jahre, nachdem sie sich kennengelernt hatten, verbanden sie sich schließlich, zwar ohne Leidenschaften, aber voll gegenseitiger Achtung. Elf weitere Jahre sind vergangen, seit sie sich vereint hatten, aber das Gefühl, das sie aneinander bindet, stirbt nicht; eine Tochter von einundzwanzig Jahren, die ihnen das Leben verdankt, vergrößert ihr Glück; sie wollen sie jetzt vermählen.

SECHSTE NACHT

Der 22. Juli [1789]

Mit der Ankunft des Monarchen in Paris begannen sich alle Gemüter zu beruhigen. Dieser geliebte König, der solch eine Verehrung verdiente, kam, um seinem Volk zu sagen, daß nach seiner Auffassung nichts von dem, was man getan hatte, gegen ihn gerichtet sei, sondern nur gegen die Mißbräuche der Amtsgewalt, womit er, Ludwig, nichts zu tun hätte.

Dennoch verbreitete sich unterschwellig das Gerücht, der Gouverneur von Paris wäre in Compiègne verhaftet worden, man hätte ihm seine Brieftasche abgenommen und Dokumente darin gefunden. Was für Dokumente? Niemand hatte sie je zu sehen bekommen. Zweihundertfünfzig Pariser Wachsoldaten waren ausgerückt, um den Festgenommenen zu holen. So geriet der Unglückliche tatsächlich in ihre Gewalt.

Dieses Gerücht wurde für seinen Schwiegervater zum Verhängnis, der auf Grund seines Reichtums, seines fortwährenden Glückes und wohl auch wegen seiner Härte längst zur Zielscheibe des Hasses geworden war ... Foulon (ein unglückseliger Name, den man ablegen sollte, wenn man in die Hochfinanz eintritt), Foulon hatte die Vorsorge getroffen, sich für tot erklären zu lassen. Er hatte sich auf einem einige Meilen von Paris entfernt gelegenen Landgut versteckt. Das Gemunkel, das zu ihm drang, ließ ihn erzittern. Am Abend des 21. hörte er von einem zu ebener Erde liegenden Fenster aus, wie sich drei Bauern unterhielten:

»Er muß hier sein! Er hat gesagt, daß wir, wenn wir Hunger hätten, nur Gras zu fressen brauchten. Er sollte nach Paris gebracht werden, mit einem Heuwisch im Maul.«

Diese Worte erschreckten den Unglückseligen. So machte er sich mitten in der Nacht davon, allein, lautlos, ohne Begleitung, mit vierundsiebzig Jahren, um bei Monsieur de Sartine in Viry Zuflucht zu suchen. Aber man hatte ihn beobachtet, und er wurde verfolgt. Auf halbem Wege halten ihn die Bauern an. Man will ihn aufhängen, besinnt sich jedoch. Er wird gefesselt, und man setzt ihn auf einen Wagen (sein früheres Glück läßt keinerlei Mitleid aufkommen), sodann steckt man ihm einen Knebel aus Heu in den Mund, stopft ihm Disteln unter das Hemd und bringt ihn nach Paris. Oh, du unglücklicher Greis! Welch grausames Ende nimmt dein Glück!

Er hatte den Ehrgeiz gehabt, Nachfolger des verehrten Necker werden zu wollen; und er hieß Foulon, dieser Name vergrößerte sein Unglück. Er kam in Paris an und wurde ins Rathaus gebracht. Die Wahlmänner erschauderten …

In diesen unruhigen Zeiten war ein Angeklagter immer schuldig. Man hielt Foulon sechs Stunden lang fest. Sein ganzes Verbrechen bestand darin, immerfort Glück gehabt zu haben, in seinem Ehrgeiz, Minister werden zu wollen, und in seinen unermeßlichen Reichtümern, die ihn nun auch nicht mehr retten würden. Er rechtfertigte sich, man hörte ihn an, und der am Tage zuvor noch Vielbeneidete war jetzt der kläglichste unter den Elenden. Der Schrecken vor den wütenden Schreien, die Fanatische gegen ihn ausstießen, erstickte jegliches Mitleid.

Man behielt ihn aber noch eine Weile im Rathaus, denn man wollte für seine Überführung ins Gefängnis einen ruhigen Augenblick abwarten. Doch die Wut verstärkte sich nur noch: Die Bluthunde, die Foulon hergebracht hatten, forderten, ihr Opfer zu sehen. Man zeigte es ihnen. Sie wollten ihn mit eigenen Augen gesehen haben. Der unglückselige Greis mußte, um sich ihnen zu zeigen, auf einen der Koffer steigen, die er mitgeführt hatte.

Man wird es kaum glauben, aber ich weiß es von einem Augenzeugen: Ein kleiner, untersetzter Mann stürzte auf ihn zu, stieß die Wachen zur Seite, packte Foulon und schleuderte ihn zu denen, die ihn schon erwarteten. Man zerrte ihn, man prügelte ihn und schleppte ihn an den verhängnisvollen Laternenpfosten. Dort band man ihn fest, ein Mann hob ihn hoch, während andere an dem Strick zogen. Der halbtote Greis wurde erwürgt, der Strick riß, dann trennte man den Kopf vom Rumpf, um letzteren in den Rinnstein zu werfen, während man mit dem aufgespießten Kopf, der zum Palais-Royal, diesem Ort der Wollust und des Schreckens, getragen wird, noch entsetzlichere Dinge vorhat.

O Franzosen! O Mitbürger von Paris! Welches Ungeheuer hauchte uns seinen bösen Geist ein! Von selbst hättet ihr diese Grausamkeiten, die an die Zeiten des Kannibalismus erinnern, niemals begehen können! Ein Ungeheuer lenkt euch, und selbst die Bauern

Die Ermordung Foulons

sind, trotz ihrer Verbitterung, verglichen mit euch, mitfühlend und menschlich! Eine Schlange hat ihr Gift in eure zerfressenen Herzen gespritzt!

Das waren nur die Vorspiele dieser furchtbaren Nacht, denn nun kam der unglückliche Bertier. Man soll nicht von mir denken, daß ich die Tyrannen, die Unterdrücker bemitleide. Oh, das weise ich energisch von mir! Aber ich beklage den Menschen in ihnen, und nichts Menschliches ist mir fremd! Ich führe euch, meine lieben Mitbürger, diese schrecklichen Bilder wieder vor Augen, um euch für die Zukunft vor solchen teuflischen Aufwieglern zu warnen. Wir müssen vor allen Dingen Menschen sein, und erst dann alles andere tun.

Bertier war in Versailles, während man sich seiner Brieftasche bemächtigte (von der nie wieder die Rede war). Einer seiner Vertrauten hatte ihn vor der Gefahr gewarnt. Der Gouverneur von Paris zog sich daraufhin nach Soissons zurück. Dort erfuhr er, daß man seiner Befehle in Compiègne bedurfte, um eine Sendung Getreide zu sichern. Seine Unterschrift hätte genügt, aber er wollte doch persönlich dafür sorgen. Er stieg aus der Kutsche, weil er gezwungen war, nach dem Haus seines Vizegouverneurs zu fragen. Denn der hatte die Wohnung gewechselt und bewohnte jetzt ein schönes Haus, das er sich gerade hatte bauen lassen. Obwohl er eine runde Perücke trug, einen grauen Rock und eiserne Schnallen, wurde Bertier erkannt. Man zeigte ihm das Haus des Vizegouverneurs. Er trat ein, man setzte sich zum Frühstück.

Unterdessen sprach der Mann, den er um die Auskunft gebeten hatte, einen anderen an:

»Ich habe gerade mit einem Mann gesprochen, von dem ich glaube, daß er der Gouverneur ist. Kennst du ihn?«

»Ja.«

»Dann wollen wir unter einem Vorwand in das Haus eindringen.«

Sie verlangten, den Vizegouverneur zu sprechen. Man meldet sie ihm. Da er in Anbetracht der Umstände mit den Leuten zu sprechen gezwungen war, kam er heraus, und in dem Moment, als er die Tür öffnete, wurde der Gouverneur von den Männern erkannt. Sie brachten irgendeine Nichtigkeit vor und verließen das Haus wieder.

»Er ist es!« sagte der zweite.

»Wenn er es ist, muß er festgenommen werden.«

Und damit begann der Leidensweg Bertiers. Ganz in der Nähe wohnte ein Tischler, ein Hausbesitzer. Ihm vertrauten sich die beiden Männer an; sie fanden ihn voller Begeisterung bereit, bei ihrem Vorhaben mitzuwirken; zwanzig weitere schlossen sich ihnen an. Man umstellte das Haus. Drinnen meldete ein Diener seinem Herrn, daß ein Tumult ausgebrochen sei.

»Das gilt Ihnen!« sagte der erschreckte Vizegouverneur zu Bertier. »Versuchen wir, Sie durch die Gartentür entkommen zu lassen.«

Der Gouverneur stürzte los. Ganz vorsichtig öffnete man die Tür, es war niemand zu sehen. Aber die Bewohner von Compiègne, die geahnt hatten, daß man es so versuchen würde, hatten sich auf die Lauer gelegt. Sie sprachen ihn an, mit spöttischen Mienen, solchen, die niemand anders als ein Bauer so offensichtlich aufsetzt, wenn er glaubt, nichts fürchten zu müssen:

»Das ist der Gouverneur! Aha, Sie hier! Wo wollen Sie denn hin?«

»Ich will gerade gehen.«

»Oho! Aber nein! Sie werden bei uns bleiben.«

Und sie nahmen ihn fest. Man ließ ihn von zwanzig Mann bewachen, abgesehen von denen, die sich ohnehin drumherum drängten, und man benachrichtigte Paris.

Die derzeitige, aus Wahlmännern gebildete Stadtverwaltung schickte zweihundertfünfzig Mann, die den Gouverneur nach Paris holen sollten.

Währenddessen verbreitete es sich schon als Gerücht, in welch ungeheurer Gefahr er sich befand. Sein ältester Sohn eilte nach Versailles und forderte von den Abgeordneten das Leben seines Vaters. Aber was vermochten die schon zu bewirken in dieser Zeit? Sie waren überall verstreut, hatten nicht einmal einen Versammlungsort, weil ihr Saal umgebaut wurde!

Genau am Todestag seines Schwiegervaters traf Bertier in Paris ein. Es war halb neun. Die Kannibalen zertrümmerten die Bretter seines Sitzes und rissen das Verdeck ab. Wer tat so etwas? Waren das die guten Bürger? Nein, nein! Die guten Bürger zitterten, eingeschüchtert und verängstigt; die rasenden Aristokraten waren jedoch über diese Exzesse des Bösen eher erfreut als betrübt; hofften sie doch noch immer, diese Greueltaten gegen das Volk selbst kehren zu können.

In der ganzen Rue Saint-Martin riefen junge, hübsche Frauen aus den Fenstern:

»Hängt ihn, hängt ihn! An den Pfahl mit ihm!«

Ihr Grausamen! Denn gerade in diesem fürchterlichen Augenblick wird Bertier von einem zerlumpten Teufel das aufgespießte Haupt seines Schwiegervaters präsentiert! Und eine dieser Frauen, die gerade gerufen hatten ›An den Pfahl mit ihm!‹, fällt in Ohnmacht, eine andere kommt mit einer Fehlgeburt nieder; eine dritte wird vom Schlag gerührt. Ich sage es zur Ehre der Menschlichkeit, daß der Kopf Foulons in dem Moment, da man ihn seinem Schwiegersohn zeigte, mehr als zehn Opfer forderte.

Dabei sah der Unglückliche ihn gar nicht! Niedergeschlagen, obwohl er sich des Schicksals, das ihn erwartete, noch nicht einmal bewußt war, ging er mit gesenktem Kopf und geschlossenen Augen.

So kam er am Rathaus an.

Von nun an bin ich Augenzeuge. Er wird verhört. Er erwidert, daß ihn keine Schuld treffe, daß er nur die Befehle ausgeführt habe. Man unterbricht ihn. Er erklärt, daß er seit vier Nächten nicht geschlafen habe, und bittet, daß man das Verhör am nächsten Tag fortsetzen möge. Man teilt ihm mit, daß er in die Abbaye gebracht werden soll. Nach sieben Minuten verläßt er das Rathaus. Als er auf der Mitte der Treppe die Wutschreie hört, sagt er:

»Wie ist das Volk sonderbar! Es schreit so!« Gleichzeitig wandte er sich an einen Gardegrenadier und fügte hinzu:

»Das macht mir Angst, mein Freund, verlaß mich nicht!« Der Grenadier versprach es ihm. War das ironisch gemeint?

In dem Moment, da sie auf den Vorplatz traten, stürzte sich eine Rotte von etwa dreißig Mann auf die Wache, die den Gefangenen abführte, und schob sie zur Seite. Der Häftling wurde gepackt, fortgerissen und geschlagen. Ein fünfzehnjähriger Straßenbengel, der rittlings auf einer Querstange der Rathauslaterne hockte, erwartete ihn bereits. Ich sah den Strick baumeln ... Ich kann hier bezeugen, daß der Ruf nach seinem Tod höchstens von fünf oder sechs Personen mit wirklicher Überzeugung ausgestoßen wurde und daß etwa dreißig zerlumpte Flegel ihn wiederholten, mit Hohngelächter, aber nicht mit Haß. Man hat mir erzählt, ich habe es nicht mit eigenen Augen gesehen, daß es ein Ritter des Saint-Louis-Ordens war, der als erster Hand an den Gouverneur gelegt habe. Aber vielleicht hat man sich von dem Band, das als Kokarde im Knopfloch getragen wurde, täuschen lassen.

Als man ihn vor den verhängnisvollen Laternenpfahl zerrte, schrie Bertier, der nun schließlich den Tod vor Augen sah:

»Ihr Verräter!«

Er wehrte sich, rang mit seinen Henkern, doch man legte ihm die Schlinge um den Hals und zog ihn hinauf. Mit der Hand wollte er das Gewicht seines Körpers noch abfangen; ein Soldat wollte ihn daran hindern und ihm die Hand abschlagen, traf jedoch nur den Strick. Sein Opfer fiel herunter, stürzte auf einen der Henker und zerfleischte ihm die Wange. Erneut zog man ihn in die Höhe. Als dann aber der Strick zum zweiten Mal riß, massakrierte man das Opfer zu Füßen der Laterne, schlitzte ihm den Bauch auf und schlug ihm den Kopf ab.

Schluß jetzt mit all den Einzelheiten, die ich selbst nicht gesehen habe, obwohl ich anwesend war. Bertier wurde erhängt, der Kopf wurde ihm abgeschlagen, der Strick schon in Gebrauch genommen, als ich den Gefangenen noch im Rathaus glaubte. Und da sah ich plötzlich seinen vom Leib getrennten Kopf vor mir! Voller Grauen floh ich ... O ihr mächtigen Männer! O ihr alle, die ihr nur Menschen seid, euch aber Götter dünkt! Denkt an das schreckliche Schicksal von Bertier, Foulon, Flesselles und Launay und all der anderen Verzweifelten, die in der Bastille umkamen, und erzittert davor! Erudimini, qui judicatis terram! Und ihr, meine Mitbürger, betrachtet diese Barbareien, die selbst ihr Nutzen nicht rechtfertigt, mit Abscheu! Die Notwendigkeit allein könnte sie entschuldigen. Aber waren sie notwendig? Das wage ich nicht zu entscheiden.

Ich lief zum Palais-Royal, von einem anderen mitgerissen, der mich begleitete. Ein Prophet mußte uns vorangeeilt sein, denn dort wußte man schon alle Einzelheiten über den Tod Bertiers, und man kündigte dort seinen Kopf an. Wir gingen fort, um ihn nicht noch einmal sehen zu müssen. Dabei schritten wir die Rue Dauphine entlang, um die Quais und den Chemin de Grève zu meiden. An der Kreuzung der Rue Bussi verließ mich mein Begleiter. Ich ging in Sicherheit durch die Rue Saint-André, mit gesenktem Kopf und in Gedanken versunken, als ich mich bei der Rue de L'Éperon von vierundzwanzig dieser Lümmel umgeben sah, die ich auf dem Chemin de Grève gesehen hatte. Sie zogen einen Strick, der an den beiden Beinen eines Rumpfes, von dem der Kopf abgeschlagen war, angebunden war. Sie riefen:

»Hier ist der Gouverneur von Paris!«

Erschaudernd machte ich kehrt, um nicht mit Füßen auf den blutenden Leichnam zu treten. So sah ich nur den Rücken. Man hat mir versichert, daß die Brust geöffnet und das Herz herausgerissen war.

In der Rue Saint-André starben drei Frauen vor Angst und Schrekken. Ich aber konnte das Bild des Leichnams, den ich gezwungen war zu sehen, um nicht auf ihn zu treten, nicht wieder loswerden. Ich sah seine schlaffen Hände, seine Totenblässe ... Als ich nach Hause kam, fühlte ich mich elend, und meine Kinder mußten sich um mich kümmern ...

Es liegt mir sehr fern, den Ton zu billigen, mit dem diese Schurken am nächsten Tag amüsante Berichte über das Ende Bertiers verbreiteten. Ich versuche, den Eindruck des Entsetzens zu verdrängen. Ich bin zwar ein vortrefflicher Patriot; aber ich sage mir: ›Wenn diese Opfer für das allgemeine Wohl tatsächlich notwendig waren, so wollen wir sie hingeben, aber nicht beschmutzen!‹

Mitbürger! Ich will euch nicht diesen düsteren Gedanken überlassen, die mir den Schlaf rauben; deshalb hier eine Geschichte, die ihn mir zurückbringt:

Eine andere Élise, Fanchonnette und Victoire

Hier soll von drei hübschen jungen Mädchen die Rede sein, die weder in ihrer Natur etwas gemeinsam hatten noch durch den Ort, an dem sie lebten. Sie waren nicht miteinander verwandt und wohnten in weit voneinander entfernt liegenden Stadtteilen von Paris. Dennoch führte sie der Zufall zusammen. Élise war der uns schon bekannten Person gleichen Namens in keiner Weise ähnlich; aber Victoire und Fanchonnette waren einander zum Verwechseln gleich. Die zweite Élise wurde von einem Ehrenmann namens Monsieur de Ronci verehrt, der ihr folgenden Vorschlag gemacht hatte:

»Mademoiselle, Sie sind schön genug, um in den Augen meiner Familie eine Mesalliance zu entschuldigen; so können Sie sich also auf mein Wort verlassen. Schlagen Sie alle anderen Heiratsanträge aus, denn Sie sollen meine Frau werden, sobald mein reicher Onkel verstorben ist. Er ist der Bruder meiner Mutter und ein Finanzmann. Ich möchte ihn nicht verärgern, denn dieser Wappenträger beharrt mehr auf seinem Adelstitel als ein Montmorency. Da jeder aber eben auch nur ein Mensch ist und man auch stets etwas für das Herz tun sollte, erlaubt in der Zwischenzeit meine Besuche, selbst meine Vertraulichkeiten; Sie sollen deshalb keine Reue empfinden.«

Élise beriet sich daraufhin. Man gab ihr den Rat, mit der Aussicht auf ihren gesellschaftlichen Aufstieg unbesorgt dieses Risiko einzugehen. Sie befolgte diese Empfehlung um so bereitwilliger, da ihr Monsieur de Ronci gefiel.

Élise war ... eine Coiffeuse. Ihre Eltern waren früher einmal reich, jetzt aber ruiniert. Es trug sich zu, daß man ihnen ein junges Mädchen mit Namen Fanchonnette Giet in die Lehre gab. Es war ein reizendes Kind von ungefähr fünfzehn Jahren, es sah vornehm aus, war wohlerzogen und hatte einen liebenswürdigen Charakter. Élise gewann die Kleine lieb, aber wie von einem Instinkt gelenkt, hielt sie sie von ihrem Zukünftigen fern.

In einem anderen Haus, gleichfalls in Paris, das fernab von der Leichtsinnigkeit Élises lag, lebte die Tochter eines Anwalts. Sie war lebhaft, fröhlich, sehr hübsch und immer zu einer Tändelei aufgelegt. Sie hatte sich in einen Monsieur de Ronci, der ein Klient ihres Vaters war, verguckt. Monsieur de Ronci, seinerseits, fand Gefallen an den Verführungen der jungen Victoire de Vaufrouard. Da er jedoch Élise die Ehe versprochen hatte, versuchte er, sich dem zu widersetzen. Aber Victoire warf die Fackel der Untreue in sein Herz. Er zog sie seiner Élise zwar nicht vor, denn diese war sehr schön und noch liebenswerter, aber ... die verführerischen Reize des jungen Mädchens brachten ihn in Versuchung. Um die höchste Gunst zu erreichen, versprach er die Ehe; allerdings mit der Absicht, dieses Versprechen nicht zu halten.

So gelangte er schnell zu seinem frevelhaften Ziel, war der Sache aber bald überdrüssig, zog sich zurück ... und ließ Victoire in ihrer Verzweiflung allein. Die Eltern hatten das Geheimnis ihrer Tochter entdeckt, und als sie sahen, daß der Liebhaber die Konsequenzen scheute, verurteilten sie ihre Leichtfertigkeit. Deshalb sollte sie in ein Kloster kommen.

Zufällig erfuhr Victoire von den Plänen ihrer Eltern. Durch die Flucht entging sie ihnen. Sie kam in der Nr. 14 der ›Nouvelle Halle‹ unter. Dort entschloß sie sich, da sie über keinerlei Mittel verfügte, abends auszugehen, und es immer dem Mann zu gestatten, ihr zu folgen, der ihr unter der Schar derer, die durch ihre Schönheit angezogen wurden, am liebenswürdigsten und ehrenwertesten erschien. So lernten wir sie kennen. Später zog sie in die Rue Saintonge.

Eines Tages hörte Ronci bei einem Besuch des Théâtre-Français mit an, wie sich junge Männer, unter ihnen Tayi und Martinville, über eine Élise und deren Zuneigung zu einem gewissen Monsieur

Edmond unterhielten. Ronci glaubte von seiner Élise sprechen zu hören und wurde daraufhin rasend vor Eifersucht. Er faßte den Entschluß, sich an der Treulosen zu rächen, indem nunmehr er sein Spiel mit ihr trieb. Er belauschte alle Details, ohne seinen Irrtum zu bemerken; je mehr Einzelheiten er erfuhr, desto mehr war er von ihrer Schuld überzeugt. Als er das Theater verließ, traf er einen seiner Freunde, der auch Victoire kannte.

»Ich habe gerade die Tochter deines Anwalts getroffen!« erzählte ihm dieser. »Sie ist Putzmacherin und sehr charmant. Sie wohnt an der ›Estrapade‹.«

»So, man hatte mir berichtet, daß sie als Prostituierte in der ›Nouvelle Halle‹ sei.«

»Vielleicht ist sie umgezogen? Laß uns zu ihrer neuen Bleibe gehen! So werden wir sehen, was passiert ist: Aber sie ist reizend, hinreißend.«

Ronci, der wegen der angeblichen Untreue Élises das leichte Vergnügen suchte, willigte ein, jedoch unter dem Vorbehalt, daß man ihn dort nicht unbedingt sehen sollte. Sie kamen an den bewußten Ort. Fanchonnette kehrte gerade von einer Besorgung für Élise zurück. Der Freund machte Ronci auf sie aufmerksam. Der ließ sich auch von der außerordentlichen Ähnlichkeit täuschen. So ging er auf sie zu. Fanchonnette blickte ihn kalt an.

»Oh, wie schamlos sie ist!« sagte Ronci. »Sie wird nicht einmal rot!«

Er sprach sie an. Da errötete Fanchonnette und bat ihn, seines Weges zu gehen.

»So haben Sie aber nicht immer gesprochen!«

Fanchonnette lief davon.

»Sie geht zu Élise!« rief Ronci. »Bei Gott, wollen wir sehen, ob sie zusammen wohnen!«

Er ging ihr nach, sein Freund begleitete ihn. Fanchonnette klopfte an Élises Tür, die ihr wie einer vertrauten Freundin öffnete.

Ronci trat dreist hinzu. Élise, die Fanchonnette nun nicht mehr verbergen konnte, erblaßte vor Ärger darüber, aber auch aus Scham, ein Geheimnis vor ihrem Geliebten gehabt zu haben. Ronci sprach mit spöttischem Ton, worin Élise nichts Arges vermutete. Er erwähnte Edmond. Élise hielt eine Lobrede auf ihn. Das Gespräch auf die Schülerin gebracht, gestand Élise, sie vor ihm versteckt zu haben.

»Sie hatten Ihre Gründe?«

»Sie erraten sie, wenn Sie sie nur ansehen.«
»Ja, das ist richtig.«
Mehr wurde dazu nicht gesagt. Fanchonnette war, so schnell sie konnte, verschwunden. Ronci zog sich in der Überzeugung zurück, daß Élise seinen Rivalen Edmond liebte, dem sie alles opfern würde, und daß es Victoire war, die bei ihr lebte. So zweifelte er nicht, daß Élise noch am selben Abend von seinem Abenteuer mit der Tochter des Anwalts erfahren hatte, und nach dem Verhalten der angeblichen Victoire zu urteilen, vermutete er, daß diese Schilderung nicht sehr schmeichelhaft gewesen sei. Er entschloß sich, nicht mehr zu Élise zurückzukehren. Diesem neugefaßten Plan opferte er selbst die Befriedigung, ihr Vorwürfe zu machen, die sie nach seiner Meinung verdient hätte.

Fassen wir uns kurz. Innerhalb von acht Tagen heiratete er eine reiche und häßliche Erbin, die er lange abgewiesen hatte; und auch Élise, die Zweite, ging recht bald die Ehe ein.

Nun ihrerseits empört, beeilte sie sich, den Onkel von Fanchonnette zum Manne zu nehmen, der ihr nachstellte und den sie stets barsch abgewiesen hatte.

Nachdem beide Ehen geschlossen und die beiden Liebenden noch immer von ihrem gegenseitigen Zorn beherrscht waren, kam es zu einer verspäteten Aufklärung der Umstände.

In der Rue Mêlée 109 wohnte ein reicher Libertin, der alle hübschen Mädchen belästigte. So begab es sich, daß dieser Mann Fanchonnette, die Nichte von Élise, der Zweiten, traf und ihr Anträge machte, die empört zurückgewiesen wurden. Einige Tage darauf erblickte Monsieur Blutel, so hieß der reiche Libertin, Victoire in der Rue Saintonge.

»Ach, meine Schöne«, so sprach er, »was sind Sie streng ...!«

Er war ein sehr zynischer Mann; sein Begehren war deutlich, ebenso die Wahl seiner Mittel. Victoire sah ihn lächelnd an. Leidenschaftlich erregt, küßte der reiche Mann ihr die Hand. Er sprach von seiner Verehrung für sie und daß er sie zu einem Diner mit ehrenwerten Leuten einladen würde, um sie in höhere Kreise einzuführen. Victoire war einverstanden, und der Zeitpunkt für das Essen wurde vereinbart.

Am Tag zuvor wollte Monsieur Blutel auch Edmond dazu einladen. Da man diesem eine angemessene Gesellschaft bieten mußte, informierte er sich zunächst, welche Person für Edmond von Interesse sein könnte. Man nannte ihm Élise. Er kannte Élise, die Erste, flüchtig. Er lud sie ein. Da er die Adresse Fanchonnettes kannte, schrieb er ihr, um auch sie zu dem Essen zu bitten. In diesem Augenblick wurde Monsieur Blutel von einem Bekannten aus dem Quartier de l'Estrapade, der auch Élise, die Zweite, kannte, berichtet, daß es genau diese Élise sei, mit der Monsieur Edmond bekannt war. So lud Monsieur Blutel auch diese Élise ein:

»So werden wir auf jeden Fall die richtige haben!« meinte er.

Als Fanchonnette bemerkte, daß ihre nunmehr angeheiratete Tante auch zu dem Essen gebeten worden war, machte sie sich schön und folgte der Einladung. Obwohl sie nicht noch einmal aufgefordert worden war, fehlte auch Victoire nicht. Monsieur und Madame de Ronci waren der ursprüngliche Anlaß für dieses große Fest. Es war eine Gegeneinladung für die Hochzeitsfeier.

Victoire erschien als erste. Monsieur Blutel war hingerissen. So hatte er mit ihr, wie es zu solchen Gelegenheiten seine Gewohnheit war, eine Unterhaltung unter vier Augen vor dem Essen.

Kurz darauf kamen die Jungvermählten. Monsieur Blutel machte sie mit der vermeintlichen Fanchonnette bekannt, die er in den Salon führte. Ronci war darüber empört; Victoire, voller Übermut, stellte um so deutlicher seine häßliche Ehefrau in den Schatten, und er wußte nicht, wie er die Fassung behalten sollte. Er faßte sich wieder, als die zweite Élise mit ihrem Gatten eintrat. Monsieur de Ronci glaubte, daß man ihn zum besten hielt. Er wollte seine Frau nach Hause führen, als Fanchonnette, die von dem verwunderten Gastgeber an der Tür aufgehalten wurde, auch ihn in Erstaunen versetzte. Man kam nicht zum Sprechen, denn nun betrat die erste Élise den Raum. Nur Edmond erschien nicht sofort. Er wurde erst in dem Moment angekündigt, als man versuchte, Erklärungen für alles zu finden. Die konnte Edmond, der sowohl die Gleichheit der Namen als auch die Ähnlichkeit der beiden Mädchen kannte, leicht geben, zur größten Verblüffung der ehrenwerten Gesellschaft, die nicht daraufgekommen war. Er verschonte Monsieur de Ronci nicht, der es nicht wagte, ihm zu zürnen. Dieser verstand schließlich, daß alles, was er vermeintlich über die zweite Élise gehört hatte, der ersten galt, daß Fanchonnette nicht Victoire war, ihre Ähnlichkeit usw. Monsieur Blutel interessierte besonders die letzte der Erklärungen. Er sah, daß das schöne junge Mädchen, an welches er sich zuerst gewandt hatte, nicht das war, mit dem er beim zweitenmal gesprochen hatte. Somit hatte er den Schlüssel für den Widersinn im Verhalten der Schönen.

Nach all den Enthüllungen war die Stimmung bei diesem Mahl nun sehr heiter; es war eine fast überschwengliche kleine Gesellschaft. Edmond und die erste Élise fanden sofort zueinander. Der Reiz der Situation wurde noch verstärkt durch die Anwesenheit eines großgewachsenen schönen, aber sehr prüden Mädchens, das Monsieur Blutel den Haushalt hielt und das an diesem Abend den Gästen das Essen servierte. Die junge Dame war sehr neugierig und geheime Zeugin der Unterhaltung zwischen Monsieur Blutel, der angeblich ihr Cousin war, und Victoire. Man kann sich vorstellen, mit welcher Verachtung sie dieser daraufhin das Essen servierte! Sie überging sie einfach oder reichte ihr Dinge, die nicht genießbar waren, so daß Monsieur Blutel gezwungen war, Victoire selbst zu bedienen. Währenddessen sprach Monsieur de Ronci, ohne ihre Verfehlungen zu erwähnen, von der Familie Victoires in einer Weise, die die große Agathe überraschte. So bezeugte sie Victoire gegenüber ein wenig mehr Achtung, von der sie ja nun wußte, daß sie die Tochter eines Anwalts ist. Victoire und Agathe wurden, bevor sie auseinandergingen, sogar fast Freundinnen. So wurde es sehr spät. Man war so erstaunt darüber, einander vereint zu sehen, daß man sich nicht entschließen konnte, sich zu trennen. Als es aber elf Uhr schlug, mußte man es dann doch tun.

Edmond begleitete die erste Élise und Victoire, die nicht weit entfernt voneinander wohnten, nach Hause, da er wollte, daß sie sich miteinander befreundeten. Ronci lud beim Abschied alle ein, in acht Tagen auch bei ihm zu einem solchen Diner zu kommen.

Das wollte man nicht versäumen. Der junge Mann indessen machte sich große Vorwürfe, seit er von der Unschuld Élises wußte, für die er nun wieder in heftiger Liebe entbrannt war. In der Nähe der Kirche Sainte-Geneviève hatte er eine hübsche Wohnung mit einem großen Garten, in dem vier Pavillons standen. Die erste Gruppe der Gäste empfing er in einem davon; es waren Agathe und Monsieur Blutel; in einem der anderen die erste Élise, Victoire und Edmond; in dem dritten die zweite Élise, deren Ehemann und Fanchonnette. Man dinierte im Garten unter einer Laube. Am Ende des ausgiebigen Mahls suchte Ronci die zweite Élise in den vierten Pavillon zu führen; sie war vom Champagner ein wenig berauscht. Er kniete ihr zu Füßen und sprach zu ihr von Liebe, schließlich kam er ihr ganz nah ... Aus dieser einmaligen Unterhaltung ist die einzige Tochter Élises hervorgegangen, eines der hübschesten Mädchen, die es heute in der Stadt Paris gibt. In den Tagen der Revolution habe ich Mutter und Tochter im Jardin du Luxembourg getroffen: Élise erkannte ich nicht wieder, denn sie hatte sich seitdem sehr verändert. Es war das Bild der Tochter, ihr vollkommenes Ebenbild, das mir die Zeiten der Liebe wieder vor Augen führte. Ich sprach zu ihr:

»Madame, ich erkenne Sie in diesem schönen Kind wieder!«

»Ach, Monsieur, Sie schmeicheln mir!« antwortete sie mir leise.

»Wenn Sie wüßten, wie lieb sie mir ist! Ich kann sie nicht anblicken, ohne aufs tiefste gerührt zu sein. Welch teure Erinnerungen hält sie in mir wach!«

Das junge Mädchen soll demnächst verheiratet werden, und der Vater wird für ihre Aussteuer sorgen.

Glücklich ist, wer so reizende Kinder hat, er lebt in ihnen fort! Strafe dem egoistischen Junggesellen! Er hört auf zu leben, schon lange vor seinem Tod!

Fortsetzung des Berichtes über die sechste Nacht

Das Ende Bertiers, das ich weiter oben nach den allgemeinen Erzählungen geschildert habe, wird auch in anderen Versionen berichtet. Ich halte mich an einen sicheren Zeugen.

Der Gouverneur von Paris hatte auf Rechnung der Regierung Weizen gekauft und ihn auf Bescheinigungen von Bevollmächtigten und anderen Verwaltungsbeamten verteilt. Zur Abrechnung gedrängt, sammelte er all diese verschiedenen Quittungen ein. In Soisson, wo er sich bei seiner Tochter, Madame de Blossac, aufhielt, fiel ihm ein, daß er in Compiègne eine Quittung über fünfundvierzigtausend Livres zu bekommen hätte. Er wollte sich dorthin begeben, trotz der Warnungen und Bitten seines Schwiegersohnes und seiner Tochter, die ihm zu Füßen fiel und seine Knie umschlang, um ihn zu halten. Begleitet von seinem treuen Diener, reiste er dennoch ab. Nach seiner Ankunft in Compiègne nahm er im Hause des Vizegouverneurs das Frühstück ein. Anschließend wollte er ins Schloß gehen, um dort einen Kammerherrn des Königs, einen gewissen Monsieur Thierry, zu treffen. Die Gattin des Vizegouverneurs begleitete ihn auf dem Weg zum Schloß. Aber Thierry war am selben Morgen abgereist. Der Gouverneur befand sich mit der Dame auf dem Heimweg, als er von einem Wachposten erkannt wurde. Dieser Mann fragte ihn, ob er nicht der Gouverneur sei.

»Ja! Aber wozu die Frage?«
»Sie sind verhaftet.«
»Mit welchem Recht?«
»Ich verhafte sie eben.«

Dieser Wortwechsel zog Publikum an; und der festgenommene Gouverneur wurde in das nächstliegende Haus zu einem Tischler gebracht. Dort hielt man ihn unter strenger Bewachung, während man einen Boten nach Paris schickte.

So verbrachte er zwei Tage und zwei Nächte unter unerhörten Leiden, Mißhandlungen und ohne Schlaf. Man ging sogar soweit, ihm das Verbinden einer zugefügten Brandwunde zu verwehren; schließlich rief man doch einen Arzt. Stunden zu spät bemerkte man, daß Bertiers Brieftasche in der Kutsche zurückgeblieben war. Man lief, sie zu holen, aber der kluge Diener war damit über die Felder nach Soisson verschwunden. Bis dorthin kam er, ohne angehalten zu werden. Dort öffnete man die Brieftasche. Ein Augenzeuge versichert, daß sich nur eine größere Geldsumme und eine Quittung über fünfundvierzigtausend Livres, die der Gouverneur kurz vor seiner Verhaftung empfangen hatte, darin befunden habe. Alles weitere entspricht dem obigen Bericht.

SIEBENTE NACHT

Vom 5. zum 6. Oktober [1789]

Ich lasse alle Ereignisse von zweitrangiger Bedeutung beiseite, spreche nicht von La Salle, der, als er auf dem Weg zum Rathaus war, hörte, daß er gehängt werden soll, und deshalb augenblicklich umkehrte; ich erwähne auch nicht den Zwischenfall mit Soulairs oder das Abenteuer von La Reinie. Ebensowenig werde ich von den Massakern in Saint-Germain und Poissy berichten, nicht von dem Bürgermeister von Saint-Denis und schon gar nicht von dem aus Troyes. Diese Unglücklichen werden eines Tages auch ihre Chronisten haben. Ich übergehe die Unruhen in der Franche-Comté, ebenso im Elsaß und Le Mans, die alle bisherigen Schrecken überboten. Ich verschließe die Augen vor dem in Caen begangenen schrecklichen Verbrechen, wo man mit ansehen mußte, wie eine Hyäne in Frauengestalt ... aus der Mannheit des jungen Belsunce eine Trophäe machte. Ich beschäftige mich nur mit Paris, dort ist es schon schlimm genug, mit dieser geliebten Stadt – dem Meisterwerk und Wunder des Universums –, der Stadt, die London wie allen anderen Hauptstädten ebenso überlegen ist, wie Ludwig XVI. bei weitem Ludwig XIII. und Karl IX. überragt, genauso wie La Fayette und Bailly hoch über M***, M***, M**, V**, L**-T***, und d'E**** usw. stehen. An allen Tagen meines Lebens werde ich Ludwig XVI., ebenso Bailly und La Fayette meinen Segen spenden!

Man wird sich gewiß der lärmenden Versammlungen im Palais-Royal entsinnen, als Saint-Huruge eine Hauptrolle zu spielen glaubte, wobei es in Wirklichkeit nur eine Nebenrolle war. Das Brodeln, das da erzeugt wurde, war nicht nur ein momentanes Feuer; es glomm unter der Asche weiter bis zu den ersten Oktobertagen. Am 4. erfolgte der Ausbruch: Es begann mit einem dumpfen Geräusch, am 5. kam dann plötzlich mit fürchterlichem Getöse die Explosion, wie bei einem Ausbruch des Vesuv oder des Ätna.

Es waren die Frauen, die revoltierten. Die Verteuerung des Brotpreises war der Anlaß; die eigentliche Ursache aber war die seit der Rede von Saint-Huruge gehegte Absicht, den König und die Nationalversammlung nach Paris zu holen. Denn das war tatsächlich das einzige Mittel, die Hungersnot zu verhindern und den Handel in Paris wieder zu beleben. Ich will diesen Plan nicht verdammen: Er hat Vorteile gebracht, in deren Genuß ich selber gekommen bin. Und kann man sich beklagen, wenn man von einer Sache profitiert? ... Schon am frühen Morgen hatten sich die Marktfrauen versammelt, um nach Versailles zu ziehen. An sich war von diesen Frauen nichts zu befürchten. Sie sind anständig und gute Bürgerinnen. Aber zu ihnen hatten sich zwei andere Arten von Menschen gesellt: als Frauen verkleidete Männer, die in den wahren Plan eingeweiht waren; aber auch eine Reihe niederträchtiger Kreaturen, Auswurf und Abschaum der Menschheit, die, nachdem sie in ihrer Jugend von Zuhältern mißbraucht wurden, nun selbst zu Kupplerinnen und Zuhälterinnen geworden waren. Diese letzteren haben alles Unheil verursacht.

Die so gemischte Schar der Marktfrauen lief durch die Straßen und hielt alle Personen ihres Geschlechts an. Man machte sich ein boshaftes Vergnügen daraus (jetzt ist von den Zugelaufenen die Rede), vornehme Damen und Mädchen in den Straßenschmutz zu stoßen. So fielen Marquisen und Gräfinnen in den Schlamm, unter ihnen auch eine Baronin, die diese Rolle mit einigem Vergnügen zu spielen schien ...

Bevor wir nun zu unserem Bericht kommen, wollen wir wiedergeben, was der ›Courrier national‹ dazu schrieb:

›Gestern haben drei Kammerfrauen der Königin im ‚Œil-de-Bœuf' weiße Schleifen erstanden, mit denen sie die Hüte unserer widerwärtigsten Feinde schmückten, aber auch die schwacher Männer, die sich von den Reden dieser gefährlichen Sirenen verführen ließen. Um die Ehre zu haben, sich von diesen weiblichen Aristokraten zum Ritter schlagen zu lassen, kniete man nieder, um in dieser unterwürfigen Haltung die weiße Kokarde zu empfangen, die zu verwehren nach den Worten der Schönen eine Beleidigung und der Verrat am König seien. Diese Unverfrorenheit muß bei vernünftigen Menschen eher Mitleid als Furcht hervorrufen. Dennoch, da solche Artigkeiten in den traurigen Zeiten, die wir durchleben, einen unheilvollen Einfluß haben, sollte man diese weiblichen Ritter in die Salpêtrière schicken, damit sie dort ihre Schleifen verteilen.‹

**Brief eines ehrenwerten Versailler Bürgers,
die schwarzen Kokarden betreffend**

›Trotz des Widerrufs des ‚Courrier de Versailles à Paris' ist es sicher, daß die Fahne der Freiheit mit Füßen getreten worden ist. Was wir dazu gestern gemeldet haben, hat sich nur zu sehr bestätigt. Deshalb haben wir allen Grund, auf der Hut zu sein. Wir sind von Feinden umgeben, und wenn wir sie nicht niederwerfen, sind wir verloren. Der folgende Brief wird unsere Leser so kurz gefaßt wie möglich über alle Einzelheiten des skandalösen Geschehens unterrichten, das der Keim der Unruhen ist, die wir jetzt entstehen sehen.

Versailles, den 4. Oktober 1789‹

›Messieurs:

In Paris wird viel von dem unerhörten Verhalten des Flandrischen Regiments gesprochen; aber niemand als ich kann besser von dieser skandalösen Orgie berichten, denn ich war Zeuge. Der Erhalt unserer Freiheit gebietet es, alle Einzelheiten festzuhalten.

Am vergangenen Donnerstag gab es, wie jedermann weiß, ein großes Fest für die Dragoner, die Soldaten des Flandrischen Regiments und das Leibgardistenkorps im Opernsaal von Versailles. Ganz sicher von ebenso unvorsichtigen wie dummen Feinden beraten, erschienen der König und die Königin zu diesem Bankett in einem Moment, da die Köpfe von gutem Schmaus und Likör erhitzt waren! Unter gewöhnlichen Umständen würde sich jeder Franzose beim Herannahen seines Souveräns in Stücke schlagen lassen; betrunkene Soldaten jedoch reihen Dummheit an Dummheit, Schwäche an Schwäche. Genau das ist passiert! Man reichte den Dauphin von Hand zu Hand, und dieses reizende Kind weckte durch seine naive Unschuld begeisterte Zuneigung, die plötzlich in Tollheit umschlug. Die Königin, die vielleicht zu sehr auf die Gefühle vertraute, die ihr erlauchter Gatte und ihr Sohn wachriefen, nahm ein goldenes Kreuz von ihrem Hals und schenkte es, niemand weiß, warum, einem Grenadier. Der König trank mit ihnen; und man rief: ‚Es lebe der König! Es lebe die Königin!', doch nicht einer ließ die Freiheit, die heilige Freiheit hochleben. Statt dessen wurden die Verteidiger unserer Rechte, unsere Retter, die Menou, Target, Chapelier, Rabaud, Thouret, Biauzat, Barnave usw. mit den übelsten Schimpfworten bedacht. Man sang das Lied von ‚Richard Cœur de Lion':

> O Richard, ô mon roi,
> L'univers t'abandonne!

Bei diesen Worten, so als hätte sie der Wahnsinn gepackt – und das wird auch mit ihrer Trunkenheit nur schwer zu entschuldigen sein –, riefen plötzlich alle wie mit nur einer einzigen schuldbeladenen Stimme:

›Wir erkennen nur unseren König an! Wir erkennen nur unseren König an! Wir sind nicht mit der Revolution! Unsere Treue gilt nur ihm!‹

Und damit rissen sie die Kokarde der Revolution von ihren Hüten, dieses Zeichen der Einheit, der Brüderlichkeit, der Freiheit. Und diese Frevler traten sie mit Füßen!

Seitdem hören die verbrecherischen Exzesse, die uns erzittern lassen sollen, nicht auf. Täglich werden auf die unwürdigste Weise ehrliche Bürger beschimpft, die sowohl in Versailles als auch in Paris ihre höchste Ehre darin sehen, unter dem Banner des Vaterlandes zu stehen und die Farben der Revolution zu tragen! Unsere Demütigung, unsere Unglückseligkeit wird einen Gipfel erreichen, wenn das Schwert der Rache und der Gerechtigkeit nicht alsbald die Köpfe unserer verräterischen Feinde trifft!

Ich bitte darum, Messieurs, daß dieser Brief in Ihrem Blatt veröffentlicht wird. Es muß uns daran gelegen sein, daß ganz Frankreich, ja ganz Europa erfährt, wie man sich uns gegenüber verhält, wie man zu Werke geht, um unsere Truppen zu verführen, die doch ursprünglich die Interessen der Nation vertraten. Hochachtungsvoll verbleibe ich usw.‹

Aufbruch der Bürger nach Versailles

Die am Sonntagabend in Umlauf gekommene Nachricht von der Verunglimpfung der Revolution gärte während der Nacht in allen Köpfen. Die allgemeine Unzufriedenheit, welche durch die schon zu lange andauernde Teuerung des zum Leben notwendigsten Nahrungsmittels noch vergrößert wurde, kam am folgenden Morgen in allen Stadtvierteln der Hauptstadt zum Ausbruch. Die Marktfrauen, die sich truppweise zusammengeschlossen hatten, denen bald die Lastträger und andere Arbeiter folgten, strömten in die Straßen, um dort, beginnend in der Rue Ferronnerie, alle Frauen zu zwingen, sich ihnen anzuschließen. Dabei drangen sie selbst in die Häuser ein, um ihre Gefolgschaft zu vergrößern. Nachdem sich dann alle vor dem Rathaus eingefunden hatten, wurden die Waffen- und Munitionsgeschäfte geplündert. Von dort aus, und dabei eine Kanone mit sich führend, setzten sich diese neuen Amazonen in Richtung Versailles in Marsch. Die Männer haben nicht gezögert, ihnen zu folgen, und heute abend gegen fünf Uhr haben wir eine ganze Armee, zusammengesetzt aus besoldeten und nicht besoldeten Nationalgardisten, gemischt mit Freiwilligen jeden Alters und Dienstgrades, mit schnellen Schritten die Straße nach Versailles entlangziehen sehen. Sie waren von Trommelwirbel, fliegenden Fahnen und einem Geschützzug begleitet. Den Befehl über diesen Zug hatte der junge und mutige Krieger, der der Freiheit Frankreichs so teuer ist.

Was wird dieses riesige bewaffnete Aufgebot, diese patriotische Armee tun? Sicherlich nichts! Wir hoffen es, wir wünschen es zumindest. Die Aristokratie, die, da die Lage etwas beruhigter schien, ihr widerwärtiges Haupt ganz unbemerkt wieder herausstrecken wollte, wird in die dunklen Schlupfwinkel, in denen sie sich verborgen hatte, zurückkehren. Diese zweite Lektion – die unerwartete Einigkeit der wahren Freunde des Vaterlandes und die Entschlossenheit, mit der diese die unverfrorenen Pläne ihrer Feinde durchkreuzt haben – wird ihr vielleicht Respekt genug einflößen. So wird sie es nicht mehr wagen, sich auch nur der Hoffnung hinzugeben, uns zu unterjochen.

Um halb fünf Uhr trafen die Marktfrauen in Versailles ein. Der König war gerade zur Jagd. Ein Bote lief, ihn zu warnen, daß er sich in Sicherheit bringe. Seine Majestät kehrten zurück, aber die Frauen haben ihn nicht gesehen. Sie sind mit Ehrerbietung von der Bürgergarde, unseren guten Freunden, den Dragonern und den Soldaten des Flandrischen Regiments, die wieder Bürger geworden waren, empfangen worden. Man kann den Mut und die Disziplin dieser Heldinnen der Freiheit nicht genug bewundern. Es wird somit im Buch der großartigen Ereignisse dieses Königreiches geschrieben stehen, daß der hochmütige Größenwahn für immer niedergeworfen ist.

Die Leibgardisten, als sie sich von den Frauen vertrieben sahen, haben sich ohne Widerstand darein gefügt. Gehorsam zogen sie sich auf verschiedenen Wegen zurück. Nur einer war so unvorsichtig, auf die Avenue de Paris gehen zu wollen, als diese noch voller Menschen war. Eine Gewehrsalve streckte ihn nieder.

Am gestrigen Sonntag, dem 4. dieses Monats, haben sich die Soldaten des Flandrischen Regiments mit einem Teil der Bürgerwehr vereint. Sie haben gemeinsam ›auf die Gesundheit des Königs und den Erhalt der Nation‹ getrunken. Sie haben die Leibgardisten verhöhnt und sind durch die Straßen gezogen, indem sie dabei riefen: »Es lebe die Nation! Zum Teufel mit den Leibgardisten! Wir haben ihren Wein getrunken, aber sie können uns …! Und wenn man uns befiehlt, gegen die Bürger zu kämpfen, werden wir nicht gehorchen.«

Ich setze hier nun den unterbrochenen Bericht fort.

Ein Teil der bewaffneten Frauen machte sich gegen Mittag auf den Weg, manche sogar schon früher. Unter ihnen waren verkleidete Männer. Die meisten Bürgersfrauen versuchten zu entwischen. Die Männer waren bewaffnet. Das Volk drängte Monsieur de La Fayette zum Abmarsch. Die Straßenräuber aber, die bei allen Unruhen immer ihren Vorteil suchen, hatten die Stadtvertreter vertrieben. Der Kommandant bedurfte jedoch, um ordnungsgemäß handeln zu können, des Befehls der Stadtverwaltung. Unterdes brannte der junge Held darauf abzumarschieren, wußte er doch, wie unerläßlich seine Anwesenheit für die Sicherheit des Königs und der Nationalversammlung war.

Während man die notwendigen Vorkehrungen traf, sah man die Frauen vorbeiziehen. Unter ihnen war eine junge, recht hübsche, die auf eine von zwei Pferden gezogene Kanone gestiegen war und so etwas wie die Anführerin ihres Geschlechts zu sein schien.

»Nun, was ist? Läuft man vor mir weg?« rief sie unentwegt. »Vorwärts, ihr Leute! Lauft weiter, ihr Feiglinge!« schrie sie denen zu, die stehenblieben. Sie ließ einen Teil ihrer weiblichen Reize sehen und genierte sich dessen keineswegs. Es wird sogar erzählt, sie habe, als irgend jemand eine gewisse Körperstelle bewunderte, geantwortet: »Das soll dem Grenadier gehören, der am besten seine Pflicht erfüllt!«

Um halb fünf Uhr brach der Kommandant an der Spitze der Nationalgarde auf. Die Truppe war zahlreich, denn über die Hälfte war freiwillig dabei. Allerdings schienen sich die Elemente der Natur gegen die Pariser verschworen zu haben. Der kalte Regen durchnäßte sie bis auf die Haut. So blieb ein Teil der in Sold stehenden Truppen, die von den Anstrengungen des vorhergehenden Abends und den Ausschweifungen erschöpft waren, am Wegesrand liegen. Andere wieder, die die Aussicht auf ein leicht erreichtes Vergnügen verlockte, machten den Amazonen Liebesanträge. Da es jenen aber wichtiger war, nach Versailles zu kommen, als sich wollüstigen Vergnügungen hinzugeben, vertrösteten sie die Lüstlinge meist auf die Rückkehr.

Die ersten Frauen hatten um fünf Uhr das Gitter des Schloßhofes erreicht, unter ihnen auch die verkleideten Männer, die Kupplerinnen und Räuberinnen, die nur ans Plündern dachten. Sie wollten den auf Posten stehenden Leibgardisten zwingen, das Tor freizugeben und ihnen zu öffnen. Der Posten weigerte sich. Man soll ja auch Aufrührern und Rasenden niemals die Tore öffnen, schon gar nicht rasenden Weibern! Es liegt mir fern, Anhänger der Aristokraten zu sein, und auch ich befürworte die Anwesenheit des Monarchen und der Nationalversammlung in Paris. Ich gehe sogar noch weiter. Ich achte auch den Mut der ehrenwerten Marktfrauen. Aber die Leibgardisten hätten sich des Verrates an König und Nation schuldig gemacht, hätten sie plötzlich verkleideten Männern und sittenlosen, unbeherrschten Weibern die Tore geöffnet. Diese Frauen wurden sogar noch aufgehetzt von ehemaligen Polizeispionen, die die widerlichsten aller Kreaturen sind, denn die Polizeioffiziere, ständig von aus Haftanstalten entlassenen Schurken umgeben, mochten sich nicht die Mühe geben, irgendeine Auslese zu treffen. Die Reden der verkleideten Spione und der Bordellbesitzerinnen zeigten dann auch bald, wie recht die Leibgardisten hatten. Unterdessen wurde der Wachposten, der den ersten Widerstand geleistet hatte, umgebracht. Die Erfüllung seiner Pflicht kostete ihn das Leben. Man beschuldigt die Bürgerwehr von Versailles, auf die Leibgarde des Königs geschossen zu haben. Nein, und nochmals nein! Es war ein Lump, ein Straßenlümmel aus der Hauptstadt, der durch List an eine Waffe gekommen war und den ersten Schuß abgab.

Alle Anstrengungen eines Freiwilligen der Bastille vermochten es nicht, einen anderen zu retten. Dieser Freiwillige verließ ihn, aus Angst, von derselben Gewehrsalve getroffen zu werden; der Rock in den Nationalfarben wäre nicht respektiert worden.

Man kann trotz alledem von einer Schuld der Leibwachen sprechen. Das Bankett vom vorhergehenden Donnerstag lief unter Begleitumständen ab, die nicht nur unvorsichtig, sondern verbrecherisch waren, wenn es stimmt, was man erzählt. Das Lied ›O Richard! O mein König!‹, das dort gesungen wurde, war ein ungebührlicher Akt des Bemitleidens, der darauf zielte, den König über die wahren Anschauungen und Absichten seines Volkes zu täuschen. Sollte es wahr sein, daß die Damen dabei schwarze Kokarden verteilt haben, verdienten sie eine strenge Bestrafung. Wenn man tatsächlich (was ich niemals glauben kann) die Nationalkokarde mit Füßen getreten hat, so wäre das ein Verbrechen, das mit dem Tode gesühnt werden müßte. Aber ich glaube nicht, daß es so war, es sei denn, im Rausch. O ja! Während der Volksunruhen sollten Trunkenheit und große Gelage vermieden werden. Solche Gelage haben immer unheilvolle Folgen ... Und ihr, Leibgardisten, seid ihr etwa von aller Schuld rein? Ah, die schändliche Affäre von Beauvais hat mehr, als ihr denkt, zum Tod derer unter euch beigetragen, die dann massakriert worden sind. Niemals, ihr Leibgardisten, ihr alle, meine Landsleute, niemals bleibt ein Verbrechen unbestraft! Als ein brutaler Kerl aus eurer Mitte den Bürger von Beauvais im Foyer der Comédie getötet hat und die Gesetze dazu schwiegen, hättet ihr selbst die Schuldigen bestrafen müssen! Das ganze Königreich hätte euch mit Beifall bedacht, und in Versailles hätte man euch dafür geliebt. Und bedenkt, ich bitte euch, daß der Krämer von Beauvais unmittelbar nach einem Zechgelage von den Euren getötet wurde! Bedenkt auch, daß seine Frau gerade in den Wehen lag, daß sie ihn fortgeschickt hatte, um ihm den Anblick ihrer Schmerzen zu ersparen! Versetzt euch in ihre Lage, in den Moment, als man ihr den sterbenden Ehemann bringt! Mitten im Frieden und an einem Ort der Freude und des Vergnügens einen Menschen umzubringen, das ist ein schreckliches Verbrechen, das nicht gesühnt wurde und das die entehrende Degradierung des gesamten Corps verdiente! Aber am 5. Oktober habt ihr eure Pflicht getan.

Solange La Fayette noch nicht eingetroffen war, wüteten Verbrechen, Unverschämtheit und Raublust vor den Toren des Schlosses. Alles war in einem Fieberrausch. Man konnte sich der Gewalttaten kaum erwehren, und die Leibgardisten waren, obwohl sie das hinterher bestritten, gezwungen, einige Schüsse abzugeben, um ihr Leben zu verteidigen. Aber um neun Uhr kam La Fayette endlich an. Der Held ist entsetzt über das Durcheinander; und so versucht er, die Gemüter zu beruhigen. Aber zu wem spricht er? Die Waffen der unter seinem Befehl stehenden ehrenwerten Bürger machen mehr Eindruck als seine Reden. Er eilt zum Monarchen, um ihn der Treue der Pariser zu versichern; er unterrichtet ihn von deren Anliegen. Er brauchte die Forderung nur auszusprechen, schon sah sich der beste aller Menschen, der beste aller Könige zum Nachgeben veranlaßt.

Die Königin war erschrocken über das Geschrei, das nicht die Bürger veranstalteten, sondern eine wüste Rotte von Schurken und ehrlosen Weibern, die die Türen der königlichen Gemächer belagerte. Aber beruhigt von den Worten des Helden der alten und der neuen Welt, legte sie sich wieder zu Bett, und als es für einen Augenblick still war, schlief sie sogar ein ...

Aber wie kann man von einer ungeduldigen und unzufriedenen Menschenmenge Ruhe erwarten, die nur deshalb nicht mehr so lärmte, weil sie ihren Hunger stillte! Nach einigen Ansprachen, die Frauen auf der Straße gehalten hatten, erwachte das Toben um halb vier von neuem, und es ertönten gellende Schreie. Man konnte auch bei dieser Gelegenheit wieder beobachten, was so oft geschrieben wurde, daß durch Verweichlichung die Tapferkeit erstirbt. In Luxus und Wohlleben erzogene Offiziere fühlten ihren Mut erschlaffen. Vom Vorabend und noch mehr von dem Geschrei ermüdet, erzitterten sie. Das sind nicht mehr die eisengepanzerten Ritter aus dem Jahrhundert von Franz I.; das sind verweichlichte Weibchen, die noch weniger mutig als Frauen sind. Und so muß der Vornehme, der Reiche schließlich doch für die Ungerechtigkeit und Unterdrückung, die er dem von ihm ausgeplünderten Armen angetan hat, bezahlen, denn er ist es nicht gewohnt, ohne die Dienste dessen, den er erniedrigt, auszukommen. Im Moment des Aufstandes können der reiche Verschwender, der schwächliche Geistliche nur noch vor dem arbeitsgewohnten Volk erzittern! Diese Offiziere, die man in unseren faden Komödien rühmt, als eilten sie vom Vergnügen zum Sieg, ohne die Kanone, die sie nicht beherrschen, ohne die Soldaten, an deren Spitze sie zu Pferde reiten (denn ihre Beine würden sie nicht tragen), diese Offiziere also würden nach der Erschöpfung von den mit ihren Dirnen genossenen Freuden höchstens die Schande der Niederlage erringen.

Ich habe gesagt, daß sie zitterten. Ich weiß es von einem Oberstleutnant. Der König war aufgestanden. La Fayette war bei ihm. Ludwig XVI. hatte keine Furcht; er befragte sein Herz, das ihm sagte, er habe als guter Landesvater von seinen Kindern nur Achtung zu erwarten. Aber in dem Augenblick, da er sich mit dem General besprach, waren plötzlich Schreie zu hören:

»Rettet die Königin!«

Soll ich die schreckliche Wahrheit hier berichten, oder verschweige ich sie? Aber warum sollte ich sie verschweigen, da ich doch schon begonnen habe, die Nation freizusprechen! ... Weshalb sollte ich schweigen, da ich doch die ehrlosen Schurken bereits benannt habe, diesen Abschaum des Volkes, der ein Sammelbecken für alle Niederträchtigkeit und alle menschliche Verruchtheit ist! ... Antoinette, die Ihr eine von der Natur mehr noch als durch die Geburt zur geliebten Königin bestimmte Frau seid, ein Meisterwerk Eures Geschlechts, dem man nichts weiter vorwerfen kann, als zu schön zu sein! O Königin, Ihr sollt erfahren, daß in diesen strengen Zeiten, da auch die zaghaftesten freien Schriften aufs härteste bestraft sind, die gottlosen gegen euch gerichteten Blätter von Polizeispionen gedruckt wurden. Denn nur sie allein können so viel Kühnheit besitzen, nur sie verfügen über die Mittel dazu, um es ohne Furcht tun zu können! Und Ihr, meine Herren Minister, sollt erfahren, daß diese Schurken hernach stets die nichtsahnenden Arbeiter opferten, und den Preis für deren Festnahme, für deren Blut, dem aus dem Verkauf des Werkes gewonnenen hinzufügten! Ihr müßt wissen, daß auf diese Art und Weise der Schuldigste unter ihnen zu einem Einkommen von vierzigtausend Livres gelangt! ... O meine Königin, setzt all Eure Macht für die Freiheit der Presse ein, für die Unabhängigkeit der Druckereien! Um so seltener werden unverschämte Schmähschriften in Umlauf sein, denn man wird ihre Autoren und Kolporteure leichter entdecken und sie der Bestrafung durch das Gesetz zuführen! ... Aber kehren wir zu den Ereignissen zurück.

Die als Frauen verkleideten Spione, diese gewerbsmäßigen Zuhälter, die von den schrecklichsten und niederträchtigsten Verbrechen leben, waren durch die neue Ordnung zur absoluten Untätigkeit verurteilt. Von blinden Werkzeugen, ihren Kupplerinnen, unterstützt, glaubten sie, den Staat umstürzen zu können, indem sie das schrecklichste aller Verbrechen forderten. Die Königin, die diese gottlosen Frevler zu bedrohen wagten, schreckt aus ihrem Schlaf auf; sie springt aus dem Bett und eilt, halb nackt, dem einzig sicheren Schutz entgegen, in die Arme des Königs. In der Tat war die Brust des Königs in diesem furchtbaren Augenblick die sicherste Zuflucht, die einzige im ganzen Reiche! Sie klopft an die Tür. Man hört sie nicht. Ihre Angst wächst ... Schließlich brachte das Geschrei von draußen den König auf den Gedanken, daß sich die Königin ängstigen könnte. So wollte er zu ihr gehen, und es war dieser Beweis ehelicher Liebe, der Antoinette rettete. Denn kaum war die Tür einen Spalt breit geöffnet, als sich die Herrscherin, den Dauphin auf dem Arm, an die Brust ihres erlauchten Gatten wirft. Das geschieht mit einem Schrei, der Menschen, die es gewohnt sind, keine Furcht zu haben, vor Schreck erstarren läßt. Welch schlimme Szene! ... Aber wer trägt die Schuld daran?

Die Räuber und die ehrlosen Frauen, die sich als Fischweiber verkleidet hatten, bemühten sich, die Türen zu den Gemächern der Königin gewaltsam aufzubrechen. Die Leibwachen drängten sie zurück. Aber da sie infolge des verhängnisvollen Irrtums, sie hätten auf die Frauen geschossen, dem allgemeinen Haß ausgesetzt waren, war man dabei, sie zu überwältigen. Da stoßen plötzlich die Grenadiere der französischen Garden nach vorn, denn sie fühlen, wie die Liebe zum König und den Seinen in ihrem Herzen brennt. Sie sind fürchterlich empört über das wüste Gebrüll der verworfenen Weiber, vereinigen sich mit den Leibgardisten, umarmen sie und rufen ihnen zu:

»Wir streiten für dieselbe Sache!«

Dieser Satz ist unsterblich. Er muß diese mutigen Grenadiere der königlichen Familie, ja ganz Frankreich teuer machen. In dieser Situation war jeder von ihnen hundert Mann wert. Sie trieben die Bestien zurück, in deren abscheulichem Gesichtsausdruck ihre wahren Absichten zu lesen waren. So verrät sich der unvorsichtige Verbrecher stets selbst.

Als die Königin in Sicherheit und der Tag angebrochen war, traf La Fayette seine Vorbereitungen, um den König nach Paris zu geleiten. Der Monarch, dessen Wünschen man zuvorkam (denn er fühlte, daß die Hauptstadt seiner Anwesenheit bedurfte), beschleunigte die Abreise. Trotzdem traf er erst am Abend im Rathaus ein. Ich kann es sagen, denn ich habe es gesehen, wie alle Welt tief berührt war von dem Verhalten der königlichen Leibgardisten, die unter das Volk gemischt, mit der Nationalkokarde am Hut, ständig riefen:

»Es lebe der König! Es lebe die Nation!«

Sie gehören in der Tat zusammen, der König als Haupt und die Nation als Leib; beides bildet eine Einheit. Denn in Wahrheit ist es doch so, daß es der König bei den Sitzungen der Generalstände der Nation überläßt, die Gesetze zu machen, die er dann nach ihrem Willen verwirklicht. Er betrachtet sich als Repräsentant des Volkes; er überläßt den Platz denen, die er vertritt, aber er nimmt ihn wieder ein, sobald das Gesetz gemacht ist und nur noch ein Oberhaupt nötig ist, um es durchzusetzen.

Die Königin bot ein noch rührenderes Bild: Sie zeigte den Dauphin, den sie auf ihrem Schoße hielt; sie zeigte ihn dem Volke, dessen Hoffnung er war. Man erzählt, das erlauchte Kind habe mehrmals etwas gesprochen, aber ich kann es nicht mit Bestimmtheit bestätigen.

Um halb neun kehrte der König aus dem Rathaus in die Tuilerien zurück.

Mögen sich andere mit unnützen Einzelheiten aufhalten; was mich betrifft, so wollte ich nur die Dinge berichten, die etwas Gutes bewirken können. Ich habe die Unschuld des Volkes bewiesen; ich habe versucht, die wenigen aufzuklären, die annehmen, daß die Pariser dem König und der Nationalversammlung Gewalt angetan hätten; während doch in Wahrheit die Anwesenheit von König und Nationalversammlung in Paris für den Fortbestand des Staates vonnöten war und damit dem Wohl des gesamten Königreiches gedient hat. Paris ist die Königin der Städte, wie der König das Oberhaupt der Menschen ist. Kein Wohlergehen des Volkes, kein Ruhm des Vaterlandes ohne die Einheit der Franzosen mit ihrem König, ohne die Einigkeit aller Städte mit Paris. Man hat die Hauptstadt als eine Menschenfresserin bezeichnet. Man tut ihr Unrecht damit! Sie ist die Quelle aller Freuden, sie ist die Herrin des Königreichs; wenn sie das Land glücklich macht, kann es ihr nicht genug dafür danken. Außerdem gibt sie ihm alles zurück, was sie von ihm empfängt. Großzügiger Liebhaber, bedaure deshalb niemals deine Gaben! Gibt es auch niemanden, der koketter ist als deine Mätresse, so ist doch auch niemand liebenswerter, und selbst ihre Koketterie gereicht dir zum Vorteil!

Félicité oder Die Liebe als Heilmittel

»Wir schreiben das Jahr 1790! Wird sich noch ein neues Abenteuer ereignen?«

»Nein, nein!« sagte Tefris, der genau fünfundfünfzig und ein halbes Jahr alt war; »im Jahre 1786 war ich zum letzten Mal verliebt. Meine erste Liebe hieß Agathe Tilhin. Ich war damals sechs Jahre alt; vier Jahre später liebte ich Marie Fouard, da war ich zehn; vier Jahre danach war es Jeanette Rousseau, nun zählte ich vierzehn. Weitere vier Jahre später, in einer Phase leichtsinniger Ausschweifungen, als ich mehreren zur gleichen Zeit nachlief, begehrte ich Marie-Jeanne, Manon Prudhot, Madelon Baron, Colombe, Marianne

Ankunft der königlichen Familie in Paris
am 6. Oktober 1789

Tangis, Adélaïde Mélos, Rose Lambelin, die Demoiselles Laloge und Lalois, Dugravier und Linard: in dieser Zeit also, betete ich ... über alle Maßen Madame Parangon an! ... Wiederum vier Jahre später Zéphire. Jeweils nach weiteren vier Jahren Adélaïde Nécard und Rose, die himmlische Rose, Schwester der reizenden Eugénie ... Vier Jahre darauf Élise; dann nach weiteren vier Jahren Louise, die naive, rührende und provozierende Louise, die der Freundschaft der unvergleichlichen Thérèse würdig war. Nach vier Jahren dann Virginie, die sanftmütig und gut geworden, nachdem sie zuvor aus Unerfahrenheit hinterlistig und betrügerisch war. Sodann wiederum nach vier Jahren Sara, die Zuneigung und treue Hingabe so gekonnt vortäuschte ... schließlich nach vier Jahren Félicité, dieses liebreizende, kokette, aber dabei sittsame und ehrbare Mädchen ...

Es ist schon eigenartig, daß dieser Vierjahresrhythmus mein Leben in neun gleiche Teile gegliedert hat! ... Der zehnte Abschnitt geht bald zu Ende! Aber leider, er wird mir keine neue Liebe bringen!«

So sprach Tefris, der, zu der Zeit, als wir ihn kennenlernten, ein Mann in den Fünfzigern, ja eigentlich schon fast ein sechzigjähriger Mann war.

»Erzählen Sie uns von Ihren Liebesabenteuern, Tefris?« forderten wir ihn auf.

»Sie sind bereits alle berichtet«, antwortete er; »so bleibt mir nur eines, das Sie noch nicht kennen, das einzige, von dem ich Ihnen erzählen will, denn ich möchte schließlich nicht als Schwätzer bezichtigt werden.

Es war im Jahre 1786, da hatte ich einen alten General der Artillerie zum Freund, der mich und meine Familie, die aus meinen beiden Töchtern bestand, manchmal zum Essen empfing. Eines Tages lud er mich schriftlich ein und setzte auf seine witzige Art, wie sie beim Militär üblich ist, hinzu: ›Nehmen Sie unterwegs ein Mädchen vom Getreidehafen, einen Soldaten des Wachregiments und einen Steuereintreiber mit, die mit uns gemeinsam essen werden! Ich bitte Ihre Töchter für die Gesellschaft, die ich ihnen aufdränge, um Verzeihung, aber sie müssen sich darein fügen, um morgen bei mir speisen und unter meinen Linden wandeln zu können und um mit freiem Eintritt an den Festen teilzunehmen.‹

Sonntag mittag fuhren wir zum Getreidehafen; dort trafen wir auf Mademoiselle Félicité, in deren Gesellschaft sich bereits ein Gardeoffizier, es war der Bruder des Generals, befand, und außerdem der

Bruder der Demoiselle, Vorsteher einer bäuerlichen Steuerbehörde. Bruder und Schwester hatten die Absicht, ein hübsches Stück Land zu erwerben, das der General verkaufen wollte. Wir sprachen kaum miteinander; der Gardeoffizier und die drei Damen stiegen in die Kutsche, die der Gastgeber geschickt hatte; der Vorsteher, ein junger Staatsanwalt an einem Provinzparlament, und ich gingen zu Fuß.

Beim Essen wurde geplaudert und gelacht. Anschließend erging man sich in dem weitläufigen Garten. Dabei hatte ich Gelegenheit, Félicité genauer kennenzulernen. Sie war nicht gerade hübsch, aber ihr Gesicht war liebenswürdig und reizvoll. Ihre Stimme hatte einen süß-säuerlichen, dabei aber harmonischen Klang; wenn sie wollte, konnte sie alles Säuerliche daraus verschwinden lassen. Ihre Augen waren schwarz und leuchtend, der Mund klein, sie hatte einen straffen Busen, vollendet schöne Beine und einen hübschen koketten Fuß. Einem Mann von zweiundfünfzig Jahren wie mir konnte sie wahrhaftig den Kopf verdrehn. Es schien, als wollte sie mich gewinnen, denn sie schmeichelte mir. Dafür war ich sehr empfänglich. Ich hatte nicht den leisesten Argwohn, was den Grund betreffen könnte. Sie war sehr viel vermögender als ich; meine Bekanntschaft verschaffte ihr keinerlei Vorteil; und so war ich erstaunt über diese Zuneigung zum Alter. Ich hatte das Glück, sie am Abend nach Hause bringen zu dürfen. Sie stieg vor ihrer Haustür aus der Kutsche, meine beiden Töchter fuhren weiter, während ich ... blieb. Von dem lustigen Fest erheitert, war Félicité wie in einem Rausch. Sie setzte sich, und ich nahm neben ihr auf demselben Sofa Platz. So unterhielten wir uns. Recht bald schon liebkoste ich sie und fand in ihr das reizvollste Mädchen, zwar sittsam und ehrbar, aber nicht prüde. So vergingen zwei wonnevolle Stunden. Als ihr Bruder heimkehrte, zog ich mich zurück.

Ich hatte mich nicht verliebt, aber ich fühlte mich wie verzaubert! Ich stattete Félicité nun jeden Tag einen Besuch ab. Der Zauber, den sie auf mich ausübte, wurde immer stärker, nie zuvor war es schöner gewesen. Ich weiß, wie man den Frauen den Hof macht; und Félicité hörte viele Komplimente von mir, über die kleinsten Kleinigkeiten: über die Art, wie sie sprach, über ihre Munterkeit und ihre Gestalt, schließlich über ihren Charakter; letzteren zu rühmen ist fast genauso schmeichelhaft wie das Lob für die äußeren Schönheiten. Eine junge Frau von dreißig Jahren, deren Reize man bewundert, ist für ein solches Kompliment noch empfänglicher als ein siebzehnjähriges

Mädchen. Den Grund dafür kann man sich leicht vorstellen! Später wird man sehen, warum es Félicité besonders liebte, daß man auch ihren Charakter schätzte.

Dieses Mädchen kannte sich in den Dingen der Liebe aus, diese Kunst kann einem Mann von zweiundfünfzig Jahren überaus dienlich sein, genauso wie ich es bereits mit fünfundvierzig, sechs- und siebenundvierzig Jahren mit Sara erfahren hatte. Nie zuvor wurden mir Beweise von Gunst und Gewogenheit mit so viel Können, geschickter Maßhaltung und Zärtlichkeit erwiesen. Ich lag in jener Zeit krank darnieder. Félicité, die ihren Namen ganz zu recht trug, war selbst die Arznei, die sie mir in wohltuender Dosis verabreichte. Sie hatte zehn Jahre lang einen Verehrer gehabt, den auch sie liebte und dessen Leben sie durch das Glück, das sie gab, erhielt. Er war etwas schwächlich und litt an jener Krankheit, die man das Feuer des Meleagros nennen konnte. Aber solange er mit Félicité zusammen war, bewirkten die sanften Liebkosungen dieses Mädchens, die zärtliche Liebe, die in kleinen Mengen gegeben wurde, daß Blut und Körpersäfte des jungen Coupenoir in gesunden Lauf kamen. Aber der Ehrgeiz, eine gute Stellung, für die Félicité zum Teil die Bürgschaft war, entfernten ihn von ihr; so war er wie ein entwurzelter Baum, der seinen Saft und damit sein Leben verlor.

Meine Lage war das ganze Gegenteil: Von Kummer und Arbeit niedergebeugt, war ich von meinen Leiden überwältigt, als ich Félicités Bekanntschaft machte. Dieses Mädchen wollte mich retten und bemühte sich aus ganz bestimmten Gründen, mein Leben zu verlängern; dazu mußte sie nur meine Liebe erwecken. Das fiel ihr sehr leicht, sobald sie meine Schwäche für die natürlichen Schönheiten und die vollendete Toilette kannte. Für die ersten hatte sie, wie wir gesehen haben, die Natur recht gut ausgestattet. Was die zweiten betrifft, die von der Kunst der Toilette abhängen, so war sie mit ihrem auserwählten Geschmack darin eine vollkommene Meisterin. Sie beherrschte alle Frisuren: der ›Chapeau noir à l'anglaise‹ stand ihr am allerbesten; er warf zarte Schatten auf ihr Gesicht und zierte es somit noch mehr. Sie ließ keinen Badetag aus und war von bezwingender Reinlichkeit; ihre Schuhe waren bis zur Übertreibung gepflegt. Sie ließ mich ihrer Toilette beiwohnen, dabei erriet sie meine Gedanken bei jedem Schritt des Ankleidens: sie eroberte mich, denn sie war für mich von nun an das verführerischste aller Mädchen. In solchen Fällen sonst sehr zurückhaltend, war sie schon bei dem Spaziergang im

Garten des Generals anschmiegsam und entgegenkommend. Dort gestattete sie im Verborgenen Zärtlichkeiten der Art, die das Herz in Unruhe versetzen können, und erwiderte sie sogar selbst.

Die Wirkungen ihrer Sorge für mich stellten sich schnell ein. Der immer stärker werdende Zauber verjüngte mich. War sie in der Stadt in einem Haus, in dem ich nicht verkehrte, zum Essen eingeladen, forderte sie mich auf, sie dorthin zu begleiten, und sagte mir, zu welcher Stunde ich sie am Abend abholen sollte. Sie ging zu ihrer Verabredung, und ich spielte die Rolle des versetzten jungen Mannes, der geduldig auf seine Schöne wartet. Félicité, immer reizend, immer umworben, wurde von alten Offizieren gefeiert; sie entwischte heimlich, entging so den Aufdringlichkeiten, um dann in einem versteckten Winkel ihren Geliebten zu treffen, mit dem diese leichtsinnige Nymphe dann zu Fuß heimkehrte.

In weniger als sechs Wochen war ich von meinen Leiden befreit. Félicité beschäftigte mich ständig; ich verließ sie sehr spät abends und sah sie schon am darauffolgenden Morgen wieder; zu Mittag aß ich mit ihr fast täglich. Es war ein einziges Glück! Glück und Gesundheit sind eben wie Bruder und Schwester.

›Félicité!‹, so sprach ich zu ihr, ›Sie haben wirklich den richtigen Namen ...‹ So verlebte ich die Zeit vom 5. Mai, dem Tag, als ich sie zum ersten Mal sah, bis zum 29. Juli, da Félicité gemeinsam mit ihrem Bruder und meiner ältesten Tochter verreiste.

Nach ihrer Abreise erwartete ich, einen Schmerz zu fühlen. Sara, die aus verschiedenen Gründen niemals so viel wert war wie Félicité, hatte solch einen heftigen Kummer in mir erregt. Sara war käuflich ... Félicité hingegen war frei, war meinesgleichen, sie hatte in mir die glücklichen Tage meiner Jugend wachgerufen, da ich liebte und wiedergeliebt wurde. So fühlte ich nicht das geringste Bedauern; im Gegenteil, ich atmete nun viel freier. Bis zum letzten Augenblick hatte mich Félicité verzaubert, aber dessen ungeachtet ermüdete sie mich auch! Woran lag das? Seitdem denke ich darüber nach und bin zu dem Ergebnis gekommen, daß es aus dem gleichen Grund ist, der die Jugend heutzutage so unbeständig werden läßt: Sie hatte mich zu ihresgleichen gemacht, und so war es für mich nicht jene unergründliche Empfindung, die das junge ausgehaltene Mädchen erregt, das uns eine Gnade zu erweisen scheint, wenn es sich kaufen läßt. Ich hatte Virginie beweint und konnte mich nicht, ohne in schmerzvolle Rührung zu verfallen, an Louise und Thérèse erinnern. Es ist wahr, daß sie mich im vollen Mannesalter verzaubert hatten! Auch sie hatten mich geliebt; die grausame Ausweglosigkeit, in der ich mich befand, die im ›Drame de la vie‹ so eindringlich beschriebene Krise, hatte diesen Schmerz verursacht. Ganz im Gegensatz dazu hatte mich Félicité eine Art der Leidenschaften durchleben lassen, die mir bisher noch unbekannt war; es war die Liebe eines Marquis, eine Leidenschaft, wie sie unsere Männer von Stand empfinden, wenn sie davon überzeugt sind, wirklich verliebt zu sein. Da ich immer bis zur völligen Selbstaufgabe geliebt habe, nicht die heilende, sondern nur die tötende Liebe kannte, war ich beglückt, es mit zweiundfünfzig Jahren zu erfahren. So kann ich an meine Mitmenschen weitergeben, daß eine Frau wie Félicité ein wunderbares Heilmittel bei den ersten Anzeichen dieser traurigen Krankheit ist. Ich fordere die Frauen auf, wenn ihnen an einem Manne liegt, dieses Rezept anzuwenden. Die Ehemänner, für den Fall, daß die Damen einen solchen haben, sollen nicht eifersüchtig sein, denn es wird nichts Wesentliches zwischen dem Kranken und seiner heilenden Geliebten geschehen. Sicher wird man Gefühle haben, manchmal Rührung empfinden, Bewunderung, Freude, aber dabei bleibt es. Die Damen binden sich nicht an ihren Kranken. Sie verlassen ihn ohne Schmerz, und genauso werden sie verlassen. Wenn ich nach Félicités Beispiel über sie urteilen sollte, so sind sie für mich Rosen, die überhaupt keine Dornen haben. Aber nun ist genug sinniert.

Nachdem Félicité abgereist war, schrieben wir uns einige Briefe. Aber die Geschäfte, die, solange sie in meiner Nähe war, zurückstehen mußten, gewannen wieder ihre Bedeutung, und wir vergaßen einander. Sie reiste viel, kam auch nach Paris; wir sahen uns jedoch nie wieder. Eine derartige Gleichgültigkeit war eigentlich nicht natürlich. Auch dafür gab es Gründe, wenngleich ich sie nicht kannte.

Während sie mich einerseits mit Freundschaft und Gunst überhäufte, verriet mich Félicité auf die grausamste Art; sie verhinderte ... die glückliche und lohnende Heirat einer Person, die mir sehr nahestand. Damit versetzte sie mir den empfindlichsten Schlag. Es muß doch so sein, daß es zwischen den Seelen zweier Menschen gewisse Beziehungen gibt. Kann es fremde Mißgunst verhindern, daß die Seelen sich finden? Die unsrigen stießen aneinander, aber sie verbanden sich nicht. Diese Entdeckung, die ich erst nach unserem Bruch machte, war also nicht dessen Ursache, sondern hat ihn nur noch bestätigt. Man wird nun nicht mehr erstaunt sein, wenn ich hinzufüge, daß Félicité nicht treu war, daß sie vielmehr drei andere Liebhaber hatte, mit denen sich diese Genießerin für die Keuschheit mit ihrem Kranken entschädigte. Als ich von all dem erfuhr, bestaunte ich um so mehr die undurchdringliche Tiefe des weiblichen Herzens. Aber gerade diese Undurchdringlichkeit ist manchmal ein Glück, wie man es in meinem Fall gesehen hat. Sechs Wochen des Glückes haben mir ausreichend Gesundheit für vier Jahre beschert. Dessen ungeachtet fühle ich, daß ich jetzt eine neue Dosis der ›Félicité‹ gebrauchen könnte! Aber wer wird sie mir geben? Wo kann ich eine Frau finden, die so viel Güte besitzt, mich mit fünfundfünfzigeinhalb Jahren ein weiteres Mal zu täuschen und mir damit einen Vorschuß an Wohlbefinden, der bis ins sechzigste Lebensjahr reicht, zu geben?«

So berichtete uns Tefris eines Abends im Palais-Royal, wo wir ihn getroffen hatten. Wir kennen Félicité besser als er. Diese Félicité, die als Waise von ihrem Bruder aufgezogen wurde, trägt diesen Wohltäter als das Kostbarste in ihrem Herzen. Sie liebt ihn über alles, mehr als ihre Liebhaber, mehr als sich selbst. Sie gab Tefris nur aus dem einzigen Grund das Leben zurück, da sie glaubte, er könne ihrem Bruder nützlich sein. Nur deshalb wollte sie ihn für sich gewinnen, schließlich glücklich machen. Auch all die anderen Liebhaber wurden nur deshalb empfangen, errangen ihre Gunst, nur weil sie an ihren Bruder dachte, der bis heute von dieser Ergebenheit seiner Schwester nichts ahnt. Ich vermag nicht zu sagen, ob Félicité vernünftig und sittsam ist; aber sei es, wie es sei, meine Leser, eine solche Schwester kann ich nur jedem wünschen. Möge ihr Bruder das lesen und damit wissen, was er der seinen schuldet!

Schlußrede

Franzosen, laßt Euch nicht die Köpfe vernebeln! Gebt acht auf die Aristokraten, denn sie sind die Feinde der Erneuerung! Sie sind die Verfechter der alten Übel! Auf niederträchtige und sträfliche Weise gieren sie nach Pensionen und Vergünstigungen, was auf einer erschreckenden Liste im ›Livre rouge‹ verzeichnet ist, die Euch sowohl empören als auch trösten wird. Denn nichts ist beglückender, als diese erdrückende Bürde endlich zu Boden zu werfen. Man sprach davon, daß die hohen Pensionen gekürzt werden müßten. Darüber sollte man gar nicht erst reden, denn man muß sie ganz abschaffen für jeden, der mindestens tausend Taler aus anderen Einkünften bezieht. O Léopard, o Licorne, o Griffon, die ihr reich und üppig von den Wohltaten des Staates lebt, welchen Dienst habt ihr ihm dafür erwiesen! ... Ich spreche nur von euch, den Literaten, dabei seid ihr doch sicherlich noch nicht die schlimmsten unter den Pensionsempfängern! Ich denke dabei vor allem an Griffon. Er hat doch wenigstens ›Thécolife‹ übersetzt, schrieb ›Elmanie‹ und hat, wenn auch sehr hölzern, ›Kicraww‹ in Verse gebracht! Aber wie viele Blutsauger haben noch weit weniger Verdienste aufzuweisen als Griffon!

Französische Nation, hör auf, Leoparden, Einhörner und Geier durchzufüttern! Ernähre das Arbeitspferd, das Rind, selbst den Esel, denn sie sind notwendig; ernähre das Mutterschaf, den Hammel, das Schwein, die Ziege, denn sie sind nützlich; begünstige die Biene und sogar die Seidenraupe, denn sie sind uns gefällig; man kann selbst den Affen dulden, er belustigt die Leute; außerdem schuldet der Mensch ihm einige Achtung auf Grund der Ähnlichkeit. Der Hund und die Katze sind notwendige Tiere, und obwohl man eigentlich gut daran täte, sie abzuschaffen, so lindern die heuchlerische Zuneigung des ersten und die unterwürfige Schmeichelei der zweiten die Unannehmlichkeiten des Lebens; sie sind somit ein Luxus: Also! warum sollte man ihn auch gänzlich abschaffen? ... Wenn es sich aber um den Wolf, den Tiger, die Hyäne, das Krokodil, die Giftschlange, den Marder, das sich einschmeichelnde Wiesel, die Ratte, die lästige Maus handelt, so müssen diese Ungeheuer und dieses Ungeziefer beseitigt werden. Um ihn gegen unsere Feinde zu schicken, behaltet nur den Löwen, aber legt ihm einen Maulkorb an! Auch das Kamel sollten wir schützen, um mit ihm die Wüsten durchqueren zu können! ...

Ich habe zunächst mit einer Satire begonnen, die ich dann durch eine Parabel ersetzt habe; das eine wie das andere wird leicht verstanden werden.

Franzosen! Ihr habt gesehen, wie am Morgen des 21. Oktober ein Unglücklicher an der fatalen Straßenlaterne hing, weil er verdächtigt wurde, sein Brot zurückzuhalten, um damit die Nationalversammlung zu versorgen. Ich gehe auf dieses schreckliche Ereignis nicht näher ein, das wie die anderen auch von Feinden der Nation gelenkt wurde. Es hat den Ausnahmezustand zur Folge gehabt, der nicht zugunsten der Leoparden, der Tiger, der Hyäne und des Krokodils ausgerufen wurde, wie man in einem Distrikt behauptet hatte, sondern um das Pferd, das Rind, das Schaf und das Kamel zu schützen. Ich frage die Gerichtshöfe von Rouen und von Metz, von Dijon, von Rennes, von Toulouse, von Bordeaux! Den unvorsichtigen Bischof von Tréguier! Justizbeamte und Klerus! Quae vos dementis cepit? Fühlt ihr nicht, daß der Moment der Erneuerung gekommen ist? Daß ihr, wenn ihr euch dem entgegenstellt, euer Schicksal nur noch verschlimmert und damit leichtfertig erkennen laßt, daß euer Ziel nicht das Wohl des Menschengeschlechts ist! – Also haltet ein, wenn ihr euch nicht auch noch jene Menschen zu Feinden machen wollt, die euch bisher bedauert und geschont haben! Es ist soweit: Die Traumbilder meiner Kindheit müssen endlich Wirklichkeit werden! Der Grundsatz des christlichen Glaubens muß sich durchsetzen, und er muß die Gleichheit unter den Menschen erzeugen wie seine natürliche Furcht. Dem stehen nichts weiter als niedere Leidenschaften und verabscheuungswürdiger Egoismus in euren Herzen entgegen! Aber diese niederen Motive sind lasterhaft und rufen nur Empörung hervor ... Die Montmorency, die Bischöfe von Autun, die Sieyès, die Clermont-Tonnerre haben das weise erkannt und klug gehandelt; während die V**, die M**, die Bischöfe d'*, de**, de** und de** den falschen Weg gewählt haben. Die Minister waren sogar so unklug, ihre aristokratische Gesinnung offen zu zeigen!

Ihr habt davon gehört, mit welcher Härte die Nationalversammlung die Dreistigkeit jenes aristokratischen ›Parlement‹ zurückgewiesen hat, das sich angemaßt hatte, die Bretagne zu vertreten? Ihr seht Favras gefangen, Besenval als Häftling! Alles Bestreiten und Abschwören hat ihnen bisher nichts genützt. (Und Favras hat seine Strafe erhalten.) Marat hingegen, der donnernd, wie ein Wahnsinniger, wie ein unberechenbarer Rasender versucht, das Vertrauen in die Väter des Volkes zu erschüttern, ein halbwissender und heuchlerischer Royalist, wurde nicht ohne Grund festgenommen: Das Tribunal hat ein Dekret gegen ihn erlassen, aber dennoch, sein Distrikt schützt ihn! Tut er recht daran? Man wagt nicht zu sagen, daß es ein Fehler ist, man wagt ebensowenig zu sagen, daß es richtig ist. Er hat zwar die heilige Freiheit verteidigt, aber man muß sich den Gesetzen unterordnen. Hätte der Distrikt Marat nicht besser absetzen und seinen Richtern zuführen sollen? Das ist meine Meinung!

Mitbürger, wir müssen einig sein! Die Provinzen dürfen nicht auf die Hauptstadt blicken wie auf eine bevorzugte Stadt; sie sollen nicht neidisch auf sie sein! Wir sind zwar nicht alle in Paris geboren, aber diese Stadt ist unsere Heimat geworden; sie nimmt all ihre Bewohner wie eine gute Mutter an. Sie verteidigt sie, sie schützt sie. Dazu will ich ein Gespräch wiedergeben, das ich eines Abends im Palais-Royal mit anhörte.

Ein Pariser versuchte, eine Gruppe von Leuten aus der Provinz zu dieser vernünftigen Meinung zu überzeugen.

»Die Stadt Paris«, so sprach er, »wird von allen Städten in der Provinz beneidet. Aber denkt doch daran, Mitbürger, was ist denn die Hauptstadt eines Königreiches? Ist sie nicht sein Kopf oder sein Herz? Oder der Magen? Aber dieses Bild wollen wir lieber nicht benutzen, es erinnert an den alten Apolog des Menenius. Ich möchte heitere Vergleiche finden. Die Hauptstadt ist wie eine geliebte Mätresse ein wenig kokett; sie heißt jedermann willkommen; aber im Unterschied zu den gewöhnlichen Koketten macht sie ihre Freier um so glücklicher, je mehr sie von ihnen empfängt. Wetteifern wir also, um sie immer schöner zu machen. Alles, was wir ihr geben, gibt sie uns als Freude und Vergnügen zurück. Diese geliebte Gebieterin ist eine Königin, die nacheinander all ihre Liebhaber zu Königen oder Göttern macht. Will ein Gascogner aus Collioure, ein Bretone aus Nantes, ein Normanne von Saint-Lô, ein Bewohner des Dauphiné aus Senez oder Embrun, aus Landes, aus Deauce oder Navarra, aus dem Limousin, dem Poitou vielleicht für vierzehn Tage die Genüsse der Prinzen kosten, bis an die Grenzen des Möglichen die Freuden erleben, was muß er dafür tun? Nicht sehr viel; er muß nur eine nicht übermäßig große Summe Geldes zusammennehmen, mit einem Mietwagen nach Paris kommen und in dem Moment, da er die Gebieterin der Städte, die Glücksspenderin, betritt, ausrufen:

›Meine Göttin, ich möchte für vierzehn Tage König und Fürst sein! Gib mir alle Freuden und sag mir, was ich dafür zahlen muß!‹

›Mein liebenswerter Freund‹, wird die kokette Hauptstadt freundlich antworten, ›ich werde dir herrliche Theateraufführungen bescheren, schöne Frauen, wunderbare Spaziergänge, geistliche und weltliche Konzerte, Feierlichkeiten aller Art, schöne Kleider, Bücher und geistvolle Menschen. All das für ein Vierundzwanzigmillionstel von dem, was es einen einzigen Mann kosten würde, wenn er all diese Freuden allein genießen wollte.‹

Der Franzose aus der Provinz wird nicht betrogen: Er gibt ein wenig Geld, dreißig oder achtundvierzig Sous, und er sieht im ›Théâtre national‹, in einer prächtigen und wahrhaftigen Aufführung die Meisterwerke von Corneille, Racine, Molière, Voltaire, Crébillon, Renard, Destouches, de Lachaussée ... Schon für vierundzwanzig Sous sieht er im ›Théâtre Italien‹ eine närrische Ariette, die erschütternde Moral eines Dramas oder ein libertinistisches Vaudeville. Für achtundvierzig Sous kann er in die Oper gehen ... ›Phèdre‹ und ›Sainthuberti‹, ›Tarare‹, was Millionen kostet ... wenn er dreißig Sous gibt, kann er die wunderschöne Musik aus Italien genießen, die für die Ohren von Göttern geschaffen worden ist. Gibt er zwanzig Sous, werden ihn die ›Variétés‹ königlich unterhalten. Beim Verlassen ... welch verdammungswürdige Gewohnheit ... aber schließlich existiert sie nun mal ... trifft er auf die himmlischen Schönheiten, von denen einige noch die übertreffen, welche Mahomet seinen tugendhaften Jüngern verspricht ... Er ...«

»Hören Sie auf!« unterbricht ihn ein Bauer. »Pariser, indem Sie die Hauptstadt preisen wollen, machen Sie sie in den Augen tugendhafter Leute schlecht. Man sollte viel mehr in ihr die Mutter aller Franzosen sehen! Ja, die Hauptstadt ist unser aller Mutter! Sie nimmt uns alle wie geliebte Kinder auf; sie gibt uns reichlich Unterstützung für Künste, Wissenschaften und Gewerbe ... Man hat zunächst die Ausdehnung ihrer Gerichtsbarkeit mißbilligt. Unsinn! Anstatt sie einzuschränken, sollte man sie auf das ganze Königreich ausdehnen, um dessen Einheit zu festigen ... Was! Ihr wollt nicht, daß ein Kläger vor Gericht wenigstens soviel Nutzen aus seinem Unglück zieht, einmal die Hauptstadt zu sehen, das Zentrum des Lebens, den Mittelpunkt der Zivilisation, um dort ein vollkommener Mensch und Franzose zu werden! ... Oh, ihr Philosophen! Ihr Philosophen, wie seid ihr doch blind! ... Ich liebe Paris wirklich! Und ich habe dort gelernt, daß man die Augen aufmachen muß, um sein Vaterland zu lieben, um darauf stolz zu sein, um die Seele zu befreien ... Paris korrumpiert ... Ja, die Schurken ... es vergrößert noch die Tugend der guten Menschen ... Preisen wir die Hauptstadt, auf daß sie der einzige Mittelpunkt sei ... oder das Königreich wird zerbrechen ...! Ich sehe die Dinge mit gesundem Verstand, deshalb soll man auf mich hören, oder alles ist verloren!«

Das ›Journal des Français‹ oder der ›Régénérateur‹

Theateraufführungen. Am 1. Januar wurde in Paris die erste Vorstellung des »Réveil d'Épiménide‹ gegeben. Das ist ein Einakter mit verschiedenen Rahmenhandlungen von Monsieur Flins. Kenner werden Verse von Monsieur de Fontaines darin wiederfinden. Das Thema des Stückes ist allgemein bekannt, es entstammt der griechischen Sage. Neben dem sehr mittelmäßigen Stück von Paul Poisson, das den Titel ›Reveil d'Épiménide‹ trägt, gibt es noch das des Präsidenten Hénault, aber Monsieur Flins hat einen großen Teil seiner Einfälle den ›Nuits de Paris‹ entnommen, wo die Fabel von Épiménide sehr breit behandelt wird, und aus einem Stück in drei Akten mit dem Titel ›Épiménide‹, was in ›La femme séparée‹ zu finden ist. Es existiert weiterhin noch ein anderes Stück: ›Le nouvel Épiménide, ou la Sage Journée‹, was vor einem Jahr gedruckt wurde. Dieses hat fünf Akte und ist so reich an Details, daß es einen ganzen Band füllt. Wir glauben nicht, daß es Monsieur Flins bekannt war, sonst hätte er es sicher genutzt, um sein Stück zu füllen, das insgesamt schwach, zusammenhanglos und ohne Einfälle ist. Die Stellen, die Beifall gefunden haben, hätten auch unter der Feder eines jeden anderen entstehen können. Wir wollen hier nichts kritisieren. Wir erachten es nur für erforderlich, das Publikum darüber zu informieren, daß der Autor des ›Nouvel Épiménide, ou la Sage Journée‹ seinen Titel nicht von dem Stück von Monsieur Flins abgeleitet hat, sondern von seinem eigenen ›Épiménide‹, der im ›Ingénue Saxancour, ou la Femme séparée‹ bereits erschienen ist.

Am 2. Januar wurde die zweite Aufführung von ›L'Esclavage des Nègres‹ von Madame de Goujes gegeben. Es ist eigentlich mehr eine Schau als ein Stück. Zudem ist alles darin ohne Zusammenhang und die Handlung unwahrscheinlich und langweilig. Was soll es angesichts der zur Zeit stattfindenden Kämpfe für die Freiheit der Neger von Nutzen sein, wenn ein Sklave geflohen ist, nachdem er den Intendanten getötet hat. Das ist ein Verbrechen, welches den Tod verdient, und Madame de Goujes hat nicht bemerkt, daß sie ihr Werk dadurch jeglicher Spannung beraubt. Der Intendant wollte eine junge Schwarze vergewaltigen, da sie ihm aber ihren Geliebten, der ihre Hautfarbe hat, vorzieht, will er sie von diesem deswegen auspeitschen lassen. Deshalb wird er von dem Neger getötet. Soweit die Fabel. Der Held hat sich mit seiner Geliebten auf eine einsame Insel gerettet. Die Autorin muß wissen, daß diese Fabel zwar die Grundlage einer Novelle oder einer Geschichte sein kann, jedoch als dramatisches Sujet nicht ausreichend ist. Da bedarf es schon anderer Dinge! Außerdem ist das Ganze nur eine Aneinanderreihung von Episoden, von Abenteuern. Mit zwei oder drei Einleitungen, für jeden Akt eine; keine Einheit in der Handlung; unmotivierte Auftritte und Abgänge; wortreiche Szenen, wo Aktion nötig wäre: Volksszenen und Bewegung auf der Bühne ... Erbärmlichste Mittel! ... Man muß es einer Frau nachsehen, die aus Mangel an Sensibilität glaubt, ein Drama zu haben, wenn sie es nur ständig so nennt. Ja, die Autorin ist hundertmal eher zu entschuldigen als all die nutzlosen Schriftsteller, die ebenfalls diese erbärmlichen Mittel einsetzen. Voltaire ist fast der einzige, der damit keinen Mißbrauch getrieben hat.

Am 3. Januar hat man ›Charles IX‹ zum zehnten Mal aufgeführt. Welch ein Stoff! Und was ist es als Werk? Ist es nach den Prinzipien der Griechen aufgebaut, die die Könige verhaßt machen wollten, indem sie den freien Bürgern die Verbrechen der thebischen Despoten und der Atriden vor Augen führten?

Am 4. Januar zum ersten Mal: ›L'Honnête Criminel‹. Der Stoff ist erschütternd, er ist anrührend, ja zerstörend! Aber ist er gut bearbeitet? Nein, und nochmals nein! Man hätte ihn in Prosa schreiben müssen; es ist ein Fehler, ihn in Verse gefaßt zu haben. Das Stück beginnt, ziemlich undurchsichtig, mit einer überflüssigen Intrige zwischen der jungen Amélie und dem Kommandanten der Galeeren. Die Rolle des so sehr gelobten Grafen von Olban wird übertrieben, sie ist vom Autor schlecht geschrieben und für den Schauspieler ohne Anspruch! Cécile ist die einzige Figur, gegen die man nur wenige Einwände haben könnte: sie ist großmütig und empfindsam, nur fällt sie ihre Entscheidung zu unbegründet und zu schnell. Aber insgesamt handelt sie glaubhaft. Die Weigerung des ›Honnête Criminek‹, sein Geheimnis zu gestehen, ist schwer zu begreifen. Cécile würde es allen mitteilen, und man würde ihren Vater dafür bestrafen! Ist diese Befürchtung vernünftig? Man sieht die Plumpheit des Autors, der dem Zuschauer all das zumutet, um den Greis schließlich verraten zu lassen, was sein Sohn getan hat. Von der Sprache und der Figurenführung wollen wir gar nicht erst reden. Das Sujet an sich scheint doch interessant genug zu sein, um all diese Schwächen mit einem Strom von Tränen und der Spannung zu verdecken!

Am 5. wieder ›Épiménide‹ und ›Alzire‹. Letzteres ein anrührendes und erschütterndes Stück, das von großen Ideen getragen ist, vor denen die Korporale und Soldaten verstummen.

Dann am 6. Januar ›Athalie‹. Man hat begonnen, die Schönheiten dieses Stückes zu entdecken, jetzt da die Philosophen den Geist der Freiheit geweckt haben. Daß man sich darin nur nicht täuscht! Unter Ludwig XIV. konnte dieses Stück nicht bewundert werden. Aber das nicht etwa aus Mangel an Verstand beim Publikum von damals; sondern es ist die Wirkung von Vorsichtsmaßnahmen, die dieses Stück eben gerade nicht trifft! Aber wir schweigen hierzu und sagen nicht, was wir davon halten. Am 7. Januar die zweite Aufführung des ›Honnête Criminel‹ und ›Le Somnambule‹, der alten Gewohnheit folgend, mit einer verrückten Farce die Tränen zu trocknen. Das war der überholte Trott der Unbegabten. Woher kommt der Hang, trotz der ›Erneuerung‹, das Überkommene zu bewahren. ›Le Somnambule‹ ist eines der unmoralischsten Machwerke des Theaters der Nation. Hiermit wollen wir den Schauspielern und Schauspielerinnen zwei Dinge klarmachen: Wenn sie die Würde eines Bürgers, die ihnen die Dekrete der hochverehrten Nationalversammlung gegeben haben, behalten wollen, müssen sie folgendes beachten: 1) daß das Theater geläutert wird und 2) daß die Männer es künftig vermeiden, Rouge aufzulegen, in welcher Rolle auch immer. Man stelle sich nur einmal vor: geschminkte Bürger, wie die ›Obsoleti‹ von Petronius! Schon der Gedanke ist unerträglich! ... 3) Sie dürfen in ihren Rollen nicht zu sehr übertreiben, wie es Monsieur Dugazon tut; diese Hinundherspringerei ist eines Bürgers unwürdig. 4) Die Schauspielerinnen dürfen keine ausgehaltenen Frauen sein, auch nicht die Ehefrauen unbedeutender Tänzer oder unterbezahlter Geigenspieler, wohl aber die eines Schauspielers oder eines ehrenhaften Bürgers.

Am 8. Januar wurde die Oper ›Nephté‹ gegeben; es war eine schöne Aufführung. Man hat alle Tänze herausgenommen, die ohnehin nicht hineingepaßt hätten. Die Handlung ist nun flüssig, so wie wir es uns immer gewünscht haben. Die Musik ist von Monsieur Martini, von dem Gluck sagte, daß er der einzige sei, der dramatische Musik schreiben könne. Es erschien uns jedoch, daß der Darsteller des Nephté seine Rolle in den ersten beiden Akten ein wenig zu sehr ausgesungen hatte, da doch sein dramatischer Höhepunkt im letzten Akt liegt. Diese Oper hat uns auf einen Gedanken gebracht: Die ersten Priester waren theokratische Herrscher, die sehr milde regierten. Die Soldaten mißbrauchten diese Milde, um sich die Macht anzueignen und einen König zu wählen. In den Anfängen des Königtums mäßigte die Priesterschaft durch Visionen, Magie oder Weissagung und andere geheimnisvolle Lehren die Allmacht unwissender Herrscher. Als dann aber diese Lehren allgemein durchschaut worden waren, blieb den Völkern als einzige Hilfe und Rettung gegen die Tyrannei nur noch ihr Mut. Heutzutage, da die Priester weit davon entfernt sind, das Volk vor den Despoten zu schützen, waren sie im Gegenteil deren stärkste Stütze. Darin liegt der Unterschied der alten Priester zu unseren heutigen Geistlichen.

Das Ballett von der ›Rosière‹, welches anschließend gegeben wurde, ist zwar recht hübsch, von Kunst kann man wohl aber dabei nicht reden. Der zweite Akt ist gewissermaßen eine Wiederholung des ersten; es ist äußerst unpassend, die Frau aus dem Dorf wie ein junges Mädchen tanzen zu lassen, wo sie doch als Dame hätte erscheinen müssen. Alle Einzelheiten gehen bis ins kleinste und werden nur unzureichend entwickelt ... Oh, und dabei kennen wir ein wunderbares Thema für das Ballett! Wir haben am Ende der ›Parisiennes‹ so etwas gelesen; es heißt ›Le Jugement de Pâris‹: ein Fünfakter voller Anmut und Spannung und sehr vielseitig. Warum haben die Messieurs Gardel nicht das gewählt! Warum wird nur Firlefanz geboten?

Der 9. Januar. Bei den ›Italiens‹ wurde ›L'Indigent‹ von Monsieur Mercier aufgeführt. Das ist eines der inhaltsreichen Werke, die der Seele Nahrung bieten. Vielleicht hat es ein wenig zu romanhafte Züge; aber wie überaus lehrreich es ist! Welch tugendhafte Schlichtheit des Bruders und der Schwester; ihre Liebe zur Arbeit; ihre Abscheu vor dem Laster und der Niederträchtigkeit; die Gefühle kindlicher Liebe; die würdevolle Abscheu des befreiten Vaters, der erfährt, daß er dem Verführer seiner Tochter verpflichtet ist! Und dann die hochanständige Rolle, die der Notar spielt! ...

Man hat diesem Stück ›La Veillée villageoise‹ beigefügt, eine Belanglosigkeit ohne jeglichen Sinn, eine Schande für die Zuschauer, die dem, als es neu war, rege zusprachen ... Ein junges Mädchen trägt die Schuhe seiner Mutter, als es zu einem Rendezvous geht. Es verliert einen davon; er wird gefunden, und man stellt Nachforschungen an. Gerade die Mutter ist dabei eine der Eifrigsten, und ... der Schuh erweist sich als der ihre ... Hier haben wir eines dieser nichtigen, sogar bösartigen, unmoralischen Sujets, die die Bühne, den Schauspieler und die gesamte Nation entehren.

Man hatte in einer Zeitung geschrieben, daß Mademoiselle Contat auf ihre Logenplätze für andere Aufführungen verzichtet hat und sich nur noch ihren Rollen widmen will. Man fand dieses Ansinnen anmaßend. Mademoiselle Contat ist sicher eine berühmte Schauspielerin, aber deshalb muß sie das nicht verkünden und noch weniger wiederholen. Sie soll nicht vergessen, daß die ›Suzanne‹ ihr Meisterstück ist ... Sie spielt in ›Die Kokette‹; sie ist gut in ›L'Écueil des mœurs‹, aber viel weniger gut in ›La Fausse Agnès‹.

Monsieur Molé versucht, seiner Stimme einen düsteren Klang zu geben; und das Publikum weiß nicht, was er damit gewinnen will. Monsieur Molé hat recht daran getan, auf Rollen in Tragödien zu verzichten, deren Verse er mehr ›hinausschleuderte‹, als sie zu deklamieren. Dieser Schauspieler ist ein echter Künstler, aber als solcher steht er drei Stufen unter Monsieur Lekain, zwei unter Monsieur Préville, auch eine unter Monsieur Brisard; eine über Bellecour; zehn unter Mademoiselle Dumesnil; er ist etwa mit Mademoiselle Clairon zu vergleichen; liegt aber drei Ebenen über Monsieur Fleuri, dreißig über Monsieur Sainfal und Monsieur Talma ... und sechzig über Monsieur Naudet.

Man hat die Leute vom Theater gezwungen, auf den Plakaten auch die Namen der Schauspieler, die auftreten, bekanntzugeben: Der Drucker wird künftig mehr Mühe haben, und das Publikum wird dabei nichts gewinnen. Es war immer ein Vergnügen, gute Schauspieler auf der Bühne erscheinen zu sehen; das raubt man uns nun!

Früher gab es Tumult, wenn schlechte Schauspieler auftraten; das wird nun verhindert. Jetzt wird man sich nicht mehr beschweren können. Es wäre ungerecht, ja unverschämt, zu pfeifen; denn nun hat man ja vor der Vorstellung gewußt, welchen Bürger Schauspieler man zu sehen bekommt.

Meldung: Die Stadt Avignon will nicht mehr zu Frankreich gehören.
Anmerkung: Sagen wir mal eher, die Geistlichen von Avignon wollen es nicht, nachdem das Dekret über die Kirchengüter erlassen wurde.

Die Affäre Toulon ist eine der schändlichsten der Revolution. Ein Bauer wurde befragt, welche Strafe er dem Offizier mit der schwarzen Kokarde hätte zukommen lassen. Er antwortete:
»Auspeitschung, Brandmarkung, neun Jahre Galeere.«

»Und Monsieur de Rioms?«

»Zur Belehrung ein Monat als Zuschauer in der Nationalversammlung.«

»Das ist aber keine Strafe.«

»Dieser brave General soll nicht entehrt, wohl aber belehrt werden.«

In den ersten Tagen dieses Monats kam es in Luxemburg zu Blutvergießen (so wird behauptet). Die Patrioten von Brabant haben es also erobert. (Nein.)

Schloß von Cressol in Burgund: als aristokratiefreundlich bezichtigt. Man hat dort nur drei ungeladene Gewehre gefunden. Das Verbrechen des Eigentümers bestand darin, von den Stadtverwaltungen von Beaune und Arnai-le-Duc Hilfe gegen die Zerstörer seiner Wälder erbeten zu haben.

Am 20. Dezember: Hochanständiges Verhalten von Ludwig XVI. gegenüber dem Präsidenten der Nationalversammlung. (Man könnte jeden Tag dasselbe wiederholen.)

Rede des Königs vor der Nationalversammlung am 4. Februar 1790

»Messieurs. Die besorgniserregende Lage, in der sich Frankreich befindet, veranlaßt mich, zu Euch zu sprechen. Die fortschreitende Lockerung von Ordnung und Gehorsam, die Beseitigung oder die Untätigkeit der Justiz, die Unzufriedenheit, die durch die persönlichen Entbehrungen hervorgerufen wird, der unselige Haß als eine Folge der langwährenden Zwietracht, die kritische Situation der Finanzen und die Unsicherheiten für die Staatsgelder, schließlich die allgemeine Erregtheit der Geister, all das scheint sich zu vereinen, um Angst und Sorge bei den wahren Verfechtern von Wohlstand und Glück des Königreiches zu schüren.

Ein großes Ziel tut sich vor Euren Augen auf! Aber es muß ohne weiteres Anwachsen der Unruhen, ohne neue Auseinandersetzungen erreicht werden. Ich hoffte, das muß ich sagen, Euch auf eine mildere und ruhigere Art dorthin zu führen, als ich die Absicht hegte, Euch zu versammeln und Geist und Willen der Repräsentanten des Volkes zu vereinen. Aber mein Glück und mein Ruhm sind nicht weniger eng an die Erfolge Eurer Bemühungen geknüpft.

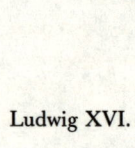

Ludwig XVI.

Diese Erfolge habe ich mit ständiger Wachsamkeit verteidigt, gegen den unheilvollen Einfluß, den die unglücklichen Zeitverhältnisse, denen Ihr ausgesetzt wurdet, auf sie haben konnten. Das Schreckgespenst der Teuerung, das Frankreich im letzten Jahr zu fürchten hatte, wurde durch zahlreiche Hilfeleistungen und immense Lebensmittelzuteilungen verjagt. Das Chaos, das der damalige Zustand der Finanzen, die Kreditlosigkeit, die unmäßige Knappheit von Bargeld und der fortlaufende Rückgang der Einkommen zwangsläufig zur Folge haben mußte, dieses Chaos konnte bisher, zumindest was seine Heftigkeit und Grenzenlosigkeit betrifft, vermieden werden. Ich habe überall, und vor allem in der Hauptstadt, die gefährlichen Folgen der Arbeitslosigkeit eingedämmt. Trotz der allgemeinen Schwächung aller Mittel der Autorität habe ich im Königreich zwar nicht, wie es unbedingt notwendig wäre und wie ich es mir gewünscht hatte, die Eintracht wiederhergestellt, aber einen Zustand ausreichender Beruhigung aufrechterhalten, um den Segen einer weisen und wohlgeordneten Freiheit zu bewahren. Um es kurz zu sagen, ich habe trotz unserer, wie allgemein bekannt, schwierigen innenpolitischen Lage und trotz der politischen Stürme, die andere Nationen erschüttern, den Frieden nach außen gesichert, und ich habe zu allen Mächten Europas Beziehungen der Achtung und der Freundschaft geknüpft, was diesen Frieden nur dauerhaft machen kann.

Nachdem ich Euch vor großen Widrigkeiten, die so leicht Eure Bemühungen und Eure Arbeit hätten zerstören können, geschützt habe, glaube ich, daß der Augenblick gekommen ist, da es das Interesse des Staates verlangt, daß ich auf eine noch ausdrücklichere und deutlichere Art als bisher an der Ausübung und Durchsetzung all dessen, was Ihr zum Wohle Frankreichs beschlossen habt, teilnehme. Ich kann dazu keine bessere als diese Gelegenheit ergreifen, da Ihr mir die Dekrete zur Schaffung einer neuen Ordnung im Königreich zur Zustimmung vorlegt, einer neuen Ordnung, die einen so wichtigen und günstigen Einfluß auf das Glück meiner Untertanen und auf das Gedeihen dieses Reiches haben soll.

Es ist Euch bekannt, Messieurs, daß ich schon vor mehr als zehn Jahren, in einer Zeit also, da sich der Wille des Volkes noch nicht für die Schaffung von Volksversammlungen in den Provinzen erklärt hatte, bereits damit begonnen hatte, diese Art der Verwaltung an die Stelle der alten, seit langer Zeit gewohnten zu setzen. Die Erfahrung hat mir gezeigt, daß ich mich nicht darin geirrt habe, wenn ich den

Nutzen dieser Einrichtungen immer wieder betont habe. So habe ich versucht, alle Provinzen meines Reiches dieses Segens teilhaftig werden zu lassen. Um den neuen Verwaltungsgremien das uneingeschränkte Vertrauen zu sichern, war es mein Wille, daß die Mitglieder, aus denen sie bestehen sollten, von allen Bürgern frei gewählt würden. Ihr habt dieses Vorhaben in vielerlei Hinsicht verbessert, wobei die wesentlichste sicherlich diese gleichmäßige und klug erdachte Gliederung ist, die die althergebrachte harte Trennung zwischen den Provinzen mildert und dafür ein allgemeingültiges und vollständiges System der Ausgewogenheit schafft. Diese Einteilung schließt alle Teile des Königreichs noch enger in gleichem Geist und gleichem Interesse zusammen ...

Dennoch ist auch all das, was ein Volk daran erinnert, daß ihm Menschen ehrenwerter Herkunft seit alten Zeiten und fortwährend ihre Dienste erwiesen haben, eine Ehrerbietung, die durch nichts zerstört werden kann. Und da sich diese Ehrerbietung mit der Pflicht zur Dankbarkeit verbindet, haben all die, in allen Klassen der Gesellschaft, die bestrebt sind, ihrem Vaterland wirklich zu dienen, und all jene, die schon das Glück gehabt haben, es tun zu dürfen, ein Interesse daran, diese Übertragung der Titel oder der Erinnerungen zu respektieren. Denn das ist die schönste aller Erbschaften, die man seinen Kindern hinterlassen kann.

Der Respekt, der den Geistlichen gezollt wird, kann auch nicht ausgelöscht werden; und wenn die Achtung vor ihnen prinzipiell mit den heiligen Wahrheiten übereinstimmt, die ja die Garantie für Ordnung und Moral sind, werden alle ehrenhaften und aufgeklärten Bürger ein gleiches Interesse daran haben, diese Achtung zu erhalten und zu verteidigen.

Sicherlich fühlen sich jene, die ihre Einkommensprivilegien verloren haben, all jene, die nicht mehr wie früher eine politische Macht im Staate darstellen, zu Opfern gezwungen, um deren Härte ich weiß. Aber ich bin der persönlichen Überzeugung, daß sie großmütig genug sein werden, in all den allgemeinen Verbesserungen, auf die man mit der Schaffung der Volksvertretungen hoffen kann, eine Entschädigung zu sehen.

Ich selbst hätte auch Verluste aufzurechnen, wenn ich mich angesichts der großen Fragen, die den Staat betreffen, mit persönlichen Belangen aufhielte. Aber ich finde im wachsenden Glück der Nation einen Ausgleich, der mir genügt, einen vollen und ganzen Ersatz. Ich sage das mit dem Gefühl der tiefsten Überzeugung in meinem Herzen.

So werde ich also die verfassungsmäßige Freiheit verteidigen und erhalten, deren Prinzipien dem allgemeinen Willen, in vollem Einklang mit dem meinen, entsprechen. Des weiteren werde ich, in Übereinstimmung mit der Königin, die all meine Gefühle und Ansichten teilt, zur rechten Zeit beginnen, Geist und Herz meines Sohnes mit der neuen Ordnung vertraut zu machen, die durch die Ereignisse geschaffen wurde. Ich werde ihn von Anfang an daran gewöhnen, im Wohl der Franzosen sein ganzes Glück zu sehen und trotz der Reden der Schmeichler immer zu erkennen, daß eine kluge Verfassung ihn vor den Gefahren, die die Unerfahrenheit mit sich bringt, bewahren wird. Er wird verstehen, daß eine gerechte Freiheit die Gefühle von Liebe und Treue, für die das Volk seinen Königen seit vielen Jahrhunderten so bewegende Beweise gibt, nur verstärken kann.

Ich habe keinen Zweifel daran; bei der Vollendung Eures Werks werdet Ihr Euch sicherlich weise und treuen Herzens der Befestigung und Stärkung der exekutiven Gewalt widmen, eine Voraussetzung, ohne die weder eine dauerhafte Ordnung im Inneren, noch die notwendige Achtung von außen bestehen wird. Kein vernünftiger Mensch wird Euch Mißtrauen entgegenbringen; so ist es Eure Pflicht, als Bürger und als treue Vertreter des Volkes, zum Wohle des Staates und der öffentlichen Freiheit diese Stabilität zu sichern, die nur aus einer tätigen und fürsorglichen Autorität erwachsen kann. Es wird Euch sicher bewußt sein, daß ohne eine solche Autorität alle Teile Eures Verfassungssystems ohne Zusammenhang und ohne Grundlage bleiben. Indem Ihr Euch für die Freiheit einsetzt, die Ihr liebt und die auch ich liebe, verliert nicht aus dem Blick, daß Unordnung im Verwaltungswesen, wenn sie die eindeutige Abgrenzung der Staatsgewalten verhindert, von blinden Gewalten getrieben, häufig zur gefährlichsten und unheilvollsten aller Tyranneien entartet.

Deshalb fordere ich Euch auf, Messieurs, nicht für mich, für den keinerlei persönliches Interesse mehr zählt, da es doch um die Gesetze und Institutionen geht, die das Schicksal des Reiches bestimmen sollen, sondern im Interesse des Glücks, des Wohls und der Stärke unseres Vaterlandes, jegliche momentanen Erregungen zu bekämpfen, die Euch davon abbringen könnten, all das im Blick zu behalten, was ein Königreich, wie es Frankreich ist, auf Grund seiner

Größe, seiner riesigen Bevölkerung und auf Grund seiner unumgänglichen Beziehungen mit den Nachbarländern, verlangt.

Ebensowenig dürft Ihr es als Gesetzgeber versäumen, Eure Aufmerksamkeit auf das zu richten, was Sitten, Charakter und Gewohnheiten einer Nation erfordern. Einer Nation, die in Europa für ihren Geist und ihre Kunst zu bekannt geworden ist, als daß es ihr gleichgültig sein könnte, ob in ihr die Gefühle von Sanftmut, Vertrauen und Güte, die ihr einen solch guten Ruf gebracht haben, erhalten oder aber verfälscht würden usw.«

Ein an dieser Zeitung Mitwirkender sagte uns als Kommentar dazu:

»Messieurs, nun dürfen wir nichts mehr gegen die Abgeordneten sagen, ihre Person ist unantastbar.«

»Was!« antwortet ihm ein anderer, »man wird nicht mehr sagen können, daß der Abbé Mauri und der Rat Duval Depremesnil nur deshalb auf das Rednerpult steigen, um gegen das allgemeine Wohl zu kämpfen, um irrige Auffassungen zu vertreten, dem Volk seine Macht streitig zu machen, sich den nützlichsten Reformen entgegenzustellen, sogar zu lügen, indem sie Monsieur Bailli und Monsieur de La Fayette verleugnen! Was denn! Man soll nicht mehr sagen dürfen, daß der Erzbischof von Paris und der Abbé Mauri vom Abbé Beauvais gelenkt wurden? Daß Monsieur le Vicomte de Mirabeau ... Daß Monsieur le Comte de Vireu (den man dafür preisen muß, daß er die Präsidentschaft niedergelegt hat) usw. Gern will ich den Abbé de Montesquiou loben, obwohl er einer Meinung mit dem Abbé Mauri ist. Aber welch ein Unterschied zwischen ihnen! Wenn es nicht erlaubt ist, all das zu sagen, dann ist das eine schändlich aristokratische Gesellschaft, die nach Venedig gehört! Ich würde nicht nur darauf verzichten zu schreiben, sondern würde kein Franzose mehr sein wollen und sofort nach Brabant ziehen. Aber all das ist erlaubt, und wenn es sein muß, würde ich mich vor der erlauchten Nationalversammlung verantworten!«

Die Stadt Cernai im Elsaß hat sich kürzlich mit unsterblichem Ruhm bedeckt. Die Priesterkammer von Colmar hatte eine gottlose Verfügung erlassen, mit der sie, indem sie von dem Namen ›Franzose‹ abfiel und mit den Fürsten des deutschen Reiches verbündet, gegen die die Kirchengüter betreffenden Dekrete der Nationalversammlung vorgehen wollte. Sobald die Stadtverwaltung von Cernai von dieser Verfügung Kenntnis hatte, erklärte sie all jene zu Verrätern am Vaterland, die im Sinne dieser Verfügung wirkten, und untersagte den Bürgern jeglichen Kontakt mit ihnen.

Theater. 9. Januar. Im ›Théâtre des Nations‹, ›Le Réveil d'Épiménides‹, im Anschluß an ›Iphigénie en Aulide‹. Man erinnert sich des außergewöhnlichen Erfolgs dieser Tragödie, der nur durch die Figur ›Eriphile‹ geschmälert wurde. Wie konnte Racine sich so sehr selbst betrügen, dieses unbedeutende und lächerliche Mittel zu nutzen, das eher den schwachen Autoren unserer Zeit anstünde!

Bei den ›Italiens‹: ›Aucassin und Nicolette‹; ›Blaise und Babet‹. Zwischen beiden Stücken liegen Welten! Das erste zeigt uns eine interessante Handlung, fast magisch in ihrer Wahrhaftigkeit; im zweiten nichts als Gejammer, Kläglichkeiten und triefende Rührseligkeit. O Mitbürger, wie wenig ehren doch euer Geschmack und der Beifall, den Ihr spendet, Euren Kunstsinn!

10. Januar. ›Figaro‹. Diese wohl einzigartige Komödie, die das Theater zu bieten hat, erfreut sich nach wie vor des gleichen Zustroms der Zuschauer. Denn sie interessiert, sie unterhält und sie versetzt in Erstaunen. Die Menschen in Erstaunen zu versetzen, sie zu unterhalten und ihr Interesse zu wecken werden immer die sichersten Mittel für den Erfolg sein. Man hat dieses Stück der Unmoral bezichtigt! Es muß doch eingestanden werden, daß solch ein Vorwurf nur von irgendwelchen Beamten oder Schreibgehilfen kommen kann; denn nur für diese Leute allein ist das Stück gefährlich! Es hat sie dieser nützlichen Verachtung ausgesetzt, die zur Revolution geführt hat. Die Gräfin und ihr Page sind nur der Vorwand für die angebliche Unmoral gewesen: Wer es glaubte, war hier von den Beamten getäuscht worden oder, besser gesagt, von einem Beamten, von dem, welcher die kleinliche Bosheit beging, am Tag der zweiten Vorstellung ein Spottgedicht über die Rampe zu werfen. Bei der Premiere hatte er es noch nicht vorbereitet, da man ihm den Eintritt zu den Proben verweigert hatte. Immer wieder gern sieht man die Desmoiselles Sainval und Contat. Man bedauert das Fehlen von Olivier, ohne daß Émilie etwa mißfiele. Dazincourt, Molé, Dugazon usw. unterstreichen den Wert des Stückes durch ihr gutes Spiel, denn ein Autor, der dem Schauspieler Entfaltungsmöglichkeiten läßt, macht sich immer verdient.

Bei den ›Italiens‹ hat man ›Le Comte d'Albert, et Suite‹ gegeben. Es kommt nur Monsieur Sedaine zu, diese Art von Stücken zu schreiben. Sie sind zwar nicht hochgelehrt, aber sie amüsieren das Publikum.

11. Januar. Am Montag in den ›Variétés‹ ›Cent Louis‹, ›La Veuve‹, ›La loi de jatab‹, ›Rico‹. Das erste Stück ist eine gefährliche Eitelkeit, die dazu führen konnte, Rebellion und Ungehorsam in alle Ehen zu tragen; es ist eines jener Stücke, die nicht geduldet werden sollten, da sie in das niedere Volk, etwa die Wäscherinnen, Näherinnen, Coiffeusen und Schustersfrauen, gefährliche Lebensmaximen hineintragen, die die ›École des maris‹ in den höheren Gesellschaftskreisen verbreitet hat. Das zweite Stück, ›Das Gesetz des Jatab‹, ist nur ein Spaß, aber gefährlich für das Volk und die Frauen. Es gewährt recht unverhüllte Anblicke, die vor den Augen junger Mädchen, gleich welchen Standes, verborgen bleiben sollten, da sie nur für alte Damen aus der Stadt oder die Nymphen des Palais-Royal angebracht sind.

Das dritte Stück schließlich, ›Die Witwe‹, ist ziemlich harmlos, wobei die Idee viel mehr erhoffen ließ, als die Verwirklichung dann bringt. Eine verzweifelte Witwe lachen, tanzen, singen, sich maskieren lassen ist ein Vorhaben, das Molière zukäme, jedoch nur von Calot ausgeführt wurde.

›Rico‹ endlich ist nichts weiter als der aufgewärmte Stoff von ›La vie est un songe‹ vom alten ›Théâtre Italien‹, Situationen wie diese, die durch die Triebe der Natur und von Sancho verursacht wurden, gefallen immer. Aber in den ›Variétés‹ werden sie verdorben, zum einen durch die unnützen Übertreibungen des Autors, vor allem aber durch den Schauspieler, der sie mit seinen Mitteln, die zu den schwächsten gehören, nur noch verschlimmert.

Wie können die Zuschauer, die sonst so streng im ›Théâtre de la Nation‹, im ›Théâtre de l'Ariette‹ und im ›Drame‹, in den Opernhäusern und im ›Monsieur‹ sind, sich darauf einlassen, ihren Geschmack und ihre Moral in den ›Variétés‹, den ›Danseurs‹ und dem ›Ambigu‹ derart strapazieren zu lassen. Im letztgenannten Theater gibt es einen Monsieur Mussot Arnoud, der Pantomimen macht, die alle Arbeiter und Lehrlinge aus den Druckereien, von den Juwelieren, Uhrmachern, Hut- und Putzmachern, Schlossern, Schustern und selbst aus den Bäckereien anlocken. Wir werden davon berichten, sobald auch wir eine gesehen haben.

Man hat uns gesagt, daß die ›Arietteurs Italiques‹ soeben die echten Schauspieler aus diesem Theater vertrieben hätten. Das ist eine

Unverschämtheit, eine Grausamkeit, die das Volk nicht dulden sollte. Was denn, ausgerechnet im Moment der Erneuerung, in dem Augenblick, da sich alle Franzosen anschicken, wahre Menschen zu werden, sollte man es erlauben, daß das einzige Theater, welches wirklich gute Stücke aufführt, uns nun nur noch etwas für einfältige Frauenzimmer bietet! Wie, wir sollen in einem unserer wichtigsten Theater nur noch Fades und Geschwätz zu sehen bekommen? Stücke von einem Desforges, von Lachabeaussière, von Anséaume usw. Was denn, die öffentlichen Sitten, die menschlichen Tugenden, die französischen Tugenden sollen also Tag für Tag und ohne Unterlaß von einem Michu, einem Dorsonville, einem Meunier, einem Philipe, einem Chenard, einem Clerval, einer Dugazon, einer Crêtu, einer Adéline, einer ... einer ... beleidigt werden, ohne daß der echte Mann auch nur einen Tag hat, an dem er kommen kann, um sich an einem geistvollen Schauspiel stärken zu können!

Ja, das von Mercier geschaffene Genre ist viel kraftvoller als die Tragödie, weil es dem Menschlichen näher ist! Ich bin kein blinder Anhänger Merciers; ich widerspreche ihm häufig, sowohl in seiner politischen Auffassung als auch in seinem ›Tableau de Paris‹ und in tausend anderen Dingen. Aber, zum Teufel nochmal, die vornehmen italischen Schauspieler sind ...! Ich will besser niemanden beleidigen; in ›Lucien‹ werden sie schlecht dargestellt, auch aus dem Munde eines Jupiter. Ich wiederhole es noch einmal: Die vornehmen italischen Schauspieler sind die Feinde des Volkes, die ich bei den sechzig Distrikten, im Polizeipräsidium, vor der Nationalversammlung anzeigen will. Die Sache ist ernst genug, deshalb sollte man sie diesen Instanzen übertragen. Laßt uns hart dagegen vorgehen! Sie streng bestrafen, verehrte Abgeordnete, diese verruchten Schänder, diese verbrecherischen Feinde des Vaterlandes! ...

Literaten, wir müssen uns einig sein! Entreißen wir diesen nichtswürdigen Italikern ihr Theater und geben wir es den wahren Künstlern zurück!

Zweiter Teil

ZWANZIG NÄCHTE IN PARIS

>Ich habe keinerlei Mitleid mit einem König,
sollen die Könige doch von Königen bedauert
werden; mich verbindet nichts mit ihnen, ich
kann in ihnen nicht meine Nächsten sehen.
>
>*Drame de la vie*

VORWORT

›Die Nächte von Paris‹ sind ein Werk, das eine Fortsetzung haben muß, solange diese große Stadt existiert. Mein Leben lang werde ich mich bemühen, daß es verfaßt wird, indem ich von den nächtlichen Ereignissen Zeugnis gebe, aber auch von den Geschehnissen des Tages berichte, sofern diese eine Folge der Nacht sind. Dieses gewaltige Werk ist zu spät begonnen worden; viele interessante und die Allgemeinheit betreffende Tatsachen könnten von einigen Personen, die mit den Hintergründen des alten Staates besser vertraut waren, noch genauer beschrieben werden. Was die jüngsten Ereignisse betrifft, will ich versuchen, gewissenhaft ihre Ursachen zu ergründen, denn:
   Die heutige Zeit ist die Arche des Herrn.

Sollte ich diese Ursachen nicht gleich gefunden haben, werde ich es nicht versäumen, sie im nächsten Band anzuführen. Dies ist ein Hinweis für meinen Nachfolger, der das Werk vollenden wird, wenn ich einst nicht mehr sein werde.

 Ich weise meine Leser darauf hin, daß ich mich nicht unbedingt dem Anspruch auf die Reinheit der Sprache unterworfen habe: Ich berichte die Dinge so, wie sie sind. Man hat einiges darunter als unanständig befunden; aber nicht ich, sondern die Akteure sind die Verursacher dieser Unanständigkeit. Davon abgesehen, erkläre ich, daß ich, nunmehr alt, von der Sinnlosigkeit des Strebens der Damen und ebenso der Herren nach einer vornehmen Sprache überzeugt bin. Ich betrachte dies als eine vollkommen unnütze Sache, denn ich glaube nicht, daß Tugend und Sittsamkeit von züchtiger Sprache abhängen, genausowenig wie diese durch den Bericht allzu ungezwungenen Tuns verletzt würden. Ich habe noch viele andere Anschauungen, über die man staunen würde. Aber hierzu mache ich auf die ›Juvénales‹ mit dem Titel ›Die Seifenblasen‹ aufmerksam, die im zweiten Band von ›Le paysan et la paysanne pervertis‹ abgedruckt ist. Ich habe schon darauf hingewiesen, daß ich meine Berichte immer in der ersten Person gebe, um so einen schlechten Stil zu vermeiden, der durch häufiges Wechseln der Person hervorgerufen würde. Aber ich bin es der Wahrheit schuldig, darauf zu verweisen, daß ich bei einigen Geschehnissen nicht persönlich Zeuge war. Aber welchen Abbruch an der Wahrhaftigkeit tut es schon, wenn sie doch von Menschen berichtet sind, die ich in jeder Beziehung schätze!

Eine weitere notwendige Bemerkung ist die, daß die Tatsachen umgehend niedergeschrieben wurden, und unter dem Eindruck der zum entsprechenden Zeitpunkt jeweils vorherrschenden Meinung. Ich habe mir gedacht, daß ich diese Hülle beibehalten müßte, weil sie genauso wahrhaftig ist wie die Erzählung selbst. Aber am Ende dieser Kapitel wird man auch mein politisches Bekenntnis finden. Einige öffentliche Angelegenheiten, von denen ich glaubte, den Ausgang zu kennen, dauern doch schon zu lange an, und ich hoffe, daß die folgende Zeit ereignisreich genug sein wird, so daß ich demnächst einen weiteren Teil folgen lassen kann.

28. Oktober 1793.

ERSTE NACHT

Vom 13. zum 14. Juli 1790

Föderation

Eule, nimm deinen nächtlich-heimlichen Flug wieder auf! Schleudere noch einmal deine unheimlichen Schreie hinaus, wenn du die verlassenen Straßen dieser riesigen Stadt durchstreifst, um das Verbrechen und das Laster aufzuschrecken!

Am 13. Juli hatte ich meinen Weg durch die Rue Saint-Honoré genommen, um über die neue Brücke zum Champ de la Fédération zu gelangen. Ich ging in Gedanken versunken dahin, war ohne Mantel. Als ich an die Barrière des Sergents kam, erblickte ich die Wache vor dem Tor, und im selben Augenblick bemerkte ich hinter mir einen Mann, der mir auf den Rücken spuckte. Ich war vollkommen fassungslos und drehte mich ruckartig um. Beim Laden des ehemaligen Konditors Travers wurde ich von drei, vier oder fünf jungen Leuten überfallen, unter denen ich einen mir bekannten Kupferstecher zu erkennen glaubte. Sie umringten mich, stießen mich hin und her und sagten dabei leise zueinander:

»Er ist markiert!«

Der eine griff nach dem Geldbeutel, der andere in die Taschen des Rocks, ein weiterer in die der Jacke; und all das in einem winzigen Augenblick.

»Aber, Messieurs, ich habe nichts, gar nichts!« sagte ich ihnen.

Sie ließen mich stehen, nachdem sie sich davon überzeugt hatten. Die Zeitungsverkäuferin, die ihren Platz am Zaun des Strumpfwarenhändlers hat, rief ihnen zu:

»He, ihr, so respektiert doch wenigstens seinen Stand!«

Sie hielt mich für einen Pfarrer; ich trug einen alten schwarzen Regenrock.

»Sehen Sie denn nicht, daß das Diebe sind!« sagte ich zu ihr.

»Das? Das sind vornehme Herren!«

»Würden Sie mir bitte die Spucke vom Rücken wischen? Das ist ihr Zeichen.«

Sie tat es. Ich setzte meinen Weg fort, ging bis zum Palais-Royal, wo ich sah, wie man auf dreiste Weise die Leute ausraubte. In diese Gefahr konnte ich gar nicht kommen, denn bei mir war nichts zu stehlen. Ich trug nichts bei mir, seit ich, in diesem selben schwarzen Rock, in der Rue des Vieilles-Étuves von sechs Männern angegriffen worden war, die mich markiert und verprügelt hatten. Ich hatte ihre Absicht rechtzeitig erkannt und trotzte ihnen, indem ich ihnen offen ins Gesicht blickte. Aber sie machten sich darüber lustig. Einer von ihnen verfolgte mich bis an eine Allee, in die ich einbog. So schnell ich konnte, lief ich wieder hinaus und stellte mich schließlich neben den Posten an der Medici-Säule in der Neuen Halle. Um halb elf verließ ich den Garten und war um elf Uhr am Marsfeld angekommen. Dort betrachtete ich den Altar des Vaterlandes, dieses Werk der Patrioten, und erinnerte mich an die herrlichen Tage Griechenlands. Ohne fromm zu sein, glaube ich an einen Schöpfer, das einzig wirklich reale Wesen, denn alles existiert nur durch ihn. Er ist es, der sich mit dem allumfassenden und philosophischen Satz beschreibt:
›Ich bin der, der ich bin.‹
Ich warf mich zu Boden; meine Seele flog ihm zu, und ich betete für mein Vaterland:
»Quelle allen Lebens! Sieh die Einigkeit deiner Kinder! Gib, o gib, daß die Sonne in ihrem Lauf auf dieser Erde nichts Größeres sieht als den Namen Frankreichs!«
Ich erhob mich, um wieder umzukehren. Einige Lampions verbreiteten ein flimmerndes Licht, wodurch ich aber entdeckt wurde.
Ein Wachposten hielt mich an.
»Laß ihn, laß ihn laufen«, sprach ein anderer, den ich nicht gesehen hatte, zu ihm; »er hat gerade so für das Vaterland gebetet, wie es einst Horatius für Rom tat.«
Man ließ mich also unbehelligt, und ich konnte gehen.
Ich hatte mich zunächst auf der Seite der Tuilerien aufgehalten; auf dem Rückweg kam ich am Hôtel des Invalides vorbei. Ich ging in meine Gedanken vertieft dahin, stellte Vermutungen über die kommenden Ereignisse an, die mich bald mit Hoffnung, bald mit Bangen erfüllten. Dabei sann ich über die Geschichte vergangener Zeiten nach; ich sah darin den wechselnden Lauf der Regierungen, der niemals zum Stehen kommt, einerlei, ob er nun zum Despotismus oder zur Freiheit führt. Schließlich fragte ich mich, ob die Menschen eher das Gute oder das Schlechte hervorbringen. Diese Frage war in mei-

nem Kopf seit langem entschieden, wie es meine ›Juvénale des Bulles de savon‹ beweist, die in der zusammengefaßten Ausgabe von ›Le Paysan et la Paysanne pervertis‹ nachzulesen ist. So verlor ich mich in moralischen und politischen Überlegungen mit dem Bewußtsein und der festen Überzeugung, daß große Umwälzungen für die schwachen Seelen, die die Masse der Menschheit nun einmal ausmachen, immer ein gewaltiges Übel bedeuten.

Das geschändete Mädchen

Ich war tief betrübt von diesen Gedanken, als ich einen Mann und zwei Frauen bemerkte, die sich nur mit größter Anstrengung dahinschleppen konnten. Ich bot ihnen meine Hilfe an, die sie auch annahmen. Zunächst sprachen sie kein Wort. Als wir dann so durch die Straßen gingen, sagte der Mann zu mir:

»Ich glaube, hier kann ich reden. Sie sind ein Ehrenmann, ich erkenne Sie an Ihrem blauen Mantel. Mit der Erlaubnis der Damen werde ich Ihnen eine schreckliche Geschichte erzählen.«

Die ältere machte ein Zeichen des Einverständnisses, und der Mann begann mit seinem Bericht.

»Heute abend gegen zehn Uhr ging ich an den Tuilerien vorbei zum Champ de la Fédération. An der Mitte der langen Ufermauer hörte ich hinter großen Steinen, die als Sägeböcke aufgestellt waren, so etwas wie das Jammern einer Frau. Obwohl ich sehr erschreckt war, trat ich näher heran und sah eine Frau von vierzig Jahren, die in ihren Armen ein vierzehn- bis fünfzehnjähriges Mädchen hielt, das ohnmächtig oder tot war. Nachdem ich mich etwas beruhigt hatte, sprach ich sie an, worauf sie sagte:

›Ach, wenn Sie ein Herz im Leibe haben, so kommen Sie mir zu Hilfe! Da ist meine Tochter; sie regt sich nicht mehr, aber ihr Herz schlägt noch. Zwei Männer ... zwei Ungeheuer haben sie gerade ... vergewaltigt! Den Dolch auf unsere Brust gesetzt, haben sie uns gehindert, um Hilfe zu rufen. Nachdem sie ihre Begierde an diesem Kind, das mit Beginn des Angriffs ohnmächtig wurde, befriedigt hatten, ließen sie von uns ab und verschwanden nach dem Pont Royal.‹

Trotz meiner Ängste und meiner Schwäche half ich der Mutter, ihre Tochter zu tragen, die wieder zu sich kam. Ich fragte sie nach ihrer Wohnung. ›Rue de Beaune‹, antwortete sie mir.

›Ich werde Sie nach Hause bringen.‹

›Ja, aber wir wollen nicht ihrem Weg folgen, denn wir könnten wieder auf sie treffen!‹

Sie baten mich, sie über die Brücke zu führen (die damals noch den Namen Ludwigs XVI. trug, heute nach der Revolution benannt ist). Unter größten Anstrengungen hatten wir das andere Ufer der Seine erreicht und wollten gerade wieder in Richtung Faubourg-Saint-Germain gehen, als wir nun nicht auf zwei, sondern sogar auf drei Männer stießen. Sehr leise sprachen sie untereinander, aber wir konnten es hören:

›Da ist sie!‹

›Ich will auch meinen Anteil haben!‹ sagte der, welcher zuerst nicht dabei gewesen war.

›Nein, nein‹, erwiderte einer der beiden ersten; ›sie ist mit ihrem Vater! Wenn ein Mädchen nur in Begleitung von Frauen ist, dann habe ich nichts dagegen; aber ist ein Mann dabei, ganz gleich, wer er ist, empfinde ich einen natürlichen Respekt vor meinesgleichen!‹

Trotzdem kam jener, der genauso schuldig wie seine beiden Kumpane sein wollte, heran:

›Kupplerin‹, sprach er, ›ich will deine Tochter haben, oder ich schlage euch alle drei tot: diesen alten Hungerleider, deine Tochter und dich.‹

Und nach diesen Worten hat er mich mit einem harten Faustschlag niedergestreckt. Die Mutter und die Tochter warfen sich vor ihm auf die Knie. Er aber hat das Mädchen vergewaltigt, der Mutter einen Fußtritt gegeben und, indem er aufstand, mir einige Schläge mit einem dicken dornigen Knüppel versetzt. Die anderen mußten ihn daran hindern, mich totzuschlagen, indem sie ihm klarmachten, daß plötzlich jemand kommen könnte. Und so verschwanden sie.«

Das Entsetzen ließ mich erzittern. Ich versicherte der Frau, ihrer Tochter und dem Mann, daß ich sie nicht eher verlassen würde, als bis ich sie in ihre Wohnung gebracht hätte. Wir gingen schweigend weiter, und als wir an der Rue de Seine angekommen waren, ganz nah bei der Rue de Buci, hörten wir hinter uns jemanden laufen. Das junge Mädchen warf sich an mich und fand Schutz unter meinem Mantel. Als wir an der Rue de Buci um die Ecke kamen, wurden wir angegriffen. Es waren die drei Männer. In dem Moment, da sie sich auf uns stürzen wollten, entdeckte ich eine Patrouille, die still unter einem Regenschutz kauerte. So rief ich:

»Hierher! Zu Hilfe, Bürger!«
Die Patrouille eilte herbei. Darauf wollten die drei Männer fliehen. Unter Gefahr für unser Leben warfen wir uns ihnen in den Weg, die Mutter, der Mann und ich. Die Frau wollten sie mit einem Spieß durchbohren, ein Wachmann verhinderte es. Sie wurden festgenommen. Ich konnte sie also loslassen. Oh, wie groß war ihre Scham, als sie in mir den nächtlichen Beobachter erkannten! Man brachte sie auf die Polizeiwache, und ich gab ihre Namen und ihre Adressen an. Dann wurden sie zum Rathaus gebracht, wo die Mutter Anzeige erstattete; der Mann und ich waren die Zeugen. Allerdings hatte nur er etwas gesehen. Die drei waren Gerichtsschreiber und aristokratischer gesonnen als jeder Adlige, außerdem hatten sie Freunde unter ihren Richtern. So kamen sie auf Grund des Rechtsgrundsatzes ›Testis unus, testis nullus‹ aus der Haft frei.

Aber ungestraft sind sie nicht davongekommen. Das junge Mädchen hatte einen Bruder, der zu dieser Zeit Angestellter in einer Behörde war. Nachdem er sich über alles Nötige gut unterrichtet hatte, lauerte er an einem Abend den drei Schreibern, einem nach dem anderen, auf, und erstach sie. Zwei dieser Morde haben Aufsehen erregt, aber der wirkliche Täter geriet nicht einmal in Verdacht. Der dritte Mord geschah in einem Gefängnis. Der Bruder setzte alles daran, einer der Richter des Gefängnisses zu sein, in welches der letzte der Schreiber durch sein Zutun gekommen war.

Ich war nicht mehr in dem Alter, da ich meine Müdigkeit einfach übergehen konnte. Nachdem ich der Mutter und der Tochter durch meine Fürsorge und meine Zeugenaussage geholfen hatte, ging ich, mich ein wenig auszuruhen, bis ich von den Trommelschlägern aufgeweckt wurde. Sogleich stand ich auf, um die Zeremonie des Bundesfestes mit anzusehen. Ich ging über das gesamte Marsfeld, so sah ich die verschiedenen Gardekorps ankommen, die Vertreter der Nationalversammlung und schließlich den König. Dies war der letzte schöne Tag in seinem Leben. Der König erschien mir sehr groß; er sah tief befriedigt aus. Und ich glaube, er war es auch tatsächlich. Aber die Männer seiner Umgebung konnten es nicht sein. Ich sah ihn den Eid auf die Verfassung leisten. War es eine edle Geste, oder war es ein Verbrechen ... Die weiteren Ereignisse haben gezeigt, was eine andere Entscheidung bewirkt hätte. Ich will nichts beschönigen; es ist ein unumstößlicher Grundsatz, daß man sich nicht einfach davonschleichen kann. Ein König, der einen Eid auf seine Nation leistet, muß seinen Schwur halten ... Eine größere und majestätischere Zeremonie hat es sicher nie gegeben. Das ganze vereinigte Frankreich trug zum letzten Mal seine alten Banner, vollbrachte die Vereinigung von hundert verschiedenen Völkerschaften, die ja schon seit langer Zeit ein einheitliches Ganzes bildeten. Ich war gerührt und im Innersten bewegt. Ich glaube, der unglückliche Ludwig wird es auch gewesen sein. Ich meine Tränen in seinen Augen gesehen zu haben. Waren es Tränen der Rührung?

Dieser großartige und schönste Tag der Revolution endete in Jubel! La Fayette war auf der Höhe seines Ruhms. Dieser Tag ist vergangen wie ein Traum.

ZWEITE NACHT

Das geschändete Mädchen – Fortsetzung

Am Abend des 14. ging ich zu der Mutter und dem jungen Mädchen. Ich traf sie beide im Bett liegend an. Das junge Mädchen fühlte sein Unglück nur durch die Verzweiflung seiner Mutter. Wenn mein Freund Préval noch leben würde, so hätte ich ihn kommen lassen. Ich riet der Mutter, gleich am nächsten Tag Doktor Mittié zu rufen, und ganz leise fügte ich hinzu, daß ich einige Worte zwischen den drei Schuften mit angehört hatte, die darauf schließen ließen, daß sie nicht vollkommen gesund waren. Weiterhin vertraute ich ihr an, sicher zu sein, daß die drei Todfeinde ihres Sohnes seien. Auf der Stelle schickte sie nach dem Arzt, der auch gleich kam. Ich weihte ihn in alle nötigen Einzelheiten ein. Er begann mit der üblichen Behandlungsmethode, die in diesem Fall zur Vorbeugung und nicht wie sonst zur Heilung diente. Diese weise Vorsicht hat das junge Mädchen vor den Wirkungen einer Krankheit geschützt, die somit nur in ihrer leichten Form auftrat und nicht die Zeit hatte, den gesamten Körper zu befallen. Ich habe das Mädchen später in strahlender Gesundheit wiedergesehen. Sie ist zu Beginn des Jahres 1793 mit einem in Amt und Würde stehenden Mann verheiratet worden.

Nachdem ich dieses Haus verlassen hatte, ging ich ins Café Robert, früher Manouri. Dort waren alle Leute im Rausch. Ein Mann, der viel zu viel getrunken hatte, machte sehr viel Lärm; er fing mit allen Streit an, die La Fayette lobten, und als jemand, der ein Quäker zu sein schien, anscheinend ein Schulmeister und Dummkopf obendrein, ihm hartnäckig widersprach, wollte dieser Mann ihn mit dem Säbel niedermetzeln. Man ließ den Schulmeister das Weite suchen. Ich sah mir den Mann genauer an, denn ich glaubte ihn wiederzuerkennen; es war einer der drei Gewalttäter.

»Was denn«, sprach ich ihn leise an, »schon entlassen? Sie sind also entflohen?«

»Was! Was ist? Geflohen, von wo?«

Jemand hatte mitgehört. Ein schöner junger Mann fiel mir ins Wort, denn er hatte verfolgt, was ich sagte.

»Wer ist dieser Mann?«

»Kein Wort!« befahl mir der brutale Kerl; »ich habe mit Ihnen zu reden.«

Ich achtete nicht auf ihn; ich ging beiseite, mit mir der junge Mann, dem ich dennoch nichts Näheres sagte. Mit den Augen suchte ich den lärmenden Grobian, aber er war verschwunden. So erzählte ich nun dem jungen Mann die ganze Geschichte und zeigte ihm mein Erstaunen darüber, daß dieser Schurke schon wieder auf freiem Fuß war.

»Er ist ein wütender Aristokrat. Leute wie er, die, als Patrioten getarnt, fast alle Ämter ausfüllen, befürchteten den Verrat durch die drei Schurken und haben sie nur einige Stunden im Gefängnis behalten ...«

Jetzt war mir klar, daß der Mann, der mich angesprochen hatte, der Bruder des jungen Mädchens sein mußte, das vergewaltigt worden war. Er erfuhr so durch mich, wer die drei Schuldigen an dem an seiner Schwester verübten Verbrechen waren. Im Bürgerausschuß hatte man es abgelehnt, ihm die Namen der drei Schurken zu geben.

Eine Fülle von Ereignissen trug sich bis zum 27. Februar 1791 zu, aber die Gefahren der Nacht und die Ängste, die mir meine Verhaftungen auf der Ile-Saint-Louis am 14. Juli und am Abend des 28. Oktober auf Grund der Verleumdung des infamen Augé eingeflößt hatten, hielten mich fortan abends im Café Robert-Manouri fest.

DRITTE NACHT

Vom 27. zum 28. Februar 1791

Die ›Dolchritter‹

Ludwig XVI., der von den alten Aristokraten, seiner Gemahlin, seiner Schwester, seinen Tanten, vielleicht auch von dem Bedauern, seine absolute Macht schwinden zu sehen, gepeinigt war, trug sich mit dem Gedanken, Paris zu verlassen. Er wollte sich in die Arme der Nachbarmächte Frankreichs werfen, um mit Hilfe ihrer Waffen als Sieger in sein Land zurückzukehren. Wie konnte es ihm nur entgangen sein, daß dies der schlechteste Entschluß war, den er überhaupt fassen konnte? Heinrich IV. hatte allein gekämpft, indem er die eine Hälfte des Königreiches wider die andere hetzte; selbst als Sieger war Heinrich, um ein friedlicher Herrscher zu bleiben, gezwungen, der besiegten Seite gegenüber nachzugeben. Was konnte sich also Ludwig XVI. erhoffen, wenn er als Eroberer heimkehrte? Den Besiegten all das zu überlassen, was ihm die Nationalversammlung entrissen hatte, und zu enden wie einst sein Vorfahre. Aber er befand sich in einer noch schlimmeren Lage. Er wollte mit den Fremden zurückkommen, die ihn als Sklaven behandeln, die seine Herren sein würden, die ihn und die ganze Nation entwürdigen würden. Armer gekrönter Sklave! Er müßte für den Rest seiner Tage immer tiefer in die Erniedrigung sinken. Er wäre weniger unglücklich, tot zu sein! ... O Artois! o Stanislas-Xavier! Wahnsinnige Gefolgsmänner, die ihr von dummen und rasenden Verrätern beraten wurdet! Glaubt ihr, daß ihr über ein entehrtes, von Steuerlasten niedergebeugtes Volk würdet herrschen können? Nein, ihr selbst Sklaven des Preußen und des Österreichers, man würde euch mit Schmach nähren und mit Verachtung tränken! Ihr müßtet mit ansehen, wie die Steuern des Staates die Kassen der Fremden auffüllen, um deren Verschwendungssucht zu bezahlen!

Condé trägt eine noch größere Schuld, denn er weiß, was er tut; Bouillé ist ein Rasender; Calonne ein betrügerischer Schurke; alle anderen, Broglie, La Fayette, Luckner usw. sind Dummköpfe. Geschehen ist geschehen, kein Gott könnte wiederbringen, was einmal war! Und dieser blinde Adel! Dieser Haufen von Weichlingen, die noch immer hoffen, wieder zu ihren Privilegien zu kommen, und die nur deshalb das Volk unterdrücken konnten, weil es daran gewöhnt war, spüren sie denn nicht, daß sie nur noch soviel Halt haben wie der Kiel eines Schiffes, welches jeden Moment vom Stapel läuft? Der Beilhammerschlag hat es hinabgleiten lassen; keine menschliche Macht kann es wieder dort hintragen, wo es war. Ihr Adligen, das Schlimmste für euch ist eingetreten; ihr hättet euch still verhalten oder unter Einsatz eures Lebens den Schlag des Beiles verhindern sollen! Aber er ist erfolgt; für euch ist alles verloren, und die fremden Mächte werden das Unglück nur noch vergrößern. Eure Emigration hat der Revolution in zweierlei Hinsicht gedient: durch eure Abwesenheit, die sie vor Feinden schonte, und durch den Verkauf eurer Reichtümer, der ihr etwas eingebracht hat. Und hättet ihr jemals mit Leuten zu tun gehabt, die noch nicht von euch verdorben wurden, wäre euer Untergang schon vor zwei Jahren besiegelt gewesen! Ihr adligen Herren, es ist für alle schwer, aber vor allem für euch! Denn eure angeblichen Freunde würden euch, sobald sie nach Frankreich kämen, opfern, um das Volk von neuem zu unterjochen. Euch brauchen sie nicht; aber ohne den Bauern, den Winzer, den Schuster, den Maurer, den Arbeitsmann aller Gewerbe kommen sie nicht aus, und ihm werden sie euch opfern! Und ihr Herren, die ihr geblieben seid, Robenträger, Finanziers, Großhändler, privilegierte Druckereibesitzer, meint ihr etwa, daß Leopold und Wilhelm, die Engländer, Spanier und Piemontesen Frankreich euch zuliebe erobern würden? Ihr wünscht sie herbei; aber sie würden euch als erste ausplündern und würden es nicht einmal zulassen, daß ihr euch hernach beklagt. Seht doch, wie sie seit dem 21. Januar 1793 selbst mit den Emigranten verfahren! Und würden diese Emigranten hier nicht eure schlimmsten Feinde sein? Bedenkt doch, blind wie ihr seid, daß euer früheres Ansehen nur an die alte Ordnung, an die Gewohnheit gebunden war; daß nun aber das Band zerrissen ist; daß ihr in einem Staat im Kriegszustand, der von der Not erdrückt, von allen Seiten bedrängt wird, nichts weiter als unnütze Mäuler seid! Ha, Ludwig XVI. hat euch verloren! Er ist schuld am Unglück der Aristokraten wie der Demokraten! Er hatte nur ein Mittel, um sich zu retten und uns alle mit ihm, das darin bestand, fest wie ein Rettungsanker an die Verfassung gebunden zu bleiben. Und Ihr, Marie-Antoinette, wie viele Vorwürfe müßtet Ihr Euch machen? Wie es immer kommt, wenn Frauen sich in die Politik einmischen, habt Ihr alles verdorben! Aber Ihr seid schon zu unglücklich, als daß man Euer Schicksal noch verschlimmern könnte. Ludwig wurde verleitet von den Herzögen, die ihn umgaben, und durch seine Brüder, von denen der eine ihn mit Briefen, der andere durch Reden beeinflußte. Er lieh den Fluchtplänen sein Ohr. An das Schicksal von Jakob II. schien er sich nicht mehr zu erinnern. Am Abend des 27. Februar war er von der Hofaristokratie umgeben, das heißt von unbesonnenen Angsthasen, in deren schwächlichen Händen ein Dolch nur noch so viel vermochte, als sei er aus Kork. Ludwig hatte alles vorbereitet, um zu fliehen, und La Fayette war damit einverstanden. Um die Aufmerksamkeit von den Tuilerien abzulenken, wurden im Faubourg Saint-Antoine Unruhen angestiftet, weshalb er dort sein mußte. Diese Toren! Sie haben nicht bedacht, daß eine Million offener Augen alles sehen! Alle Kutschen waren bereit. Bailly verschloß die Augen davor und versuchte das Volk zu bewegen, dem König freie Fahrt zu lassen. Aber nichts vermag den millionenäugigen Koloß zu verblenden. Er sieht alles, bis zu den versteckten Dolchen. So gerät er in Wut. Er mißhandelt die Adligen; es macht ihm Freude, sie durch dieselbe Behandlung zu erniedrigen, die er einst von ihnen erdulden mußte. Aber in dieser Nacht war er nicht grausam ... Ludwig gab seinen Fluchtplan auf. Er selbst ließ alle, die sich als seine Freunde ausgaben, entwaffnen; die aber dachten in ihrer Blindheit törichterweise nur an sich.

»O diese Feiglinge!« rief La Fayette, als er ihr Benehmen sah. Ich war Zeuge eines Teils dieser Ereignisse. Voller Erstaunen sah ich zu. Glücklicherweise kannten mich einige der Nationalgardisten, denn meine Beobachtermiene hätte mich verdächtig gemacht! Sehr zu Unrecht allerdings. Denn niemals habe ich gegen irgend etwas intrigiert oder Verschwörungen angezettelt. Da ich überzeugt bin, daß das menschliche Tun weder Gutes noch Schlechtes hervorbringt, laß ich die Dinge laufen, wie sie sind; ich strecke, wenn ich es vermag, nur dem Unglücklichen die Hand hin.

**Die Dame, die eine andere zur Dirne macht,
um die eigene Tochter zu schützen**

Die Befürchtung, mich verdächtig zu machen, bewog mich, das Schloß zu verlassen. Und da ich schon lange nicht mehr im Park gewesen war, ging ich hinein. Ich durchquerte die kleine Allee bei den Rasenflächen unter der Flußterrasse so leise, daß man mich nicht hören konnte, denn ich sah drei Leute, die am Gitterzaun standen und miteinander sprachen. Ich hielt den Atem an, um sie verstehen zu können, und verbarg mich hinter einer der Statuen des achteckigen Bassins. Ich hörte einen Mann sagen:

»Wie, Madame, Sie wollen mir sagen, daß sich Breteuil nicht an meiner Tochter vergriffen hat? An der Tochter eines Mannes wie mir? Mein persönlicher Feind sollte mir nicht dieses Leid zugefügt haben!«

»Nein, Monsieur le Duc, ich weiß es von einem Kammerherrn, der Augusta aus Ihren Händen in Empfang nahm, um sie zu ihrem Herrn zurückzubringen. Dieser Kammerherr konnte Ihnen nicht etwas erzählen, wovon er nichts wußte.«

»Nun, wir wollen sehen, Madame, und hoffen, daß Ihr Beweis klar wie der Tag ist! Hier sind wir in Sicherheit, denn der Hof ist sicherlich damit beschäftigt abzureisen. Ich wollte mich im Schloß nicht sehen lassen, vor allem wegen Villequier, den ich nicht ertragen kann, der uns allen jedoch im Moment dienlich ist.«

»Monsieur le Duc, lassen Sie uns in mein Haus gehen, dort werde ich Ihnen Tatbeweise liefern.«

»So erklären Sie sich doch schon jetzt!«

»Nun gut, aber das ist verlorene Zeit. Ohne Ihre Tochter jemals gesehen zu haben, wollte Breteuil sie unbedingt besitzen. Er bestach eine Kammerzofe. Diese versuchte mehrfach, durch eine List Augusta zu ihm zu bringen. Aber sie hatte keinen Erfolg, denn Ihre Tochter ließ sich durch nichts von dem, was man ihr vorschlug, in Versuchung führen. Da sie diese Frau gern hatte, erzählte sie mir nichts von deren Verhalten. Aber ich sah der Frau auf unbestimmte Art die Intrige an, ebenso Ihrer Tochter den Kummer. So belauschte ich sie und entdeckte die Wahrheit. Breteuil ist sehr einflußreich. Was er gerade dem Kardinal zugefügt hatte, schüchterte mich ein. Ich faßte einen Entschluß: Ich ließ die Kammerzofe zu mir kommen. Ich sprach zu ihr in strengstem Ton. Erschreckt warf sich mir die Unglückliche zu Füßen. Ich machte ihr bewußt, daß sie nur zwei Möglichkeiten hätte: entweder, mir zu dienen und Breteuil zu verraten, oder die, erstochen zu werden. Sie versprach, mir zu dienen. Ich fragte sie, ob Breteuil meine Tochter jemals gesehen hätte.

›Niemals. Er weiß nur, daß sie hübsch ist, und will sie besitzen, weil sie Ihre Tochter ist ...‹

›Wenn das so ist, kannst du verdienen, was er dir versprochen hat, und brauchst mich nicht zu fürchten.‹

›Ach, Madame, es war nur das Geld, das mich lockte! Sie fühlen doch, daß ich Ihnen im Grunde ganz ergeben bin.‹

Das genügte mir. Noch am selben Tag ging ich in eine Erziehungsanstalt für verwaiste Mädchen. Eines unter ihnen wählte ich aus und bat, es mir zu überlassen, nachdem ich mich vorgestellt hatte. Man gab es mir gegen eine schriftliche Bestätigung. Ich kannte dieses Kind, das ich mitnahm, und wußte auch, daß unser Feind es niemals gesehen hatte. Sie ist so alt wie unsere Tochter. Ich ließ sie einkleiden, und in einigen Tagen leitete ich sie in meinem Sinne an. Schließlich war alles vorbereitet, und eines Abends übergab ich sie maskiert der Kammerzofe mit dem Auftrag, Augusta dem geheimen Abgesandten des Ministers zu bringen. Das Kammermädchen sah mich an. Schließlich sagte sie:

›Madame, wird sie ihn erstechen?‹

›Nein, nein; sie wird sich seinen Wünschen fügen. Bringe sie hin und bestehe darauf, daß man sie dir pünktlich zurückgibt. Sogleich wirst du sie mir wiederbringen, ohne ihr Gesicht gesehen zu haben. Halte dich daran, denn du wirst beobachtet.‹

Die Kammerzofe gehorchte. Man übergab ihr meine angebliche Tochter um vier Uhr morgens. Sie brachte sie mir, noch immer unter der Maske, zurück. Sie war überrascht, die versprochene Belohnung zu erhalten, mit dem Befehl, in acht Tagen noch einmal das gleiche zu tun. Unsere Tochter hatte ich von dieser Frau entfernt, die Untergeschobene wohnte nicht in unserem Haus. Breteuil hatte so für drei Monate die falsche Augusta. Schließlich fiel er in Ungnade. So fürchtete ich ihn nicht mehr und wollte nun meine Rache genießen. Es war ganz einfach. Ich ließ ihm nach seiner Absetzung, die er Demission nannte, die falsche Augusta noch einmal bringen. Das Waisenkind hatte von mir den Auftrag erhalten, ihm ein versiegeltes Paket zu übergeben und ihn dann ganz schnell zu verlassen, während er es lesen würde. Die kleine Waise befürchtete jedoch, nicht flink genug zu sein, da sie schnell starkes Seitenstechen bekam. So legte sie das Paket unbemerkt auf den Kamin, und nachdem sie mit dem Kammermädchen in die Kutsche gestiegen war, sagte sie dem Mann, der sie bis dorthin gebracht hatte, daß er seinem Herrn ein versiegeltes Paket zeigen solle, welches auf dem Kamin läge. Die Kutsche fuhr ab.

Als Breteuil davon erfahren hatte, nahm er das Paket und mußte eine Unmenge weißer Bögen aufwickeln. Schließlich fand er auf dem letzten Blatt die folgenden Worte:

›Ungeheuer! Du glaubst die Tochter deines Feindes, des Duc de ***, besessen zu haben! Wie hast du dir einer so unwahrscheinlichen Sache sicher sein können! Diejenige, welche du hattest, war ein Waisenkind, das aus einer Pension kommt. Erröte und beklage dein Schicksal.‹

Eine Stunde nach der Ankunft des Waisenmädchens erhielt ich diese Antwort:

›Ich glaube nicht an das, was die Wut dir diktiert. Sie ist deine Tochter; meine Spione haben es mir versichert. Du sollst wissen, daß zuletzt nicht einmal ich es war, der sie besessen hat, sondern der Knecht des Henkers von ***.‹

Er hatte mir geantwortet, ohne etwas überprüft zu haben. Dann besann er sich und ließ feststellen, aus welcher Pension ich das Waisenmädchen geholt hatte. Er fand es leicht heraus. Stellen Sie sich vor, wie groß seine Wut und Verzweiflung sein mußte, als er dieses Kind als das, welches man ihm gebracht hatte, wiedererkannte! Mehr noch, daß er keinen Zweifel daran haben konnte, daß dies seine natürliche Tochter war, für die er durch eine ehemalige Kammerfrau indirekt die Pension bezahlen ließ! Er hatte diese Tochter mit einer großen Dame, die damals heimlich bei Doktor Préval entbunden hatte. Um dieses Geheimnis niemals preiszugeben, wollte er die Tochter nicht sehen; er hatte sich aber vorgenommen, sie kennenzulernen, bevor er sie verheiratete. In einem Anfall von Raserei wollte er mich erstechen lassen. Aber ich brachte mich in Sicherheit. Bald darauf war er gezwungen zu fliehen. Sie können sich versichern lassen, daß Ihrer Tochter keinerlei Schändung widerfahren ist und daß sie so rein ist wie am Tag ihrer Geburt.«

»Dessen werde ich mich versichern«, antwortete der Mann.

»Gehen wir zu Ihnen! Weit entfernt davon, Ihnen zu zürnen, werde ich Ihnen, ganz im Gegenteil, großen Dank schuldig sein.«

So entfernten sie sich; und auch ich verließ die Tuilerien über die Flußterrasse, kletterte über ein Gerüst, das an der Mauer errichtet war. Es war ein Uhr früh, als ich heimkam.

VIERTE NACHT

Vom 17. bis 18. April [1791]

Zwei Monate später hörte ich im Café Robert-Manouri, daß der König am nächsten Tage nach Saint-Cloud gehen werde. Ein Jakobiner, einer von denen, die man die ›Enragés‹ nennt, der auch im Café war, schrie:

»Diese Reise dürfen wir nicht zulassen! Das ist eine Falle, und La Fayette und ebenso Bailly sind mit im Komplott!«

Er redete sehr lange. Einige stimmten ihm zu, andere mißbilligten seine Worte und setzten volles Vertrauen in Ludwig, den König. Aber sosehr man sich am Hof auch bemüht hatte, die Beratungen geheimzuhalten, eine Kammerfrau der Königin (dieselbe, von der noch weiterhin die Rede sein wird) hatte alles gehört. Sie setzte aber weder Bailly noch La Fayette davon in Kenntnis, sondern ging geradewegs zu den Jakobinern, die ja nur zwei Schritt entfernt waren. Sie verlangte einen Bekannten zu sprechen und erzählte ihm, was sie wußte, genauso, wie sie es gehört hatte, das heißt Wort für Wort. Der Jakobiner beriet sich daraufhin nur mit sehr wenigen seiner Mitstreiter, aber doch mit so vielen, wie nötig waren, um die Vorstädte Saint-Antoine und Saint Marcel in Aufruhr zu versetzen, auch die Sektion der Tuilerien wurde nicht vergessen. Ich hielt mich in der Nähe dieses Parks auf, in den ich nicht hinein konnte. So ging ich um das Schloß herum. Ich blickte durch die Tore zu den Höfen, die auf die Place du Carrousel führten, da bemerkte ich in dem Hof, der an die Louvre-Galerien stößt, zwei Frauen eine kleine Treppe hinunterkommen und sich dem Tor nähern. Ich trat zur Seite. Man öffnete ihnen leise, und sie gingen hinaus. Der Schweizer oder der, der statt seiner dort stand, beobachtete mit den Augen die Umgebung; er entdeckte mich und gab mir ein großes Paket mit den Worten:

»Folgen Sie ihnen, aber in unauffälligem Abstand, Ihr Kamerad wird in knapp zehn Minuten losgehen.«

Ich nahm das Paket an mich und ging in einer Entfernung von vierzig Schritt hinter den beiden Frauen her, die sehr schnell liefen, ohne dabei ein Wort zu sprechen. Die ältere mochte zweiundzwanzig

Jahre zählen; sie war sehr reizvoll und von wunderschöner Gestalt. Die zweite war vielleicht gerade sechzehn Jahre alt. Sie kamen an dem Wagenhalteplatz hinter dem Pont-Royal an, wo eine Sänfte auf sie wartete. Als sie sich umwandten, übergab ich ihnen das Paket.

»Was soll das bedeuten?« fragte die ältere, »wo ist denn mein ...« Sie hielt inne.

»Das zweite Paket wird in einigen Minuten hier sein«, beruhigte ich sie.

»Wer sind Sie?«

»Ein Unbekannter; aber ich habe geglaubt, mich nicht weigern zu dürfen, Ihnen das Paket zu bringen.«

»O Himmel!«

»Sie brauchen nichts zu befürchten, Mesdames! Ich bin sicher, daß zwei Damen wie Sie mit Ihrer Jugend und Schönheit keine bösen Absichten haben können.«

Die ältere wollte mir Geld geben, sicher für meine Bemühungen, aber ich zog mich zurück. Mein Mitstreiter kam, mit dem anderen Paket beladen, außer Atem an. Er warf es vor den Damen nieder und war sehr überrascht, das erste zu sehen. Er sprach zu leise mit ihnen, als daß ich hören konnte, was er sagte. Ich verstand nur die letzten Worte:

›Ich muß wissen, wer er ist.‹

Er lief über den Pont-Royal zurück; ich aber hielt mich neben der Tür hinter den dort haltenden Wagen verborgen. Da blieb ich bis zu seiner Rückkehr. Darauf stiegen die Damen in die Sänfte und entfernten sich auf dem Weg über die Brücke. Ich sah nicht eine einzige Patrouille. Um Mitternacht kam ich über den Quai Voltaire zum Quai de la Vallée. Den beiden Damen wird man im folgenden wiederbegegnen.

Am anderen Morgen begab ich mich, noch völlig erregt über das, was ich am Abend zuvor gehört und in der Nacht erlebt hatte, zu den Tuilerien. La Fayettes Grundsatz war es, dorthin jedermann freien Zutritt zu lassen. Es herrschte großer Lärm, so wie von vielen Stimmen, die gleichzeitig sprechen. Ich bemerkte jedoch, daß verschiedene Leute, die wußten, was geschah, große Gruppen um den Wagen des Königs und längs der Chaussée unter den Mauern der Tuilerien Aufstellung nehmen ließen; von nun an war ich sicher, daß Ludwig XVI. nicht abreisen würde. Ich setzte, wie viele andere auch, damals noch Vertrauen in La Fayette, den ich für einen Verfechter der

Revolution hielt. Ludwig XVI. erschien und bestieg sogar den Wagen. Sogleich war von den aufgestellten Massen ein furchtbares Geschrei zu hören. Der Kommandant und der Bürgermeister ermahnten das Volk, den Monarchen ziehen zu lassen, aber sie sprachen zu tauben Ohren.

»Jawohl! Genau so«, rief daraufhin eine Frau, »man hat uns oft genug betrogen, jetzt lassen wir uns nicht mehr täuschen! Alles ist vorbereitet; die Tanten sind bereits fort, und das kraft der schönen Beschlüsse der Nationalversammlung, die all jenen, die bleiben müßten, die Freiheit lassen, sich davonzumachen. Soviel Verstand haben wir noch! Wo sind denn die Tanten? Sie beten ihren Rosenkranz in Rom. Könnten sie das nicht ebensogut in Paris tun?«

»Man hatte sie in Moret festgehalten. Darauf ist man mit Säbelhieben über unsere Nationalgarde hergefallen. Diese Hunde, diese gekauften Söldner, die das Volk am liebsten massakriert hätten, würde der Hof nur den Befehl dazu geben!«

»Ja, aber«, entgegnete ein Mann den beiden Frauen, »es war doch gerade der König, der all diese Banditen des Hofes daran gehindert hat, es zu wagen; er ist von den vieren noch der beste, wenn er uns nur bleibt, dann mögen alle anderen ruhig davonziehen, wenn sie wollen. Vorwärts, vorwärts, spannen wir den Wagen aus!«

Nun schrie die gesamte Menge:

»Spannen wir den Wagen aus, spannen wir den Wagen aus!«

La Fayette hatte das Kommando. Man bedrohte ihn. Darauf wird er rasend, so wie das ein nordischer Typ wie er eben werden kann; aber man konnte sehen, daß er mit den Zähnen knirschte.

»Ha, du hast die Tanten abreisen lassen«, brüllte ihm ein Mann zu; »aber mit dem König gelingt dir das nicht!«

»Nein, nein«, riefen die Frauen.

Ein ganzer Chor mißtönender Stimmen wiederholt:

»Nein, nein!« in allen möglichen Tonlagen.

Es war ein ebenso ohrenbetäubender wie erschreckender Lärm. Die Truppen hingegen schienen nicht bereit zu sein, ihrem Befehlshaber zu gehorchen, der ihre Reihen abschritt, um ihre Gesinnung zu ergründen. Die Offiziere erstatteten La Fayette ihre Meldungen, der sich, nachdem er sie angehört hatte, der Türhüterin zuwandte, um ihr eine Anweisung zu geben. Darauf wiederholten sich die Beschimpfungen auf die geflohenen Tanten; man verfluchte sie. Und das wirkte beängstigender als alles Vorangegangene.

So endete dieser zweite Fluchtversuch. Ludwig XVI. war gezwungen, die Kutsche wieder zu verlassen und in seine Gemächer zurückzukehren. In diesem Moment sprach er den schönen Satz:

»Wenn es auch nur einen Tropfen Blut kosten sollte, reise ich nicht ab.«

Die Jakobiner bewahrten ihn an jenem Morgen vor einer großen Unklugheit. Welches Glück hätte dieser Unglückliche gehabt, wäre sein Geheimnis immer so gut verraten worden! Denn es ist sicher, daß er nur deshalb nach Saint-Cloud wollte, um zu fliehen. Seine falschen Freunde führten ihn ins Verderben und besiegelten damit, ohne es zu wissen, auch das eigene. Ja, was auch passieren mag, die Fürsten, die Adligen, die Aristokraten aller Art sind auf immer verloren, nicht nur in Frankreich, sondern in ganz Europa; und wenn nicht im Jahre eintausend ... sieben, dann eben im Jahre eintausend ... acht. Der Anstoß ist gegeben, eine neue Ordnung wird kommen, auch wenn die Franzosen dabei untergehen. Ich, die lauernd-spähende Eule, werde dann nicht mehr sein; aber ihr, die ihr es erleben werdet, seid gerecht gegen das, was klare Voraussicht mir gezeigt hat!

So verging auch der 28. April; ein Tag, der Ludwig XVI. ziemlich zornig auf die Pariser machte. Sein Entschluß, sie zu verlassen, wurde somit fester als je zuvor.

Das aus Haß entführte Mädchen

Ich war gegen meine Gewohnheit am Tage ausgegangen und kehrte nun durch den Louvre heim. Mitten auf der Cour de la Couronne bemerkte ich eine sehr dicke Frau, die rotbäckig, klein und rund war, und bei ihr ein zartes und reizendes junges Mädchen, das ein großes Spitzenhäubchen trug, das es noch anmutiger machte. Die Kleine verlangte nach Figurengebäck, wie es unter dem Pavillon Froid-Manteau verkauft wurde. Die Mutter gab ihr zwei davon. Dann kehrten sie auf den Hof zurück. Sie standen im Karree der vier Pavillons, als eine Frau aus dem Pavillon de l'Oratoire trat. Sie betrachtete das Mädchen und rief aus:

»Da ist ja meine Tochter!«

Im selben Augenblick faßte sie sie bei der Hand. Die Kleine zog ihre Hand mit aller Kraft zurück.

»Nun seht, nun seht doch an, wie sehr das ihre Tochter ist!« sagte die erste Frau.

Man befragte das Kind. Aber unterdessen verschwand die erste Frau, und als man sie gegenüberstellen wollte, war sie nicht mehr auffindbar. Das kleine Mädchen wurde von den umstehenden Leuten somit der zugesprochen, die es zurückforderte.

Als die wirkliche Mutter war sie von dem harten Herz ihrer Tochter verletzt, die sie nicht anerkennen wollte, und sprach unter Tränen zu ihr:

»Wenn du sie mehr liebst als mich, wenn sie dich glücklich macht, dann will ich gern auf dich verzichten! Sag mir, wo sie wohnt, und ich werde dich zu ihr zurückbringen.«

Die Kleine gab die Rue de la Monnaie an, die erste Allee neben dem verborgenen Winkel, wo ein Buchhändler sein Geschäft hat. Die Mutter ging dorthin, und zwei oder drei von uns folgten ihr. Wir stiegen in die zweite Etage des Hinterhauses und klopften an. Aber es wurde uns nicht geöffnet.

»Ich habe einen Schlüssel«, sagte die Kleine.

Sie öffnete die Tür. Da das Zimmer möbliert vermietet wurde, waren noch alle Möbel drin, aber beide Kassetten, die der Frau und die der Kleinen, waren fort. Nun riefen wir nach dem Vermieter. Er kam, machte aber einen sehr verwirrten Eindruck. Wir fragten ihn nach der Frau.

»Sie ist gerade eben ausgezogen und hat ihre Truhen mitgenommen. Die Miete für den Monat hat sie bezahlt, das heißt, sie wird nicht zurückkommen.«

Das war ein Eingeständnis ihrer Schuld. Wir gingen hinaus und befragten die Nachbarn:

»Ja, dieses kleine Mädchen dort«, sagte uns die Frau eines Schreiners, »es wohnt bei der Unglücklichen, die es jeden Abend auf die Straße schickte, sich dort anzubieten; gestern noch habe ich es gesehen.«

»O mein Gott, das ist wahr!« fügte eine Gemüsehändlerin hinzu. »Als sie neulich bei mir Salat kaufte, habe ich sie deswegen beschimpft. Früher war sie Händlerin im Saint-Esprit.«

»Auch ich kenne sie sehr gut!« sagte die Mutter. »Wir waren Freundinnen und im gleichen Geschäft; wir sind aber Feinde geworden, obwohl ich nicht weiß, warum, denn ich habe ihr nichts getan. Wir haben beide eine Tochter gehabt: ihre war blond, meine hatte braunes Haar, wie man sieht. Beide Mädchen waren sehr hübsch. Eines Tages erzählte ich ihr, daß ich meine Tochter von jeglichem schlechten Einfluß fernhalten wollte, so wie sie ihn der ihren manchmal bot. Ich sah, wie sie darauf ein wenig das Gesicht verzog. Am nächsten Tag behandelte sie mich frostig; schließlich ging sie aus unserer Gegend fort. Kurze Zeit darauf verschwand meine Tochter. Ich habe sie überall gesucht und suchen lassen, denn ich nahm an, daß meine arme kleine Gertrude sich blindlings hat verführen lassen und deshalb keine Nachricht von sich geben wollte ... O mein armes Kind! Sie ist ja noch nicht einmal zwölf Jahre alt. Du wirst dich von dem Bösen, das sie dir angetan hat, wieder erholen. Komm, ich werde dir zeigen, wie diese kleinen Dirnen sind, auf deren Stufe dich dieses geldgierige böse Weib setzen wollte! Du wirst sehen, ob du auch so sein möchtest. Ich werde dich dorthin bringen, wo sie sind; du wirst sie sehen. Komm zu mir, ich werde dich so sehr lieben! Du sollst alles haben, was dein Herz begehrt, und du wirst dabei keinen Drang zum Laster verspüren. Du bist von meinem Blut und niemals von dem ihren. Komm, mein Kind, wir werden ihre Tochter finden! Und ich wette, daß sie, während sie aus dir eine Dirne machen wollte, ihre Tochter gut erziehen ließ, damit diese dich eines Tages verachten sollte. Oh, dessen bin ich sicher, denn jetzt kenne ich diese Hexe! Sie hat eine schwarze Seele.«

Wir alle waren von den Worten und Vorhaben dieser Frau sehr begeistert und der Meinung, daß es das beste sei, sie zu ermutigen, so weise zu handeln, wie sie es sich vornahm. Wir ermahnten auch die Kleine, der Mutter zu folgen. Da geschah es, daß gerade in diesem Moment eine Unglückliche des niedrigsten aller Gewerbe an uns vorbeiging. Diese hielten wir an, damit das Mädchen sie ansehen konnte, wie sie voller Blattern und mit Salbe überzogen war. Der Kleinen wurde übel von diesem Anblick. Ich sagte der Mutter noch, daß sie mir eine große Freude machen könnte, wenn sie mich über ihre Erziehungserfolge unterrichtete. Sie versprach es mir. Ich ging, um mich an meine Arbeit zu setzen.

FÜNFTE NACHT

Vom 21. zum 22. Juni 1791

Nun ist die furchtbare Zeit gekommen, die zum 21. Januar 1793 führen sollte. In der Hauptstadt herrschte eine tiefe Ruhe, da La Fayettes Taktik im Moment darin bestand, gegen jeglichen Aufruhr nichts zu unternehmen. Um neun Uhr war ich im Café Robert-Manouri. Der Jakobiner, den wir ›Maratiste‹ genannt hatten, kam um halb elf, er sah finster und nachdenklich aus. Er bestellte eine Limonade und begann, gegen La Fayette zu schimpfen, mit einer Leidenschaftlichkeit, die auch sein kühles Getränk nicht mäßigte. Ich sagte, jedoch leise, zu Fabre, einem anderen Jakobiner:

»Heute passiert irgend etwas! Unser Heißsporn ist rasend!«

»Nein, denn ich komme genau wie er auch von den Jakobinern; dort ist alles ruhig.«

Irgend etwas sagte mir, daß das nicht stimmen konnte. Ich verließ das Café und ging zu den Tuilerien. Als ich an die Plätze der neuen Serdeaus kam, blieb ich stehen. Ich hörte einen dumpfen Lärm. Leute gingen vorbei, einzeln, aber in kleinen Abständen. Ich fühlte wilde Aufregung in mir; es war, als elektrisierte mich die Bewegung derer, die flüchteten. ›Kann körperliches Empfinden im Menschen zuweilen dessen moralisches Urteilsvermögen ersetzen?‹ fragte ich mich im stillen.

Während tausend solcher wirren Gedanken mich bewegten, hörte ich hinter dem großen Schuppen eines Serdeautiers ein Geräusch. Ich ging vorsichtig heran, um zu sehen, was das war. Ich erblickte einen Mann in der Uniform eines Schweizer Gardisten. Ich hatte Angst; denn nicht nur, daß diese Leute sich nichts sagen ließen, wie es ihr Ruf war, außerdem konnte einer wie dieser auch betrunken sein. So trat ich wieder einige Schritte zurück, um mich hinter einer anderen Baracke zu verstecken. Dort wartete ich fast eine Viertelstunde, wodurch ich ein viel wichtigeres Ereignis versäumte. Endlich sah ich den Schweizer Gardisten hinter der Baracke hervortreten, wo er ein Strohlager hatte. Mit ihm kam eine große, gutaussehende Dame, deren Augen verbunden waren:

»Bleib dort stehen, bis ich mich weit genug entfernt habe!« sagte er mit recht scharfem Ton, aber sehr leise. »Und hüte dich wohl!«

So eilte er zu dem neuen Tor. Ich folgte ihm nicht. Die Hoffnung, mit der Frau reden zu können, hielt mich zurück.

So sprach ich sie an, sobald der Schweizer unter dem Tor war.

»Madame«, sagte ich zu ihr, »ich habe alles mit angesehen, kann ich Ihnen irgendwie dienlich sein?«

»Ja, Sie sind gewiß ein Ehrenmann, reichen Sie mir Ihren Arm und tragen Sie das Paket, das mein Diener hat fallen lassen, als er von dem Schweizer, der gerade fortgelaufen ist, einen Säbelhieb bekam.«

»Hat der Ihnen Gewalt angetan?«

»Ich will es Ihnen nicht verheimlichen, da Sie es ja doch gesehen haben. Er hatte das Bajonett in der Hand, das er an meine Kehle hielt; deshalb habe ich nachgegeben. Lassen Sie uns gehen!«

Sie ging mit mir durch dasselbe Tor, durch das der Schweizer entkommen war. Wir waren mitten auf der Place du Carrousel, als uns ein großer Wagen, der im Schrittempo fuhr, den Weg versperrte. Dort war auch der Bedienstete der Dame. Er kam auf uns zu und bat mich um das Paket. Die Dame bedankte sich bei mir mit der Bitte, mich zu entfernen, da Gefahr im Anzuge sei. Ich befolgte ihren Rat. Kurz darauf wandte ich mich um, um sie weggehen zu sehen. Sie war verschwunden, aber ich glaube, daß sie in den großen Wagen eingestiegen ist. Sonst sah ich keine Möglichkeit, wo sie sich hätte verstekken können. Wer war sie? Was für ein Wagen war das? Ein Wort zuviel könnte schon zu einem verhängnisvollen Irrtum führen; man darf es deshalb nicht aussprechen. Ich beobachtete nur, daß sie die Binde nicht von den Augen nahm.

Ich ging auf schnellstem Wege nach Hause, verärgert darüber, sie nicht veranlaßt zu haben, die Binde abzunehmen. Lärm, den ich auf dem Pont Saint-Michel hörte, ließ mich meinen Weg doch ändern. Ich ging durch die Rue Gilles-Lecœur, die mir vollkommen ruhig erschien. An der Ecke zur Rue de l'Hirondelle stand vor ihrer Tür eine Dirne, die die Vorsteherin des Freudenhauses war. Sie rief mich an. Ich fragte sie, weshalb sie so spät noch auf der Straße sei, da doch kein Mensch vorbeikäme.

»Wo kommst du her?« sagte sie darauf.

»Aus den Tuilerien, von der Place du Carrousel.«

»Gehörst du dazu?«

»Wozu?«

»Aber jetzt kannst du doch sprechen, es muß doch längst alles geschehen sein?«

»Ich habe eine Dame begleitet.«

»Du gehörst also dazu! ... Ich warte hier auf einen Schweizer, der auch mit dabei war, und der, weil er nicht in die Kaserne zurückkehren kann, bei mir schlafen soll. Er weiß nicht genau, wo ich wohne, er kennt nur die Straße. Wen sollte er denn um diese Zeit noch fragen?«

In diesem Augenblick hörten wir vom Quai her Schritte herankommen. Sogleich ließ ich die Frau stehen und bog in die Rue de l'Hirondelle ein. Doch dort verbarg ich mich hinter dem Vorsprung eines Hauses, in dem früher die Zeichenschule untergebracht war. Man kam näher. Es war der Schweizer, derselbe, den ich hinter der Baracke habe hervorkommen sehen. Er ging zu der Frau hinauf. Ich lief sofort zurück an die Tür und hörte sie sehr laut sprechen. Die Frau, die meine Schritte bemerkt hatte, warf einen Blick durch ein Fenster ohne Kreuz, durch welches Licht in das Treppenhaus drang. Sie brachte den Schweizer unter und kam zu mir zurück.

»Er ist jetzt in der Kammer bei einem Mädchen; aber vielleicht bist du in der gleichen Bedrängnis wie er? Wenn du willst, würde ich dich aufnehmen?«

Ich war einverstanden. Sie gab mir sogar ein Bett in ihrem Zimmer und glücklicherweise nicht ihr eigenes. Wir legten uns schweigend nieder, und ich sank in tiefen Schlaf. Gegen vier oder fünf Uhr wurde ich geweckt durch den Krach, den der Schweizer beim Aufstehen machte, denn sein Lager war von unserem Zimmer nur durch eine dünne Wand getrennt. Er fing mit der Hausherrin eine Unterhaltung an.

»Von deinem Mädchen habe ich so gut wie nichts gehabt; ich hatte es mir gestern abend schon bei einer anderen geholt, und die taugte wesentlich mehr!«

»Ist alles gut gegangen?«

»Was willst du damit sagen? Wenn du wirklich so viel weißt, wie du vorgibst, dann schlage ich dir den Kopf ab! Was weißt du?«

»Nichts, gar nichts!« antwortete sie erschrocken.

»Du tust auch gut daran, es zu vergessen!«

Unmittelbar darauf entfernte er sich. Auch ich ging nach Hause, ohne schon etwas von den Ereignissen zu wissen. Mir war nur klar, daß etwas Wichtiges geschehen sein mußte.

Die Flucht des Königs

Die erste Person, die auf das Geschehene aufmerksam machte, war jene Kammerfrau, von der ich vorhin sprach. Um sechs Uhr, das heißt genau in dem Moment, als ich das Haus der Bordellwirtin verließ, gab sie in ihrer Sektion die folgende Erklärung ab: »Um elf Uhr wurde ich leise in meinem Zimmer eingeschlossen, denn ich hatte meinen Schlüssel an der Tür stecken lassen. Dann habe ich während anderthalb Stunden ununterbrochenes Kommen und Gehen gehört. Meine Tür ist wieder aufgeschlossen worden, ohne daß ich es hörte; ich habe es erst bemerkt, als ich erneut den Versuch machte hinauszukommen. Sogleich kleidete ich mich an und schlüpfte nach draußen. Dann habe ich mich bei dem ersten Wachposten erkundigt, ob etwas vorgefallen sei. Er wußte nichts. Aber als ich in die Galerie hinunterstieg, sah ich die Erregung. Ich habe sogar jemanden ganz leise sagen hören: ›Man nimmt an, daß der König entflohen ist. Aber wohin? Er kann doch nur nach Saint-Cloud gegangen sein.‹ Diese wenigen Worte reichten aus, so daß ich nun wußte, warum man mich eingeschlossen hatte, und begriff, daß der Plan seiner Flucht reiflich überlegt war. Ich bin gekommen, um euch den Zeitpunkt der Flucht anzugeben, der zwischen Mitternacht und ein Uhr liegen mußte, nach der Unruhe zu urteilen, die ich gehört habe. Man kann nur über die Höfe, die an der an die Rue de l'Échelle grenzenden Seite der Tuilerien liegen, ins Freie gelangt sein, währenddessen andere Wagen auf der Place du Carrousel vorfuhren, um die Aufmerksamkeit abzulenken.«

Diese Frau vermutete richtig.

Ich hatte mich nach meiner Heimkehr an die Arbeit gesetzt. So hörte ich von den Ereignissen erst um die Mittagszeit, als ich das erste Mal hinausging. Normalerweise hätte ich es erst am Abend erfahren, da ich aber auf meiner Straße das laute Geschwätz der Waschfrauen vernahm und einige Wortfetzen wie: »Er ist in der Nacht abgereist. Monsieur auch, und Madame. Der König, die Königin, Madame Elisabeth, Madame, der Dauphin«, die ganz deutlich an mein Ohr drangen, war ich mir sofort sicher, daß ein großes Ereignis geschehen sein mußte. Ich zog mich an und verließ das Haus. Das vermutete Unglück bestätigte sich. Zwischen dem Pont Neuf und dem Pont de la Vallée begegnete ich dem Astronomen Lalande, der blaß und niedergeschlagen aussah. Daraus schloß ich, daß er nicht aristokratisch gesonnen sein konnte. Die Bestürzung war allgemein. Ich ging zu den Tuilerien, zum Palais-Royal; über die Rue Saint-Honoré kehrte ich zurück. Ich sah, wie man überall die königlichen Wappen herunternahm, sogar von den Schildern der Notare. An diesem Tage also wurde das Königtum in Frankreich tatsächlich gestürzt. Drei Tage Unruhe und Erregung! Aber am Abend des 22. wurde die Nachricht von der Verhaftung Ludwigs XVI. und seiner Familie in Varennes bekannt. Man erfuhr, wie der Posthalter von Sainte-Menehould dem Kutscher gedroht hatte:

»Anhalten, oder ich schieße in den Wagen!«

Darauf Ludwig XVI.:

»Dann haltet an.«

Er wurde in ein Zimmer des Wirtshauses gebracht. Das war sein erstes Gefängnis.

SECHSTE NACHT

Vom 23. zum 24. Juni [1791]

Eine einzige Sache beschäftigte alle Gemüter in den Tagen vom 21. bis 24. Juni: Ludwig XVI. sollte nach Paris zurückkehren. Aber was würde das für eine Rückkehr sein! Zwei Kommissare der Nationalversammlung, Barnave und Pétion, fuhren nach Varennes, um ihn von dort abzuholen.

Paris erwartete ihn seit dem Abend des 23., und wie alle anderen, war auch ich auf den Platz vor den Tuilerien gegangen. Aber dort war zu erfahren, daß er noch nicht kommen würde, so zerstreute sich die Menge wieder. In meine Gedanken versunken, kam ich in die Nähe der Champs-Élysées, ohne zu merken, daß ich den falschen Weg einschlug. Ich ging an der Stelle vorbei, wo sich einst für nur kurze Zeit das Colisée befand, dieses flüchtige Werk des letzten und unbedeutendsten aller Phélippeaux, wenngleich er sehr viel Böses getan hat. Ich sprach den Psalm ›Transivi, et non erat‹. Ein Stück weiter betrat ich den Platz, wo sich der Park befand, in dem einst die Pompadour geherrscht hatte. ›Oh, wieviel Glanz schon erloschen ist!‹ sagte ich zu mir. ›All der andere Glanz wird auch entschwinden.‹ Ich ging bis an das Gitter von Chaillot. Dort dachte ich über mich selbst nach; dabei erinnerte ich mich, hierher einen wunderbaren Ausflug mit drei Schauspielerinnen und meinem Freund Boudard gemacht zu haben. Ich dachte auch an ein noch entzückenderes Diner mit meinem Freund Renaud und der schönen Deschamps, der Heldin der vorletzten Novelle des Bandes XXII der ›Contemporaines‹. Ich erinnerte mich an Zéphire, diese Krone der Empfindsamkeit, und an Virginie. Aber da bemerkte ich, daß ich mich verlaufen hatte. Ich kehrte um, da schlug es elf Uhr. Ich ging durch den Park, weil das der einsamste Weg war. Als ich in die Rue de Marigny kam, verlangsamte ich meinen Schritt. In einem Garten saßen ein Mann und eine Frau am Rand eines Grabens, der sie von mir trennte. Ich bewegte mich lautlos, und die hohe Hecke verbarg mich vor ihren Blicken.

»Diese grauenvolle Revolution«, klagte der Mann, »wann wird sie zu Ende sein? Emigrieren hieße, das Feld den Feinden zu überlassen!

Wenn ich jedoch nicht weggehe, bin ich entehrt! Man hat mir neulich zum Zeichen weibischer Feigheit schon einen Spinnrocken geschickt. Ich habe darauf geantwortet, daß ich hier gebraucht würde. Doch nun wollte ich morgen weggehen; aber gerade jetzt holt man den König zurück. Wer weiß, was geschehen wird? Im übrigen, wie soll man nun noch fortkommen?«

»Sie hätten emigrieren müssen, Monsieur«, antwortete die Dame. »Über seine Pflicht muß man nicht nachdenken. Was tun Sie hier noch, bei einem schwachen König, der mehr Ihr Feind ist als die Demokraten? Ich hoffe, daß er nun, da man seiner wieder habhaft geworden ist, endlich verschwindet. Begreifen Sie denn nicht, Monsieur, von welch großem Vorteil es für uns, für alle ehrenhaften Leute wäre, wenn das Haupt des schwachen Ludwig fiele? Bedenken Sie, daß ganz Europa sich erheben, daß alle Könige sich verbünden würden! Selbst die Söldnertruppen würden sich in den Dienst unserer Rache stellen, wie Hunde, die man gegen Hunde hetzt. Unser Heil kann nur aus dem Tode Ludwig XVI. erwachsen. Solange er am Leben ist, solange er den Schein von Macht, von Freiheit und von Würde für sich bewahren kann, sind wir verloren, und die ausländischen Mächte werden kaum handeln.«

»Ach, Madame, wie schlecht Sie sie doch kennen!«

»Ich kenne sie besser als Sie, diese Mächte, von denen Sie Hilfe erwarten, um Ihre Rechte wiederzuerlangen! Insgeheim weiden sie sich an der traurigen Lage des einst so mächtigen Reiches, das sie eifersüchtig beneideten. Sie warten nur auf den günstigsten Augenblick, um sich auf uns zu stürzen, um alles niederzuwerfen, Adlige genauso wie Bürgerliche.«

»Lassen Sie von Ihrem Irrtum ab, Madame! Unsere Lage ist aussichtslos; und wenn ich mehr meinem Haß als der Stimme der Vernunft folgen sollte, würde ich mich auf der Stelle den Revolutionären anschließen.«

In diesem Augenblick sprang die Dame hastig auf und ging davon. Der Mann wollte sie zurückrufen. Ich hörte nur ihre Antwort:

»Nein, nein, ich will Sie niemals wiedersehen!«

Er lief ihr nach. Ich rief ihm zu:

»So werden Sie doch Patriot, aus welchen Gründen auch immer!«

Darauf entfernte ich mich schnellstens.

Auf den Champs-Élysées kam ich am Haus von Monsieur Grimod de la Reynière vorbei. Ich gedachte dessen Sohnes, der einst mein

Freund war, jetzt aber mein Todfeind ist. Da er das nicht immer war, vergoß ich meine Tränen um ihn.

Hundert Schritt weiter, in der Nähe der Rue du Faubourg-Saint-Honoré traf ich auf drei Frauen, von denen die beiden älteren die jüngste von ihnen stützten. Ich ging vorbei. Da riefen sie mich.

»Helfen Sie uns, guter Mann!«

»Nein, nein, er ist zu alt!« sagte jene, die gestützt wurde.

Ich begriff sogleich, daß sie Betrügerinnen waren. So setzte ich meinen Weg fort, als ein schöner Mann herankam. Ich drehte mich um, um zu sehen, ob die drei Frauen ihn ansprachen. Sie ließen es sich nicht entgehen. Der Mann blieb stehen; ich versteckte mich. So hörte ich, wie das junge Mädchen zu klagen begann:

»Monsieur, haben Sie Mitleid mit mir; ich kam mit meiner Mutter und meiner Tante aus Passy, und auf den Champs-Élysées wurden wir von nichtswürdigen Schurken angegriffen, die verlangt haben ... Ich wehrte mich ... da haben sie mich geschlagen ... geschlagen ... so daß ich mich nicht mehr retten konnte! Sie wohnen doch in dieser Gegend; können Sie uns nicht beherbergen, denn wir müßten noch bis zum Faubourg Saint-Marceau kommen?«

Der Mann willigte ein. Ein Stück weiter ging er mit den drei Frauen durch ein Hoftor. Sogleich klopfte ich dort an. Er selbst kam zur Tür.

»Habt acht auf Eure gefährlichen Gäste! Ich warne Sie vor ihnen, denn es sind Betrügerinnen. Es wäre gut, wenn Sie sie beobachten ließen.«

Ich sprach sehr leise, und dann zog ich mich zurück. Um ein Uhr kam ich zu Hause an, ohne auf Patrouillen getroffen zu sein.

Ludwigs Rückkehr

Am folgenden Tag war alles in Aufruhr. Alle Jünglinge und Männer unter vierzig Jahren waren bewaffnet. Der Flüchtige sollte aber erst am Abend kommen. Auch ich wartete darauf, wollte aber auch sehen, wie es dem schönen Mann vom Vorabend ergangen war. Aber bevor ich dorthin kam, sah ich die Rückkehr des Königs mit an, den ich seit diesem Augenblick für entthront hielt. Die Nationalgarde bildete von den Boulevards bis zum Schloß der Tuilerien mit gesenkten Waffen ein doppeltes Spalier. Es herrschte tiefes Schweigen, welches nur hin und wieder von erstickten Beschimpfungen unterbrochen wurde. Er kehrte zurück, dabei eilten ihm tausend Gerüchte voraus. Man hielt seine Kutscher für in Ketten gelegte Adlige, was sie ja nun wirklich nicht waren. Ludwig XVI. fand sich wieder daheim mit der Schande beladen, einen falschen Schritt getan zu haben. Er wurde aber nicht dafür bestraft, außer durch die zwangsläufige Entwicklung der Geschehnisse. Die Konstituante, die an ihrem in einem Dekret formulierten Grundsatz, daß Frankreich eine Monarchie sei, festhielt, entschuldigte den Monarchen und glaubte, sich bei ihm beliebt zu machen, indem sie ihm alle Würde ließ, die man ihm noch zugestehen konnte. Von nun an änderten die Lameth und Barnave ihre Haltung. Mirabeau, der große Mirabeau, er war nicht mehr seit Anfang April. Was hätte er in dieser Situation getan? Nachdem man nun Aufschlüsse über seine Einkünfte erhalten hat, ist es mit aller Wahrscheinlichkeit anzunehmen, daß er alles in seiner Macht Stehende getan hätte, die Monarchie wiederherzustellen, daß er die ausländischen Großmächte von seinen Absichten überzeugt hätte. Er hätte den Widerstand im Inneren gelähmt, damit kein Krieg entbrennen sollte. Aber was wäre aus uns geworden? Man kann es sich leicht ausmalen, denn jedermann kennt den despotischen und bis zur Barbarei harten Charakter des großen Mirabeau; er wäre heute unser Kardinal Richelieu, und Ludwig XVI. wäre, wie damals Ludwig XIII., nur ein Erster Sklave. Die Lameth, Barnave und einige andere würden entsprechend der veränderten Umstände gebraucht werden. La Fayette wäre Generalissimus oder vielleicht Konnetable. Aber Mirabeau wäre der Regent geworden; und ohne das momentane Kräftegleichgewicht in Europa ein zweiter Pippin der Kleine. D'Orléans wäre in jeder Beziehung verloren. Mirabeau wäre nicht zimperlich in der Wahl seiner Mittel, um ihn loszuwerden. Ich habe die Seele Mirabeaus zu seinen Lebzeiten durchschaut, denn ich kannte einen seiner Sekretäre, einen verdienstvollen Mann, den er wie einen Sklaven behandelte.

Nachdem ich Ludwigs Rückkehr mitangesehen hatte, kam ich über den Platz mit der Reiterstatue zum Faubourg Saint-Honoré zurück, zu dem Mann, der am Abend zuvor die drei Frauen aufgenommen hatte. Ich fragte nach ihm. Der Türhüter war sehr unfreundlich; aber schließlich mußte er doch nach jemandem pfeifen. Ein Knecht nahm mich am Fuße einer Treppe in Empfang und führte mich zu seinem Herrn, der finster dreinblickte.

**Die Rückkehr des Königs
von Varennes nach Paris**

»Woher kennen Sie die drei Frauen von gestern?« fragte er mich. Ich erzählte ihm, was sie zu mir gesagt hatten und was ich anschließend mit angehört hatte und daß ich, da ich sie ihn habe ansprechen sehen, der Meinung war, ihn warnen zu müssen.

»Sie haben sie niemals zuvor an einem anderen Ort gesehen?«

»Niemals, zumindest soviel ich weiß.«

»Dann sollen Sie jetzt wissen, daß sie ehrbare Frauen sind, denen beizustehen Sie offensichtlich nicht würdig sind. Wer sind Sie überhaupt?«

»Wer sind Sie denn, daß Sie mit einer solchen Anmaßung den ›Paysan perverti‹ verhören?«

»Ach, den kenne ich ... Nein, Sie sind niemals einer Beschäftigung nachgegangen. Sollten Sie einer der Handlanger der Revolution sein, so werde ich Sie ...«

Er hielt inne ... Dann führte er selber mich über eine Geheimtreppe. Ich muß gestehen, daß ich mich verloren glaubte. Dennoch ließ er mich weitergehen. Dann kam ich in einen Garten, bis an dessen Ende mich der Mann führte; er öffnete eine Tür, die direkt an dem Graben zu den Champs-Élysées lag, und gab mir damit die Freiheit zurück. An diesem Ort kam mir die Erleuchtung. Ich erkannte in dem Mann jenen wieder, dessen Gespräch mit einer Dame ich am Zaun zu Chaillot belauscht hatte, als ich von meinem nächtlichen Spaziergang zurückkehrte. Daraufhin zog ich Erkundigungen ein, und so erfuhr ich, daß die drei Frauen verkleidet waren. Sie hatten auf die Rückkehr des Hofes gewartet und zu mir nur deshalb so gesprochen, um mir jeglichen Argwohn zu nehmen.

SIEBENTE NACHT

Vom 16. zum 17. Juli [1791]

Am Abend des 16. Juli führte mein Weg in den Faubourg Saint-Germain. Als ich durch die Rue Mazarine kam, um an den Quai zu gelangen, sah ich, wie ein mir bekannter Mann mit einer mir ebenfalls bekannten jungen, hübschen Person am Arm aus einem Hause trat. ›Unglückselige‹, dachte ich bei mir, ›du hast das Pech, diesem Schuft in die Fänge geraten zu sein! O Unglückliche, du bist verloren!‹ Ich folgte ihnen und hörte nichts als Beteuerungen und Eheversprechen. ›Sie ist schon entehrt oder bereit dazu, es zu werden!‹ dachte ich. Ihr Weg führte sie über den Quai des Quatre-Nations, dann den Quai de Voltaire, schließlich den Quai du Champ-de-Mars oder, wie es heute heißt, den Champ-de-la-Révolution. Ich war bei der Verfolgung so vorsichtig (denn ich wollte hilfreich sein), daß sie mich nicht hörten. Sie gingen weiter.

»Gehen wir bis zum Champ-de-Mars«, schlug Scaturin der jungen, hübschen Tiervau vor, »denn vielleicht wird der Altar schon morgen nicht mehr existieren: es liegt etwas in der Luft!«

Daraufhin hörte ich, wie er die Revolution und die Nationalversammlung verunglimpfte, und auch den Hof verschonte er nicht. ›Dieser Mann ist doch mit nichts und niemandem zufrieden!‹ ging es mir durch den Kopf. ›Ha, würde er doch mal über sich selbst nachdenken, wie unzufrieden müßte er dann erst sein!‹ Sie waren am Ziel und gingen bis an den Altar, auf den Scaturin spuckte, dabei aber darauf bedacht war, daß er von keiner Wache gesehen wurde. Sie kamen zurück, und auf dem Heimweg erlaubte sich Scaturin einige Freiheiten, gegen die seine Begleiterin nur sehr zaghaft Widerstand leistete. Ich war drauf und dran, ihnen auch in das Haus zu folgen, um die Mutter zu warnen, aber sie klopften an eine andere Tür, was mich ein wenig verwirrte. Ich wagte es nicht mehr, zu den Eltern zu gehen. Peinlich berührt, kehrte ich nach Hause zurück und nahm mir vor, am nächsten Tag früh aufzustehen, um zu sehen, was weiter geschehen sein würde.

sen Zwischenfall das Vorhaben abwenden zu können, die Bittschrift auf dem Altar des Vaterlandes zu verlesen, wußten nicht, daß sie es mit sehr verblendeten Starrköpfen zu tun hatten. Außerdem haben sie, weit entfernt davon, den Sieg des Schimmels und seines Reiters zu verhindern, beider Triumph nur noch vergrößert.

Gegen Abend begab sich der Klub hinaus. Das Volk, das den Plan der Petition durchkreuzt glaubte, war friedlich gekommen, um den Platz zu sehen, wo es Aufruhr gegeben hatte. Es war an den Ort gekommen, wo es innerhalb einer Woche die Zeremonie der Erneuerung des Föderationseides und den Tumult der Hinrichtung zweier Männer hat erleben können. Die Mitglieder des Klubs erschienen also. Zunächst blieb alles ruhig. Sie ließen sich am Altar nieder, wie die Amtsschreiber an ihrem Schreibtisch. Sie mußten ihre eigenen Leute unterschreiben lassen, denn das Volk war dazu nicht bereit. Und genau in diesem Augenblick erschien die gänzlich untaugliche Stadtobrigkeit auf dem Platz, von dem Schimmel getrieben, dem es eingefallen war, jetzt zu handeln, und von einer Nationalgarde gefolgt, die zu diesem Zeitpunkt La Fayette oder seinem Pferde treu ergeben war. So proklamiert man eine Proklamation, die nicht gehört wird. Niemand rührt sich. Fünfzig Perückenmachergesellen, die in den Schenken von Gros-Caillou gezecht hatten, hörten, daß man gekommen sei, um die Unterzeichnung einer Petition zu verhindern, deren Inhalt sie nicht kannten. Sie bewarfen die Garde mit Steinen, die sie aber abdrängte, und brachten sich alsdann in Sicherheit. Einige betrunkene Subjekte taten es ihnen, angriffslustig wie sie, gleich und flohen dann ebenfalls. Daraufhin wird blindlings geschossen und getötet ... Frauen, Kinder ... friedliche Bürger, die nicht wissen, wohin sie flüchten sollen, und die nur hierher gekommen sind, um frische Luft zu schöpfen! ... Wie konnte La Fayette, wie konnte Bailly, wie konnte die damalige Stadtverwaltung, wie konnten sie alle übersehen, daß sie nur gegen Unschuldige vorgingen? O La Fayette, wie groß ist deine Schuld! Und du, Bailly, wie schwach du doch warst! Dann diese Stadtverwaltung! ... einfältig und voreingenommen! Voller Empörung sah ich die Wirkungen der Intrige und des Parteiengeistes. Aber meine Empörung richtete sich nicht, wie die des Volkes, gegen die Nationalgarde. Das Volk ist wie der Hund, der den Knüppel beißt, statt nach der Hand zu schnappen, die ihn hält. Ich kam hierher zurück, als die lächerlich-grausige Szene bereits vorbei war. In der Nähe des Palais-Royal vor dem Laden eines Strumpf-

Das Kriegsrecht

Seit der Flucht und der Gefangennahme Ludwigs XVI. beherrschte eine dumpfbrodelnde Gärung die Gemüter. Die Jakobiner und ihre Führer forderten die Republik; sie verfügten jedoch nicht über die Macht, sie auszurufen. Sie ließen vom Klub der ›Cordeliers‹ eine Petition verfassen, die am Sonntag, dem 17. Juli, am ›Altar des Vaterlandes‹ auf dem Champ-de-Mars unterzeichnet werden sollte. Die Bedauernswerten! Sie wußten nicht, daß all diese Altarzeremonien nur für junge Völker taugen, die noch in kindlich-naivem Aberglauben befangen sind. Sowohl La Fayette und Bailly auf der einen als auch die Brüder Lameth und Barnave auf der anderen Seite wollten die Petitionäre gleichermaßen hindern und in Angst und Schrecken versetzen; vielleicht hegten sie sogar die Absicht, ihre Führer vernichten zu lassen. Sie hatten die Proklamation und Durchsetzung des Ausnahmezustandes im voraus geplant. Aber die Lameth, Feinde La Fayettes, wollten nicht zulassen, daß La Fayette und sein Schimmel allen Ruhm dieses Tages ernteten. Dafür opferten sie, wie man erzählt, zwei arme Kerle. Von ihren Handlangern ließen sie die beiden Toren dazu abrichten, sich am Sonntagmorgen unter dem Altar des Vaterlandes zu verstecken. Die Männer waren sich über den Zweck dieses Auftrags in keiner Weise im klaren. Deshalb waren sie auch so unvorsichtig, sich laut miteinander zu unterhalten. So wären sie normalerweise von den vorbeikommenden Bürgern entdeckt worden, und als Schlimmstes hätte es ihnen passieren können, von ihrem Posten verjagt zu werden. Aber jene, die sie dort aufgestellt hatten, verfolgten den Plan, sie unter großem Aufsehen umkommen zu lassen. Sie schickten ihre Helfershelfer aus, das Volk, oder vielmehr die übelsten Teile des Volkes, aufzuhetzen, noch bevor man die beiden Männer überhaupt gesehen hatte. Es wurde behauptet, diese hätten den Altar des Vaterlandes geschändet. Darauf lief die Menge zusammen und umzingelte sie. Sie waren zu sehen und zu hören, da sie sich ja kaum verbargen. Nun wurden sie unter dem Altar hervorgezerrt und in Gros-Caillou erhängt. Tumult entstand! Die Partei La Fayettes, die das Unheil nur immer verfolgen, niemals aber voraussahnen konnte, war über diesen unerwarteten Vorfall entzückt und frohlockte:

»So werden wir das Kriegsrecht noch leichter durchsetzen können!«

Die Lameth und die Barnave, die geglaubt hatten, durch ebendie-

warenhändlers hatte ich Gelegenheit, einem jungen Nationalgardisten das Leben retten zu können. Er war von einer Gruppe von Obsthändlerinnen und Fischweibern, die ihm an die Gurgel wollten, umzingelt. Ein sechzehnjähriger Straßenbengel wollte ihm gerade einen Stich mit dem Messer versetzen, das er sich von einer Kaldaunenhökerin geliehen hatte. Ich fiel ihm in den Arm und bemächtigte mich des Messers, mit dem ich dann die Weiber auseinandertrieb. So konnte sich der junge Nationalgardist retten. Es geschah ihm nichts, nur daß man ihn als Büttel La Fayettes beschimpfte. Mich selbst bewahrten mein alter Hut und meine eisenbeschlagenen Schuhe vor ihren Angriffen. Das Messer der Kaldaunenhökerin, die bereits zeterte, mir den Bauch aufschlitzen zu wollen, warf ich in ein Kellerloch. Dann trat ich hinter eine Gruppe neu Hinzugetretener, unter die ich mich mischte, um so im Palais d'Égalité zu verschwinden.

Den Fortgang der Geschichte von dem Schurken Scaturin kann ich noch nicht berichten. Als ich unter die Bäume des Palais-Royal trat, wo ich schon so oft meine Beobachtungen gemacht hatte, fielen mir wieder all die Verdorbenheiten ins Auge, die ich dort zu sehen gewohnt war. An fast jeder Arkade wurde ich von Leuten übelster Art dazu aufgefordert, mich einer ›erlesenen‹ Gesellschaft (von Glücksspielern!) anzuschließen. Ein Stück weiter sah ich, wie eine Dirne ein kaum erwachsenes, aber bezauberndes junges Mädchen hierherführte, um dessen erste Blüte und Gesundheit dem Laster zu opfern. Kurz darauf wurde ich einer noch größeren Schande gewahr: Ich sah Kinder beiderlei Geschlechts, im zartesten Alter der Unschuld, aber Wollust erregend gekleidet, von Zuhälterinnen bewacht, die die Jugend und das Leben jener Kinder aus dem gleichen Grund opferten, wie der Hang des Menschen zur Schlemmerei unsere Metzgerläden mit Kalbfleisch dekoriert. Ich wollte mehr über diesen letztgenannten Übelstand sagen, den ich bisher immer nur kurz gestreift habe, so in dem Werk ›Les filles du Palais-Royal‹, das von dem Betrüger Guillot aus Passy gedruckt wurde, den man am 27. August 1792 enthauptet hat. Jetzt wird es von dem Buchhändler Louis aus der Rue Saint-Séverin verkauft. Ich verweise auf dieses Werk wegen seiner Fülle anderer wertvoller Informationen, die mir von der langköpfigen Elsässerin preisgegeben wurden, einem klugen Mädchen, das, bevor es Zuhälterin wurde, die Mätresse eines Bischofs war. Wie ich es in dem genannten Werk beschrieben habe, führen einige Mädchen

Kinder mit, einzig, um sich den Anschein von ehrenwerten Familienmüttern zu geben, um somit schon träge, abgestumpfte Junggesellen vorsätzlich zu täuschen. Aber andere prostituieren diese schwachen Opfer sogar, zum Vergnügen von Leuten, die solche unsittlichen Neigungen haben wie einst Tiberius: Mädchen oder Jungen, das macht in diesem Alter keinen Unterschied für diese Wollüstlinge. Sie haben Gefallen an der Unschuld der Fragen und daran, daß diese Unschuld ihr obszönes Gebaren nur noch schamloser werden läßt. Wenn sie ihre schmutzige Begierde auf den äußersten Punkt getrieben haben, bedienen sie sich des Mundes, anstelle der von der Natur noch verweigerten Öffnungen. Es kommt jedoch vor, daß sie dennoch Gewalt anwenden, und nicht selten bedeutet das für die kleinen Mädchen den Tod.

Man bezahlt also für das Kind, wie man für ein müdes Tier bezahlt, zu einem im voraus zwischen den Eltern und der Zuhälterin vereinbarten Preis. Letztere gewinnt bei diesem Handel immer und hat so ein Interesse daran, die Kinder zu verkaufen. Und wer sind die Opfer? Manchmal schlechthin die Kinder einer Grünkramhändlerin, bei der die Zuhälterin logiert, oder Kinder, die im zartesten Alter entführt worden sind, oder Findelkinder oder auch Kinder, die den ärmsten Leuten aus den Vorstädten abgekauft wurden. Die Zuhälterin erwirbt sie und kann dann mit ihnen machen, was sie will, ohne über ihr Schicksal Rechenschaft geben zu müssen. Dieser teuflische Handel existierte schon vor der Zeit des neuen Palais-Royal; er brachte den ergiebigsten Teil des Einkommens des für Sitten und Moral zuständigen Polizeiinspektors; und vielleicht war er auch für den Polizeihauptmann einträglich. Er war zu verhaßt, als daß er jemals angezeigt und bestraft worden wäre oder daß man über ihn etwas ausgeplaudert hätte. Aber Mairobert, der Zensor, jener, der sich 1779 in den Bädern von Poitevin ums Leben gebracht hat, wußte von diesen Geschäften, und er war der erste, der mich darauf aufmerksam machte. Niemals hätte ich gedacht, daß ich das mit eigenen Augen sehen würde. Aber an diesem Abend, als ich zwei Kinder, einen Jungen und ein Mädchen, von einer großen, recht ansehnlichen Frau hergeführt sah, sprach ich sie an. Die Frau fragte mich, ob ich hinaufkommen wolle. Ich willigte ein. Im Zwischengeschoß unter den Arkaden angekommen, erkundigte sie sich, welches der Kinder ich haben wolle. Ohne meine Antwort abzuwarten, beschrieb sie mir ihre unkeuschen Talente in allen Einzelheiten. Während sie sprach, tauschten die Kinder unsittliche Berührungen miteinander aus, wobei sie so taten, als ob sie zusammen spielten. Ich war entsetzt; habe aber so begriffen, wie sehr ihr Verhalten, welches die infame Korrumpiererin von ihnen verlangte, die schmutzigen Lüstlinge reizen mußte. Denn die Kinder entblößten Stück für Stück ihren Körper. Dabei war aber eine Sache besonders erschreckend: Man konnte sehen, daß sie im Grunde nicht spielten; vielmehr sahen sie traurig, müde und gequält aus. Nachdem die Frau mir ganz ausführlich ihr Angebot gemacht hatte, stellte sie mir erneut die Frage. Ich antwortete nur, daß ich genug gesehen hätte und daß ich sie nun bezahlen wolle. Weiterhin, daß ich sie indessen darum bitten möchte, mir einige Angaben über ihre Situation zu machen, sie deshalb nicht verärgert sein solle, da ich ihr doch meine Gründe dafür nennen könnte.

»Gut, gut! Ich erkenne dich wieder«, antwortete sie mir, »ich habe dich schon einmal bei Saintbrieux gesehen! Du bist ein braver Junge, eher naiv als bösartig; du hieltest den Schuh einer gewissen Dame in der Hand, den du wie ein Heiligtum verehrtest. Du bist Schriftsteller, aber du schreibst deine Bücher bestimmt nicht selbst, denn einige sind darunter, die mir Vergnügen bereitet haben. Also gut, ich habe diese beiden Kinder gekauft bei einer ... Aber ich will es dir lieber nicht sagen, obwohl ich damit heutzutage keinerlei Risiko mehr eingehen würde! Du hast doch vorhin sicher die vier Frauen gesehen, die auch Kinder bei sich hatten, ohne von denen zu sprechen, die man nicht sieht. Es ist eine unter ihnen, die sich all die Findelkinder, die ausgesetzt wurden, aneignet. Zu diesem Zweck hat sie sogar noch eine weitere Frau angestellt. Sie läßt die Kinder nur mit Hilfe von Ziegen aufziehen und geht dabei so geschickt zu Werke, daß sie kaum Verluste hat. Wenn die Kinder dann das entsprechende Alter haben, verkauft sie sie an uns andere. Diese Frau ist also sehr nützlich. Sie leistet den Frauen eine Anzahlung, die die Schwangerschaft vor ihren Ehemännern verbergen und die zu ihr kommen, um zu entbinden. Das ist aber noch nicht alles. Sie hindert Töchter aus guter Familie, ebenso wie Kammermädchen, Mägde und Köchinnen daran, ihre Leibesfrucht zu töten, worauf sie schon einen Anspruch erhebt, wenn sie noch im Mutterleib ist, und deren Geburt sie begünstigt. Dann gibt es noch Frauen, die die Kinder von armen Leuten kaufen, die diese nicht ernähren können, wobei sie nur die hübschesten auswählen. Für den Fall, daß ein schon im Leib der Mutter verkauftes Kind verunstaltet ist, bringt man es ins Findelhaus, aber so spät, daß es unweigerlich zugrunde gehen muß. Manchmal durchstreift man sogar die Provinzen, oder man beauftragt jemanden, dort die allerschönsten ausfindig zu machen. Die Amme wird für das Geschäft gewonnen, sie verkauft das Kind. Den Pfarrer macht man glauben, daß es krank sei. Dann verschwindet die Amme, und man begräbt ein paar Stoffetzen, für die der Pfarrer den Totenschein ausstellt. Hier wird dieser kleine Handel mit Mägden und Kinderfrauen geführt, aber wegen des hohen Risikos passiert es selten. Das Kind wird also angeblich krank, es scheint einige Tage dahinzusiechen, dann zu sterben. Begraben werden alte Lumpen.«

»Aber was wird dann mit diesen Kindern gemacht?«

Das beschrieb mir die Unselige in allen Einzelheiten, wovon ich eine kurze Darstellung gegeben habe.

»Wir sind zufrieden«, fügte sie hinzu, »wenn man uns ein solch schönes Kind im Eifer des Gefechts nicht verletzt oder entstellt. Es ist nur das halbe Übel, wenn es von einem der Wüstlinge mit der Lustseuche angesteckt wird; wir haben Leute, die das behandeln. Ist ein Kind nicht mehr zu heilen, so lassen wir es nur reinwaschen, damit es noch sechs Monate oder ein Jahr durchsteht, dabei ist es dann zu allem brauchbar ...«

Ich wollte oder besser, ich konnte nicht weiter zuhören. Ich fühlte mich elend und drohte zusammenzubrechen. Ich lief hinaus, und da die Frau die Hand aufhielt, gab ich ihr, schon auf der Treppe, einen Drei-Livres-Schein. Ganz krank verließ ich diesen Ort.

ACHTE NACHT

Vom 26. zum 27. September [1791]

Die Verfassung ist revidiert, nunmehr ganz in des Königs Sinne. So besteigt er, von einem neuen Glanz umstrahlt, wieder seinen Thron. Marie-Antoinette kostet ein leichtes Gefühl der Freude aus. Aber ihr verbittertes Herz ist dennoch nicht zufrieden. Es sind die Lameth, die sie verabscheut; ebenso haßt sie Barnave, auf dessen Knien Madame Royale, noch wurde sie so genannt, aus Varennes zurückgekehrt ist. Gegen La Fayette empfindet sie den Widerwillen, den üble Gerüche hervorrufen, die ihr von ihm verschafften Vorteile betrachtet sie als unzureichend.

Als ein ehemaliger Herzog von der offensichtlichen Gunst dieser Männer sprach, erwiderte sie ihm:

»Ha, wie kann man überhaupt auf den Gedanken kommen, daß wir uns jemals einander annähern, daß wir unsere Todfeinde lieben sollten! Nein, nein, Herzog, diese Leute stehen nicht in unserer Gunst, und das wird niemals geschehen!«

Und ihr gen Himmel gerichteter Blick, ihre tränennassen Augen bestätigten ihre Worte ... Es ist ganz sicher, daß sich Ludwig XVI., wäre er vorsichtig gewesen, mit den ungeheuren Vorteilen begnügt hätte, die ihm die hinterlistige und verräterische, obwohl damals vielleicht doch weise Revision unserer Verfassung zugestand. Denn man verfolgte ja das Ziel, einen Krieg zu vermeiden. Ludwig hätte behutsam und klug von seinem Vetorecht Gebrauch machen müssen, besonders dann, wenn ein Dekret nach dem Willen des Volkes war. Unglücklicherweise ließ er sich durch uneinsichtige Ratgeber, Hitzköpfe und Toren verwirren, die Marie-Antoinette veranlaßten, diese Verwirrung noch zu vergrößern, wobei man es ihr nicht zum Vorwurf machen konnte, wenn sie an das glaubte, was ihren Wünschen entsprach. Aber, ich muß es wiederholen, wie konnte der einstmals hohe Adel so in die Fänge der dummen Unvernunft geraten? Hätte er nicht besser getan, sich von den klugen Köpfen des dritten Standes leiten zu lassen? Denn in Wahrheit regierte der dritte Stand schon seit langer Zeit. Der Kammerdiener, der den Ideen seiner Freunde niederen Standes nahestand, beeinflußte den Minister, und so tat dieser nur das, was im Sinne des dritten Standes war, er wurde also von seinen Dienern oder Mätressen gelenkt. In bezug auf die öffentlichen Angelegenheiten regierten ihn seine Beamten, die wiederum von Börsenspekulanten und Intriganten, welche ihrerseits von dem Händler und dem Schneider, die sie kleideten, beeinflußt waren. Daher ist heute die ganze Kaste der Kaufleute, der Schneider, der Perückenmacher, der Buchhändler und vor allem der alteingesessenen Druckereibesitzer, all jener also, die mit den Reichen Geschäfte machen, und zwar nur mit den Reichen, zumindest äußerlich, eine aristokratische Kaste. Und hegte man nicht das Mißtrauen gegen den unmoralischen d'Artois, gegen den wankelmütigen Monsieur, gegen den mit allen Wassern gewaschenen Calonne, den hitzigen Bouillé, die Maschine Broglio, den König von Preußen, den Kaiser und gegen alle Ausländer, so hätte man erleben können, wie all diese Leute sich eilig auf die Seite der Gegenrevolution geschlagen hätten. Aber diese Schar ist viel zu besonnen, niemals so leidenschaftlich wie der Adel. Sie wägt alles ab und wagt das Spiel erst, wenn sie auch sicher ist zu gewinnen. ›Was haben die fremden Mächte mit uns vor?‹, so fragt sie sich. Sie sieht deren widerwärtiges und ungeschicktes Taktieren und bleibt deshalb an eine Revolution gebunden, die sie im Grunde verabscheut. Das sind nützliche Wahrheiten, nicht etwa die eines Marat, dessen ganze Politik sich auf die Art der Spanier reduziert, denen es viel leichter erschien, die Indianer in Amerika auszurotten, als sie zu kultivieren. Aber die Handlungsweise der Spanier war in gewisser Weise noch entschuldbar, denn diese Völker waren wirklich schwer zu zivilisieren, wahrscheinlich wäre man niemals ans Ziel gekommen. Und wenn der Schreiberling Thomas Raynal ihre Beweggründe erwogen hätte, würde er bemerkt haben, daß die Spanier es von vornherein vermieden, das Unmögliche zu versuchen. Marat hingegen muß wissen, daß unsere Aristokraten zweiten Ranges und unsere Kaufleute weder Peruaner noch Mexikaner sind, sondern vielmehr Leute, die Nutzen bringen und die man deshalb nicht töten darf, sondern im Gegenteil verschonen muß, damit sie durch ihre Geschäfte unsere Finanzen stärken und unseren Armeen gute Soldaten liefern.

Als die Verfassung revidiert, die Verfassunggebende Versammlung im Begriff war, sich aufzulösen, die zweite Legislatur benannt und in Paris eingetroffen war, kam es zu einer Art Stillstand im Räderwerk

Marie-Antoinette

der politischen Maschinerie. Ausgerechnet diesen Augenblick mußte die schwachsinnige Aristokratie erwählen, um Ludwig ein sicheres Mittel zu bieten, das Königreich zu verlassen. Alles war vorbereitet. Man mußte seine Unentschlossenheit sogar mit ein wenig Gewalt überwinden. Die Nationalgardisten waren ausgesucht, die Wachposten Adligen anvertraut, selbst die Königin war nicht eingeweiht. Sie sollte, ohne davon vorher in Kenntnis gesetzt worden zu sein, mit ihrer Familie in einer anderen Kutsche abreisen. Ein Kammerdiener des Königs wurde notwendigerweise ins Vertrauen gezogen; er wußte aber nicht so recht, was er von all dem halten sollte. Er schickte einen zuverlässigen Abgesandten, La Fayette zu informieren. Darauf kam der Kommandant und vereitelte die Verschwörung; denn er war nun nicht mehr der Meinung, daß der König abreisen sollte. Ludwig selbst, in diesem Moment unentschlossener denn je, weigerte sich ohnehin, diesen Schritt zu gehen, und ließ harte Worte gegen die Urheber des Plans fallen ... Man hört, daß Calonne und Bouillé dazu gehörten und daß diese Zurückweisung sie brüskierte. Ich bin aber kein Augenzeuge all dieser Geschehnisse gewesen, da ich zu dieser Zeit mit etwas anderem beschäftigt war.

Das von seiner Mutter häßlich gemachte Mädchen

Ich war unterwegs zu den Tuilerien; mein Weg führte aber nicht über den Quai de la Vallée, den Pont Neuf und das Café Robert-Manouri, sondern durch die Rue Saint-André. An der Ecke zur Rue de l'Éperon, genau an der Stelle, wo ich damals zitternd den Körper von Berthier erblicken mußte, fiel mir eine Frau in einem Kapuzenmantel auf, die ein kleines Mädchen von ungefähr elf oder zwölf Jahren sehr schnell mit sich führte. Das Kind wollte nicht so recht gehorchen, was mich veranlaßte, näher heranzugehen.
· »Nein, ich will nicht!« rief es. »Jeden Abend führen Sie mich in diesem Aufzug zu meiner Tante Jorge, das Gesicht mit dieser Pergamentmaske bedeckt, während die kleine Gigot fein herausgeputzt bei uns zu Hause bleibt und mir bis zu meinem Namen alles nimmt!«
»Sei still, mein Kind! Du weißt doch, was deine Tante dir gesagt hat; daß alles, was ich tue, nur zu deinem Besten ist. Ach, wenn du wüßtest, warum ich dich wegbringe! ... Mein armes Kind! Eines Tages wirst du es erfahren.«

Die Frau und das Kind setzten ihren Weg fort, ohne weiterzusprechen; in der Rue du Battoir betraten sie ein Haus.

Fortsetzung der Geschichte von Julie und Scaturin

So ging auch ich weiter und kam in die Rue Mazarin. Da ich ein Bekannter der Eltern der kleinen Tiervau war, fühlte ich mich verpflichtet, mit ihnen zu reden, zunächst so, als wollte ich mich nach ihrer Gesundheit erkundigen. Ich traf sie alle zusammen in einem Zimmer an, den Vater, die Mutter, die Tochter und Scaturin. Die beiden letzteren unterhielten sich ein wenig abseits am Fenster. Ich sprach von nebensächlichen Dingen. Scaturin tat so, als würde er mich nicht wiedererkennen, da auch ich keinerlei Anstalten in dieser Hinsicht machte. Er rührte sich nicht vom Fleck, und mir schien es, als redete er unentwegt auf das junge Mädchen ein.

»Julie!« rief die Mutter, »willst du Monsieur nicht begrüßen?«

Darauf machte Julie einen Knicks und erkundigte sich nach meinen Töchtern. Ich antwortete nur sehr kurz, und so nahm sie ihr zärtliches Tête-à-tête wieder auf. Nachdem ich fast eine Stunde lang dort geblieben war, was ich sehr bedauerte, denn ich wartete vergeblich darauf, das Scaturin sich endlich entfernte, war ich gezwungen, als erster zu gehen. Da mich die Mutter bis an die Haustür begleitete, sagte ich zu ihr:

»Es scheint mir, Madame, daß Sie Ihre Tochter verheiraten wollen, denn so tugendhaft streng, wie Sie sind, Ihr Gatte und Sie, können Sie doch ein so intimes Tête-à-tête, sogar noch in Ihrer Gegenwart, nur dulden, wenn es um die Hochzeit geht?«

»Sie haben recht! Er ist ein ehrenwerter Herr und sehr klug. Er hat um Julies Hand angehalten, die er anzubeten scheint, und er ist obendrein eine sehr gute Partie, ein Edelmann. Und da der Adel bald wieder zurückkehren wird, haben mein Mann und ich geglaubt, unsere Einwilligung geben zu müssen.«

»Ich möchte Ihnen nur eines raten (nachdem ich sah, daß sie nicht weitersprach): Seien Sie vorsichtig! Dieser Mann ist schlau und listig. Mehr will ich Ihnen dazu nicht sagen, nur, seien Sie auf der Hut!«

Ich war dabei, mich zurückzuziehen, sagte aber noch beim Weggehen:

»Erwähnen Sie mich diesem Manne gegenüber nicht. Ich habe ihn vor zwei Monaten, an dem Abend vor dem Massaker auf dem Marsfeld, mit Ihrer Tochter auf der Promenade gesehen.«

»Das kann nicht sie gewesen sein! Mein Mann hatte sie zu einer Nachbarin gebracht und sie auch dort wieder abgeholt.«

»So hat man sie betrogen ... Adieu.«

Ich entfernte mich nun wirklich, denn Scaturin kam heraus, um uns zu belauschen.

Nachts in den Tuilerien

Ich ging über den Pont-Royal zu den Tuilerien. Mit Hilfe der Meißel, mit denen ich meine Inschriften auf der Insel eingraviere, war es mir schon manchmal gelungen, in den Park hineinzukommen, wenn er bereits geschlossen war. Ich suchte mir eine Stelle an der Flußterrasse aus, wo keine Wache stand, und gelangte ohne Hindernisse hinein. Da ich dort Leute sah, schlich ich mich unter die Bäume, ohne daß man mich bemerkte. Hier, an den versteckten Stellen, hielten sich die meisten auf. Sie saßen auf Stühlen und hatten sich in verschiedenen Gruppen zusammengefunden. Ich wagte nicht stehenzubleiben, aber auch nicht, näher heranzugehen. Aber schließlich versteckte ich mich hinter einem dicken Baum, der der größten Gruppe, in der man auch am lautesten sprach, ziemlich nahe war, so daß ich hören konnte, daß von politischen Dingen die Rede war.

»Es ist gefährlich, die ausländischen Mächte nach Frankreich zu rufen«, hörte ich einen Mann sagen. »Bedenken Sie doch, mit welcher Freude sie das erste Angebot dazu angenommen haben!«

»Aber Monsieur le Duc«, fragte eine Dame darauf bitter, »und wir, was sollte aus uns werden?«

»Man muß alles riskieren, alles opfern«, meinte eine andere Frau, die jünger war, »um unsere Rechte zurückzuerobern ...«

»Vorsicht, vorsicht!« versetzte ein Mann. »Seine Majestät hat schon viel zurückgewonnen; auch an uns wird die Reihe kommen ...«

In diesem Augenblick erhob sich ein dicker Mann, um direkt an meinem Baum seine Notdurft zu verrichten. Zu meinem Glück rief ihm eine Dame zu:

»Sie entfernen sich zu sehr.«

Darauf drehte er sich um und erwiderte:

»Wünschen Sie, daß ich es vor Ihrer Nase tue?«

Während er ihr so antwortete, konnte ich lautlos verschwinden, zumal darauf ein erneuter Einwand folgte, den hier zu wiederholen keinen Gewinn brächte.

Ich sah mir die Umgebung der Gruppe an, die viel interessanter war, aber wohl doch zu gefährlich. Ich zog mich an einsamere Stellen zurück. Dort sah ich eine große, junge und schöne Frau spazierengehen, die zärtlich auf die Arme eines Mannes gestützt war, der seinerseits ihre Taille umfaßte.

»Ich müßte eigentlich bei den anderen sein«, sprach sie, »denn es geht dort um wichtige Dinge; aber Sie lassen mich die ganze Welt vergessen ... Und dabei ist es wahrlich nicht die rechte Zeit, sich zu lieben! Vielleicht am Vorabend einer Flucht ... oder eines blutigen Krieges? ...«

»Man weiß zwar, wann man sein Haus verläßt, meine Liebste«, antwortete ihr der Mann, »aber man weiß nicht, wann man wiederkehrt ... Wenn Sie dennoch weggehen sollten, würde ich Ihnen folgen ... bis ans Ende der Welt. Aber ohne Sie, niemals!«

Und er küßte sie. Sie wollten sich auf einen Stuhl niedersetzen, doch es krachte, und der Stuhl zerbrach. Die Dame schimpfte, und sie legten sich auf den Rasen, der ein solideres Lager war. Ich konnte nichts sehen, aber in all dem schien mir nichts Besonderes zu sein, und diesen ganz gewöhnlichen Dingen sollte mein Interesse nicht gelten.

Ich dachte nach. Mir war klar geworden, daß sich etwas zusammenbraute, und ich wußte genug darüber, um mich nun näher erkundigen zu können. Dennoch erfuhr ich es erst sehr viel später. Ich hatte schließlich verstanden, daß es die Frauen waren, die die Männer zur Emigration überredeten, und daß sie es waren, die die Revolution am wenigsten erdulden wollten und am meisten unter ihr litten.

NEUNTE NACHT

Vom 19. zum 20. Juni 1792

Inzwischen ist eine lange Zeit ohne besondere Ereignisse vergangen. Zwei Dekrete, die von der Legislative erlassen wurden, aber auf Grund des königlichen Vetos unwirksam blieben, erregten seit dem Monat November eine heftige Empörung. Es handelte sich um das gegen die eidverweigernden Priester und jenes gegen die Emigranten. Der betrügerische Duport-Dutertre, der aus dem Staube seines Provinzgerichtes bis in den hohen Rang des Justizministers gelangt war, veruntreute Gelder und betrog jedermann. Dafür hat er seine Strafe erhalten ...

Am Abend des 19. Juni ging ich gegen neun Uhr hinaus und wählte einen Weg, den ich seit dem 26. September des Vorjahres nicht mehr gegangen war. Ich lief durch die Rue Saint-André-des-Arcs und die Rue Mazarine. Unterwegs sah ich sehr viele und zahlenmäßig starke Patrouillen, deren Aufgabe ich nicht kannte. Aber ich hörte recht bald, daß die Faubourgs Saint-Antoine und Saint-Marceau am nächsten Tag der Nationalversammlung und sogar dem König eine Petition unterbreiten wollten, in der die Aufhebung der beiden Vetos gefordert wurde. ›Eine Petition ist keine Gewalttat‹, dachte ich bei mir und beruhigte mich. Als ich an der Tür von Julie Tiervau vorbeikam, von der ich nichts wieder gehört hatte, ging ich hinein, um ihren Eltern einen Besuch zu machen.

Fortsetzung der Geschichte von Julie und Scaturin

Ich war voller Sorge wegen Julie und ihrem Verhältnis zu Scaturin. Letzterer hatte angekündigt, eine Reise machen zu wollen. Julie war verzweifelt, ihre Eltern beunruhigt. So sprach ich leise zu mir selber und sah Julie dabei heimlich an: »Unglückliche, du hast ihm also alles gewährt; denn sonst würde das Ungeheuer nicht abreisen wollen! Deine Rolle hat sich gewandelt: von der begehrten Mätresse zur flehend schwachen Liebenden. Wenn du ihn liebst, bist du verloren, denn du bist dem unbarmherzigsten aller treulosen Männer in die Hände gefallen. Der Schurke ist seit langer Zeit an das Verbrechen gewöhnt. Ihm sind jegliche Regeln der Zuverlässigkeit bei Geschäften und des Anstandes im Umgang mit den Menschen fremd.« Von diesen Gedanken bewegt, sprach ich zwar mit leiser, aber vernehmlicher Stimme. Die Mutter hatte alles mit angehört, wie ich zu spät bemerkte. Sie wurde ganz blaß und mußte sich setzen.

»Meine Tochter ist somit verloren!« sprach sie zu sich selbst.

»Verloren! Noch nicht! Wohin reist man denn?«

»Nach Lyon, geschäftlich.«

»Man stammt zwar aus dem Poitou, aber deswegen kann man ja in Lyon Geschäfte machen.«

»Ach, wir sind verloren!« sagte die Mutter noch einmal zu sich selbst ... Mehr konnte ich nicht erfahren. Aber meine Meinung dazu war keine andere als die ihre: Ihre Tochter war verloren.

Ich ließ sie allein und ging nicht den Weg über die Quais, sondern über den Pont-Neuf. Nun kam ich ins Café Robert-Manouri, wo ich die bekanntgewordenen Einzelheiten über das für den folgenden Tag geplante Bittgesuch erfuhr, das mit dem Nachdruck bewaffneter Gewalt eingereicht werden sollte.

»Bewaffnet!« rief ein Mann. »Es ist durch ein Dekret untersagt, eine Petition unter Waffen einzubringen!«

Darauf antwortete ein Böswilliger: »Sie soll dadurch wirksamer gemacht werden.«

»Das hieße jegliches Gesetz und jegliche Regierung mißachten«, versetzte ich darauf, »wollte man die Gewalt an die Stelle der Vernunft und fortgesetzte Aufstände an die Stelle des Vertrauens zur Regierung setzen.«

Man beschimpfte mich als Feuillant. Ich ging hinaus und wandte mich zu den Tuilerien. Dort schien mir alles ruhig zu sein. Ich gelangte auf die gleiche Art hinein wie im vorigen Herbst. Aber ich traf nicht mehr auf dieselben Leute. Ich sah nur, wie einige Männer in schwarzen Röcken dort auf und ab gingen, einzeln oder zu zweit. Es war nichts zu hören. So ging ich selbst auch spazieren. Neben der Statue von Arria Poetus schwatzten äußerst lebhaft zwei Männer miteinander. Von diesem Ton überrascht, an einem solchen Ort, noch dazu zu dieser späten Stunde (elf Uhr), kam ich hinter der Statue näher heran. Es waren Scaturin und Snifl, ein Deutscher, sein Freund und Tischgenosse, jener, der ihn im Hause Tiervau eingeführt hatte.

»Du hast also genug von ihr?« sagte Snifl.

»Zum Teufel, was, meinst du, sollte ein Mann wie ich mit einem solchen Mädchen anfangen? Es taugt für ein kleines Abenteuer. Wenn sie wenigstens die einzige Tochter wäre! Aber sie hat Brüder; das ist noch schlimmer als Schwestern. Ich fahre nach Lyon, wo man mir eine gute Partie in Aussicht gestellt hat, mit der ich meine Finanzen wieder in Ordnung bringen würde. Schon seit zehn Jahren kommen meine sämtlichen Einkünfte den Gläubigern zu, und das hört niemals auf! Die neuen treten immer an die Stelle der vorhergehenden. Dabei lebe ich nicht einmal auf großem Fuß. Ich habe nichts weiter als diesen olivfarbenen Rock. Meine Entscheidung ist gefallen. Sie hatte eine ziemlich lebhafte Neigung in mir erregt ... aber du weißt ja, daß meine Neigungen von kurzer Dauer sind.«

»Sie ist aber sehr hübsch!«

»Das ist wahr; und lange Zeit erschien mir ihr Gesicht jeden Morgen beim Erwachen wie eines der drei Grazien. Ich sah in ihr die Verkörperung der Schönheit; die anderen Frauen waren nur in dem Grade schön, sofern sie sich diesem Bilde näherten.«

»Du wiederholst da genau das, was dein Feind neulich von der reizenden Filon sagte. Meinst du, daß das richtig ist?«

»Ja und nochmals ja, aber jene hat ein trotzig schmollendes Gesicht, was ihrer Schönheit einen gewissen Reiz gibt. Während Julie ... zu ...«

»Was?«

»... zu sanft ist. Nichts nimmt einer Frau mehr die Würze als diese Sanftmütigkeit.«

»Du willst also lieber, daß alle kleine Hexen sind?«

»Nein; aber ...«

»Du weißt ja nicht, was du willst.«

»O doch! Ich will reich sein. Man hat mir gesagt, daß in Lyon Reichtum zu erlangen sei. Ich mache mich schleunigst auf den Weg dorthin und heirate.«

Mit diesen Worten beendeten sie das Gespräch und erhoben sich.

›Arme Julie!‹ dachte ich. ›Von der Natur dazu bestimmt, das Leben zu genießen und einem zartfühlenden Mann das Glück zu schenken, mußtest du in die Hände dieses Halunken fallen, und so wirst du an deinem Unglück zerbrechen.‹ Ich überlegte kurz, ob ich zu der Mutter gehen sollte, um sie zu warnen. ›Nein, das Unglück ist geschehen; alles Reden würde nichts mehr nützen.‹

Ich weiß nicht, ob ich schon berichtet habe, wie ich damals in der Nacht vom 25. zum 26. September wieder aus dem verschlossenen Park hinausgelangt war. Es geschah mit Hilfe einer Stange, die ich an der Terrasse gefunden hatte; ich stellte sie nach außen und rutschte an ihr hinunter. Diesmal ging es jedoch anders vor sich. Da ich keine Stange gefunden hatte, suchte ich nach einem anderen Mittel hinauszukommen. So lief ich bis zum Schloßtor vor, das der großen Allee gegenüberlag. Eine Frau trat heraus, und als sie mich sah, nahm sie mich bei der Hand und sprach:

»Gut, gut, sehr gut! Nicht mal der Teufel würde Sie wiedererkennen.«

Sie zog mich fort, wir eilten durch die Säulengänge und kamen in den Hof. Ich war mir nicht sicher, ob ich auf sie warten sollte, entschloß mich dennoch dazu. Einen Augenblick später kam sie wieder zurück und legte mir ein neugeborenes Kind in die Arme.

»Lauft schnell, schnell, eh es anfängt zu schreien!«

Ich wollte noch fragen, wohin, als ein Mann, ebenfalls in einem langen Mantel, auf mich zukam, mir das Kind wegnahm und verschwand. Ich entfernte mich rasch, da ich Gefahr witterte. Ich beobachtete aber trotzdem noch, daß der Mann durch die Cour du Manège hinausgelangte und daß die Frau mir nachsah. Aber sie sagte kein Wort. Ich kehrte durch die Rue de l'Échelle nach Hause zurück.

Der angebliche Sturm auf die Tuilerien

Am nächsten Morgen riß mich die Aufregung, die ich über die bewaffnete Petition der Faubourgs verspürte, aus dem Schlaf. Ich ließ meine Arbeit liegen (wie ich es seit der Revolution schon so oft zu tun gezwungen war) und begab mich zu den Tuilerien. Die große Abordnung, in die sich viele verkleidete Räuber eingeschlichen hatten, trug als Trophäe eine alte zerrissene Hose. Man führte Kanonen mit. Da fragte ich mich dann doch, ob sie eine Belagerung vorhätten. In bestimmten Situationen habe ich die Gewohnheit, laut zu mir selbst zu sprechen. So antwortete mir ein Mann:

»Nein; aber es geschieht, um dem Herrn des Schlosses die Lust zu nehmen, seine Türen vor uns zu verschließen und die Fallbrücken hochzuziehen.«

Man gelangte ohne Hindernisse hinein, und die Abordnung verlangte, von der Gesetzgebenden Versammlung empfangen zu werden. Diese erlaubte es der bewaffneten Gewalt nicht, in ihre Mitte einzutreten; sie ließ nur unbewaffnete Vertreter vor, die die Zusicherung gaben, in friedlicher Absicht zu kommen, um dem Monarchen die wahre Meinung des Volkes über die beiden Vetos zur Kenntnis zu geben.

»Wenn er dann, nachdem er sie kennt, nicht unterschreibt«, so fügten sie hinzu, »wird es die Sache der anderen Departements sein, ihr Wort dazu zu sprechen.«

Man konnte mit dem Anrücken einer bewaffneten Abordnung nicht einverstanden sein, man mißbilligte sie aber auch nicht direkt; die Gesetzgebende Versammlung fürchtete wahrscheinlich, die Autorität des Souverän bloßzustellen. Als endlich die Stunde der Audienz beim König gekommen war, drängte eine undisziplinierte Menge in dessen Gemächer. Böswillige Knechte und Räuber brachen eine Tür mit Axthieben auf. Ludwig erschien, zeigte weder Furcht noch Schrecken. Er fragte, was man begehre. Ein Sprecher der Abordnung nahm das Wort, um die Aufhebung des doppelten Vetos zu fordern. Hier bewahrheitete sich der Spruch: ›Vox populi, vox Dei.‹

Ohne sich zu kompromittieren, hätte Ludwig seinen Einspruch gegen die beiden Dekrete aufheben können. Denn leider waren sie notwendig, nicht nach Recht und Gesetz, aber nach der damaligen Lage der Dinge. Seitdem ist noch nicht einmal ein Jahr vergangen, und ihre Berechtigung wurde schon durch die nachfolgenden Ereignisse bewiesen. Er versprach, daß er es überprüfen werde und daß Recht geschehen solle. Ich beobachtete das alles, aber konnte nur sehr schlecht hören, was gesprochen wurde. Man hat damals geschrieben, der König sei beschimpft worden, man habe ihn verhöhnt; dabei waren es nur einige ungehobelte Kerle, die, ohne ihn beleidigen zu wollen, sich die Vertraulichkeit erlaubten, ihn aufzufordern, die rote Mütze aufzusetzen, die man damals einfach Jakobinermütze nannte. Sie gingen noch weiter (und darin sehe ich mehr Herzlichkeit, als man eigentlich erwarten konnte), sie baten ihn, ein Glas Wein mit ihnen zu trinken. Er tat es heiter, lachend, ich bewunderte ihn. So verlief die Szene. Dem Oberhaupt der Staatsgewalt wurde in keinerlei Hinsicht ein Schaden zugefügt; man nahm sich auch keinerlei Beleidigung gegen seine Familie heraus. Gegen sechs Uhr verließ man ihn wieder, nachdem man sich ungefähr drei Stunden in seinen Gemächern aufgehalten hatte.

Ich habe die Form dieser Deputation niemals gebilligt; sie war ungesetzlich, in allen Gesichtspunkten sogar unklug. In gebührender Weise aber wäre sie ein Ausdruck der selbstverständlichen Bindung des Volkes an den Monarchen gewesen. Ich habe stets die Weisheit der Konstituierenden Versammlung bewundert, die wie ein geschickter Arzt, niemals zu überstürzt, Heilung erzielen wollte.

Ihre Nachfolger haben es anders angefangen. Die Zeit wird bald zeigen, wer recht hatte. Was mich betrifft, der ich nachsichtig gegen alle Menschen bin, denn ich selbst bedarf der Nachsicht ebenso, tadle ich nur sehr ungern, lobe hingegen mit Begeisterung.

Nun komme ich aber wieder zurück zum Thema. Dieses Ereignis wurde nun in ganz Europa als das Skandalöseste, was jemals geschehen sei, hingestellt. Als ich sah, daß sämtliche aristokratischen Blätter von diesem angeblichen Skandal widerhallten, kam ich aus der Verwunderung nicht mehr heraus: Royou, Du Rozoi, Fontana haben diesen Skandal nachträglich inszeniert und somit eine furchtbare Katastrophe herbeigeführt. Ich nenne das so, weil ich nicht zu jenen Leuten gehöre, die sich an die Schrecken gewöhnen, auch nicht an die notwendigen. An jenem Abend kehrte ich fast freudig gestimmt heim. Aber wie wäre ich schmerzlich berührt gewesen, hätte ich gewußt, welche Folgen dieser Tag haben würde.

Ich habe niemals Beziehungen zum Hof gehabt, zur Beamtenschaft oder zu denen, die auf irgendeine Weise an der Regierung teilhaben; es war stets mein einziger Wunsch, in Abgeschiedenheit und eifriger Arbeit mein Leben zu verbringen.

Wenn ich etwas beobachtet habe, geschah das, um das menschliche Herz zu ergründen und um all die unzähligen Fakten zu sammeln, von denen meine Werke handeln. Vor Spionen, selbst wenn sie nützlich sind, habe ich immer Abscheu empfunden, wie vor dem Henker, den man aber ebenfalls braucht. Ich hatte keinerlei Beziehungen zu diesen niederen Kreaturen, und ich möchte lieber gar nichts wissen, als etwas von ihnen erfahren zu haben. In den letzten fünfzehn Jahren habe ich durch meine Bücher dreizehn Familienvätern Arbeit gegeben: Stechern, Zeichnern, Druckern, Buchbindern, ganz abgesehen von den Buchhändlern. Ich habe Geld mit meinen Büchern verdient, die bis nach Rußland verkauft wurden; man hat sie zum Teil auch in England und in Deutschland übersetzt. So stehe ich also vor meinen Zeitgenossen und der Nachwelt da! Ich habe niemals gebettelt wie etwa D'**! Ich, der ich durch Konkurse und durch die Erschütterungen, die die Revolution der Literatur zugefügt hat, ruiniert worden bin, weiß meine Armut mit Würde zu tragen; und obwohl ich krank bin, arbeite ich. Ich schreibe nicht für Zeitungen, denn all das, was ich dort zu sagen hätte, finde ich schon gesagt. Ich pflege die alte Literatur; ich beobachte die Menschen noch immer. Der Tod, den ich herannahen sehe, erschreckt mich kaum. Alles, was mir zustößt, die Armut, das Unglück, die Familiensorgen, bringt einen Vorteil: es erleichtert das Sterben.

ZEHNTE NACHT

Vom 9. zum 10. August 1792

Nun haben wir sie erreicht, diese denkwürdige und schreckliche Nacht, die von zwei gegnerischen Parteien vorbereitet wurde. Ein noch denkwürdigerer Tag sollte ihr folgen.

Die Seidenbandsperre

Seit den Geschehnissen vom 20. Juni wurden die Tuilerien geschlossen gehalten, und das Volk durfte nicht mehr darin spazierengehen. Anfangs duldete man diese Einschränkung nur sehr widerwillig. Kurze Zeit darauf wurde die Gesetzgebende Versammlung von einigen ihrer Mitglieder dazu veranlaßt, mit einem Dekret anzuordnen, daß das Innere, die nähere Umgebung und die Avenuen, die zur Nationalversammlung gehörten, unter Polizeibewachung gestellt werden. Nach diesem Erlaß wurde die Terrasse der Feuillants geöffnet, auf der man spazierengehen konnte, jedoch wurde das Publikum aufgefordert, nicht in den Park hinabzusteigen. Man stieg nicht hinab, und die Leute selbst stellten die Posten für eine leichte, von ihnen selbst eingerichtete Schranke, die aus einem Seidenband bestand. Ein Greis stieg dennoch in den Garten hinab, sei es mit Absicht oder aus Unaufmerksamkeit. Er wurde freundlich über seinen Fehler aufgeklärt, darüber daß er somit als Emigrant, der nach Koblenz ginge, betrachtet werden könnte. Er stieg wieder hinauf. Eine elegante Frau, von der man annahm, daß sie es vorsätzlich tat, ging ebenfalls hinunter; daraufhin wurde sie derb beschimpft. Als sie wieder umkehren wollte, ließ man sie nicht über die Terrasse zurückkommen. So war sie genötigt, die Schweizer Wache zu bitten, sie an einer anderen Stelle hinauszulassen. Das ist noch nicht alles. Kurz darauf wurden kleine Zettel an das Band gehängt, auf denen der bissigste Spott gegen die Könige, gegen das Veto, gegen den Hof und seine Günstlinge zu lesen war. Ich will hier nichts zitieren, denn da nicht ich es geschrieben habe, stünde es mir schlecht an, mich mit fremden Federn zu schmücken. Außerdem kam, kaum daß die Zettel befestigt waren, ein Mann, um sie einzusammeln: Dieser Mann wird, wie so viele andere, eines Tages ein Schriftsteller sein, vielleicht ist er es schon. Deshalb wird er sein Werk aber nicht zu Sautereau de Marsy bringen müssen; denn das Büchlein wird dünn sein und mehr Anmerkungen als Verse enthalten. In der Ferne konnte man trotz allem ständig Leute sehen, die in den Alleen promenierten; aber es waren wohl Hofangestellte.

Ich sah mir all das mit an und sagte mir: ›Es ist eine heftige Krise im Kommen! Wie aber wird sie ausbrechen?‹ Eines Tages wurde ich von einem Mann angesprochen, der mich fragte:

»Geben Sie eine genehmigte oder eine illegale Zeitung heraus?«
»Nein.«
»Ich könnte Ihnen vorzügliches Material liefern!«
»Aber Monsieur, je nachdem, um was es sich handelt, könnten Sie es doch den existierenden Zeitungen zur Verfügung stellen.«
»Wollen Sie mit in den Park kommen; wir gehen ein Stück weiter hinein, und ich zeige Ihnen alles?«

Ich sah ihn nur an, kehrte ihm den Rücken und antwortete ihm nicht. Sein Vorschlag zielte auf nichts weiter ab, als zu erreichen, daß man mich steinigen würde; denn ich hatte allen Grund, in ihm einen Schurken zu sehen, der mich nur täuschen wollte. Ich sah ihn auf einen anderen zugehen, und als sie mich gleich darauf aus dem Blick verloren hatten, trafen beide Männer mit dem feigsten all meiner Feinde zusammen. Ich beobachtete sie: Sie schienen über ihren Mißerfolg unzufrieden zu sein. Ich näherte mich ihnen so vorsichtig wie möglich und hörte, wie Daniel le Manceau, jener, der mich aufgefordert hatte, in den Park hinabzusteigen, zu meinem Feinde sagte:

»Er ist schlauer als Sie; er ist nicht ins Netz gegangen!«
»Er ist noch nie in die Fallen gegangen, die ich ihm gestellt habe. Aber ein Aristokrat ist er; denn er war häufig bei den vornehmen Leuten zu Tisch.«
»Das ist aber doch kein Grund!« antwortete Daniel. »Wenn Sie ihn loswerden wollen, müssen Sie es geschickter anstellen!«
»Ich habe es ja schon versucht, bin dabei aber selbst ins Gefängnis geworfen worden.«

Da bemerkte ich in der Nähe zwei meiner Bekannten aus dem Café. Ich nahm sie zu Zeugen und trat vor die drei Gauner, die darauf sofort verschwanden. Aber eigentlich sind wir ja beim 10. August.

Als ich von zu Hause fortging, hatte ich von den Ereignissen noch keine Ahnung. Der arbeitsame und friedliche Mensch lebt in größter Sorglosigkeit, während der Intrigant den Schlag vorbereitet, welcher alles vernichten soll. Wie am Abend des 20. Juni, traf ich sehr viele große Patrouillen. ›Irgend etwas ist im Gange‹, dachte ich bei mir, ›aber was ist es?‹ Ich wollte mich erkundigen; deshalb lief ich über den Quai de la Vallée und betrat das Geschäft des berühmtesten Buchhändlers, des Bürgers Mérigot junior. Dort erfuhr ich, daß man Befürchtungen für die Nacht hege, daß Verschwörungen geplant seien, daß ein Teil der Nationalgarde zum König übergelaufen sei und daß die erneut in Paris einmarschierten Marseiller ihm feindlich gesonnen seien usw. Ich hörte mir all das an, und wie das Schaf, das die Hunde und Wölfe sich beißen sieht, betete ich für die Hunde.

Fortsetzung der Geschichte von dem häßlich gemachten Mädchen

Ich wollte nun ins Café Robert-Manouri eilen, ging aber über die Rue de Savoie, wohin mich das heilige Andenken an meine Tochter Zéphyre trieb, die an einem solchen Tag wie heute ihre empfindsame und reine Seele dem höchsten Wesen geweiht hatte. Ich verließ sie wieder, nachdem ich vor ihr niedergekniet war. In diesem Moment bemerkte ich an der Ecke zur Rue Christine eine Frau und ein Mädchen, die ich als jene wiedererkannte, welche ich schon einmal in der Rue du Battoir oder Rue de l'Éperon getroffen hatte. Sie gingen wieder in dasselbe Haus. Ich ließ sie zunächst eintreten. Einen Augenblick später klopfte ich an. Ich wußte nur den Namen der kleinen Gigot. So sprach ich zu der Mutter des entstellten Mädchens:

»Sie sind es, Madame, die ich suche! Was haben Sie mit der kleinen Gigot gemacht? Ich verlange, daß Sie mich auf der Stelle zu ihr bringen.«

»Sie ist bei uns zu Hause, Monsieur, in der Rue de Savoie, im Haus des Perückenmachers, im dritten Stock.«

Als sie das sagten, zitterten Mutter und Tante jedoch vor Angst. Sie warfen sich mir zu Füßen, indem sie mich anflehten:

»Monsieur, machen Sie nur kein Aufsehen! Wir sind nicht so schuldig, wie man Ihnen vielleicht erzählt haben könnte; wir werden Sie zu uns nach Hause bringen und Ihnen dort alles erklären.«

Sie führten mich hin, und tatsächlich war die kleine Gigot, sehr hübsch zurechtgemacht, dort. Sie wurde gefragt, ob Monsieur gekommen sei?

»Noch nicht«, antwortete das junge Mädchen.

Zu mir sagte die Mutter:

»Monsieur, hören Sie mir bitte mit Geduld bis zum Schluß zu!«

Geschichte von dem jungen Mädchen, das häßlich gemacht wurde

»Ich hatte einen schrecklichen Ehemann und hab ihn leider noch immer; aber jetzt ist er Marketender bei der Armee. Er ist ein Halunke, wie Sie bald sehen werden. Dieses Mädchen hier ist unsere Tochter. Als sie geboren wurde, betrachtete er sie und sagte zu mir:

›Sie wird hübsch sein! Wenn du sie gut nähren kannst, dann zieh sie auf; wenn nicht, werde ich eine Amme besorgen.‹

Ich versicherte ihm, sie gut stillen zu können. Das beruhigte ihn, und so ließ er mich sie großziehen.«

»Aber Ihre Tochter ist doch gar nicht schön«, unterbrach ich.

So aufgeregt die Frau auch war, jetzt lächelte sie dennoch; sie zog an einem Bändchen, das unter dem Häubchen zusammengeknotet war, entfernte somit eine Haut aus Pergament und ließ mich ... ein Wunder der Schönheit erblicken. Dabei zog sie gleichzeitig einige Lappen unter dem enganliegenden Kleid hervor, und nun paßte die Figur zu dem Gesicht. Auch alles andere, die Arme, die Hände, die Beine und die Füße, war vollkommen. Die Kleine wollte während unserer Unterhaltung schön bleiben. Die Mutter erlaubte es ihr:

»Aber gern, meine Zémirette; geht und amüsiert euch, Gigotine-Rouxette und du, während ich Monsieur weiter berichten will.«

Zémirette führte Rouxette in ein nebenan gelegenes Zimmer. Die Mutter fuhr fort:

»Während ich meine Tochter nährte, bescherte mein Mann mir zwei weitere Kinder; es waren Knaben. Nicht nur, daß er sie mich nicht füttern ließ, er brachte sie sogar fort, ich glaube, ins Findelhaus. Er hat niemals ein Wort darüber verloren, was er mit ihnen gemacht hat. Daß ich dies mit ansehen mußte, brach mir das Herz, und ich wollte keine Kinder mehr haben; so bekam ich auch keines mehr. Meine Tochter wuchs heran und wurde schöner und schöner. Ich kannte meinen bösen Mann zu gut, als daß ich nicht hätte fürchten müssen, daß er sie mißbrauchen würde. In dieser Zeit traf ich häufig eine gewisse Madame Gigot, eine stattliche, schöne Frau, die auch viel Geist besaß. Ich vertraute ihr meinen Kummer an. Sie seufzte und sagte mir dabei:

›Ich habe einen noch schlechteren Mann bekommen als Sie. Meine Eltern haben mich dem schrecklichsten und gröbsten aller Männer gegeben, weil er sehr reich war. Dieser Mann war Witwer und hatte nur eine sehr hübsche Tochter. Weil sie so hübsch ist, behauptete er, daß sie nicht von ihm sei. Deshalb ließ er sie in einem weit entfernten Kloster aufziehen. Als sie dann fünfzehn Jahre zählte, das war vor achtzehn Monaten, machte er sie zu seiner Mätresse, ohne sich zu erkennen zu geben. Ich bin dahintergekommen, weil ich von diesem Wüstling nun weniger häufig belästigt wurde. Sie werden noch hören, wie ich alles erfahren habe. Trotz alledem hatten auch wir eine Tochter. Dieses Kind ist heute vierzehn Jahre alt. In dem Maße, wie sie heranwuchs, wurde sie ihrer älteren Schwester von einer anderen Mutter immer ähnlicher. Ihr Vater betrachtete sie voller Begierde. Ich wußte nicht, was das bedeuten sollte. Eines Tages aber, als ich beobachtet hatte, wie seine Mätresse heimlich zu ihm kam, belauschte ich sie und hörte folgendes:

‚Meine liebe Émilie, ich werde mein Verhalten dir gegenüber ändern! Verzeih mir einen Irrtum, der mich dich ... als leichtes Mädchen hat behandeln lassen, indem ich von dir entwürdigende Willfährigkeit verlangt habe. Das wird nun nicht mehr passieren. Du bist die Tochter meiner ersten Frau; da sie mich niemals geliebt hat und du sehr hübsch bist, ich hingegen häßlich, glaubte ich, du seist die Frucht eines Ehebruchs. Deshalb wollte ich mich an deiner Mutter rächen, indem ich dich meinen Gelüsten dienstbar machte. Nun habe ich aber Beweise dafür, daß du meine Tochter bist. Deshalb werde ich wie ein Vater handeln. Meine zweite Frau, die mich verachtet, war beglückt, daß ich eine Mätresse hatte, die sie vor meinen Annäherungen bewahrte. Aber jetzt wird sie sie bis zu einem gewissen Zeitpunkt wieder erdulden müssen. Ich fühle, daß die Gerechtigkeit es verlangt, daß du nicht die einzige bist, die mir gedient hat. Um euch gleichzustellen, wird deine Schwester dasselbe Schicksal haben. Sie ist jetzt acht Jahre alt, ich werde abwarten, bis sie heiratsfähig ist. Dich werde ich aus deinem alten Kloster herausnehmen, und du wirst zu deinen Rechten kommen.'

Meine Stieftochter war sehr froh, nicht mehr den Brutalitäten von Monsieur Gigot unterworfen zu sein. Was mich betrifft, so war ich erschrocken für mich selber, fürchtete aber noch mehr für meine Tochter. Ich war verzweifelt über mein Schicksal; und um das von dem Ungeheuer vorausgedachte schreckliche Verbrechen abzuwenden, gab ich mich ihm hin, wie ich es niemals zuvor getan hatte. Er war zufrieden mit mir; er gab es zu und versicherte mir, daß ich mehr taugte als alle Frauen, die er gekannt hatte. Er verachtete vor allem die jungen Mädchen ohne Erfahrung und war der Meinung, daß nur Leute mit krankhaften Neigungen die grünen den vollreifen Früchten vorziehen. Ich war erleichtert über diese neuen Einsichten. Zu dieser Zeit hatte meine Tochter die Blattern, aber nur ganz leicht. Monsieur Gigot sprach zu mir: ‚Ich möchte, daß sie häßlich wird; sie ist zu hübsch.' Diese Worte gaben mir einen Einfall. Sie wurde wieder gesund, und es blieben keine Narben zurück. Aber ich ließ eine ganz feine Haut aus Pergament anfertigen, die man ihr aufs Gesicht legen konnte; damit sah sie entsetzlich aus. Monsieur Gigot würdigte sie fortan keines Blickes mehr. So hielt ich sie bis zu ihrem sechzehnten Lebensjahr, als ich sie außerhalb von Paris verheiratete. Ich lüftete dem Bräutigam das Geheimnis gleich beim ersten Besuch. Er sah auch, daß unter den Lumpen ein vollkommener Körper verborgen war, usw. Ich habe mein Geheimnis an verschiedene Mütter weitergegeben, von denen die eine große Angst davor hatte, daß man ihrer Tochter zu viel Aufmerksamkeit schenkte; die zweite wollte die ihre vor der Verführung durch einen mächtigen Herrn bewahren, der sie daraufhin nicht mehr ansah; und die dritte, deren Tochter noch jünger war, wollte diese ganz einfach vor der Eitelkeit schützen. Möchten Sie nicht auch für Ihre Tochter eine solche Maske anfertigen lassen?‹

Ich war einverstanden. Und so, Monsieur, habe ich die Gelegenheit gehabt, meine Tochter häßlich zu machen. Meine Zémirette war gerade dreizehn Jahre alt, als er mir bedeutete, sie einem Herrn zu geben, den er mir zeigte. Ich war sehr verzweifelt und wußte nicht, wem ich mich anvertrauen konnte. Aber mein Mann war nicht zu erweichen; man bot ihm tausend Francs pro Monat, und das für wenigstens sechs Jahre. Er hätte mich umgebracht, wenn ich das Geschäft verhindert hätte. Ich wußte nicht ein noch aus, da brachte mir Madame Gigot ein junges Mädchen in Pension.

›Meine liebe Madame Paisin‹, sprach sie zu mir, ›ich werde Ihnen ein Geheimnis anvertrauen. Als man Émilie, die älteste Tochter meines Mannes, verheiratet hat, war sie im dritten Monat schwanger. Da ihr Ehemann kurz nach der Hochzeit auf Reisen ging, konnte sie nach fünfeinhalb Monaten unbemerkt niederkommen. Sie hat dieses Kind versteckt und sich nur mir anvertraut. Ich gebe es zu Ihnen in Pension und werde für ihre Kosten aufkommen. Sprechen Sie zu niemandem davon! Ich erzähle es gerade Ihnen, weil Sie wissen, um was es geht.‹

Ich nahm das junge Mädchen auf. Als mir mein Mann seinen Befehl erteilt hatte, war ich vollkommen ratlos. Er selbst ging auf eine Reise; er hatte mir aber zu verstehen gegeben, daß er mich töten wolle, würde er nicht seine tausend Francs erhalten, von denen er mir zweihundert Livre pro Monat lassen wollte. Was sollte ich also tun? Ich konnte den Gedanken, mein eigen Fleisch und Blut für einen groben, widerlichen Mann zu prostituieren, nicht ertragen. Ich machte Zémirette häßlich (den Namen hatte ihr mein gräßlicher Mann absichtlich gegeben, da er aus ihr ein Freudenmädchen machen wollte) und Rouxette so schön zurecht, wie Sie sie hier sehen. Der Mann kam. Meine Zémirette hat er kaum mit einem Blick gestreift; er hielt Rouxette für meine Tochter und stürzte sich auf dieses arme Kind, das mir sehr leid tat! ... Indessen war sie so sehr verliebt, daß sie alles ertrug, ohne sich allzusehr zu beklagen. Aber (ich sage es Ihnen, weil Sie ohnehin alles wissen) das Schlimmste kommt noch ...«

»Ich weiß es«, unterbrach ich sie, »und kann es mir denken, nachdem ich den Mann habe aus dem Haus gehen sehen.«

»Die ganze Geschichte ließ mich erschaudern. Ich weigerte mich, Rouxette diesem Mann noch einmal zu überlassen, und nahm mir vor, ihn in Angst und Schrecken zu versetzen. Das ist mir gelungen: Um mich nicht bloßzustellen, zahlte er weiterhin an meinen Ehemann, der, nachdem er in der Armee eine Glanztat vollbracht hatte, nun eine bekannte Persönlichkeit geworden war, und aus diesem Grunde in diesem Zusammenhang nicht genannt werden kann ...«

Man hat niemals erfahren, wie er wirklich ist.

Diese Geschichte hat mich den ganzen Abend in Anspruch genommen. Um ein Uhr ging ich nach Hause. Unterwegs vermied ich alle Patrouillen, die mich unweigerlich angehalten hätten. Als ich gegen zwei Uhr zu Hause ankam, hörte ich, wie die Sturmglocke zu läuten begann. In jüngeren Jahren wäre ich sofort losgelaufen, um zu sehen, was passiert ist, aber ich war zu müde.

Am nächsten Morgen wurde ich schon früh durch Geschützdonner geweckt. Ich hörte, wie sich die Leute auf der Straße über die neusten Geschehnisse unterhielten. So stand ich auf und lief hinaus. Am Pont-Royal sah ich, daß geschossen wurde. Ich wollte wissen, was passiert sei. Aber ich erfuhr nur unklare Einzelheiten. Schließlich konnte ich aber aus all dem entnehmen, daß der Hof, als ihm eine neue Deputation aus den Faubourgs angekündigt worden war, sich umgehend in Verteidigungsposition gebracht hatte; jene Angehörigen des Adels, die man gemeinhin die Dolchritter nennt, und all die, deren Gesinnung man sich sicher war, zusammengerufen hatte. Darüber hinaus hörte ich, daß der Hof auf einen Teil der Nationalgarde zählte, deren Generalstab ohnehin auf seiner Seite stand; ebenso auf die Schweizer, mit denen er sich umgeben hatte. Ich hörte auch, daß, während der Hof in der Kirche Saint-Roch die Sturmglocke ertönen ließ, um seine Gefolgsleute um sich zu scharen, die Marseiller die Alarmglocke in der Kirche Saint-Sulpice läuteten, um die Patrioten zusammenzutrommeln. Ich erfuhr, daß der Faubourg Saint-Marceau die Marseiller bei den Cordeliers aufgenommen hat, daß das Bataillon Henri IV. seine Kanonen auf sie gerichtet hatte und daß dessen Kommandant Carle gerade getötet worden ist. Ich sah die Schweizer ermordet ... die Nationalgarde vollkommen geeint ... Ich war vollkommen verwirrt! Ich begriff nicht, wie es möglich war, daß ich am Vorabend eines solch großen Sturms so viele friedliche Leute hatte sehen können! Ich erkundigte mich nach dem Schicksal des Hofes. Der König und seine Familie hatten sich in die Räume der Nationalversammlung geflüchtet, noch vor dem ersten Gewehrschuß. Ich war nun weniger besorgt um das Allgemeinwohl. Beim Weitergehen stieß ich auf Berge von Leichen. Mein Weg führte mich über den Quai du Louvre. Dort sah ich, daß aus den Fenstern der Galerien geschossen wurde. Also drückte ich mich eng an die Mauern, eine Frau, die dies nicht tat, sondern sich durch Weglaufen in Sicherheit bringen wollte, wurde zwanzig Schritt neben mir getötet. Ich mußte mit ansehen, wie ein Metzgergeselle in der Passage Saint-Germain-L'Auxerrois fiel, zweihundert Schritt von der Colonnade des Louvre entfernt, aus der man auf ihn geschossen hatte. Das waren die Taten der Feigheit, mit denen sich die Dolchritter nur allzu schuldig gemacht haben. Ach, wozu nur dieses sinnlose Morden? Wollten sie etwa das Volk vernichten? Es wäre eine Torheit gewesen und ein Unglück für sie selbst.

Wollen wir zunächst einmal einen ganz unvoreingenommenen Blick auf den Irrsinn ihres Handelns werfen. Wer hatte dem Hof den Gedanken eingegeben, die Deputation der Vorstädte mit den äußersten Mitteln, die dann auch angewandt wurden, zu verhindern? Das waren Leute ohne jegliche Erfahrung, die nicht das Geringste wußten, nichts über die wahren Absichten des Volkes noch über seine Kräfte. Man könnte meinen, der Hof hätte sich damals in seinem ganzen Verhalten nur von dem Rat wütender Kinder, Frauen oder weibischer Männer, die noch törichter als Frauen sind, leiten lassen. Niemand wies ihm den richtigen Weg, und niemand unterrichtete ihn über die tatsächliche Lage. So mußte es geschehen, daß seine eigenen geheimen Anhänger ihre Verbündeten hinmetzelten ... O meine Mitbürger! All eure Leiden haben nur eine einzige Ursache: die Unsicherheit jener, die die Folgen der Revolution fürchten. Diese Unsicherheit läßt sie nur scheinbar wirklich handeln, den Ereignissen stets hinterher. Sie verlangsamen den Vormarsch, wenn er ihnen geradlinig und leicht erscheint. Reagieren die Revolutionäre gereizt und bedrohen sie, dann stoßen sie selbst das Rad an, um dann schließlich den Karren der Freiheit doch anzuhalten. Mit solchen Mitteln tun sie stets Schlechtes. Ich bin der Meinung, daß, auch wenn der Weg, den eine Nation wählt, der falsche ist, all ihre Mitglieder in die gleiche Richtung gehen müssen; die Verweigerer verdienen ausnahmslos den Tod, denn sie sind schuld am größten aller Übel, der Spaltung. Man stellt die Frage, ob der Adel ein Übel gewesen sei? Ich kann es nicht sagen, ich fühle mich nicht berufen, darüber zu urteilen. Ich behaupte aber, daß er die Nation in zwei Teile gespalten hat, die sich jetzt, am 1. April 1793, in unseren an der See liegenden Departements erbittert bekämpfen. Ist der Erbadel also ein Segen für die Menschheit? ...

Ludwig verblieb zwei Tage und eine Nacht in der Loge des Schriftführers und in den angrenzenden Räumen, dann wurde er in den Temple gebracht. Der einberufene Konvent trat an die Stelle der Gesetzgebenden Versammlung; ein Revolutionstribunal ließ die Köpfe verschiedener Schuldiger rollen, und sei es nur auf Grund des Vergehens, Zwietracht gesät zu haben, was stets als ein Kapitalverbrechen gilt. Die Lage verschärfte sich zusehends und kam an einen Punkt, den nur wenige führende Köpfe voraussehen konnten.

Sogleich nach der Revolution vom 10. August hatte die Gesetzgebende Versammlung erklärt, daß sie sich außerstande sähe, die Staatsangelegenheiten zu lenken, und daß sie ihrem Recht gemäß die Einberufung eines Nationalkonvents verfügen werde. Darauf traten die Urwählerversammlungen zusammen, und die Intriganten begannen sich zu rühren. Man benannte die Wahlmänner, und nach dem in den Sektionen üblichen üblen Brauch ersetzte großes Spektakel eine Mehrheitsentscheidung. Als die Wahlmänner gewählt waren, kam es zu erneuter Aufregung bei der Ernennung der Abgeordneten. Paris wählte die seinen. Ich stehe all dem zu nah, um beurteilen zu wollen, ob sie etwas taugen: Wie soll man denn wissen, ob ein Volksvertreter gut oder schlecht ist, bevor er seine Abgeordnetenzeit beendet hat? Wer zu früh urteilt, läuft Gefahr zu verleumden, und ich möchte nicht einmal Marat verleumden. Aber während dieser Wahlen geschahen auch noch andere Dinge. Man ließ die Standbilder der Könige fallen; sogar das Heinrichs IV., eines Königs, der so lange vergöttert wurde, stürzte und teilte damit das Schicksal Ludwigs XIII., Ludwigs XIV. und Ludwigs XV., jenes Ludwig XIII., der das Massaker an den Bewohnern von Nègrepelisse befohlen hatte, bei dem man die Männer an den Bäumen in ihren Gärten erhängte und darunter ihre Frauen vergewaltigte, bevor man sie erwürgte; wo man die abgestochenen Söhne übereinanderhäufte, um deren Schwestern auf ihren noch zuckenden Gliedern zu schänden ... wo man ... sollte ich das überhaupt sagen! ... Es muß sein ... wo der Soldat, des Vergewaltigens überdrüssig, sich von großen Hunden vertreten ließ! ... Bei all dem darf man nicht vergessen, daß Ludwig XIII. der Sohn eines Mannes war, dem die Bewohner von Nègrepelisse das Leben gerettet hatten! ... Auch das Bild des so stolzen Ludwig XIV. wurde entfernt, obwohl er oft auch sehr menschlich war; er, der wie ein Libertin lebte und als ein Frömmler starb; der große Ähnlichkeit mit Samson hat, welcher in der Zeit kurz vor seinem Tode den Menschen mehr Übles bescherte, als er Gutes in seinem ganzen Leben hat vollbringen können.* Auch die Statue Ludwigs XV., der seinen Hof in ein Bordell verwandelte, nachdem er Paris zu seinem Serail gemacht hatte, mußte fallen. Alles wurde hinweggefegt! Die prunkvollen, Ludwig XIV. gewidmeten Inschriften wurden gelöscht, und

---

* Gemeint ist hier, sein Tod in allen Ehren, die Aufhebung des Edikts von Nantes und die Bulle Unigenitus.

die Bataver waren gerächt. Die Erregung war groß, aber dennoch so, daß jemand, der sie nicht wahrhaben wollte, sie auch nicht bemerkte. Das beweist auch, daß die Vorstellungen, die man sich im Ausland, und selbst in den Departements, von Paris und den momentanen Ereignissen macht, schrecklich übertrieben sind! Währenddessen wurden uns von außen wahrhaftig harte Schicksalsschläge zugefügt. Longwy wurde den Preußen überlassen, die sich bald darauf auch der Stadt Verdun bemächtigten. Man konnte erleben, wie der törichte Monsieur in beide Städte kam, um sich dort von den niederknienden Einwohnern die Hand küssen zu lassen. Ich greife den Ereignissen vor: Die Situation änderte sich. Unter den preußischen Truppen breitete sich eine Seuche aus, und Dumouriez hätte so die Möglichkeit gehabt, sie zu vernichten. Er tat es nicht: aus Menschlichkeit? Nein, einem unmoralischen Menschen wie Dumouriez ist das heilige Gefühl der Menschlichkeit fremd! Vielmehr betrieb der Schurke von nun an seinen Verrat. Die Preußen zogen sich zurück: Verdun und Longwy wurden wieder von unseren Truppen eingenommen; aber nicht gerade ehrenvoll; denn man gab uns diese Städte zurück, sie wurden nicht von unseren Generälen erobert. Auf dieselbe Weise hat der ehrlose Dumouriez inzwischen Belgien zurückgegeben!

ELFTE NACHT

Vom 28. zum 29. August [1792]

Haussuchungen

Ein unerklärlicher Instinkt führte die Sektionskommissare in der Kommune zu einer Erkenntnis. Sie wurden sich darüber klar, daß es bei dem dringenden Bedarf an Waffen notwendig war, auch all die einzuziehen, die sich nutzlos im Besitz der in Paris verbliebenen Bürger befanden. Wir erfuhren, daß man sich in dieser Nacht unsere Häuser vornehmen wollte, und waren deshalb auf eine strenge Durchsuchung gefaßt, die dann aber nur sehr oberflächlich geschah. Man war sogar sehr höflich, womit man jedoch sicher viel von dem erwarteten Ergebnis einbüßte. Da ich wußte, daß man erst ungefähr zwei Stunden nach Mitternacht bei mir sein würde, ging ich am Abend aus, obwohl man mich gewarnt hatte, da viele Verhaftungen vorgenommen wurden. Mich traf es nicht. Auf dem Weg zurück kam ich über die Rue Dauphine, die Rue de la Comédie, die Fossés-Monsieur-le-Prince, deren Name noch nicht geändert war, die Rue de la Harpe, die Place Sorbonne und Saint-Jacques. In der dritten der aufgezählten Straßen wurde ich Zeuge einer eigenartigen Begebenheit.

Der Führer einer Patrouille, jung, keck, ein eitler Geck, hatte beschlossen, sich aus dieser lästigen Bürde ein Vergnügen zu machen. Um das zu verwirklichen, ließ er sich nicht ein einziges Haus von Schauspielerinnen, Tänzerinnen oder ausgehaltenen Mädchen entgehen. So kam er auch in die Wohnung einer der erstgenannten, die jung und hübsch war, aber unglücklicherweise gerade an diesem Tag einen jungen und reichen Engländer beherbergte. Dieser ›Englishman‹, der es liebte, besondere Sicherheitsvorkehrungen zu treffen, führte vier Pistolen mit sich, eine Doppelflinte für sich, den Herrn, und ein Munitionsgewehr der ehemaligen Französischen Garden, das er für seinen Diener gekauft hatte. Dieser, ebenso vorsichtig wie sein Herr, hatte noch eine weitere Waffe. Als die Patrouille kam, ließ man die beiden Männer in einem Versteck verschwinden; aber die Waffen blieben auf einem Nachttisch liegen und waren nur von einem Bettuch bedeckt.

Der Geck: »Mademoiselle, haben Sie Waffen bei sich?«
Die Schauspielerin: »Nein, Monsieur.«
Der Geck: »Ha, Ihr hübscher Mund belügt mich! Sie haben mindestens die Waffen der Liebe.«

Gleichzeitig erklärte er, daß man das ganze Haus bis hin zum Bett durchsuchen müsse; so laute nun mal der Befehl. Die Schöne erhob darauf heftigen Protest. Der Geck bedeutete ihr darauf, sich doch geziemend zu verhalten, wie es Polyxena tat, als sie unter dem Schwert des Pyrrhos fiel. Die Schöne war in einer recht mißlichen Lage. Endlich gelang es ihr, in den Alkoven zu schlüpfen. Aber der Geck erriet, was sie dort wollte, zog die Decke zurück und ließ so den Nachttisch, die Waffen und das Nachtgeschirr mit Gepolter zu Boden fallen.

»Aha, meine Schöne! Wie ich sehe, geben Sie sich allein mit den Waffen der Liebe nicht zufrieden! Sie sind eine Aristokratin, eine Konterrevolutionärin. Ich werde nicht umhin können, sie vor den Ausschuß zu bringen; kleiden Sie sich an, wenn Sie nicht lieber nackt dorthin kommen wollen ... was, wie ich denke, am sichersten wäre.«

Die vor Angst zitternde Schauspielerin beteuerte ihre Unschuld; sie versicherte, daß diese Waffen nicht ihr gehörten.

Der junge Geck: »Ich verstehe, sie gehören einem Aristokraten, mit dem Sie gerade eben ein intimes Treffen hatten. Sie müssen entweder mit vor den Ausschuß kommen oder ihn uns ausliefern. Unterdessen beschlagnahmen wir die Waffen.«

In diesem Augenblick trat der ›Englishman‹ aus einer Garderobe hervor und sagte:

»Monsir, in meiner Eigenschaft als Ausländer fordere ich meine Waffen, die mein Eigentum sind.«

»Ihr Eigentum?« sagte ein Nationalgardist. »Lesen Sie, was auf diesem Gewehr steht: ›Regiment der Französischen Garden‹. Sind Sie etwa ein Angehöriger der Französischen Garden?«

Der ›Englishman‹: »Ich? Nein, Monsir, aber mein Diener hat es von einem Mann gekauft, der behauptet hat, es am 13. Juli 1789 bei den ›Invalides‹ bekommen zu haben.«

Der Geck: »Wir können es Ihnen dennoch nicht lassen, Mylord. Sie sind Ausländer; das achten wir! Aber so viele Waffen!«

Der ›Englishman‹: »Monsir, wenn man bei den Dirnen schläft ...«

Der Geck: »Bei Dirnen? Das ist Mademoiselle E.C. Verzeihen Sie, Mylord, daß wir Sie stören mußten. Ihr Geld und Sie sind frei. Wir werden uns zurückziehen; das Mädchen überlassen wir Ihnen, aber die Waffen, die benötigen wir auf jeden Fall.«

Der ›Englishman‹: »Ich gebe Sie Ihnen freiwillig, so müssen Sie sie mir nicht wegnehmen.«

Man reichte sich die Hand; zahlreiche Entschuldigungen trockneten Mademoiselle E.C. die Tränen. Endlich entfernte man sich.

Diese kleine Szene lenkte mich von den düsteren Gedanken ab, die seit so langer Zeit meine Seele belasteten. Mir fiel auf, daß ich hatte alles mit ansehen können, weil der junge Geck dem an der Tür aufgestellten Posten befohlen hatte, jedermann eintreten zu lassen.

Nachdem ich das Haus verlassen hatte, ging ich bis zur Rue de la Harpe, ohne unterwegs jemanden zu treffen. Als ich dann über den Platz kam, wo die Kutschen halten, sah ich zwei schwarz gekleidete Männer aus einem Wagen steigen, die lächerlich ungeschickt als Frauen getarnt waren. Sie gingen einige Häuser weiter, und nachdem sie sich vergewissert hatten, daß der Kutscher sie nicht mehr beobachtete, traten sie in einen Gang, den man geöffnet hielt, dessen Tür sie jetzt aber schlossen. Während ich mir dieses Spiel ansah, kam mir die Idee, den Kutscher zu befragen, wo er diese beiden Masken aufgenommen hatte.

»Mein Gott, ich weiß es und ich weiß es doch nicht! Nach dem, was ich gesehen habe, stiegen sie aus einer anderen Kutsche aus, machten kaum zwanzig Schritt, bis sie dann bei mir zustiegen.«

Ich ließ den Kutscher stehen, nicht sicher, ob er nun die Wahrheit gesagt hatte oder nur diskret war, und begab mich zu der Tür, die sich kurz darauf erneut öffnete. Ich sah zwei junge Kavaliere heraustreten, die die Rue de la Harpe bis zur Place Sorbonne hinuntergingen, die sie überquerten, um sich dann zu dem verschließbaren Durchgang zu begeben. In einigem Abstand blieb ich stehen, um zu sehen, was passieren würde. Man öffnete ihnen, und sie verschwanden. Über die Rue des Maçons gelangte ich in die Rue Saint-Jacques. Langsam ging ich meines Wegs; der Posten vor den ›Mathurins‹ sprach mich nicht an. Als ich an die Straßenecke kam, hörte ich ein Geräusch und blieb stehen, ging sogar einige Schritte zurück. Es waren jene beiden jungen Leute, die die Wache auf Anruf des Postens gerade festgenommen hatte. Sie wurden zum Hauptausschuß gebracht, der sie zu den ›Karmelitern‹ schickte. Die Unglücklichen ahnten nicht, daß man sie in ein Gefängnis steckte, aus dem sie nie wieder entkommen sollten. Es war schon spät. Aber da ich noch die Haussuchung erwartete, hätte ich zu Hause ohnehin nicht schlafen können. Ich kehrte trotzdem heim und beschäftigte mich damit, einige Korrekturabzüge durchzusehen.

Als es zwei Uhr schlug, hörte ich, daß man gerade bei meinen Nachbarn war. Ich öffnete schnell die Tür. Endlich kam dann auch jemand. Bei mir waren keine Waffen zu finden, nicht einmal mein Degen, den mein Neffe mir zerbrochen hatte. Man notierte meinen Namen und mein Alter. Ich wurde weiterhin gefragt, welche Personen zu meinem Haushalt gehörten? Ich konnte auf alle Fragen eine befriedigende Antwort geben, und so war die Sache schnell erledigt.

Meine Augen konnten keinen Schlaf finden. So begab ich mich erneut hinaus, um so weit zu gehen, wie es möglich war, ohne angehalten zu werden. Ungehindert durchlief ich mein gesamtes Stadtviertel. Ich sah eine Gruppe unvereidigter Priester in einem Wagen vorbeifahren, die allerlei Verkleidungen trugen, als Kavaliere, als Frauen oder sogar in Uniform. Was mich aber am meisten in Erstaunen versetzte, war ein Fischweib, das vollkommen echt aussah, von dem man mir aber sagte, daß es sich um einen ehemaligen Domherrn von Notre-Dame handelte. Sein bacchantisches Vollmondgesicht wirkte unter dieser Aufmachung derart natürlich, daß ich mir kaum vorstellen konnte, wie man dieses Kostüm als Verkleidung hatte erkennen können. Man erzählte mir auch, daß es nicht passiert wäre ohne ein wirklich spaßiges Mißgeschick. Der Ehemann des echten Fischweibes kam gerade während der Haussuchung nach Hause. Er war noch ein ziemlich grüner Bursche. Die Kleider seiner Frau erblickend, kam er nicht auf die Idee, daß es nicht sie sei. Wenn ihm nach Lachen zumute war, hatte er eine bestimmte Gewohnheit; sie bestand darin, daß er zu seiner Frau sagte:

»Jacqueline bück dich, um mir etwas zu geben.«

Darauf bückte sich Jacqueline jedesmal, die ja wußte, was gemeint war. Auch der Domherr beugte sich nieder. Darauf lief der Fischhändler, um ihn zu packen. Aber wie groß mußte sein Erstaunen sein, als er eine schwarze Hose fühlte und sah ... Er schrie laut auf. Die Wachen, die schon hinuntergegangen waren, kamen wieder hinauf.

»Was, Messieurs, ihr habt wohl meine Frau verteufelt, daß sie nun einen ganz schwarzen H... hat?«

Die Dame wurde examiniert ... und war ein Mann. Die fromme Fischfrau lief, als sie die Sache ans Licht kommen sah, schnell herbei. Ihr Mann erkannte sie wieder, und ohne sie vorzuwarnen, gab er ihr den, wie er es nannte, ›Schlag von Jarnac‹. Das Resultat war, daß alle Umstehenden sehen konnten, daß die Dame unter ihrer Wäsche keine Negerin war. Der Domherr wurde in seiner Fischweibverkleidung abgeführt.

So lautete der Bericht, den mir einer der Bewacher der Eskorte gab, welche ich bis in die Rue de la Parcheminerie begleitete. Ich wiederhole es: Diese Gesichter zu sehen war alles andere als schmerzhaft; aber es wäre unmenschlich gewesen, sie auszulachen, hätte man gewußt, durch welch schreckliches Schicksal sie in nur wenigen Tagen enden sollten. Bei den ›Karmelitern‹ klagte einer der Geistlichen gegenüber Pierre Manuel, einem Beauftragten der Kommune, daß sie so vieler Dinge entbehren müßten.

»Das wird Sonntag oder Montag ein Ende haben«, antwortete Pierre.

Offensichtlich wußte er, wovon er sprach.

ZWÖLFTE NACHT

Die Massaker vom 2. bis zum 5. September [1792]

Der 10. August hatte der Revolution neuen Auftrieb verliehen und ihre Vollendung befördert; die Ereignisse des 2., 3., 4. und 5. September brachten hingegen grauenhafte Schrecken über sie. Man muß dieses furchtbare Geschehen ohne Anteilnahme beschreiben, der Schriftsteller muß kalt und unberührt bleiben, während er seinen Leser erschaudern macht. Keinerlei Leidenschaft darf ihn erregen, denn sonst wäre er eher Deklamator als Geschichtsschreiber.

Am Sonntag verließ ich zwischen sechs und sieben Uhr das Haus und wußte wie immer zunächst nicht, was geschehen war. Ich ging auf meine Insel, die mir so teure Île-Saint-Louis, von der ein Schurke mich mit Hilfe der Kinder des gemeinen Pöbels hat vertreiben lassen. Oh, wie boshaft kann doch ein Mensch ohne Bildung sein! An diesem friedlichen Ort, den ich nun aufgesucht hatte und wo ich allen Blicken entging, drang nichts an mein Ohr, abgesehen von den Worten eines Dienstmädchens, das einem anderen über die Straße zurief:

»So hör doch, Cathérine, mir ist, als würde die Sturmglocke läuten! ... Sollte denn noch irgend etwas geschehen?«

Darauf erwiderte Cathérine: »Ich glaube ja, denn mein Herr läßt alles verriegeln.«

Ich setzte meinen Weg fort, ohne mir anmerken zu lassen, daß ich zugehört hatte. Ich ging nicht ganz um die Insel herum, sondern über den Pont-Marie und den Getreidehafen. Dort wurde getanzt. Das beruhigte mich. An dem großen Wirtshaus bei den Treppen, das am Ende des Hafens liegt, angekommen, sah ich die Leute noch immer tanzen. Aber schon schrie ein Passant:

»Wollt ihr wohl aufhören zu tanzen! Anderswo ist ein ganz anderer Tanz im Gange!«

Man hielt inne. Ich ging mit beklommenem Herzen weiter. Da ich nicht genau wußte, was vor sich ging, lenkte ich meine Schritte über die Quais Pelletier, de Gèvres, de la Mégisserie oder Ferraille und kam ins Café Robert.

Dort traf ich einen Bekannten. Er war schweizerischer Abstammung, aber in Paris geboren. Er wußte gewöhnlich über alles Bescheid, was in seinem Stadtviertel, der Sektion Théâtre-Français, passierte.

»In den Gefängnissen wird gemordet!« erfuhr ich von ihm. »Angefangen hat es in meinem Viertel, in der ›Abbaye‹. Man erzählt, alles hätte deshalb begonnen, weil ein Mann, den man gestern auf der Place de Grève an den Pranger gestellt hatte, gerufen haben soll, daß ihm die Nation sch…egal sei, und ähnliche Beschimpfungen mehr. Das habe die Leute in Wut versetzt; man habe ihn ins Rathaus gebracht, wo er zum Tod durch den Strang verurteilt worden sei. Vorher soll er noch verkündet haben, daß man in allen Gefängnissen genauso dächte wie er und daß man schon sehr bald etwas erleben werde. Denn sie hätten Waffen, mit denen sie auf die Stadt losgehen würden, sobald die freiwilligen Truppen daraus abgezogen seien. Die Folge war, daß man sich heute vor den Gefängnissen zusammengerottet, diese erstürmt und alle Gefangenen getötet hat, mit Ausnahme derer, die in Schuldhaft sitzen.«

Ich hörte dem kleinen Fraignières voller Erregung und Entsetzen zu. Dabei war das, was er mir beschrieb, noch weit von der Wahrheit entfernt! Nachdem ich die Zeitungen durchgesehen hatte, fragte ich ihn, ob er auch heimgehen wolle, denn mich hatte das Grauen gepackt.

»Gern«, antwortete er, »aber gehen wir doch erst an der ›Abbaye‹ vorbei, anschließend werde ich Sie nach Hause begleiten.«

So gingen wir gemeinsam los. In der sonst so lärmerfüllten Rue Dauphine, die noch immer diesen Namen trug, erschien alles wie gelähmt.

Wir kamen ungehindert bis zum Tor des Gefängnisses. Dort stand ein Kreis von Schaulustigen. Die ›Henker‹ waren sowohl diesseits als auch jenseits des Tores. Im Zimmer des Kerkermeisters befanden sich die Richter. Die Gefangenen wurden ihnen vorgeführt und nach ihrem Namen befragt. Dann suchte man ihren Haftschein heraus. Der Grund der Anklage entschied über ihr Schicksal. Ein Augenzeuge hat mir erzählt, daß die Schlächter, welche im Innenhof wüteten, mit den Richtern verhandelten. So wurde ein großer, sehr unbeteiligt und ernst wirkender Mann vorgeführt. Er war feindlicher

Gesinnung und der Zugehörigkeit zur Aristokratie angeklagt. Man fragte ihn, ob er schuldig sei.

»Nein, ich habe nichts getan. Man hat meine Gesinnung lediglich beargwöhnt, und in den drei Monaten, die ich in Haft bin, hat man nichts gegen mich gefunden.«

Bei diesen Worten neigten die Richter zur Milde, da schrie jedoch eine provenzalisch klingende Stimme:

»Er ist ein Aristokrat! In die ›Force‹, in die ›Force‹ mit ihm!«

Darauf entgegnete der Mann:

»Meinetwegen in die ›Force‹, aber ich werde nicht schuldiger dadurch, daß ich das Gefängnis wechsele!«

Der Unglückliche wußte nicht, daß das Wort ›In die Force‹, ausgesprochen in der ›Abbaye‹, ein Todesurteil war; genau wie der Ruf ›In die Abbaye‹, wenn er in den anderen Gefängnissen ertönte, ebenso den Gang zum Henker bedeutete! Er wurde von jenem, der geschrien hatte, nach draußen gestoßen und mußte durch das verhängnisvolle Türchen. Über den ersten Hieb mit dem Säbel war er noch erstaunt, doch dann nahm er beide Hände herunter und ließ sich töten, ohne den geringsten Versuch zu unternehmen, sich zu wehren.

Man kann sich sicher vorstellen, wie mir, der ich kein Blut sehen kann, zumute war, als mich der schaulustige Fraignières bis dicht an die Säbel heranschob! Ich zitterte. Ich fühlte einen Schwächeanfall nahen und warf mich schnell zur Seite. Der durchdringende Schrei eines Gefangenen, der den Tod mehr fürchtete als die anderen, bewirkte, daß mir die Empörung die Kraft gab, meine Beine zu gebrauchen und mich zu entfernen. Von dem, was weiter geschah, sah ich nichts.

Zur gleichen Zeit begann man, im ›Châtelet‹ zu töten; dann begab man sich zur ›Force‹. Aber dorthin ging ich nicht. Ich glaubte, all dem Entsetzen entfliehen zu können, wenn ich mich nach Hause zurückzog. Ich legte mich zu Bett. Mein Schlaf war von der Wut über das Gemetzel überschattet. Das ließ mich nur schwer Ruhe finden, denn immer wieder schreckte ich jäh auf. Das war noch nicht alles. Gegen zwei Uhr hörte ich unter meinem Fenster eine Meute von Kannibalen vorbeiziehen, von denen mir nicht ein einziger den Pariser Akzent zu haben schien; es waren alles Fremde. Sie sangen, sie brüllten, sie johlten. Dazwischen konnte ich hören:

»Auf zu den ›Bernardinern‹! ... Laßt uns nach Saint-Firmin ziehen!«

(Saint-Firmin war ein Priesterhaus; und am erstgenannten Ort befanden sich zu jenem Zeitpunkt die Galeerensträflinge.)

Einige dieser Mörder brüllten: »Es lebe die Nation!«

Einer unter ihnen, den ich gern gesehen hätte, um seine gräßliche Seele in seinem scheußlichen Gesicht zu erkennen, schrie aus Leibeskräften: »Es lebe der Tod!«

All das weiß ich nicht etwa vom Hörensagen; ich habe es mit eigenen Ohren vernommen, und ich erschauderte dabei. Sie wollten morden, sowohl die Sträflinge als auch die Priester von Saint-Firmin sollten sterben. Unter Letzteren war auch der Abbé Gros, ein ehemaliges Mitglied der Verfassunggebenden Versammlung, der früher in Saint-Nicolas-de-Chardonnet mein Pfarrer war und der mich zusammen mit zwei Damen aus Auxerre einmal zum Abendessen eingeladen hatte. Sogar an diesem Abend hatte er mir Vorhaltungen gemacht, in ›La vie de mon père‹, auch gegen das Priesterzölibat geschrieben zu haben. Dieser Abbé Gros erkannte unter den Mördern einen Mann, zu dem er früher einmal irgendwelche Beziehungen gehabt haben muß.

»Ach, mein Freund, du bist auch dabei, was wollt ihr hier um diese Zeit?«

»Oh«, antwortete der Mann, »wir kommen zu ungelegener Stunde ...«

»Sie haben mir Gutes getan ... Warum nur haben Sie jetzt den Schwur der Freundschaft gebrochen?«

Dieser Mann kehrte ihm den Rücken zu, ebenso wie es früher die Könige und Richelieu mit ihren Opfern taten, und machte seinen Spießgesellen ein Zeichen. Der Abbé Gros wurde nicht erdolcht; man gewährte ihm eine sanftere Todesart; er wurde aus dem Fenster gestürzt. Sein Gehirn zerspritzte beim Aufschlag; er hatte nicht leiden müssen. Von den Zuchthäuslern will ich gar nicht erst sprechen: Sie sahen ein Leben zu Ende gehen, dem nicht einmal sie selbst nachzutrauern brauchten. Aber zuvor, in den Abendstunden, hatte sich im Gefängnis ›Carmes-Luxembourg‹ eine andere Schreckensszene ereignet, die ich selbst nicht gesehen hatte und von der ich zu diesem Zeitpunkt noch nichts wußte. Dort hatte man seit einigen Tagen alle den Eid verweigernden Priester untergebracht, die man teils an den Schlagbäumen, teils bei nächtlichen Haussuchungen verhaftet hatte. Der Bischof von Arles war freiwillig dort hingegangen, um seine Brüder zu trösten und zu ermutigen. Man sollte nun aber nicht meinen, daß ich, weil ich diese anrührende Tat berichte, auf der Seite der fanatischen Priester stünde. Sie sind meine erbittertsten Feinde und in meinen Augen die verachtungswürdigsten Kreaturen. Nein, nein, ich bedaure sie nicht! Sie haben dem Vaterland zu viel Unheil zugefügt: in früheren Zeiten durch ihren skandalösen Lebenswandel, der auch das Volk zur Zügellosigkeit verführte; dann später durch ihre feindlichen Umtriebe. Im Willen der Gesellschaft liegt weder Gutes noch Schlechtes; wenn eine Gesellschaft oder ihre Mehrheit für eine Sache eintritt, ist sie auch gerecht. Wer sich dem aber widersetzt, Krieg oder Rache über sein Volk bringen will, ist ein Ungeheuer! Wer im Namen Gottes und seiner Religion rächen will, ist ein ruchloser Frevler, ein tollwütiger Gotteslästerer, der es sich anmaßt, der Verteidiger Gottes sein zu wollen! Gott liebt nur eines, das ist die Ordnung der Dinge; die Ordnung, die seine eigene Vollkommenheit ausmacht; und diese Ordnung besteht stets in der Übereinkunft der Mehrheit der Menschen; die Minderheit ist immer schuldig, selbst dann, ich wiederhole es, wenn sie moralisch im Recht ist. Um diese Wahrheit zu verstehen, bedarf es nur des gesunden Menschenverstandes. Die Priester bilden sich ein, daß ihr Gottesdienst das allerwichtigste wäre; sie unterliegen einem Irrtum; wesentlich ist einzig die brüderliche Nächstenliebe. Gerade die mißachten sie unentwegt, selbst wenn sie die Messe lesen. Alles Unglück, das in dieser niederen Welt über uns kommt, wird durch Dummköpfe, Besserwisser, feindliche und besessene Geister verursacht; denn aus all jenen setzt sich die riesige Menge der Narren zusammen.

Doch kommen wir wieder zur Sache. Die Mörder drangen gegen fünf Uhr bei den ›Karmelitern‹ ein. Die Priester ahnten nichts von dem Schicksal, das sie erwartete; mehrere begannen sogar, sich mit den Eindringlingen zu unterhalten, die sie für eine Eskorte hielten, welche sie an ihren Bestimmungsort begleiten sollte. Einer der Eindringlinge, sicher ein Angeworbener, bot dem Bischof von Arles an, ihn zu retten. Der wollte nicht auf ihn hören.

»Aber, Hochwürden, was ich Ihnen sage, ist ernst gemeint.«

Ein anderer, der die Unterhaltung nicht verstanden hatte, trat hinzu, um sich auf grausame Weise über sein Opfer lustig zu machen, indem er es bei den Haaren, der Perücke oder den Ohren packte:

»Also vorwärts, benehmen Sie sich nicht wie ein Kind, Monsieur l'Abbé!« (Das war ein geflügeltes Wort, welches man einmal einem betrügerischen Priester zugerufen hatte, als er zum Galgen hinaufstieg.) Der Bischof war offensichtlich ein wenig zu erregt, denn er erwiderte:

»Was sagst du da, Kanaille?« (Ich gebe den Bericht eines Augenzeugen wieder.)

Diese Äußerung wurde mit einem Säbelhieb beantwortet, der den Bischof zu Boden streckte; dann vollendete man die Tat. Ein anderer Priester beschimpfte die Henker ebenfalls als Kanaillen. Darauf erhielt er mehr als zwanzig Schläge, wobei er immer wiederholte:

»Kanaille! Kanaille! Kanaille! ...«

Zwei oder drei von ihnen gelang die Flucht, sicher nur, weil einige der Mörder ihnen gnädig gesonnen waren.

Nein, ich wiederhole es, diese Priester bedaure ich nicht, sie sind nutzlose Mitglieder der Gesellschaft, für die sie nur Gefahr bedeuten, weil sie sie hintergehen; sie waren nicht unschuldig. Nach den Grundsätzen, ich will nicht sagen, der Revolution, sondern des öffentlichen Rechts aller Völker, sollte man dem Willen der Mehrheit niemals etwas anderes als Einwände der Vernunft entgegensetzen, und das, bevor ein Beschluß gefaßt wurde. Aber man muß noch weiter gehen. Diese Priester waren nach ihrem eigenen religiösen Kodex schuldig: Nach dem Evangelium durften sie nicht zu den Waffen greifen, auch nicht, um ihr Leben oder ihre Dogmen zu verteidigen. Diese hier haben sogar zum Aufruhr angestiftet, zum Morden gehetzt. Es sind Schurken, die Jesus, der an der drohenden Rechten seines Vaters sitzt, für dieses in seinen Augen verabscheuungswürdige Verbrechen bestrafen wird. Die Gesetze gehen also mit Recht hart gegen sie vor. So ist ihr Tod also gerechtfertigt, in den Augen Gottes nach ihrem Kodex und ihrem Glauben, und auch vor den Menschen, nach Recht und Gesetz. Nur die Ausführung der Strafe war unrechtmäßig. Ihre Mörder sind durch nichts zu entschuldigen, da sie, indem sie sie niedermetzelten, alle Grundsätze menschlichen Zusammenlebens mißachteten.

Die Mörder trieben in der ›Conciergerie‹, in der ›Force‹ ihr Unwesen; sie töteten in diesen beiden Gefängnissen, ebenso wie im ›Châtelet‹, während der ganzen Nacht. In der ›Conciergerie‹ kamen Montmorin de Fontainebleau und wahrscheinlich auch der Minister Montmorin ums Leben. In dieser furchtbaren Nacht setzte sich das Volk in die Rolle der Herren von einst, die in der Stille und unter dem Schleier der Nacht so viele unschuldige oder schuldige Opfer hingeschlachtet hatten. In dieser Nacht herrschte das Volk; und es war durch die schändliche Freveltat der Hetzredner zum Despoten und Tyrannen geworden! Ruhen wir uns einen Moment von alldem aus. Andere Schreckensszenen erwarten uns am Morgen des 3. in der ›Force‹ ...

Als ich an diesem Tag aufstand, fühlte ich noch immer die Verwirrung des Grauens. Die Nacht hatte mich nicht erfrischt, sondern mein Blut nur noch mehr erhitzt. So verließ ich das Haus. Ich spitzte die Ohren und lauschte, was die Leute sprachen, und schloß mich den Gruppen an, die sich die ›Desaster‹, wie sie es nannten, ansehen wollten. Als wir an der ›Conciergerie‹ vorbeikamen, sah ich, daß einem der Henker die Faust vor Überanstrengung geschwollen war. Man sagte mir, daß er ein Matrose aus Marseille sei. Ich ging vorbei. Der Vorplatz des ›Châtelet‹ war voll von übereinandergetürmten Leichen. Ich wollte eigentlich weglaufen. Und dennoch folgte ich den Menschengruppen. Ich kam in die Rue Saint-Antoine, dort, wo die Rue des Ballets mündet, gerade in dem Augenblick, da einer der Unglücklichen, der mit angesehen hatte, wie man seinen Vorgänger tötete, nicht erstaunt stehenblieb, sondern den Versuch unternahm zu fliehen, so schnell ihn seine Beine trugen, indem er durch die kleine Pforte hinausstürzte. Ein Mann, der zwar nicht zu der Mörderbande, aber zu jenen gedankenlosen Maschinen gehörte, derer es so viele gibt, hielt ihn mit der Pike auf. Der Unselige wurde so von seinen Verfolgern ergriffen und massakriert. Der Pikenmann sagte nur kaltblütig:

»Ich konnte ja nicht wissen, daß man ihn töten will.«

Dieses Vorspiel war der Grund, daß ich mich zurückziehen wollte, als ein weiterer Vorfall mich in Schrecken versetzte. Ich sah zwei Frauen herauskommen; in der einen erkannte ich die außergewöhnliche Saint-Brice, die Kammerfrau des ehemaligen Prinzen, und die andere, ein junges sechzehnjähriges Mädchen: Das war Mademoiselle de Tourzel. Man führte sie in die Kirche Saint-Antoine. Ich ging ihnen nach und betrachtete sie so genau, wie es mir durch ihren Schleier möglich war. Das junge Mädchen weinte; Madame Saint-Brice tröstete sie. Man bewachte sie dort. Ich ging für einen Augenblick hinaus, man ließ mich nun aber nicht wieder hinein. Darauf lief ich bis an das Ende der Rue des Ballets zurück. Nun sah ich zwei andere Frauen in eine Kutsche steigen und hörte, wie der Kutscher leise beauftragt wurde:

»Nach ›Sainte-Pélagie‹.«

Ich weiß nicht, ob ich mich nicht doch täusche, aber ich glaube, daß es der Stadtverordnete Tallien war, der diesen Befehl gab.

Das Morden hatte jetzt für eine Weile aufgehört; im Innern des Gebäudes passierte irgend etwas ... Ich hatte schon die Hoffnung, daß das Ganze zu Ende wäre. Doch dann sah ich eine Frau heraustreten, die bleich wie ihr Hemd war und die von einem Gefängniswärter gestützt wurde. Mit derber Stimme schrie man sie an:

»Rufe: ›Es lebe die Nation!‹«

»Nein! Nein!« lautete ihre Antwort.

Man zwang sie, auf einen Berg von Leichen zu steigen. Einer der Mörder ergriff den Gefängniswärter und zog ihn weg.

»Ach!« rief die Unglückliche, »tut ihm nur nichts zuleide!«

Man verlangte noch einmal von ihr, daß sie riefe: ›Es lebe die Nation!‹ Sie verweigerte es voller Verachtung. Darauf wurde sie von einem Henker gepackt, der ihr das Kleid herunterriß und ihr den Bauch aufschlitzte. Sie fiel zu Boden, und die anderen brachten es zu Ende ... Nie zuvor hätte ich mir eine solche Greuel auch nur vorstellen können. Ich wollte davonlaufen, aber meine Beine trugen mich nicht mehr. Ohnmacht übermannte mich. Als ich wieder zu mir kam, sah ich den bluttriefenden Kopf. Man sagte mir, daß man ihn waschen, frisieren und auf eine Pike stecken wolle, um ihn unter den Fenstern des ›Temple‹ zu präsentieren. Unnötige Grausamkeit! Sie merkte nichts mehr davon. Diese unglückliche Frau war Madame de Lamballe. Als ich mich dann umwandte, sah ich mit Befriedigung, wie man Madame de Saint-Brice und Mademoiselle de Tourzel zu ihren Familien zurückbrachte. Sie zitterten. Das Schicksal von d'Angremont, von Laporte und von Durozoi hatte jeden, der in einer Beziehung zum Hofe stand, in Schrecken versetzt.

Das Morden ging weiter. Auf dem Heimweg erfuhr ich von einem recht ehrenwert aussehenden Unbekannten, der es bezeugen konnte, daß alle Gauner von Paris sich unter die Henker gemischt hätten, um auf diese Weise ihre inhaftierten Kumpane entwischen lassen zu können. Sie besetzten die Gefängnisse im Inneren und auch von außen; so waren sie Herren über Leben und Tod. Bisweilen, wenn sich viele Spitzbuben zusammengefunden hatten und die Mörder sich langweilten, weil sie nichts zu tun hatten, richteten die Schufte, ohne das Wissen der Richter, einen Unschuldigen hin. Auf diese Weise ist es geschehen, daß auch mehrere Patrioten getötet wurden. Ich kehrte nach Hause zurück, vom Schmerz niedergedrückt, aber auch sehr ermattet, was sicherlich daher rührte, daß ich schon seit langem keine wirkliche Ruhe mehr gefunden hatte.

Habe ich im Bericht von dieser verhängnisvollen Nacht oder von dem darauffolgenden Tag etwas vergessen? Ich weiß es nicht! Es ist mir zu qualvoll, mein Gedächtnis wieder auf diese schrecklichen Dinge zu lenken, die ja trotz alledem von jemandem angeordnet wurden; kaltblütig befohlen, ohne Wissen des Bürgermeisters Pétion und des Ministers Roland! Wer also hat sie befohlen? Ha, die Feiglinge haben sich verkrochen! Sie wagen es nicht, sich zu zeigen. Aber hinter dem Schleier, der sie verbirgt, kann man sie sehen. Wenn sie glauben, recht gehandelt zu haben, wie es ihre Gefolgsmänner unter den Leuten verbreiten, dann sollen sie sich doch offen zeigen und ihre Beweggründe darlegen. Man wird ihren Irrtum beklagen und sie so vielleicht läutern!

Worin liegt also das wahre Motiv für dieses Gemetzel? Manch einer glaubt, daß all das geschehen sei, damit die Freiwilligen, wenn sie an die Grenzen ausrückten, ihre Frauen und Kinder nicht den Räubern preisgeben müßten. Man habe befürchtet, daß die Tribunale diese hätten freisprechen oder daß sie mit Hilfe der Feinde aus dem Gefängnis hätten ausbrechen können usw. Aber ich wollte den wahren Grund wissen, und ich habe ihn auch gefunden. Man bezweckte nur eines: sich von den eidbrüchigen Priestern zu befreien. Manch einer wollte sie bei dieser Gelegenheit sogar alle aus dem Wege räumen. Man spürte aber, daß es noch immer religiösen Fanatismus gab und daß ein derartiger Akt, der namentlich gegen die Priester gerichtet war, und nur gegen sie, gewisse Leute in Empörung versetzt hätte. Die Verbannung würde die Priester, weit entfernt davon, ihren Zweck zu erfüllen, nur zu Emigranten machen, die als solche vielleicht noch gefährlicher wären, als sie es mit ihrem Verbleiben hätten sein können. Was sollte man mit ihnen anfangen? Sie unschädlich machen. Wenn das auf eine andere Weise, als sie umzubringen, möglich gewesen wäre, hätte man sie nicht getötet. So tat man es dann aber; und um von der Ungesetzlichkeit dieser Exekutionen abzulenken, arrangierte man die Sache mit den Gefängnissen. Was soll man zu diesen entsetzlichen Geschehnissen sagen? Daß sie entsetzlich sind. Was uns aber vor Schrecken erstarren läßt, ist, daß wir heute, am 11. Mai 1793, einsehen müssen, daß dieses Massaker, so grauenvoll es erscheint, notwendig, und dabei noch nicht einmal umfassend genug, noch nicht einmal vollständig war. Ein Kommissar der ausübenden Staatsgewalt hat gestern dazu gesagt:

»Ich sah, wie die Frauen in Nantes den Priestern, die zur Verbannung verurteilt waren, für Assignaten oder sogar ohne Gegenwert Geld gaben; ich sah sie sich vor ihnen auf die Knie werfen, um ihren Segen zu empfangen. Darauf sagte ich zu den Nationalgardisten:
›Warum duldet ihr das?‹
›Oho, was wollen Sie denn noch? Das Gesetz reicht doch aus.‹
›Das werdet ihr zu bedauern haben!‹, und sie wehklagen bereits.
›Man hätte, verdammt noch mal‹«, so fuhr derselbe Mann fort, »›alle in das Boot der Agrippina setzen und dem offenen Meer überlassen sollen ...‹ Dieser Satz hätte fast mein Ende bedeutet. Ohne seine Entschlossenheit und meine Kenntnisse im Gebrauch der Waffen wäre ich erledigt gewesen!«

Ach, das war der verhängnisvolle Satz für die Bewohner der Stadt Nantes: Und sie werden dafür zu büßen haben!

Das Verhalten jener Leute ist heute derart, daß es in den Herzen der Patrioten nur die Wut und das Bedauern darüber hervorruft, nicht noch grausamer gegen sie vorgegangen zu sein ... Die elenden Schufte!

DREIZEHNTE NACHT

Vom 3. zum 4. September

Die ›Salpêtrière‹ [1792]

Für den Rest dieses 3. September hatte ich mich zurückgezogen; ich glaubte die Massaker aus Mangel an weiteren Opfern beendet. Aber am Abend erfuhr ich, daß ich mich geirrt hatte; man hatte das Töten nur für einige Zeit unterbrochen. Ich konnte es nicht glauben, was man mir berichtete: Achtzig Gefangene aus dem Gefängnis ›la Force‹ hätten sich in einem Erdgeschoß verschanzt, um von dort auf ihre Angreifer zu schießen. Man habe sie aber durch den Rauch angezündeten feuchten Strohs, mit dem man den Eingang zugestopft hatte, ersticken lassen. Ich ging dorthin. Man tötete zwar noch immer, aber einen größeren Teil ließ man laufen. Ich sah das bestätigt, was man mir erzählt hatte; daß die Gauner all ihre Freunde befreiten. Aber es wurde auch noch eine andere Absicht verfolgt: Alle Assignatenfälscher ließen ihre Mitwisser umbringen, indem sie zunächst vorgaben, diese retten zu wollen. In der ›Abbaye‹, der ›Conciergerie‹ und im ›Châtelet‹ hörte das Morden auf, weil niemand mehr da war, den man hätte umbringen können.

Gegen Abend begab man sich ins ›Bicêtre‹. Dort ließ man alle Zelleninsassen heraustreten; aber man urteilte sie mit weniger Sorgfalt als in den normalen Gefängnissen ab. Sie wurden kaum vernommen. Aus zwei Gründen: Der Verwalter konnte keinerlei Gefangenenlisten mehr herausgeben, da man ihn als ersten getötet hatte. Außerdem galt es als allgemein bekannt, daß man es hier mit den erbärmlichsten Subjekten zu tun hatte, für die der Straferlaß der Revolution nicht gelten konnte; sie wurden im Gefängnishof erschossen. Die Insassen der ›Force‹ hatten versucht, sich im Hof des Gefängnisses zu verteidigen, indem sie sich bewaffneten, aber sie wurden niedergeschossen. Das war der Gang der Dinge in dieser Haftanstalt, die so wenig zu dem Hospital paßt, mit dem sie verbunden ist. Aber eine Unternehmung, auf die sich die Schurken und Straßenräuber schon im voraus freuten, stand noch aus. Ich erfuhr, daß man sie für den

4. September aufgehoben hatte, nachdem im ›Bicêtre‹ alles erledigt war. Alle Zuhälter von Paris und die ehemaligen Polizeispione bereiteten sich auf diese Aktion vor.

Es ging um eine unglückliche Frau, die Gattin von Desrues, die nach einer langen Gefängnisstrafe – während der sie sich nicht gelangweilt und ein Kind bekommen hatte, von La Dixmerie (wird behauptet) – schließlich in die zur ›Salpêtrière‹ gehörende Haftanstalt gebracht wurde, wo sie für den Rest ihrer Tage blieb. Zuvor hatte man sie ausgepeitscht und auf ihren weißen Schultern gebrandmarkt, wie einstmals die La Motte. Diese Frau, so sagt man, war die eigentliche Ursache des gegen die Insassinnen dieses Hospitals gerichteten Angriffs. Man erzählte, daß sie eine bösartige Intrigantin wäre und zu allem fähig. Sie habe immer wieder geäußert, wie sehr es sie freuen würde, Paris im Blute schwimmen und in Flammen aufgehen zu sehen. Es verwundert mich noch heute, daß alle Welt von dem Plan der Räuber wußte, niemand ihn aber vereitelte; im Gegenteil, am nächsten Morgen um sieben Uhr wurden den Banditen sogar zwei Schärpenmänner zur Begleitung beigegeben, um Unruhen zu vermeiden, wie man vorgab.

Man gelangte ans Ziel. Ein Mann aus der Menge schrie aus vollem Hals, inmitten der Höfe:

»Die Oberin, die Oberin, mit ihr müssen wir anfangen!«

Das gehörte nicht in den Plan. Die Oberin und die Schwestern, die erschienen waren, zeigten die große Angst, die ihnen dieser Mann einflößte.

»Wartet ab, wartet«, sprach daraufhin ein Marseiller (und hier berichte ich wörtlich, nach einem Augenzeugen), »ich werde euch von ihm befreien.«

Und er spaltete ihm mit einem Säbelhieb den Schädel und warf ihn dann gegen eine Mauer. Man ließ sich das Tor zum Frauengefängnis öffnen. Alle zitterten vor Freude (wie zuvor in allen anderen Kerkern auch), weil sie glaubten, daß man gekommen sei, um sie zu befreien. Hier ging man nach der Gefangenenliste vor. Die Insassinnen wurden entsprechend der Haftdauer aufgerufen. Man verlas den Grund ihrer Inhaftierung und ließ sie von ihrem Hof in einen anderen gehen, wo sie getötet wurden. Die Desrues war als vierte oder fünfte an der Reihe, ihr entsetzliches Geschrei verkündete allen anderen ihr Schicksal, weil die Banditen sich zunächst einen Spaß daraus machten, sie zu entwürdigen. Ihr Körper wurde nach ihrem Tode nicht freigegeben. War es das Entsetzen vor dem Verbrechen ihres Ehemanns? Nein, nein, denn solche Leute haben kein Abscheu vor dem Verbrechen! Aber vom Hörensagen wußten sie, daß sie sehr schön gewesen war. Ha, wenn die berühmte La Motte noch dagewesen wäre, wie wäre sie behandelt worden! Vierzig Frauen insgesamt wurden getötet.

Aber während sich in einem Teil des Gefängnisses diese blutige Szene abspielte, wurden die anderen Gebäudeteile von Schürzenjägern und Bösewichtern aus Frankreich und ganz Europa durchkämmt. Zunächst setzten die Zuhälter ihre Dirnen auf freien Fuß. Dieses Schauspiel hätte man schon sehen müssen! Es war nicht blutig; aber etwas Obszöneres hat es nie gegeben. All diese unglückseligen Geschöpfe boten ihren Befreiern und dem Erstbesten, der ihnen in den Weg kam, das, was sie ihre ›Jungfernschaft‹ nannten, dar.

Doch wenden wir unsere Blicke von diesem Bilde ab, um sie auf ein anderes zu richten, welches zwar auch nicht gerade sittlicher, auch nicht beruhigender, auch nicht moralischer war, zumindest aber nicht den widerlichen Anblick von doppelter Verwerflichkeit bot.

Die Zuhälter und die Flegel des gemeinsten Volkes waren nur in das Gefängnis der Frauen eingedrungen. Andere Wüstlinge aber, die etwas wählerischer waren, wenngleich wohl sicher noch verdorbener, verschafften sich Zutritt zum Mädchenasyl, das heißt also zu dem Ort, wo die Mädchen wohnten, die in diesem Haus erzogen wurden. Diese Unglücklichen führten dort ein trauriges Leben. Immer Schulunterricht, immer unter der Zuchtrute einer Lehrerin, zu ewigem Zölibat verurteilt, bei schlechter und widerlicher Nahrung. So erhofften sie kein anderes Glück, als von irgend jemandem als Magd oder Gehilfin für einen schweren Beruf erworben zu werden. Und selbst dann, was für ein Leben! Bei der kleinsten Beschwerde eines Herrn oder einer ungerechten Herrin holte man sie in die Erziehungsanstalt zurück, wo sie bestraft wurden. Es ist leicht nachfühlbar, wie entmutigt und unglücklich diese Wesen sind! Zu diesen gedemütigten Geschöpfen, die durch einen Zufall auf die Welt gekommen waren und die darum immer ihr Abschaum sein werden, strömte nun alles, was es in Europa an Unmoralischem und Gemeinstem gibt. Die Wüstlinge durchquerten alle Schlafsäle, es war gerade zu der Stunde, da die jungen Mädchen eben aufgestanden waren. Sie nahmen sich die, welche ihnen gefielen, warfen sie auf ihre Schlaflager zurück und genossen sie in der Gegenwart ihrer Gefährtinnen. Keines dieser Mädchen wurde vergewaltigt, denn nicht ein einziges leistete Widerstand. Verachtet wie Negerinnen, gehorchten sie dem Wink, sich niederzulegen. Jene, die wirklich gefielen, wurden von den Lüstlingen weggeschleppt.

Einige anständige junge Leute, die nur die Neugier hierher getrieben hatte, führten die Mädchen fort, um sie vor diesem Schicksal zu bewahren; aber es waren auch nur die hübschesten. Da unter diesen Mädchen viele Kinder armer Leute sind, ist es nichts Außergewöhnliches, daß sie in der Stadt oder auf dem Land noch Brüder und Schwestern haben. Ein Bierbrauergeselle aus dem Faubourg Saint-Marcel irrte suchend in den Schlafsälen umher. Da entdeckte er ein junges Mädchen, das ein grobschlächtiger Deutscher niedergeworfen hatte. Dieses Mädchen setzte dem einigen Widerstand entgegen. Der Deutsche drohte ihr mit Ohrfeigen. In diesem Augenblick stürzte sich der Brauergeselle auf ihn und schlug ihn mit einem kurzen Knüppel. Damit war die ganze Bande der Eindringlinge gegen den Jungen.

»Aber mein Gott, das ist meine Schwester! Wollt ihr, daß ich zusehe, wie sie geschändet wird?«

Nun standen alle auf seiner Seite, und er führte sie weg.

Eine andere Szene trug sich direkt in der Gegenwart meines Augenzeugen zu, der selbst dabei eine Rolle spielte. Eines der schönsten Mädchen sah sich von einem Schlächtergesellen verfolgt, der es packte, als es gerade eine Pritsche übersprang. Er ergriff es, wo er nur konnte; das Mädchen stieß einen Schrei aus. Das kümmerte den Fleischer wenig, er wollte es überwältigen, als es sich umdrehte.

»Ah, mein Bruder!« rief es.

Der Schlächter hielt inne. Er zog seine Kleider wieder an und führte seine Schwester fort.

Mein Augenzeuge versicherte, daß einige andere dieser Kinder der Vorstadt weniger Glück hatten, sie erkannten ihre nächsten Verwandten erst, nachdem es zu spät war.

Aber eine, nur eine einzige traf ein glückliches Schicksal. Es war ein junges, blondes Mädchen, vielleicht die einzig wirkliche Schönheit unter den Bewohnerinnen des Asyls. Sie war sich ihres Wertes auch bewußter als die anderen. Beim Anblick der Gewalttäter beklebte sie ihr Gesicht mit Pflaster und beschmierte alle Stellen, die unbedeckt geblieben waren. Dann beobachtete sie, wer hereinkam.

Unter all denen fiel ihr ein sehr gutaussehender Mann von vierzig Jahren auf, der suchend um sich blickte und den weniger häßlichen zuzulächeln schien. Jacinte Gando (das ist der Name des jungen Mädchens), rieb sich schnell den Schmutz aus dem Gesicht und versteckte es unter einem Taschentuch, dann stürzte sie auf ihn zu mit den Worten:

»Mein Papa! Retten Sie mich!«

Dabei ließ sie ihn ihr entzückendes Gesicht sehen. Der Mann verhüllte sie mit seinem Mantel und führte sie weg, während er sagte:

»Das ist meine Tochter!«

Bei ihm zu Hause angelangt, fiel ihm Jacinte um den Hals:

»Machen Sie mit mir, was Sie wollen; bringen Sie mich nur niemals in das Asyl zurück.«

Der Mann erkundigte sich, ob ihr nichts geschehen war, und ließ sich dessen versichern. Dann ging alles sehr schnell, denn schon vom ersten Abend an ließ er sie bei sich schlafen, vor den Augen der Dienstboten. Aber er gewann sie auch nicht weniger lieb. Er fand in ihr ein gutes Herz und ebenso viele gute Eigenschaften wie Liebreiz. Und als er ihr auch noch schöne Kleider gekauft hatte, war sie eine der hübschesten Personen von Paris. Und was wurde daraus? Nachdem er sie zur Mutter eines Sohnes gemacht hatte, der Anfang Mai geboren wurde, machte er sie auch zu seiner Frau.

Diese Geschichte tröstet ein wenig, selbst wenn das Verhalten des Mannes auch nicht vollkommen unschuldig war. Durch die Szene im Mädchenasyl wurde der Überfall in der ›Salpêtrière‹ nicht so ausgedehnt. Aber lassen wir diesen unglückseligen September, der eines Tages so traurige Berühmtheit in unserer Geschichte haben wird.

VIERZEHNTE NACHT

Vom 5. zum 6. Oktober

Ludwig im Turm des Temple [1792]

Unterdessen hatte der Nationalkonvent seine Tätigkeit aufgenommen. Man sah dort Marat neben Pétion, Collot neben Mercier; ... eine Zusammenstellung, wie sie von Moses im Vierten Buch Mose ausdrücklich abgelehnt wurde. Es ist allerdings wahr, daß wir keine Juden sind.

Man war dahintergekommen, daß Hüte tragende Damen und noch im Stil des Ancien régime gekleidete Männer von benachbarten Häusern aus den Gefangenen des ›Temple‹ Zeichen machten; daß Briefe, in Wäschepaketen versteckt, dort hineingelangten usw. Um diesem unerlaubten Tun Einhalt zu gebieten, beschloß die Kommune in der Sitzung vom 9. zum 10. August, die Haftbedingungen zu verschärfen. Man richtete das Turmverließ her, und Ludwig wurde, ebenso seine Familie, dorthin verlegt. Diese Verschärfung der Vorsichtsmaßregeln verkündete ihm sein Schicksal ... Ludwig aber verbrachte die Zeit mit Lektüre; und er wurde der Lehrer seines Sohnes. Sein häusliches Leben war geregelt; ohne diese grausige Perspektive wäre es glücklich gewesen. Niemals zuvor war er so sehr Gatte und Vater gewesen wie jetzt. Nun sollen aber weder Aristokraten noch Patrioten denken, daß ich hier unnützes Mitleid mit ihm und seinem Schicksal erwecken wollte. Nein, denn ich weiß um die Selbstgefälligkeit des Mitleids der Menschen, und dies rührt mich schon seit Jahren nicht mehr! Ich spreche nur von den Tatsachen. Ich beklage Ludwig nicht. Um Könige habe ich mich nie viel gekümmert, und aus diesem Grund habe ich einmal geschrieben:

›Nur Könige sollten Mitleid mit dem Schicksal von Königen haben; meine Nächsten sind sie nicht. Aber um einen unglücklichen Freund werde ich immer weinen.‹

Ludwig bezog den Turm ohne Zeichen von Erregung. Davon abgesehen, war er dort gut untergebracht. Seine Frau und seine Kinder konnte er weiterhin sehen. Man hat sich das Verzeichnis seiner Bücher angesehen. Für einige hätte er eine bessere Wahl treffen können; aber sein Geschmack war voreingenommen. Ich ging zum erstenmal zu diesem Palais du Temple, nachdem es ein Gefängnis geworden war. Ich betrachtete es genau. Eine Fülle von Gedanken stieg in mir auf. Wie tiefgründig wären sie vor zehn Jahren gewesen! Ich würde die Unbeständigkeit menschlichen Seins erwogen haben. In der Nacht vom 5. zum 6. Oktober 1792 gründeten sich aber alle Gedanken auf einen einzigen: Das Leben der vernunftbegabten Wesen wie das der Tiere ist eine einzige Sinnlosigkeit. Ihre Existenz währt ein, zwei, drei, zehn, fünfzehn, zwanzig, dreißig, vierzig, fünfzig, sechzig Jahre; wenn der Zufall es will und die Natur solche Auswüchse zuläßt, vielleicht siebenundachtzig und hundert Jahre, während derer das Geschöpf sich verhält, als wäre es unsterblich. So habe ich es bei den Menschen beobachtet. Der Glückliche lebt angenehmer, aber die Einförmigkeit seines Daseins langweilt ihn; der Unglückliche leidet, aber seine Ängste und seine Hoffnungen halten ihn in Bewegung; er lebt intensiver. So mündeten all meine Überlegungen in eine einzige. Ich kam zu der Überzeugung, daß die Summe alles Guten und alles Bösen stets dieselbe ist, in allen Situationen. Und nachdem ich auf eine heftige Erschütterung gefaßt war, kehrte ich wieder ein wenig abgeklärter, als ich es vorher war, zurück. Auf dem Heimweg dachte ich an den Tod. Ich versetzte mich in die Zeit nach dem Tode. Und dabei sah ich die Nichtigkeit des Lebens, sofern es nicht voller Bewegung gewesen ist, voller Erregung in dem Sinne, daß dieses verzweifelte Wesen im Gedächtnis anderer Menschen seine Spuren hinterläßt. Ludwigs Schicksal würde ich, solange er lebt und sein Unglück fühlt, nicht mehr beklagen. Dieser Unselige! Welch ein Dasein blieb ihm noch? Die Möglichkeit, friedlich mit der Revolution zu leben, hatte er vertan; vielleicht konnte er nicht anders. Aber was hätte ihn mit der Konterrevolution erwartet, unter der Rute seiner Besieger? In Schande und Verachtung hätte er noch einige Zeit dahinvegetiert.

Fortsetzung der Geschichte von Julie und Scaturin

In diese Gedanken versunken, setzte ich meinen Weg fort. So kam ich an meine Haustür. Ich ging ins Haus, und in dem Augenblick gab man mir einen Brief.* Er war von einem früheren Freund, der dies inzwischen nicht mehr war. Ich öffnete ihn und las darin unter anderem, daß Scaturin in Lyon sei, und weiter, daß ich diesem Mann Unrecht getan hätte, ebenso wie Nairefon, einem Komplizen der gegen mich gerichteten Verrätereien.** Ich erzitterte. Mein ehemaliger Freund fügte noch hinzu, ›daß Scaturin für sein außergewöhnliches Verdienst mit einer vorzüglichen Partie, die er in Lyon ehelichen würde, belohnt worden sei ...‹ Hier las ich nicht weiter. Ich ging hinaus und eilte in die Rue Mazarine. Inzwischen ein wenig gefaßter, betrat ich das Haus von Julie und verlangte nach ihrer Mutter. Ich nahm sie zur Seite und las ihr den Brief vor. Sie wollte sein Datum sehen, er war vom 28. September. Sie erblaßte.

»Wir haben einen Brief von Monsieur Scaturin erhalten, in dem er uns seine Rückkehr für den Tag der heiligen Cathérine ankündigt ... Das hatte meiner Tochter neuen Lebensmut gegeben.«

»Dieser Brief würde sie umbringen; sagen Sie ihr also nichts davon! Am besten, sie hört nichts mehr von diesem Schurken. Ich bin gekommen, Sie zu warnen, damit Sie alle Vorkehrungen treffen können. Denn so wäre es bis zu ihrem Ende nur ein Schritt. Ein liebendes Mädchen wird weniger vom Tod des Geliebten getroffen als von dessen Untreue (so sagt man). Wir werden sie deshalb den Tod des Verräters glauben machen, und vielleicht werden Sie sie so retten können.«

Die gute Frau dankte mir, und ich ging wieder.

---

* Zu diesen Personen möge man nachlesen in ›La Femme infidèle‹, einem weit beachtenswerteren Werk, als gemeinhin angenommen. Der Freund, von dem ich hier spreche, erscheint darin unter dem Namen Elisée; ein anderer wird Milpourmil genannt. Dieses Werk ist sehr wahrheitsgetreu!

** Dieser Brief und die Antwort, die ich darauf geschrieben habe, sind im fünften Teil des ›Drame de la vie‹ zu finden. Ich hatte die Briefe meines Freundes aus Freundschaft am Schluß der Bände XXVII bis XXX der ›Contemporaines‹ gedruckt; die noch folgenden am Ende des fünften Teils des ›Drame de la vie‹, ohne sie noch einmal gelesen zu haben. Wie groß war mein Erstaunen, als ich sah, daß diese letzten Briefe ihn kompromittierten! So habe ich das bereits gedruckte Werk fast ein Jahr lang zurückgehalten, es nicht erscheinen lassen; aber schließlich war ich auf Grund unabwendbarer Not doch dazu gezwungen, nachdem er es ausgeschlagen hatte, die Auflage aufzukaufen.

Als ich durch die Rue Guénégaud heimkehrte, bemerkte ich einen Mann, dessen Gesicht von einem großen runden Hut verdeckt war. Aber ich glaubte seine Statur wiederzuerkennen. Er kam auf mich zu, und indem er seinen Hut zog, sprach er mich an:

»Da stehe ich vor Ihnen! Sie kennen doch alle Gerüchte, die über mich im Umlauf sind! In Wahrheit aber habe ich eine schneeweiße Weste.«

»Um so besser!« antwortete ich ihm darauf. »Aber dennoch finde ich es unvorsichtig, sich hier sehen zu lassen.«

»Ich war es, der Sie damals in der Rue Saint-Jacques durch einen Diener hat benachrichtigen lassen.«

»Na, zum Donnerwetter, Sie haben mich höllisch hinters Licht geführt! Ich nahm an, daß der alte Dexpilli mit mir reden wollte; und da ich niemals etwas mit Bankrotteuren und Zuhältern zu tun haben wollte, habe ich glatt abgelehnt.«

»Das war ich ... Wollen Sie zu mir kommen?«

»Nein, und ich will auch nicht wissen, wo Sie wohnen.«

Ich hinderte ihn, es mir zu sagen. Er drängte mich, ihm zu gestatten, mich von seiner Köchin abholen zu lassen. Ich weigerte mich hartnäckig:

»Um Ihret- wie um meinetwillen«, sagte ich zu ihm; »ich bin so leicht zu erkennen, daß man mir auf dem Weg zu Ihnen folgen könnte und Sie so entdecken würde. Adieu.«

Und ich verließ ihn. Später habe ich ihn noch zweimal in der Rue Saint Honoré wiedergetroffen. Dieser Mann war der nur zu berühmte Abbé Roi. Ich weiß nicht, was aus ihm geworden ist, ich habe seit dem 3. September nie wieder etwas von ihm gehört.

Hier beende ich den Bericht über diese Nacht, deren Geschehen weniger interessant erscheint, das aber zu anderen Ereignissen hinführt.

FÜNFZEHNTE NACHT

25. November 1792

Kriegsereignisse

Hier haben wir wahrlich von Wundern zu berichten; und das Ende des Feldzugs von 1792 kann man als das Feenstück von Frankreich bezeichnen. Longwy und Verdun waren befreit, Thionville hielt den Ansturm der Feinde auf. In Thionville begannen die wunderbaren Heldentaten der Franzosen, und die Krönung ihres Ruhmes besteht darin, daß diesen Heldentaten nur durch den unglaublich feigen, gemeinen und unbegreiflichen Verrat ein Ende gesetzt werden konnte, den Dumouriez begehen sollte. Wimpffen hielt den Vormarsch der Preußen in Thionville in dem Moment auf, da diese sich anschickten, in ein üppiges Land einzudringen, in dem sie ihre Kräfte wieder hätten herstellen können. Von der anderen Seite, aus einer vorteilhaften Position, schlossen Dumouriez, Kellermann, Dillon, Valence, La Bourdonnais die Truppen des Braunschweigers und Cassels ein. War er hier schon der Verräter, dieser Dumouriez? Es wird behauptet, denn er hätte vielleicht Friedrich-Wilhelm und den Braunschweiger gefangennehmen können. Dillon wiederum bot es Cassel in einem Schreiben an, sich zurückzuziehen, und schien ihm auch eine Rückzugsmöglichkeit zu geben. In Paris wurde damals gemunkelt, daß der Preuße geschont würde, um ihn zum Bundesgenossen zu gewinnen. Es ist jedoch möglich, daß es die Agenten von Dumouriez waren, die den Anstoß zu dieser Meinung gaben. Wie dem auch sei, Friedrich-Wilhelm und der Braunschweiger räumten nacheinander Verdun und Longwy und das gesamte Gebiet der Republik. Sie wurden nur zaghaft verfolgt. Einzig der tapfere Custine stürmte voran, nahm Speyer, Worms, Mainz und Frankfurt ein, und er hätte Koblenz, Köln und ganz Deutschland erobert, wenn der wankelmütige Kellermann ihn unterstützt hätte. Paris lebte im Taumel ...

Was Dumouriez betrifft ... Ha, war er jetzt der Verräter? Er hatte vor dem Konvent gerade versprochen, das Winterquartier in Brüssel aufzuschlagen. So bricht er auf. Mons wird durch den Sieg von Jemmapes genommen; man besetzt Tournai, dessen großer Wappenadler soeben in Paris eingeschmolzen wurde. Brügge, Brüssel, Mecheln, Gent, Antwerpen, Namur, Lüttich, dieses bereits französische Land, Aachen, der Sitz Karls des Großen, all das schließt sich wie durch Zauberei zu dem alten Staatenbund zusammen.

Ein kleiner Rückschlag: Frankfurt wurde zurückerobert. Aber Dumouriez – war er jetzt der Verräter? –, marschiert auf Holland.

Breda, Gertruydemberg werden eingenommen, Maastricht wird umlagert. In Paris sagt man, es sei erobert. Amsterdam schickt sich an, seine Tore zu öffnen.

Dabei sei nicht zu vergessen, daß sich Savoyen der Republik angeschlossen hat, die Grafschaft Nizza mit der Provence vereinigt, Sardinien angegriffen wird ... All diese Erfolge dauern weniger als sechs Monate. Lassen wir es dabei bewenden; denn jetzt zieht sich eine dicke Wolke über unserem Ruhm zusammen.

Julies Tod

Gegen fünf Uhr verließ ich das Haus, um einen Gang über meine Insel zu machen. Ich begann an der Ostseite. Meine Gedanken waren ganz und gar mit den Ereignissen des Krieges beschäftigt: Verdun zurückgewonnen; die Feinde vom Territorium der Republik verjagt. Es kam mir wieder in den Sinn, wie diese Republik am Abend des 21. September vom Konvent deklariert wurde. Ganz beiläufig hatte Collot in dem Moment, als man die Sitzung gerade beenden wollte, den Antrag eingebracht, das Königtum aufzuheben; und in dem Augenblick, da er auseinanderging, erließ der Konvent ein entsprechendes Dekret. Es haben jedoch ganz andere Leute als ich über dieses bedeutende Ereignis nachzudenken! ... Ich für meine Person bin aber davon überzeugt, daß die Menschen nichts Gutes vollbringen können, ohne daß daraus nicht auch Nachteile entstehen; nichts Schlechtes, ohne einen vorteilhaften Ausgleich. Ich war der Meinung, daß man wenigstens den Verlust von Zeit vermieden hatte. Das ist eine schreckliche Philosophie, sie ist jedoch die einzig wahre: Die Menschen können weder Gutes noch Schlechtes schaffen, das hat die weise Natur so eingerichtet, damit diese vernunftbegabten Zwerge sich nicht für Götter halten. Jedes vernünftige Wesen ist wie ein starkes Pferd, welches an einen Pfahl gebunden ist; es kann nur

Plünderung

so weit gehen, wie seine Zügel reichen, wenn es sie nicht sogar noch verkürzt, indem es den Strick um den Pfahl windet. Ihr armen Menschen, so müßt ihr wieder einmal eure Bedeutungslosigkeit verspüren! Während mir all das durch den Kopf ging, hatte ich meine Insel zur Hälfte umrundet, und so kam ich an die Stelle, wo ich das Datum 25. November-7 eingraviert hatte. Ich las es und küßte es; denn ich liebe die Zeremonien des Gedenkens. Nun bewegten mich andere Gedanken, wachgerufen durch das junge Mädchen, dessen ich mich durch das Datum erinnerte. Plötzlich bemerkte ich am Eingang der Rue des Deux-Ponts eine haltende Kutsche, aus der der Ruf einer Frauenstimme zu hören war:

»Monsieur Scaturin! Monsieur Scaturin!«

Die Stimme kam mir nicht bekannt vor, aber der Name des gemeinsten aller Männer traf mich um so schmerzhafter. Ich ging in die Richtung des Wagens und sah, wie Scaturin auf dem Trittbrett stehend mit einer jungen und hübschen Person sprach; es war aber nicht Julie. Ich kann nicht beschreiben, was mir jetzt durch den Kopf schoß. Wie häufig doch der Mensch dem Verbrechen direkt gegenübersteht! Dieser Gedanke, die Vernunft und meine tolerante Gesinnung hielten mich zurück; ich sagte mir sogar:

›Warum sollte ich ihm Gewissensbisse bereiten und mich selbst an seiner Stelle dazu verdammen, indem ich ihn bestrafen will!‹

Scaturin stieg in die Kutsche. Als er sich hingesetzt hatte, entdeckte er mich und wollte mich der jungen Dame zeigen. Ich begriff, daß sie es war, die mich sehen wollte, denn er antwortete ihr:

»Wenn Sie wollen, werde ich ihn fangen.«

»Du Ungeheuer!« rief ich, indem ich flüchtete. »Laß dir das ja nicht einfallen!«

Ich weiß nicht, was weiter aus ihnen geworden ist. Ich beendete den Rundgang über meine Insel nicht, die durch diese Begegnung entweiht wurde. Ich kehrte über die Rue de la Femme-sans-Tête und die Rue Guillaume zurück.

Durch diesen Vorfall wieder an Julie erinnert, ging ich in die Rue Mazarine, um ihre Mutter aufzusuchen. Eilig lief ich dorthin, nachdem ich jenes Haus gegrüßt hatte, welches einst durch die hübsche Victoire Letort so sehr verschönt wurde. Plötzlich erblickte ich ein großes Licht. Ich gelangte dort an. Kerzen ... eine mit einem weißen Leichentuch bedeckte Totenbahre! Ich blieb stehen. Dann näherte ich mich der reizenden jüngeren Tochter der Familie Châtelet, jener, die jetzt mit einem Arzt verheiratet ist. Sie kehrte gerade nach Hause zurück, als ich sie ansprach:

»Was ist das für ein Leichenzug?«

»Der der unglücklichen Julie, die Sie ja auch kannten. Sie ist gestern plötzlich gestorben, nachdem sie einen Brief gelesen hatte, der ihr von einem Boten ohne Wissen ihrer Mutter übergeben worden war.«

Mit feuchten Augen ging die Berichterstatterin ins Haus hinein.

»Oh, dieses Ungeheuer!« rief ich aus, »er hat sie getötet, dieser Schuft! Der Himmel soll ihn dafür büßen lassen!«

Doch schon errötete ich bei dieser unvernünftigen Regung. Denn wenn der Himmel, was ohnehin unmöglich ist, alle wahnsinnigen Wünsche der Sterblichen erfüllen würde, wäre die Erde bald entvölkert! Ich ging bis an die Haustür und kniete nieder. Dann sprengte ich Weihwasser auf die sterblichen Reste Julies; und indem ich meine Stimme erhob, sprach ich:

»Oh, du schöne und zu zartfühlende Julie! Hättest du dein gutes Herz in ein anderes gelegt als in das des niederträchtigsten und feigsten aller Männer, du würdest glücklich leben und du würdest der Welt deine Anmut verleihen! O Julie, nun bist du gepflückt wie die Rosen, aber wenigstens hast du nur das Morgengrauen der Leiden des Lebens kennengelernt; und du bist nicht dazu verdammt, über den unvermuteten und schmerzlichen Tod der einzigen, so reizenden Tochter zu weinen, wie es jetzt deine Mutter tut!«

Nachdem ich das gesagt hatte, wollte ich mich entfernen, aber die Mutter hatte mich gehört. Sie nahm mich beim Arm, ohne ein Wort zu sagen, und zog mich ins Haus. Dort gab sie mir schweigend den Brief, der ihre Tochter umgebracht hatte. Ich las ihn: ›Ich habe Ihnen, Mademoiselle, nun schon mehrere Briefe geschrieben, sowohl aus Lyon, von wo ich gerade komme, als auch seit drei Tagen aus Paris. Diesen hier werden Sie ganz sicher erhalten. Ich habe geheiratet – es ist wahr –, aber es war auf Grund meiner ruinierten Geschäfte notwendig. So bin ich nun noch eher in der Lage, Sie zu lieben und Sie glücklich zu machen. Sie müssen sich also nicht beunruhigen. Ich werde alle Hindernisse aus dem Weg zu räumen wissen. Meine Frau ist sehr häßlich, wenngleich noch jung, aber ich liebe sie nicht. Glauben Sie mir, daß ich nicht anders handeln konnte. Gewähren Sie mir, alles zu erklären, und ich schwöre Ihnen, daß Sie beruhigt sein werden.

Nirutacs.‹

Die Mutter sprach nicht zu mir. Aber sie gab mir ein Blatt Papier.

›Meine liebe Mutter! Ich werde jetzt sterben. Scaturin, um den ich geweint habe, ist nicht tot; er ist verheiratet! Er schreibt mir ... Aber ich täusche mich! Es ist ... eine Illusion ... Er schreibt mir aus der anderen Welt ... und ich werde zu ihm ge...‹

Das letzte Wort war nicht beendet; es waren nur noch einige unleserliche Zeichen auf dem Papier.
Nach einem tiefen Stoßseufzer sagte die Mutter zu mir:
»Sie ist gestorben, bevor sie den Brief beenden konnte.«
Nun verlor sie selbst die Beherrschung und wurde rasend:
»Ich will ihn zerreißen! Ich will ihn zerreißen!«
Ihr Mann kam hinzu und versuchte sie zu beruhigen. Inzwischen waren der Priester und die Leichenträger gekommen, und so ging das Schönste, was die Natur hervorgebracht hatte, dahin ... um inmitten der Überreste der niederträchtigsten Sterblichen zu verfaulen!
Ich verließ sie, mit niedergebeugter und so schmerzerfüllter Seele, wie ich es niemals zuvor erlitten hatte. Denn ich habe hier nicht alles gesagt über meine Beziehungen zu ... Man wird es in einem anderen Werk lesen können, falls der Tod, wenn er durch die Feinde von Paris mich trifft, mich nicht daran hindert, es auch zu verfassen. Die früheren Zeiten waren unheilvoll, aber bei weitem nicht so wie die jetzigen; denn ich schreibe dies alles am 2. April, nach den schrecklichen Nachrichten von gestern, Ostermontag.

SECHZEHNTE NACHT

Vom 25. zum 26. Dezember 1792

Ich ging am Abend des 25. mit der Vorstellung aus dem Haus, daß ich an einem solchen Tage, im Jahr 1768, achtzehn Seiten des Manuskripts meiner ›Fille naturelle‹ gesetzt hatte. Die Tage großer Arbeit waren für mich immer eine glückliche Erinnerung; denn die Ergebnisse bleiben. Um mir all das ins Gedächtnis zurückzurufen, ging ich auf meine Insel. Obwohl ich mich damit möglichen Beschimpfungen aussetzte, gedachte ich eines bestimmten Tages im Jahre 1763, den ich gemeinsam mit Batilde, der ich das Lesen und Schreiben beibrachte, ehe sie heiratete, verbracht hatte. So ging ich ganz ruhig meines Weges, unter dem Schutz der Kälte und der Dunkelheit, die meine im Grunde lächerlichen Feinde aus meinem geliebten Laboratorium verjagt hatten, als ich, unter dem Balkon des ehemaligen Hôtel Lambert angekommen, zwei Männer laut miteinander sprechen hörte:

»Morgen kommt er also vors Tribunal.«

»Aber wird er denn hingehen?«

»Sicher, wenn nicht, wird man ihn schon hinführen.«

Dieses kurze Gespräch (denn die beiden Männer traten wieder ins Haus) entriß meinen Gedanken schlagartig ihren Zauber. Ich dachte nicht mehr über mich selbst nach, sondern ließ meine Überlegungen nur noch um öffentliche Angelegenheiten kreisen. So umrundete ich die ganze Insel. Von tausend bangen Ahnungen erregt, schrieb ich ins Brückengeländer, an dieselbe jetzt neuausgebaute Stelle, wo ich es schon 1784 eingraviert hatte:

›Dii boni! servate in annum!‹ ...‹

Darauf verließ ich die Insel und nahm über die Rue des Nonains-d'Hyères und die Rue de Jouy den Weg zum Temple. Ich ging am Hause Beaumarchais' vorbei; überall fand ich einen Anlaß des Gedenkens; weiter durch die Rue Michel-le-Comte, an der Haustür meines früheren Zensors Marchand vorbei; schließlich kam ich über

---

* Ich bin kein Polytheist; der Plural hat hier keinerlei Bedeutung.

die Rue des Vertus und die Rue des Philippeaux zum Temple. Dort hatte man die Posten verdoppelt. Eine tiefe Ruhe lag über dem gesamten Stadtteil. Ich war nur hierhergekommen, um Anregungen zu sammeln; denn wenn man älter wird, trocknet die Phantasie ein. Ich sah mir also dieses Bauwerk an, ging dann aber schnell weiter. Mein Weg führte durch die Rue de la Perle. An der Ecke, die diese Straße mit der Rue du Chantier bildet, traf ich auf eine vornehme Dame, ein hochgewachsenes hübsches Mädchen und einen kleinen jungen Mann, der ein ehemaliger Zögling der École militaire war. Die Mutter, die auf einer Steinbank saß, mußte wohl gerade von einer Unpäßlichkeit übermannt worden sein.

»Bleib ruhig, Mama«, sagte das große hübsche Mädchen zu ihr, »ganz ruhig! Dort kommt schon jemand!«

Ich ging näher heran.

»Kann ich behilflich sein, Mesdames?« fragte ich sie.

»O ja«, antwortete mir die junge Dame, die ich schon öfter gesehen hatte und wiedererkannte; wobei sie aber gar nicht dergleichen tat, da ich nicht zu ihren näheren Bekannten gehörte.

»Monsieur, wollen Sie bitte Mama den Arm auf der einen Seite reichen; ich werde sie auf der anderen Seite stützen?«

Ich bot meinen Arm. Der junge Mann sprach zu mir:

»Bürger, wir sind Ihnen zu großem Dank verpflichtet!«

»Bürger, Bürger!« murmelte die Mutter. »Warum soll man einen Monsieur nicht Monsieur nennen?«

»Mama, es ist jetzt so üblich«, erwiderte die junge Dame.

Wir gingen langsam. Beim Palais Cardinal, ehemals Hôtel de Soubise, fragte mich die Dame:

»Monsieur, glauben Sie, daß der König morgen vors Tribunal tritt?«

»Jawohl, Madame!«

»Warum sind Sie so sicher?«

»Ich hoffe auf seine Vernunft.«

»Sie sind also nicht sein Feind! ... Stützen Sie mich bitte!«

»Ich, sein Feind; warum sollte ich das sein? Nein, er ist doch schon unglücklich genug, in eine solche Lage geraten zu sein! Welcher Mensch an seiner Stelle könnte sich aus einer derartigen Situation noch herauswinden? Ihn bedroht einerseits das Schwert des Gesetzes, auf das er selbst den Eid geschworen hat, und andererseits der meuchlerische Stahl der Mörder. Niemand ist auf seiner Seite, weder sein eigenes Volk noch das Ausland! Ein entsetzliches Beispiel ist damit den Menschen gegeben. Man ist noch niemals zum Ziel gelangt, wenn man es allen recht machen wollte!«

»Ganz richtig, er hätte die Generalstände niedermetzeln lassen sollen!«

»Still, Mama!« sagte die junge Dame. »Sie müssen wissen, Bürger, seit einiger Zeit ist ihr Geist etwas verwirrt; sehen Sie es ihr nach!«

»Man behauptet, ich verlöre den Verstand, weil ich, seit das Oberhaupt des Adels dort ist, jeden Abend komme, um vor seinem Gefängnis zu Boden zu sinken und zu beten!«

»Madame, so beruhigen Sie sich doch«, sprach ich zu ihr. »Niemand hat mehr Verständnis für die Schwächen der Menschen als ich! Ich habe Mitleid mit ihnen und versuche sie zu trösten. Ich übe Nachsicht, da ich doch selbst unglücklich bin, wenn auch aus anderen Gründen als Sie. Sie sind von Adel; ich verstehe Ihre Gefühle! Aber Sie sind sicher Christin, wenn Sie gerade gebetet haben. Kennen Sie Ihre christliche Religion auch gut?«

»Ich kenne sie so, wie man sie mich gelehrt hat.«

»Haben Sie sie durch das Evangelium erfahren? Denn alle anderen Quellen sind unlauter.«

»Ich habe einige Episteln und Evangelien gelesen.«

»Das genügt nicht! Man muß sich das Neue Testament vornehmen, es hintereinander und im Ganzen lesen; so werden Sie sehen, daß das Christentum eine Religion der Sanftmut, der Brüderlichkeit, der Demut und der Selbstlosigkeit ist; Sie werden weiter darin finden, daß man zur Zeit der ersten Christen nicht adlig sein durfte, vielmehr dem Adel abschwören mußte, um seinen Brüdern gleich zu werden. Man mußte demütig, bescheiden und arm, ein allen ergebener Diener sein, aber nicht durch einen leeren Spruch wie die päpstlichen Nachfolger des Petrus, sondern aus tiefstem Herzen. Lesen Sie das Evangelium! Wenn Sie daran glauben, woran ich nicht zweifle, so werden Sie sehen, daß dies das republikanischste, das demokratischste Buch ist, das es gibt! Sie werden auch darin erkennen, daß die Priester, für die der unglückselige Ludwig seine Krone und vielleicht sein Leben verlieren wird, nichts weiter sind als Schurken, Abtrünnige, Betrüger und Ignoranten!«

Jetzt ließ die Dame meinen Arm los.

»Verschwinde, Satan«, sagte sie zu mir, »und reize mich nicht länger!«

Dabei lief sie nun auf einmal sehr leichtfüßig davon. Die junge Dame sagte entschuldigend, als sie sich von mir verabschiedete:
»Bürger, Sie wissen, was ich Ihnen gesagt habe, sie verliert den Verstand, wir sind vollkommen verzweifelt.«
So entfernte sie sich; aber ich folgte ihnen in einem gewissen Abstand, um sie im Falle eines Angriffs zu beschützen. Sie gelangten zu Hause an, und ich kehrte auf demselben Weg zurück, auf dem ich gekommen war, über die Île-Saint-Louis. Ich umrundete den westlichen Teil. Von der Métropole schlug es Mitternacht. Ich begab mich zur Ruhe. Am nächsten Morgen war ich um sechs Uhr schon wieder auf den Beinen und ging hinaus, um auf der Passage meinen Posten zu beziehen. ›Muß es denn tatsächlich sein‹, dachte ich bei mir, ›daß solch gebieterische Umstände mich zwingen, meine Arbeit im Stich zu lassen, die doch meine Existenzgrundlage ist? Aber das hier ist ja auch Arbeit.‹ Ich wartete vier Stunden lang. Durch einen glücklichen Zufall stand ich neben einem Sekretär von Monsieur de Liancourt, dem ehemaligen Mitglied der Konstituierenden Versammlung. Er hatte früher einmal im Haus des Vaters von Julie gewohnt. Er kannte auch jenen reichen Mann, der das besagte Mädchen aus dem Asyl fortgeführt hatte. So erzählte er mir all das, wovon ich noch nichts wußte: Die Mutter Julies war vor Schmerz gestorben; der älteste der Brüder hatte Scaturin im Duell getötet; man hatte bewirkt, daß die junge Witwe das Andenken ihres scheußlichen Ehemanns verabscheute. Ich war tief befriedigt, daß die ewige Gerechtigkeit gesiegt hatte. Dann sprach er von dem Mann aus der Salpêtrière, wobei er seine Überzeugung zum Ausdruck brachte, daß jener Mann die Absicht habe, seine Verbindung mit Jacinte Gando zu legitimieren.
Endlich sahen wir Ludwig vorbeikommen. Darauf gingen wir zum Konvent, wo ich durch den Sekretär Einlaß erhielt. So erlebte ich das Verhör Ludwigs mit. Ich hörte seine Antworten und muß zugeben, daß ich niemals seine Kaltblütigkeit besessen hätte. Die Fragen, die man ihm gestellt hat, und seine Erwiderungen sind allgemein bekannt; dieses Buch muß dadurch nicht dicker werden.
Ansonsten passierte mir im weiteren Verlauf des Tages nichts Bemerkenswertes, abgesehen davon, daß ich in meiner Sektion einen anständigen Bürger vor den feigen Angriffen von Verleumdern schützen wollte. Allerdings gelang es mir nicht. Die Sektionen wurden damals von einigen Agitatoren oder von Unruhestiftern geleitet, die von Dummköpfen aufgehetzt waren.

So kehrte ich zurück auf meine Insel, wo ich mich wieder ganz meinen Überlegungen hingab. ›Was für ein Schauspiel habe ich heute erlebt! Ein Monarch, eben noch gefürchtet, selbst von den ausländischen Mächten, steht nun als Verbrecher vor den Repräsentanten seines Volkes, die selber Teil des Volkes sind, wählbar und absetzbar, und die bald wieder gemeine Bürger sein werden!‹ Mit meinem gewaltigen Erstaunen war ich allein, niemand teilte es. All meine Mitzuschauer betrachteten das Geschehene als etwas Alltägliches! Keinerlei Erregung! Ich allein war erschüttert, und wenn andere es ebenfalls waren, verbargen sie es. Ich bin kein Aristokrat, obwohl auch ich nicht unbedingt an meinen Prinzipien festhalte; ich bin auch kein Einfaltspinsel, den alles Ungewohnte gleich in Erstaunen versetzt. Woher kam es also, daß ich so erregt war? Ach, der Grund ist, daß ich ein empfindsamer Mensch bin, während andere überhaupt nichts fühlen! Wieso komme ich immer wieder hierher und setze mich den Beleidigungen aus, immer wieder, seit 1785, als ich zum erstenmal von den Kindern beschimpft wurde, die der Schurke auf mich gehetzt hatte, der mich dann auch in der Nacht von 28. zum 29. Oktober vor die Kommune gebracht hatte. Der Grund liegt darin, daß ich nach Empfindungen begierig bin, die ich in meinen Daten wiederfinde. Mit immer wieder neuem Entzücken betrachte ich sie im Schein der Laternen; sie rufen mir die Jahre zurück, in denen ich sie eingraviert habe, die Leidenschaften, die mich erregten, die Menschen, die ich liebte. Wenn ich zum Beispiel heute eins der Daten betrachte, weiß ich, daß ich 1777 glücklich war, als ich den ›Nouvel Abélard‹ schrieb und die ältere Toniop liebte, die so adrett und elegant war. Ich erinnere mich, daß im Jahre 1778 mein Glück durch eine Unvorsichtigkeit gestört wurde, daß ich im Jahre 1779 Mairobert verlor und die Hoffnung aufgeben mußte, ein bedeutendes Werk zu vollenden, von dem man einige Splitter im ›Paysan-Paysanne‹, in den ›Françaises‹ usw. finden kann. Ich erinnere mich, daß ich 1780 in einem Rausch lebte, dessen Ursache Sara war, daß ich 1780 tiefen Schmerz erlitt, wofür sie ebenfalls der Grund war. 1782 lebte ich in Frieden; 1783 angenehm erregt durch meine Neigung für Madame Maillard; während ich 1784 um meine ›Paysanne pervertie‹ zittern mußte, die bedroht war. Im Jahre 1785 war ich selbst erstaunt, wie es mir gelungen war, für dieses Jahr Verluste zu vermeiden; 1786 schuf ich die ›Parisiennes‹, und 1787 begann ich mit der Arbeit an den ›Nuits de Paris‹, die ich 1788 abschloß. Im Jahre 1789 kam ich zitternd hierher; 1790 mußte ich grausame Qualen und schlimmste Verzweiflung erdulden; von diesem Schmerz war ich 1791 noch immer beherrscht. Ich dachte daran, daß ich 1792 den Druck des ›Drame de la vie‹ abgeschlossen hatte. Und heute, im Jahr 1793, habe ich einen großmütigen Freund gefunden, der mir seine Unterstützung gewährt, damit ich den Druck meiner ›Année des Dames nationales‹ beenden und ›Les Ressorts du cœur humain dévoilé‹ beginnen kann. Ich überschaue so in einem einzigen Augenblick fünfzehn verschiedene Jahre; ich koste sie aus; ich genieße sie ... Deshalb komme ich immer wieder hierher, trotz aller Gefahren. Natürlich wird dieser Genuß dadurch geschmälert, daß die Kinder des Pöbels mich der friedvollen Ruhe berauben, aber gänzlich zerstören sie diese Freude nicht. Die wohltuenden Strahlen der Sonne kann ich hier freilich nicht mehr genießen, sondern nur abends kommen, dann allerdings unter der Gefahr, von Banditen ermordet zu werden, aber diese Furcht kann meine Empfindsamkeit nicht ersticken. So beendete ich an diesem Abend ruhig meinen Spaziergang über eine Seite der Insel und ging ins Café Robert-Manouri; dann besuchte ich Fillette; anschließend führte mich mein Weg ins Palais-Égalité, bis ich mich endlich zur Ruhe begab, um am nächsten Tag von neuem zu beginnen.*

---

* In einer Anmerkung muß ich von den Beleidigungen berichten, die mir auf der Insel zugefügt wurden, nicht von den früheren, nein, von den jüngsten. Am 3. November 1792 ging ich, von der Ostspitze kommend, über die Insel. Die Kinder spielten Patrouille. Ich glaubte mich vergessen oder unbekannt. Es gab aber einen Straßenjungen, der mich schon damals belästigt hatte. Er machte die anderen auf mich aufmerksam. Sogleich begannen die Kinder, mich zu beschimpfen und mit Steinen zu bewerfen. Ich beeilte mich, über die Rue des Deux-Ponts zu fliehen. Sie verfolgten mich und warfen mit Dreck. Es hätte mich das Leben gekostet, wäre unter ihnen auch nur ein älterer gewesen. Ich kenne das Volk zu gut, als daß ich etwa die Wachen um Hilfe angerufen hätte. Der Posten sah mich kommen, war aber so gütig, mich passieren zu lassen. So konnte ich über die Rue Guillaume entweichen ... Am 5. wurde ich noch ärger beschimpft, und ich hörte die kleinen Bestien untereinander sagen, man müsse Männer heranholen, die mich töten sollten. Ich wurde mit Steinwürfen angegriffen und verletzt. Ich verdanke mein Heil nur der Idee, dorthin zu laufen, wo Menschen waren. Ich rannte durch die westliche Rue Saint-Louis über die Insel zurück. Ich hörte die Ungeheuer hinter mir über die Quais galoppieren. Ich lief wie sie, damit sie mich nicht überholen konnten, und hatte das Glück, den Pont de la Tournelle in dem Moment zu erreichen, da sie beim Gardecorps ankamen. Seitdem ging ich nur noch spät abends auf meine Insel.

SIEBZEHNTE NACHT

Vom 25. zum 26. Januar [1793]

Im Palais-Égalité

Es war etwa fünf Uhr. In meinen Mantel gehüllt, ging ich trübsinnig durch die Arkaden, als ich auf der gegenüberliegenden Seite aus dem Haus mit der Nummer ... einen unbewaffneten Mann eilig fliehen sah. Ich hatte hier im Jardin des Palais-Égalité schon so viele Menschen verfolgt und fliehen gesehen, daß ich mich nicht weiter darüber wunderte. ›Wieder so ein Unglücklicher!‹ dachte ich bei mir. Ich wußte nicht, daß ich einen Mörder bedauerte. Schon kamen einige Leute hinterhergelaufen. Ich mischte mich nicht ein. Vielleicht hätte ich die Gefangennahme Pâris' bewirken können, wenn ich seinen Fluchtweg verraten hätte; aber ich wußte ja nicht, was vor sich ging. Erst als der große Menschenauflauf entstand, erfuhr ich von dem Verbrechen. Ich hatte so wenig auf den Fliehenden geachtet, daß ich nicht einmal hätte sagen können, wie er gekleidet war. Nun erfuhr ich die Einzelheiten: Daß Pâris, ein Gauner, ein Lump (hier geriet ich in Wut, denn diese Sorte Menschen kenne ich, und ich hätte mein Leben riskiert, um ihn festzunehmen), daß er also seine Mahlzeit bei dem Schankwirt Février einnahm, wo sich auch Lepelletier aufhielt; und daß, als dieser gerade dabei war zu zahlen, der Mörder an ihn mit der Frage herantrat, ob er nicht der Schuft Lepelletier sei?

»Ich bin Lepelletier, aber ich bin kein Schuft.«

Worauf Pâris dann weiter wissen wollte, ob er für den Tod des Königs gestimmt habe?

»Ich glaubte, das meinem Gewissen schuldig zu sein.«

Ich erfuhr schließlich, daß Pâris daraufhin einen Dolch unter seinem Überrock hervorzog und ihn Lepelletier in den Unterleib stieß. Nach diesem grausamen Bericht, der meine Niedergeschlagenheit nur noch verstärkte, ging ich weiter. Vor der Tür des Café du Caveau traf ich ein hübsches Mädchen, das Cécile gerufen wurde und das sich mit tränennassen Augen an mich wandte:

»Mein Vater«, sagte sie zu mir, »ein böser Mensch, dieser Schurke

Pâris, hat mir soeben, als er durch den Wandelgang stürmte, einen Hieb mit der Faust versetzt; wäre ich nicht noch rechtzeitig zur Seite gesprungen, hätte er mich umgebracht!«

»Wo ist er? Wo ist er?« schrie ich.

»Er hat sich sofort umgedreht und dabei gesagt: ›Es geht wohl nicht an, daß du mich überlebst.‹ Dann lief er wie ein Tollwütiger davon, kam wieder zurück, und das einigemal.«

»So wollen wir ihn suchen!«

»Nein!« entgegnete das junge Mädchen und hielt mich fest. »Er würde uns töten!«

Und sie klammerte sich mit ganzer Kraft an mich. Dies hätte ich abgewehrt, wäre nicht noch etwas anderes passiert. Während Cécile mich festhielt, kamen drei Wüstlinge der übelsten Art dicht an uns heran. Sie griffen nach ihr und sagten:

»Was willst du denn mit dieser alten Mißgeburt! Komm mit uns oder nimm uns mit zu dir; wir taugen mehr.«

Cécile, ohne mich dabei loszulassen, schrie sie an:

»Laßt mich! Laßt mich in Ruhe! Ich bin keine Dirne!«

»Du keine Dirne? Wir erkennen dich wieder.«

Darauf fiel es der armen Cécile ein, ihnen zu erklären, daß ich ihr Vater sei und daß ich sie aus diesem Gewerbe herausgeholt hätte.

»Um so besser (und sie zerrten uns mit sich), wenn er dein Vater ist und dich tatsächlich aus diesem Geschäft herausgenommen haben sollte, wird er zusehen, wie wir deine Bekehrung besiegeln und dir die Lust am Laster verleiden. Er kann die Kerze halten. Nicht wahr, Papa?«, so sprach einer von ihnen, indem er mir einen Hieb versetzte. Ich habe niemals zuvor eine derartige Wut empfunden. Ich riß mich mit einer heftigen Bewegung los und rief um Hilfe. Der Zufall ließ gerade eine Patrouille vorbeikommen. Die drei Schurken entkamen, wollten jedoch vorher Cécile die Ohren abreißen, indem sie an ihren Ohrringen zerrten; aber es gelang ihnen selbstverständlich nicht.

Wieder befreit, ließ ich mich von ihr an die Stelle führen, wo sie Pâris gesehen hatte, den sie noch von früher kannte. Wir erkundigten uns bei anderen Leuten; er war gesehen worden. Aber die drei Halunken hatten uns zu lange aufgehalten; er war längst verschwunden. Ich brachte Cécile wieder zu ihrer Herrin zurück und machte ihr Vorwürfe, da sie das Kokettieren nicht lassen konnte und in einem solchen Aufputz abends hinausging.

»Ich trage doch nur meine alten Kleider«, meinte sie entschuldigend.

Ich verbot ihr, mit Ohrringen, ohne ihren Umhang und ohne den Kopf mit ihrem Käppchen bedeckt zu haben, das Haus zu verlassen. Ich machte ihr klar, daß sie auf Grund ihres früheren Gewerbes allen Lüstlingen des Palais-Royal bekannt war und daß sie deshalb niemals dorthin gehen sollte. Sie versprach, mir in allem zu gehorchen.

Nachdem ich sie bei ihrer Herrin in der Rue Vrillère abgeliefert hatte, setzte ich meinen Weg fort und betrachtete alle Leute ganz genau, denn mir schien, daß ich Pâris an seinem verstörten Gesicht erkennen müßte. Als ich zur Valois-Passage, oder, wie es jetzt heißt, der Passage des Marchands-d'Argent, hinunterstieg, sah ich einen Mann durch die Montansier-Passage kommen. Ich nahm an, daß dies Pâris sei. Deshalb sprach ich ihn an, tat dabei so, als wäre ich ein Provinzler, und fragte ihn nach dem Weg zum Palais-Royal. Ganz bewußt behandelte ich ihn wie einen Herrn, um ihn nicht zu reizen. Er nahm mich schweigend bei der Hand, ging bis zum Eingang der Passage, stieß mich hinein, indem er nur ein einziges Wort sagte:

»Geh.«

War er Pâris? Ich bin fast sicher. Ich verließ das Palais-Égalité und begab mich zum Nationalkonvent.

Ludwigs Verteidigung

Seit Ludwig vor der Schranke des Konvents erschienen war, ging es um seinen Prozeß. Den Verteidigern wurde das Recht eingeräumt, sich vorzustellen. Der alte Malesherbes hatte seinen Zufluchtsort verlassen, um sich um dieses schwierige Amt zu bemühen, das seine Kräfte bei weitem überstieg: Ludwig wollte Target beauftragen, der aber lehnte ab; Treilhard und Desèze willigten ein. Seine Ratgeber konnten sich mit ihm besprechen. Die Anklageschriften wurden ihnen zur Kenntnis gegeben.

Nur zwanzig Jahre früher hätte ein Mann wie Malesherbes sicher gewußt, was zu tun das richtige wäre. Desèze und Treilhard hingegen hatten nicht die leiseste Ahnung davon. Konnte man denn einen König, dessen Machtbefugnisse festgeschrieben und eingeschränkt worden waren, mit jenen Mitteln verteidigen, mit welchen er seine Autorität wiederherstellen wollte? Kein Mensch zweifelte daran, daß auf ebendieses Ziel all seine öffentlichen und geheimen Anstrengungen gerichtet waren. Nun, wenn Ludwig in diesem Punkt schuldig war, dann, weil er einem Irrtum unterlag und verblendet war! Denn er hat seine wirklichen Interessen nicht gesehen. Er hat nicht erkannt, daß er nur den einzig vernünftigen Entschluß hätte fassen müssen, sich in die Arme des Volkes zu werfen und durch seine Aufrichtigkeit und sein eifriges Wirken für eine Verfassung, die ihn und alle Bürger schützte, zurückzugewinnen, was er durch die schlechten Ratschläge der Uneinsichtigen und der Dummköpfe, die ihn umgaben, verloren hatte. Schuldig war er, weil er keine wirksamen Mittel ergriffen hatte, um entweder den äußeren Frieden zu erhalten oder aber die Feinde zurückzuschlagen! Dieses Irrtums war Ludwig anzuklagen. Er hatte nicht gespürt, welches Schicksal die Nachbarländer ihm bereiten wollten. Er merkte nicht, daß er sich, während er seine Brüder und den Adel triumphieren ließ, jenen Tyrannen auslieferte, die sowohl seine Autorität als auch die Rechte der Völker hinweggefegt haben würden. Ludwig, Ludwig, Ihr hattet übereinstimmende Interessen mit der großen Masse des Volkes, aber das habt Ihr nicht erkannt! Als die Verfassung einmal verabschiedet und von Euch angenommen war, entsprach Euer Interesse nunmehr weder dem des Adels, noch dem Eurer Brüder, noch dem des Klerus. Wenn Euch die Religion dennoch an die Ziele der Geistlichkeit band, wart Ihr abermals im Irrtum. Die christliche Geistlichkeit soll nicht reich sein. – Ihr habt Katharina ihren Klerus in den Ruhestand schicken sehen! Habt Ihr sie deshalb wie eine Gotteslästerin behandelt? – O Ludwig! Ihr wart geblendet, aber kein Verbrecher! Euer ungeschickter und somit schuldiger Verteidiger Desèze mußte Euch deshalb nicht von einem erwiesenen und jedermann bekannten Vergehen reinwaschen; es mußte ihm von vornherein klar sein, daß er damit keinen Erfolg haben würde. Er hätte vielmehr so plädieren sollen, wie wir alle gefühlt haben: Er hätte unser politisches Interesse an Eurer Machterhaltung betonen und die Argumente all jener, die Euren Tod wollten, durch klare, einleuchtende Vernunftgründe, die ganz Frankreich überzeugt hätten, umstoßen müssen. Aber er war nicht der Mann dafür. Dazu war Geist vonnöten, und den hatte er nicht. Man stelle sich Mirabeau oder auch nur Linguet in seinen besten Tagen an seiner Stelle vor. Der Konvent und ganz Frankreich wären zum Zittern gebracht worden! So verderben halbe Begabungen manchmal alles ... Ich schicke hier Gedanken voraus, die mich erst beschäftigten, während und nachdem ich die Reden von Desèze gehört hatte.

Am 16. Januar war ich von zu Hause aufgebrochen, um dem Plädoyer beiwohnen zu können, und es gelang mir, Zutritt zu erhalten. Ich ließ meinen Blick über den weiten Raum schweifen, in welchem siebenhundert Menschen saßen, um über einen König zu richten. Ich sah diesen einst so großen Monarchen als einen Verbrecher vor seinen Richtern sitzen. Das verwirrte mich! Aber sogleich sagte ich mir: ›Dies ist ein Mensch vor Menschen, es ist der Schwächste vor den Stärksten. Es ist ein König vor Menschen, die keinen König mehr wollen. Er hindert sie. Was werden sie mit ihm anfangen?‹ Diese Gedanken quälten mich ganz schrecklich. Um mich von ihnen zu lösen, versetzte ich mich im Geist in die folgenden Jahrhunderte: Ich sah die Menschen von 1992 vor mir, sah sie unsere Geschichte lesen; ich bemühte mich, sie zu hören, und ich hörte sie. Die Strenge ihres Urteils erschreckte mich! Ich hatte den Eindruck, daß die einen uns vorwarfen, unmenschlich gewesen zu sein, während die Radikalen uns lobten, genau wie heute. Ich glaubte zu sehen, daß in ganz Europa eine neue Regierungsform entstanden war; aber ich sah auf den Blättern der Geschichte die schrecklichen Erschütterungen, die es zuvor hatte erdulden müssen. Es schien mir, daß ich die Leser zueinander sprechen hörte: ›Wie froh können wir doch sein, nicht in diesen furchtbaren Zeiten gelebt zu haben, da das Leben der Menschen nichts zählte!‹ Einer ihrer Philosophen rief: ›Von Zeit zu Zeit bedarf es dieser Erschütterungen, um die Menschen den Wert friedlichen Lebens empfinden zu lassen, wie es einer Krankheit bedarf, um den Wert der Gesundheit richtig zu schätzen.‹ – ›Hättest du aber‹, fragte ihn darauf einer seiner Kollegen, ›der Erschütterer oder der Erschütterte sein wollen?‹ – ›Nein, nein, weder das eine noch das andere möchte ich sein! Aber ich wäre nicht betrübt, wenn ich es gewesen wäre. Vergangenes Übel ist, wenn es nicht das Leben gekostet hat, ein um so größeres Glück.‹ – ›Na, diese großen Denker!‹ rief ein Grübler, der in einer Ecke hockte, ›ihr seid es doch selbst gewesen. Ihr wart die Menschen von vor zweihundert Jahren. Ihr seid aus ihren organischen Molekülen zusammengesetzt; ihr lebt deshalb in Frieden, weil diese Moleküle genug vom Krieg haben. Nach einer langen Ruhezeit werdet ihr wieder dahin zurückkommen ...‹ An dieser Stelle wurde ich von Desèze aus meinen Überlegungen geweckt.

Nach Desèzes Rede, die ich aufmerksam verfolgte, mußten sich

Ludwig und seine Verteidiger zurückziehen; es herrschte vollkommene Stille. Man spürte nichts von den heftigen Erregungen, die die Redekunst früher hervorrufen konnte; die Ansprache von Desèze hatte nur ihn und mich berührt. Ich war von dem Verlust der großen Szenen, von den verlorenen großartigen Ideen zum Wohle der Nation schmerzhaft getroffen. Denn in den Angelegenheiten des Staatswohls, wie die Ludwigs es war, muß der einzelne Mensch, und sei er ein König, beiseitetreten; es darf nur um die allgemeinen Interessen gehen! Weder Mitleid noch die Gerechtigkeit, nicht mal die Gerechtigkeit machen den geringsten Eindruck auf ein Volk, das sich Verbesserungen aus der Zerstörung eines seiner Glieder erhofft. Ich ging hinaus, von Schmerz erfüllt, und während ich meine Schritte fort von diesem Ort lenkte, sagte ich mir: ›Ich hätte es besser gemacht.‹

Ich war lange unterwegs, und so kam der Abend. Zum Abendessen wollte ich heimkehren, eher erschöpft als hungrig, als ich unterwegs einem Mann begegnete, der mich kannte, wobei ich ihn nicht zu meinen Bekannten zählte. Er schlug mir auf die Schulter:

»Der Autor des ›Pied de Fanchette‹, der ›Contemporaines‹, des ›Paysan‹ kommt wohl aus dem Konvent?«

»Ja.«

»Hat er schon gegessen?«

»Nein«.

»Will er mit mir im Palais-Égalité zu Abend essen?«

»Ich kenne Sie nicht.«

»Sieht er nicht, daß aber ich ihn kenne?«

»Das genügt nicht. Ich muß auch wissen, wer Sie sind.«

»Ich bin ein Toter; und die Toten haben weder Namen noch Titel.«

»Nein; aber sie laden auch die Lebenden nicht zum Essen ein! Ihr Diener.«

»Don Juan hat die Einladung des Komtur auch angenommen; also kommen Sie.«

»Aber der Komtur hatte sich vorgestellt.«

»Ich werde mich auch vorstellen …«

Und so zog er mich, man kann schon fast sagen, gewaltsam, mit sich fort. Wir traten in die Schenke ein und wurden bedient.

»Bürger!« sagte ich zu dem Toten, »ich werde nicht einen Bissen essen, bevor ich nicht Ihren Namen weiß.«

»Nach der Suppe.«

Wir aßen die Suppe. Dann wurde eine Vorspeise serviert.

»Ihr Name?«

»Bei der Hammelkeule, ich weiß, daß Sie das gern essen; das habe ich bestellt.«

Wir aßen und tranken. Die Hammelkeule wurde gebracht.

»Ihr Name?«

»Erst wollen wir dies essen.«

Ich wurde des Fragens überdrüssig. Beim Dessert aber bestand ich darauf. Da stand der Mann auf. Ich glaubte zu sehen, daß er bezahlte. Aber da er eine Birne angeschnitten hatte, war ich der Meinung, daß er wiederkäme, um sie aufzuessen. Er erschien nicht noch einmal. Ein Kellner überbrachte mir eine Nachricht:

»Bürger, der Mann, mit dem Sie gerade zusammen gespeist haben, hat alles bezahlt. Ein Geschäft hat ihn fortgerufen; er bittet Sie, ihn zu entschuldigen; er ist gegangen.«

Daraufhin habe ich meinen Geist und mein Gedächtnis gefoltert, um mich der Züge dieses Mannes genau zu erinnern. Aber niemand von all denen, die ich jemals gekannt hatte, ähnelte ihm. So stand ich auf und ging hinaus.

An der Tür hörte ich ein »St!«. Ich drehte mich schnell um, sah aber niemanden außer einer hübschen Frau, die nicht den Eindruck machte, zu den Stammgästen des Palais-Égalité zu gehören. Da sie mich ansah, ging ich auf sie zu:

»Haben Madame mich vielleicht gerufen?«

»Nein, Bürger.«

»Ich dachte es, weil Sie mich ansahen?«

»Ich sah Sie an, weil ich glaubte, daß man Sie rief, aber nun sehe ich niemanden mehr. Ist es vielleicht einer Ihrer Freunde, der sich einen Spaß macht?«

»Kennen Sie ihn, Bürgerin?«

Die Dame schien verlegen zu werden und errötete ein wenig, indem sie antwortete: »Nein.«

Ich blieb an ihrer Seite und sprach weiter, während wir durch jene Allee des Parkes gingen, die man früher Seufzerallee nannte. Sie fragte mich, ob ich Schriftsteller sei.

»Normalerweise ist es so. Bei Ausbruch der Revolution hatte ich mehrere Werke in Druck und konnte sie nicht fallenlassen, ohne mich dadurch vollends zu ruinieren.«

»Ihre geschäftliche Lage ist demnach schlecht.«

»Sehr schlecht.«

»Das ist gut!«

»Das ist sehr schlimm, Bürgerin!«

»Ich verstehe schon. Haben Sie den Mann, mit dem Sie soeben gespeist haben, wiedererkannt?«

»Nein, überhaupt nicht.«

»Wirklich nicht?«

»Ich würde es Ihnen sagen.«

»Und wie ist es mit mir, erkennen Sie mich?«

»Nein, Madame ... nein! ... wirklich.«

»Ich glaube Ihnen. Der Mann, den Sie gesehen haben, mit dem Sie gegessen haben, ist ...«

»Nun, also, Madame?«

»Ein ehemaliger Parlamentsrat.«

»Ha! Ist es etwa?« Ich nannte einen Namen.

»Das könnte sein.«

»Aber der ist doch tot.«

»Ja, das glauben alle. Er hat Sie immer durch die Vermittlung eines Mannes sprechen wollen, den zu empfangen Sie aber unentwegt abgelehnt haben. Er meinte Ihre Gefühle zu kennen, die den seinen entsprächen, aber er ist nicht zum Ziel gelangt. Sie haben nicht den Eindruck erweckt, nur halb Ausgesprochenes verstanden zu haben. Man hat uns fest versichert, daß ich mehr Erfolg haben würde. Ihr könnt ohne Vorbehalt zu mir sprechen. Wenn ich hier auch als Dame erscheine und Sie in meinem Gefolge zwei Dienstboten sehen, bin ich doch nur die kleine Sainfrai, die Sie schon zweimal bei ihrer Tante in der Rue du Four-Saint-Honoré, ganz in der Nähe des damaligen ›Journal de Paris‹, gesehen haben.«

»Ich erinnere mich ... Aber ich erkenne Sie überhaupt nicht wieder. Womit hat man Sie beauftragt?«

Ganz leise machte sie mir ihr Angebot, welches ich energisch zurückwies. Damals wäre die Sache tatsächlich von großer Bedeutung gewesen, heute vollkommen unwichtig. Nach ihrer Frage und meiner Antwort entfernte sie sich. Die beiden Männer, die sie ihre Bediensteten nannte, machten Anstalten, mir den Weg zu versperren, so daß ich ihr nicht folgen konnte. Als ich dessen gewahr wurde, verschwanden schließlich auch sie, jeder in eine andere Richtung. Dies war ein Beweis dafür, daß gewisse Leute nichts unversucht ließen, um ihre Pläne, die immer verdeckt blieben, durchzusetzen, daß sie sich stets nur halb aussprachen und gerade soweit gingen, daß sie den anderen immer noch täuschen konnten. In diesem Fall zum Beispiel sollte ich ein blindes, aber dennoch intelligentes Werkzeug sein. Ich sollte keines der beiden Enden der Kette sehen. Man verlangte von mir nur eine einzelne Tat, die des Verstandes bedurfte. Danach hätte man mich in Ruhe gelassen. Ich ließ mich auf nichts ein, eben weil ich nicht wußte, welche Folgen mein Tun haben würde. Man versuchte es deshalb gerade bei mir, da ich, der ich mich niemals in irgendwelche politischen Angelegenheiten eingemischt hatte, keinem Klub oder keiner Gesellschaft angehörte, weniger verdächtig als ein anderer war.

Ferner war ich sicher, daß die Dame mich getäuscht hatte, daß sie nicht die kleine Sainfrai war, sondern früher zum Hof gehörte, und daß der Mann, von dem sie gesprochen hatte, nicht jener war, der zu sein sie mich glauben machen wollte, sondern ein ganz anderer.

Ich verließ den Park, wo ich mich nach meiner Weigerung nun nicht mehr sicher fühlte. Ich ging zu den Tuilerien, die ich schon seit langer Zeit nicht mehr abends besucht hatte. Unter den Bäumen machte ich einen Spaziergang und dachte dabei über die Ereignisse des Tages nach. Zum Glück war ich trotz der Dunkelheit von Anfang an so vorsichtig, daß man meine Schritte nicht hören konnte. Ein leises Geräusch hieß mich, noch wachsamer zu sein. Ich ging näher heran; dort standen ein Mann und eine Frau mit dem Rücken an einen Baum gelehnt. Zunächst glaubte ich mich Zeuge einer Szene ausschweifenden Lasters und wollte mich gerade abwenden, als ich die Stimme der Frau sagen hörte:

»Ich weiß nicht, was passiert wäre, wenn er mich erkannt hätte, denn dann hätte er alles begriffen!«

»Er konnte Sie nicht wiedererkennen, da er Sie nur einmal gesehen hatte, und außerdem bei Licht, was eine Frau stets ganz verändert erscheinen läßt!«

»Er hat mich wohl auch tatsächlich nicht erkannt.«

»Was mich betrifft, so hat er mich vor mehr als zehn Jahren vielleicht zwei- oder dreimal gesehen, ohne mich besonders zu beachten, denn ich habe niemals mit ihm gesprochen. Heute war es wie ein Stegreifspiel, das ich erfunden habe, als ich ihn in den Konvent kommen sah.«

Das haben Sie mir bereits erklärt ... aber nun sind wir lange genug an diesem Ort geblieben, um all jene von der Spur abzulenken, die uns hätten verfolgen können, wie Sie es befürchteten.«

»Nur noch einige Augenblicke! Außerdem habe ich die Kutsche noch nicht am Pont Tournant ankommen hören.«

Sie gingen los, und ich konnte sie nicht mehr verstehen, da ich es nicht wagte, ihnen in zu geringem Abstand zu folgen. Ich hörte eine Kutsche. Der Mann und die Dame öffneten eine kleine Pforte bei den Glacières, gingen hinaus und schlugen die Tür wieder zu. Ich wollte denselben Weg nehmen, doch eine Concierge schloß die Tür ab. Ich lief in Richtung Pont Tournant, wo die beiden in den Wagen stiegen, und da sie den Weg stadteinwärts einschlugen, eilte ich auf die Terrasse am Fluß und rannte in gleicher Höhe mit ihnen bis zum Pont Royal, wo ich sie dann aus den Augen verlor, da ich die Tuilerien nicht früh genug verlassen hatte.

Als ich auf dem Quai Voltaire war, fand ich zu meinen Füßen ein zusammengefaltetes Stück Papier. Ich hob es auf und las beim Schein einer Laterne die folgenden Worte: ›Die lang erwartete Rede ist gehalten! Nichts, nichts! Tempus et aer, solitudo mera. Der arme Mann ist verloren, verloren! Man darf ihm keine Hoffnung mehr machen!‹

ACHTZEHNTE NACHT

Vom 20. zum 21. Januar 1793

Der Augenblick ist gekommen; das Urteil ist gesprochen! Worin liegt eigentlich die Ursache für dies Vorgehen, das alle Welt als politisch unklug betrachtet? ... Das ist der Grund: Im vergangenen Herbst hatte sich ein Gerücht verbreitet, wonach Ludwig aus dem Temple befreit und der preußischen Armee zugeführt werden sollte. Dumouriez sollte ihn passieren lassen, und danach sollten Verhandlungen beginnen. Dieses Gerücht hatte all jene überzeugt, die es glauben wollten. Was mich betrifft, so halte ich meine Meinung dazu noch zurück. Aber vor Beendigung dieses Werkes will ich sie äußern, dann werde ich über alles informiert sein (denn heutzutage überstürzen sich die unseligen Ereignisse ja geradezu). Die Schuld daran, daß der Plan nicht gelang, hatte Ludwig selbst: Man hätte zwei augenscheinlich unbestechliche Gefangenenwärter töten müssen. Es wird erzählt, daß Ludwig das nicht zugelassen habe, daß er, sollte nur ein Tropfen Blut fließen, die Wachen selbst habe rufen wollen. Das ist ein edler Zug! Wenn er denn der Wahrheit entspricht, wäre Ludwig mehr wert als drei glücklichere Könige zusammen. Es wird behauptet, daß der Plan zwar ruchbar wurde, aber das Verhalten Dumouriez', als der den Feind zurückschlug, alle zum Schweigen gebracht habe. Man glaubt indes sicher zu sein, daß jene Männer, welche entschlossen waren, Ludwig XVI. sterben zu sehen, eben aus der Kenntnis dieses Planes den Schluß gezogen hatten, daß es unmöglich sei, den König am Leben zu lassen. Denn er würde sich, wenn sein Urteil auf Kerkerhaft lauten sollte, den Vorhaben derer zur Verfügung stellen, die ihn aus dem Gefängnis befreien und an die Spitze der feindlichen Armeen oder der Emigrantenbewegung setzen wollten. Dies sei die Erklärung für den wütenden Haß all jener, die sich ›für den Tod‹ aussprachen, gegen jene, die ›für Kerkerhaft‹ stimmten und deshalb als ausgesprochene Konterrevolutionäre betrachtet wurden. So sahen also die Gründe aus, die zu dem schrecklichen Ereignis führten, welches ich schildern werde. Sind es die wahren Ursachen? Wir werden es bald feststellen. Sind sie hinreichend? Man kennt meine Meinung über die Gesetze der Menschen und über die Mehrheit, die es stets zu respektieren gilt. So schweige ich hier dazu.

Am 20. Januar gegen Mittag ließ ich die Arbeit liegen und verließ von bebender Unruhe erfüllt meine Wohnung. Alles war ruhig wie gewöhnlich; ich weiß aber auch, warum. Die Agitatoren beider Parteien hatten keinerlei Interesse, irgendwelchen Aufruhr auszulösen: Der fanatische Revolutionär wollte, daß die Hinrichtung vollzogen würde. Der fanatische Aristokrat wünschte das ebenso, damit ganz Europa sich gegen unsere Nation richten sollte. Der friedliche Bürger, der den größten Teil der Menge ausmacht und der die Unruhen stets fürchtet, hütete sich vor jeglicher Regung. Und darin liegt eine Wahrheit, die die Heerführer niemals vergessen sollten; jene nämlich, daß der größte Teil eines Volkes immer aus friedliebenden Menschen besteht und daß man, wenn man eine Stadt vernichtet, die Unschuldigen mit bestraft.

Ich nahm zunächst meine gewohnte Route, die Rue des Noyers, Rue du Foin, die Rues de la Harpe und de l'Hirondelle, den Quai de la Vallée, dann ging ich über den Pont Neuf, die Rue de l'Arbre-Sec, die Rue Saint-Honoré und kam so zum Palais-Royal. Dort hielt ich an, um zu hören, was man sprach. Alles hallte von dem von Pâris an Lepelletier verübten Anschlag wider. Von Ludwig sprach man so gut wie überhaupt nicht. Darüber war ich äußerst erstaunt. Ich verließ das Café de Foy und ging ins Café des Chartres, an der Ecke der Rue Montansier. Auch dort verfolgte ich die Gespräche. Dieselben Unterhaltungen, aber es war schon ein wenig mehr von Ludwig die Rede. Ich erfuhr dennoch nichts. Durch die Scheiben blickte ich in die Säulengänge. Da wurde ich von Henriette und Adélaïde entdeckt, die näher kamen, um mir ein Zeichen zu geben. Sie waren hübscher als je zuvor; dennoch sahen sie traurig aus. Ich ging hinaus, um sie zu begrüßen.

»Wir sind verloren!« sagten sie zu mir.

»Aber warum denn?«

»Wir wollen in den Park gehen, dort hört uns niemand, und wir können es Ihnen erzählen.«

Wir gingen also dorthin, in eine der einsamsten Alleen.

»Seit Sie uns kennengelernt haben, meine Schwester und mich, ist uns das glücklichste Geschick widerfahren. Ein einstmals armer Mann, der uns wie ein Vater liebte, ist plötzlich reich geworden; er wollte uns nur Gutes tun, so wie Sie selbst auch; er hatte nun die

Mittel dazu. Und er tat es. Fortan konnten wir, meine Schwester und ich, selbst darüber entscheiden, wie wir unser Leben einrichten. Nicht, um dies auszunutzen, sondern um das zu sein, was wir uns immer gewünscht haben. So waren wir einige Monate lang glücklich.«

»Ha, zu glücklich!« rief Adélaïde; »das konnte nicht ewig dauern!«

»Stellen Sie sich nur vor, wie herrlich es für uns sein mußte«, sprach nun wieder Henriette, »da wir durch seine täglichen Zuwendungen unabhängig geworden waren und nun nichts anderes zu tun hatten, als von unseren Tanz- und Musikmeistern zu lernen und nur für uns selbst hübsche Kleider zu nähen. Wir durften mit ihm dinieren und schließlich sogar mit in seiner Theaterloge sitzen! Stellen Sie sich vor, wie wunderbar es war, danach ein Souper ganz nach unserem Verlangen zu genießen; wir folgten nur unseren Wünschen. So unabhängig, wie wir waren (o welch großes Glück!), konnten wir jedem mit Stolz ins Gesicht sehen. Urteilen Sie selbst, ob wir etwas anderes taten, Sie, die Sie uns kennen! Seitdem haben wir uns vollkommen vom Laster abgewandt, alle Angriffe abgewehrt, alle Angebote verachtet, und unsere Nächte sind nun einzig der Ruhe und dem erfrischenden Schlaf bestimmt. Das ist unser Glück ... Nun aber das Unglück. Ludwig wird verurteilt; Ludwig, den wir weder liebten noch haßten; den wir nicht einmal kannten, wird sterben! Und unser Beschützer hat geschworen, ihn nicht zu überleben oder zumindest zu emigrieren. Wir werden wieder in den Abgrund fallen! Begreifen Sie unsere Verzweiflung! Ach, sie ist unbeschreiblich, und wir haben schon erwogen, unser Leben selbst zu beenden, auf eine Art, bei der man nicht allzuviel leidet! Bei welcher Todesart leidet man am wenigsten?«

»Dazu kann ich Ihnen keinen Rat geben. Aber könnte ich nicht ein Wort mit Ihrem Wohltäter sprechen?«

»Ich werde nachsehen«, antwortete Adélaïde, »und Ihnen Bescheid geben!«

Darauf lief sie voraus. Ich ging langsam in dieselbe Richtung, zusammen mit Henriette. Adélaïde erschien wieder, als wir an der Tür ankamen.

»Er will Sie empfangen; gehen wir hinauf.«

Ich fand im ersten Stock eines Hauses in der ›Beaujolais‹ genannten Passage einen Mann, den ich wiederzuerkennen glaubte. Ich gestand ihm, daß die beiden Mädchen mich ins Vertrauen gezogen hatten, und bat ihn, mir die Gründe seines Schmerzes zu nennen.

»Ich habe keine anderen als die Verzweiflung über das Schicksal Frankreichs.«

»Machen Sie sich darum keine Sorgen, es wird alles gut gehen!«

»Glauben Sie doch nicht an solch ein Wunder! Dumouriez ist wahnsinnig! Dumouriez spielt ein Spiel, das Sie erzittern ließe! Aber ich werde vor diesem Unheil sterben ... Sie sind ein Bekannter meiner beiden Mädchen? Wer sind Sie?«

Ich stellte mich vor.

»Ich kenne Sie; einer meiner Freunde aus der Rue Bergère hat mir von Ihnen erzählt. Er hat Sie bei Gemonville gesehen. Zunächst hat er mir nur Gutes berichtet, neuerdings hat er aber seine Sie betreffende Meinung geändert. Was haben Sie ihm getan?«

»Nichts.«

»Üben Sie bis zu meinem Tode Diskretion über das, was Ihnen meine beiden Kinder erzählt haben; das Geheimnis wird nicht lange auf Ihnen lasten.«

Ich versprach es ihm. Und tatsächlich habe ich die Last meines Geheimnisses nur vierundzwanzig Stunden getragen. Aber für die beiden Mädchen hatte er gesorgt.

Nachdem ich ihn verlassen hatte, wollte ich sehen, was in der Umgebung des Temple passierte, und begab mich deshalb eilig in das Marais-Viertel. Dort wurde ich Zeuge einer Begebenheit, deren Ausgang noch plötzlicher erfolgte als bei der soeben beschriebenen. Am Ende der Rue Sainte-Avoie sah ich Adélaïde und ihre fromme Mutter aus der Rue des Rosiers kommen. Sie gingen nicht auf ihrem gewohnten Weg zum Temple, sicherlich, weil man schon auf sie aufmerksam geworden war. Ihr Bedienter folgte ihnen. Ich sah sie kommen, aber sie bemerkten mich nicht. Als sie in die Rue Philipeaux kamen, knieten sie nieder, vor ihnen ihr Bedienter, und die Mutter betete inbrünstig. Dann stand sie mühsam wieder auf und setzte sich auf die Stufen einer Kirche, ich glaube, es war Notre-Dame-de-Nazareth. Sie gab sich wiederum ihren Gebeten hin, dem Temple zugewandt. In diesem Augenblick kam eine Patrouille vorüber, vielleicht war es auch nur ein Wachposten, der von zwei die Schärpe tragenden Männern begleitet wurde!

»Ha! Sie werden ihn holen, um ihn durch das Feuer sterben zu lassen.«

»Nein, nicht doch, Mama, seien Sie versichert, daß es nicht so ist!« sprach ihre Tochter zu ihr.

Sie gingen weiter und kamen direkt vor dem Temple an. Die Patrouille war nicht hineingegangen. Dennoch hatte sich die Dame erhoben und beobachtete mit argwöhnischem Blick alles, was dort vor sich ging. Da wurden die Türen geöffnet, drei Personen traten heraus.

»Das ist er! Das ist er!« sagte die Dame. »Er wird niemals hierher zurückkehren.«

Ihre Tochter und der Diener sagten keinen Ton. Die Frau nahm an, daß sie damit ihre eigenen Befürchtungen bestätigten; ihre Knie hielten nicht mehr stand: Sie fiel, ließ die Arme ihrer Begleiter los, und ... sie starb ... Man eilte herbei; ich selber lief auch hinzu; fest entschlossen, mich zu entfernen, sobald sie die Augen wieder geöffnet hätte ... Sie hatte sie für immer geschlossen! Wir trugen sie zurück, Lapierre und ich, gefolgt von Adélaïde, die, in Tränen zerflossen, den Kopf der Mutter hielt. Um elf Uhr betteten wir sie in ihrem Hause nieder, wo sie ihr Gatte, als er heimkehrte, starr und regungslos erblickte ...

Ich verließ dieses Haus des Schmerzes und kam wieder in die Rue Saint-Honoré. In dieser Nacht legte ich mich nicht zu Bett, da ich um fünf Uhr mit meiner Kompanie auf dem Boulevard aufmarschieren mußte. Ich stieg wieder hinauf bis zur Place Vendôme, oder Place des Piques, wo ich mit anderen auf Nachrichten von Lepelletier wartete. In der Gruppe war auch ein junges Mädchen mit seiner Mutter: Beide erschienen sehr erregt, und das Mädchen weinte. Die Mutter versuchte, es zu beruhigen:

»Es ist eine leichte Verletzung, mein Kind!« sagte sie.

Das hatte jemand gehört, der darauf barsch erwiderte:

»Eine leichte? Bei Tagesanbruch wird er nicht mehr am Leben sein.«

Das junge Mädchen stieß einen erstickten Schrei aus. Die Mutter verlangte, eingelassen zu werden. Das wurde abgelehnt.

»Dann laßt dem Verletzten wenigstens diese Karte mit unseren Namen zukommen«, sagte sie.

Der Schweizer nahm sie ihr ab. Wenige Augenblicke später kam er zurück und teilte den Frauen mit:

»Wenn er Sie sehen will, wird sein Diener Sie rufen.«

Die beiden Frauen zogen sich zurück und setzten sich neben der Tür nieder. Ich ging zu ihnen, um ihnen Gesellschaft zu leisten, ohne aber dabei irgendwie in sie zu dringen. Die Mutter sprach mich an:

»Monsieur, Sie sind verwundert, daß sich meine Tochter und ich so sehr für das Leben des Monsieur Lepelletier interessieren? Sie dürfen darin nichts Schlechtes vermuten. Sie sehen hier meine Tochter und werden mich sicherlich verstehen?

»Ja, Madame, Mademoiselle ist sehr hübsch!«

»Und sie ist sehr brav, dem Himmel sei dank, Monsieur. Ich hatte sie in die Lehre als Näherin gegeben, nicht um eine Arbeiterin aus ihr zu machen, sondern weil sie es eines Tages sicher für ihren Haushalt brauchen könnte. Zum Essen kam sie mittags nach Hause, und sie schlief auch bei uns. Ein reicher Mann wurde auf sie aufmerksam und glaubte, ein kleines Nähmädchen wie sie leicht verführen zu können. Er sprach sie an, aber meine Civine wies seine Anträge entschieden ab. Dieser Mann hatte einen hübschen Kutscher; und den veranlaßte er, sich wie ein Engländer zu kleiden, und befahl ihm, dem kleinen Lehrmädchen ehrerbietig den Hof zu machen und ihn von seinen Fortschritten dabei zu unterrichten. Civine bemerkte diesen jungen Mann, der sie zuvorkommend grüßte und sie einmal auch vor einer großen Beleidigung durch seinen Herrn bewahrte, der nicht als dieser zu erkennen war. Von nun an war ihm meine Tochter für diese Rettung dankbar; sie sprach aber dennoch nicht mit ihm. Das verärgerte den reichen Mann sehr, der der Meinung war, daß es für eine kleine Näherin nicht eines solchen Aufwandes bedurfte. So verursachte er eines Tages, genau in dem Moment, als sie abends aus dem Geschäft trat, um nach Hause zu kommen, absichtlich ein Gedränge unter den Pferden. Daraufhin eilte der Kutscher auf sie zu, und als die Gefahr herannahte, veranlaßte er sie, in einen Hof zu treten. Kaum war sie dort, kamen zwei Männer, die sie auf einer Treppe nach oben zerrten, indem sie ihr sagten, daß sie sie zu ihrem jungen Herrn hinaufbrächten, der sie heiraten wolle (wobei sie sie in dem Glauben ließen, daß dies der Kutscher sei); der kam tatsächlich auch hinterher. Civine aber schrie und bat ihn, sie laufen zu lassen. Er antwortete ihr, daß dies unmöglich sei; aber, daß er mich rufen lassen wolle. So kam man, um mir mitzuteilen, daß meine Tochter in einem Hotel sei, wo man nach mir verlangte. Ich lief dorthin, ohne zu wissen, was das alles bedeuten sollte. Man führte mich zu dem großen Herrn, der auch nach keinerlei Ausflüchten suchte. Er sagte mir sofort, was er wollte:

›Was soll das heißen, Monsieur, wurde meine Tochter verführt?‹

›Haben Sie daran noch einen Zweifel? Sie ist dort drin mit meinem Neffen, der verrückt nach ihr ist.‹

Er ließ mich durch einen Schlitz des Türvorhanges blicken, und ich sah meine Tochter auf einem Sofa sitzend, an der Seite eines schönen jungen Mannes, der ihre Hände hielt. Der Herr schob sogleich den Türvorhang wieder zu, indem er dabei zu mir sprach:
›Sehen Sie ...‹
›Nun was, Monsieur, was wollen Sie? ... Im übrigen, nach dem, was ich gesehen habe, kann meine Tochter zwar getäuscht worden sein, was aber nicht unbedingt bedeutet, daß sie sich auch verführen ließ.‹

Da öffnete der reiche Mann den Vorhang erneut und ließ mich sehen ... was ich nicht auszusprechen wage ... aber der Kutscher und das Mädchen waren ... Sie verstehen mich? ... in einer solchen Position, daß ich nur die Schenkel eines liederlichen Frauenzimmers sah ... Ich fiel in tiefste Verzweiflung.

›Überlassen Sie sie mir, für meinen Neffen‹, schlug der Herr mir vor, ›sie ist jung und hübsch; er liebt sie, das wird ihn vor Ausschweifungen bewahren. Ich werde Ihnen fünfhundert Francs pro Monat dafür zahlen, hier haben Sie die erste Rate. Und was sie betrifft, so werde ich für sie sorgen.‹

Ich stieß sein Geld zurück und verlangte, mit meiner Tochter sprechen zu können. Das wollte er nicht. So ging ich weg.

Ich kannte Monsieur Lepelletier, da ich für seine Gattin gearbeitet hatte. Ich suchte ihn auf und erzählte ihm, was sich zugetragen hatte.

›Seien Sie vorsichtig!‹ antwortete er mir. ›Mir scheint, daß Ihre Tochter verführt worden ist! Wollen wir sehen, was man machen kann.‹

Er ließ die Pferde anspannen und fuhr mit mir zusammen zu dem Herrn. Dort sprach er mit ihm unter vier Augen. Das Ergebnis ihrer kurzen Unterhaltung war, daß der große Herr, ganz rot vor Scham, lief, um meine Tochter zu holen.

Sowie sie mich erblickte, warf sich das arme Kind in meine Arme, wobei sie stammelte:
›Mama, Mama, ist es wahr, daß Sie Ihre Tochter verkauft haben?‹
›Nein‹, antwortete ich ihr, ›aber ich habe dich vorhin in solch vielsagender Situation gesehen, mit dem jungen Herrn zusammen!‹
›Mich, Mama? Aber das bin nicht ich gewesen. Er hat mich auf dem Sofa sitzen lassen; und er hat meine Hände gehalten. Aber gleich darauf hat er zu mir gesagt:
‚Sie bringen mir nur Unglück! Ich werde eine andere lieben.'
Er hat mich in eine Kabine mit einer verglasten Tür geschickt,

PROCLAMATION

DU

CONSEIL EXÉCUTIF

PROVISOIRE.

Extrait des Registres du Conseil, du 20 Janvier 1793, l'an second de la République.

Le Conseil exécutif provisoire délibérant sur les mesures à prendre pour l'exécution du décret de la Convention nationale, des 15, 17, 19 & 20 janvier 1793, arrête les dispositions suivantes:

1.° L'exécution du jugement de Louis Capet se fera demain lundi 21.

2.° Le lieu de l'exécution sera la *Place de la Révolution*, ci-devant *Louis XV*, entre le pied-d'estal & les *Champs-élysées*.

3.° Louis Capet partira du Temple à huit heures du matin, de manière que l'exécution puisse être faite à midi.

4.° Des Commissaires du Département de Paris, des Commissaires de la Municipalité, deux membres du Tribunal criminel assisteront à l'exécution; le Secrétaire-greffier de ce Tribunal en dressera le procès-verbal, & lesdits Commissaires & Membres du Tribunal, aussitôt après l'exécution consommée, viendront en rendre compte au Conseil, lequel restera en séance permanente pendant toute cette journée.

Le Conseil exécutif provisoire,

ROLAND, CLAVIERE, MONGE, LEBRUN, GARAT, PASCHE.

Par le Conseil, GROUVELLE.

A PARIS, DE L'IMPRIMERIE NATIONALE EXÉCUTIVE DU LOUVRE. 1793.

**Proklamation
der Hinrichtung Ludwigs XVI.**

und es ist eine ... Nichtswürdige, mit der ... Ich wollte gar nicht hinsehen!‹

›Oh, mein geliebtes Kind ist unschuldig!‹ rief ich.

Monsieur Lepelletier hatte währenddessen den großen Herrn, wenn auch ganz leise, so doch ziemlich hart zurechtgewiesen, der dann auch zugab, daß es nicht sein Neffe, sondern sein Kutscher war. Als ich das hörte, bin ich aufgestanden und habe meine Tochter fortgebracht. Monsieur Lepelletier kam in unser Haus und fragte, welche Genugtuung wir forderten. Ich lehnte alles ab. Er sorgte dafür, daß wir eine Summe von dem Verführer erhielten, vor dem er uns beschützte. Aber nun stehen wir vor dem Nichts! Denn unehrenhaftes Geld wollen wir nicht mehr annehmen. Unser Beschützer wird nun nicht mehr dasein! Und wir werden jetzt vielleicht bestraft und unterjocht für das, was wir bisher erhalten haben.«

Die Mutter begann zu weinen. Die Tochter schluchzte aus tiefer Seele. Ich tröstete sie ...

In dem Augenblick erschien ein Diener mit einer Karte.

›Civine und ihre Mutter können beruhigt sein. Sie werden mit ihrem Schicksal nicht allein gelassen; und sie haben niemals etwas von einem Mann angenommen, der unwürdig wäre, Gutes für sie zu tun.‹

Ich nahm an, daß diese Zeilen das junge Mädchen trösten würden; im Gegenteil, es verzweifelte noch mehr und schluchzte nun doppelt so heftig. Ich hörte gerade, daß Lepelletiers Tod bekanntgegeben wurde. Ganz leise sagte ich dies der Mutter und forderte sie auf, ihre Tochter wegzuführen; was sie auch tat.

Es wurde Zeit für mich, in meinen Distrikt zurückzukehren. Ich kam um fünf Uhr dort an. Man begann bereits, sich zu sammeln. Ich nahm meine Pike und stellte mich in Reih und Glied, obwohl ich von der Müdigkeit fast übermannt wurde. Unser Hauptmann erschien um sechs. Weil ich blaß war und zitterte, schickte er mich fort.

»Sie sind krank«, sagte er zu mir, »gehen Sie sich ausruhen!«

Ich trat aus dem Glied; ging aber, mit der Pike in der Hand, wie ein Freiwilliger mit, um zu sehen, was geschehen würde.

Um sieben Uhr kamen wir zum Temple. Um acht kam Ludwig heraus ...

Aber hier muß ich nun doch einige Einzelheiten einschieben, die ich von einem Augenzeugen gehört habe.

Als Ludwig das Dekret, nach welchem er zum Tode verurteilt war, angehört hatte, aß er zu Abend, ging zu Bett und schlief schnarchend ein. Als er aber unmittelbar nach der verhängnisvollen Lektüre allein gelassen wurde, hatte man ihn hin und her laufen und dabei rufen hören: »Diese Henker! Diese Henker!«

Zur Beichte hatte er einen nicht vereidigten Priester erbeten, der in der Rue du Bac wohnte; das wurde ihm bewilligt. Er schloß sich mit ihm allein ein. Am Abend des 26. Dezember hatte er mit Hilfe dieses Priesters bereits sein Testament gemacht. Nun sah er noch einmal seine Familie; verabschiedete sich aber nicht von ihr. Am Morgen wurde er von Cléri auf Befehl von zwei Abgesandten der Commune geweckt. Er stand auf. Als die beiden Kommissare der Commune zu ihm kamen, bat Ludwig einen von ihnen, Jacques Roux, einen Priester, der Stadtverwaltung ein Paket zu überbringen. Jacques Roux antwortete ihm:

»Das kann ich nicht tun; ich bin hierhergeschickt worden, um Euch zum Schafott zu führen.«

Darauf Ludwig: »Das ist richtig!«, und er betraute einen anderen mit der Beförderung des Pakets, das dann auch an seinen Bestimmungsort gelangte.

Um acht Uhr fuhr Ludwig in der Kutsche des Bürgermeisters Chambon ab, allein mit seinem Beichtvater. Seine Ratgeber hatte man bereits am Vorabend fortgeschickt. Der Wagen bewegte sich über die Boulevards, zwischen zwei dichten Linien der Nationalgarde hindurch, die die Leute aufforderten, nicht an den Fenstern zu stehen. Er fuhr langsam. Um Viertel nach neun kam er auf dem Tuilerienplatz, der ehemaligen Place Louis XV., an. Ludwig stieg aus. Zu Füßen des Schafotts band man ihm die Hände; denn bei der Hinrichtung durch die Guillotine waren freie Hände hinderlich. Er stieg hinauf. Dazu ertönte militärischer Trommelwirbel. Er trat an den nach Norden weisenden Rand des Schafotts, um von dort zu sprechen. Die Trommeln verstummten für einen Augenblick, aber auf Befehl des Kommandeurs setzten sie wieder ein. Ludwig sprach etwas. Die Worte ›Ich vergebe‹ waren das einzige, was man hören konnte. Die Henker bekamen einen Wink, zogen ihn an den Richtblock, und nach einem kurzen Augenblick hatte er aufgehört zu leben ...

Ludwig war kein gewöhnlicher Tyrann; er war auf einem Thron geboren. So, wie er als König schuldig war, war er es als gewöhnlicher Bürger unendlich viel mehr. Als solcher wurde er auch verurteilt, und darin liegt der Unterschied zwischen ihm und Karl I. Jener starb als König, während Ludwig XVI. das nicht mehr war. So waren die sich auf die Königswürde berufenden Argumente eines Desèze und Malesherbes äußerst unpassend. Und wenn er noch König gewesen wäre? Man ist niemals unschuldig, wenn man dazu beiträgt, sein Volk in Anarchie und Unglück zu stürzen!... Er war meineidig, meineidig am Volke! Das ist das größte aller Verbrechen. Durfte das Volk ihn verurteilen, ihn hinrichten? Diese Frage muß ein denkender Mensch gar nicht stellen. Das Volk kann alles in seinem Lande; es hat die Macht, die die Menschheit insgesamt hätte, würde nur eine einzige Nation mit einer einzigen Regierung den Erdball beherrschen. Wer würde es dann wagen, der Menschheit ihre Macht streitig zu machen? Es ist diese unstreitige Macht, schon von den alten Griechen erkannt, die es einem Volk erlaubt, selbst einen Unschuldigen zu opfern, so wie Aristides in die Verbannung geschickt und Phokion zum Tode verurteilt wurde. Darin liegt die Wahrheit. Meine Zeitgenossen haben sie nur nicht ganz verstanden, und viel Unheil ist über sie gekommen, weil sie sie vergessen haben. Die Emigranten und die Priester konnten sich vergnügt ausrechnen, was man ihnen nach Recht und Gesetz anhaben könnte, und haben das Volk der Ungerechtigkeit beschuldigt. Sie haben sich gegen das Volk aufgelehnt! Und wenn dieses erneute und größte aller Verbrechen mit dem Tode bestraft wurde, schrie man: »Das ist die Barbarei!«

Mitbürger, stärkt die wahren Grundsätze des Zusammenlebens und weicht nicht mehr von ihnen ab! Verwechselt nicht die Zeit der Revolution mit der der friedlichen Herrschaft der Gesetze! Vor allen Dingen, ruft nicht, wie es in diesen Tagen geschehen ist, den Schutz jener Gesetze an, die ihr eigentlich nicht anerkennen wollt; das ist eine kindische Inkonsequenz! Ihr steht außerhalb des Gesetzes, wenn ihr es mißachtet! Es schuldet euch keinerlei Beistand, mehr noch, es entzieht euch selbst solche Rechte, wie sie euch von Natur gegeben sind! Das sind strenge Prinzipien, aber sie sind gerecht.

Noch ganz fassungslos ging ich nach Hause. Jedermann war über das Geschehen erstaunt; ja, die Bestürzung war allgemein!

›Er war auch nur ein Mensch!‹ sagten die Möchte-gern-Philosophen. Einverstanden! Aber dieser Mann hatte eine direkte Beziehung zu allen Menschen Frankreichs: Jeder sah in ihm einen intimen Bekannten; einen Menschen, dessen Name unaufhörlich in allen Ohren klang; kraft dessen lange Zeit hindurch alles Gute und alles Böse geschehen war! Er war nur ein Mensch; aber er war der Brennpunkt, in dem sich vierundzwanzig Millionen Menschen vereinigten! Aus diesem Grunde war die Bestürzung so groß. Ludwig aber, der nur zu Recht durch das Volk verurteilt wurde, war nunmehr nicht nur ein Verbrecher. Endlich konnte man ihm den verhaßten Namen Tyrann beilegen, denn er hatte genug Böses getan, um ihn zu verdienen. Ich bin ein guter Bürger, sanftmütig, menschlich, nicht Föderalist, noch weniger Anarchist, auch kein Unruhestifter. Obwohl ich von der Unzulänglichkeit der menschlichen Gesetze überzeugt bin, denke ich, daß eine Gesellschaft nicht ohne sie auskommen kann. Ich gehe noch weiter: Man sollte nur mit größter Vorsicht an ihnen rühren, da jede Erschütterung, die ihre Abänderung zur Folge hat, stets mit dem realen und fühlbaren Nachteil verbunden ist, den Menschen ihre Gewohnheiten zu nehmen.

NEUNZEHNTE NACHT

Vom 27. zum 28. Januar 1793

Nächtliche Durchsuchung. Im Palais-Égalité

Am Abend des 27. war ich sehr früh ins Palais-Royal gegangen und wollte es schon vor neun Uhr wieder verlassen, weil ich keinerlei Bekannte angetroffen hatte, die mich bisweilen dort festhielten. Da sah ich plötzlich Nationalgardisten kommen, die alle Ausgänge besetzten. Man ließ, was ungewöhnlich war, die Leute zwar eintreten, aber niemanden hinausgehen. Ich erfuhr, daß diese Besetzung des Palais-Égalité auf Anordnung des Überwachungskomitees des Konvents erfolgte, welches gerade durch ein Dekret von einstmals vierundzwanzig auf nunmehr zwölf Mitglieder reduziert worden war. Als Gründe oder als Vorwand für die Durchsuchung gab man an, den Mörder Pâris finden zu wollen, der sich, wie man erzählte, hier versteckt habe. Bei selbiger Gelegenheit wolle man auch alle Spielergesellschaften auf frischer Tat stellen und Emigranten und verdächtige Personen, die sich in dies Zentrum des Chaos der großen Stadt geflüchtet hatten, aufspüren.

Nun hatte ich nicht mehr unbedingt das Verlangen hinauszukommen; ich wollte das Ergebnis der Durchsuchung abwarten. Pâris wurde jedenfalls nicht gefunden, entweder war er gar nicht mehr hier, oder er hatte sich zu gut versteckt. Dafür fand man Spieler in großer Zahl und einige Emigranten. Währenddessen unterhielt ich mich mit verschiedenen Gruppen von Bürgern und Bürgerinnen, die nur den einen Wunsch hatten, sich schlafen legen zu können. Bis jetzt war noch niemand auf den Gedanken gekommen, daß man doch, um hinauszugelangen, seinen Bürgerausweis vorzeigen könnte. Aber als Entschädigung bot sich uns fortwährend ein Schauspiel mit wechselnder und sehr verschiedenartiger Szenerie. Unter den Visitatoren und den Durchsuchten waren die unterschiedlichsten Typen. So stieß man dort auf einen auf die Verfassung vereidigten Priester, der bei einem vierzehnjährigen Mädchen lag:

»Aber nicht doch, Pfarrer, jetzt können Sie doch heiraten!«

»Das macht zu viele Ungelegenheiten!«

»Ich verstehe; Sie sind nicht keusch genug, um sich eine ehrenwerte Frau nehmen zu können.«

Hier im Inneren des Parks war es ein heimlicher Liebhaber, der seiner jungen Angebeteten ohne das Wissen ihrer Eltern, revolutionsfeindlicher Großhändler aus der Rue Saint-Denis, auf einem Spaziergang gefolgt war. Er trug die Uniform der Nationalgarde, war elegant und schön; das junge Ding war von seinem kriegerischen Blick betört. Beide hatten höchstens damit gerechnet, sich sehen zu können; aber in dem Durcheinander verlor die Schöne ihre Eltern, und ... in einem Schlupfwinkel auch noch etwas anderes ... Nun suchte sie ihre Eltern und fand sie mit Hilfe von Ausrufern wieder. Wie sehr doch der Liebhaber indes den Überwachungsausschuß pries! ... An einem anderen Ort spürte man einen dicken, sehr reichen Uhrmacher auf, der bei einem Mädchen war. Da das Mädchen fürchtete, verhaftet zu werden, lief es ihm nach, nur halb bekleidet. Als beide durch den Garten entweichen wollten, stießen sie auf die Frau des Uhrmachers, die mit dem elegantesten ihrer Gesellen hierher gekommen war. Sie stürzte sich auf ihren Ehemann.

»Mit wem trifft man Sie denn hier, Monsieur? Mit einer Hure?«

»Das ist nicht wahr, Madame, ich bin keine Hure. Ich werde ausgehalten.«

»Wie, liederliches Frauenzimmer!«

»Still! Still, Frau, machen Sie keinen Skandal! Und sollte ich etwa nicht sehen, mit wem Sie hier sind?«

»Mit wem ich hier bin ... mit wem ich hier bin, Monsieur, ich habe den Arm eines Ihrer Gesellen genommen, nur, um Sie zu suchen ... Verlassen Sie also dieses Mädchen dort.«

»Wenn er mich verläßt, was soll dann aus mir werden? Er hat mich aus dem Hause meiner Mutter geholt, hat mir ein hübsches Zimmer gegeben und einen Louis pro Woche, gerade eben einen Fünfundzwanzig-Francs-Schein. Wie sollte ich da zu meiner Mutter zurückkehren? Und wenn es nur um sie ginge! ... Aber mein Vater wird mich in die Besserungsanstalt bringen lassen.«

»Dirne!«

»Sie selbst sind eine Dirne, Madame! Wenn Ihr Ehemann mich aushält, dann möchte ich wetten, daß Sie diesen hübschen Jungen dort auch bezahlen, denn das ist ein Spiegel für ...«

Eine ihr von der Dame verabreichte Ohrfeige hinderte sie daran,

den Satz zu beenden. Sie waren inzwischen von einem riesigen Kreis von Spöttern umringt. Ein Offizier der Nationalgarde, der den dikken Händler kannte, kam heran:
»Pst, Monsieur und Madame Bultel! Das Aufsehen, welches Sie hier erregen, ist skandalös! Sie, Monsieur, gehen mit Ihrer kleinen Freundin in ihr Zimmer zurück; diese Durchsuchung gilt weder ihr, noch Ihnen. Und Sie, Madame, die Sie im Restaurant des Wirtes Février soeben noch so lustig waren, kehren dorthin zurück; Sie haben noch Ihre Flasche Champagner zu leeren ...«
Darauf nahm er sie am Arm, zog sie fort und sprach:
»Wenn man selbst schuldig ist, dann muß man schon ganz schön dreist sein, um sich so aufzuspielen.«
Mit einem Wink zur anderen Seite ließ der Offizier nach der Mutter des jungen Mädchens rufen. Es war offensichtlich, daß diese Frau ihre Tochter tatsächlich verkauft hatte, denn sie war in keiner Weise überrascht. So schickte man sie wieder fort, und zu dem dicken Händler sagte man:
»Sie können sie behalten! Sie schaden damit weder Ihrer Frau, die sich schon trösten wird, noch diesem jungen Mädchen, das auch ohne Sie von seiner Mutter aufgegeben würde.«
Diese Szene hatte mich sehr beschäftigt. Während sie noch andauerte, war ich von einem jungen Mann angesprochen worden, einem Bekannten aus dem Café, der zwei einzelnen Frauen, Mutter und Tochter, behilflich sein konnte, als diese in dem herrschenden Gedränge von einem Bruder und einem Onkel getrennt worden waren. Der überaus anständige und tugendhafte junge Mann gefiel den Damen sehr, und sie faßten Vertrauen zu ihm. Sie schlossen sich anderen Damen an, mit denen auch ich mich unterhalten hatte, und bildeten eine zahlreiche und somit beruhigende Gesellschaft. Wir gingen gemeinsam spazieren. Der junge Mann nutzte die Gelegenheit, als ich ein wenig entfernter von allen war, meinen Namen zu nennen und von meinen Werken zu sprechen. Mehrere unter den Frauen hatten einige der Bücher gelesen, und die Jüngeren hatten davon als für sie gefährliche Lektüre gehört. Was ihre Lust, sie zu lesen, nur verdoppelt hatte. Als ich wieder näher herankam, war ich von dem allgemein herrschenden Schweigen und der Art und Weise, wie man mich ansah, verblüfft. Eine der Mütter erkundigte sich nach meinen Ansichten zu Fragen der Moral. Ich beantwortete dies mit der Erklärung, daß man vor der Keuschheit junger Mädchen Re-

spekt haben müsse, daß man sich niemals allzu freimütiges Reden vor ihnen erlauben, vielleicht sogar noch weniger in Zweideutigkeiten sprechen sollte.

»Ja, aber warum haben Sie dann Bücher geschrieben, die sie nicht lesen dürfen?«

»Weil sie nicht immer so jung und unerfahren bleiben werden, Madame. Sobald sie verheiratet sind oder das fünfundzwanzigste Lebensjahr erreicht haben, können sie oder müssen sie sogar meine Werke lesen, weil sie daraus lernen, wie sie in der Ehe glücklich werden können, welche Verführungskünste die Männer anwenden und welche Strafe auf die Abwege folgt, die manche Frauen gehen. Es ist den Müttern stets angeraten, ihre Töchter daran zu hindern, meine Werke zu lesen; es ist hingegen immer nützlich, wenn die Mütter sie kennen, um daraus ihre Moral abzuleiten, um sie dann noch reiner an ihre Töchter weiterzugeben. Ich will sogar noch mehr sagen. Es ist auch für ein alleinstehendes Mädchen gut, meine Bücher zu lesen; denn es bedarf dieser frühzeitigen Belehrung. Meine Moral ist streng, wenngleich ich von verwerflichem Tun berichte. Aber immer öfter erzähle ich auch von tugendsamem Verhalten, und diese ›Nouvelles‹ sind stets die angenehmste Lektüre.«

Ich erfuhr die Befriedigung, eine Familienmutter ganz leise sagen zu hören:

»Er hat recht!«

Nun lächelten mir die jungen Mädchen wieder zu, und das Entsetzen, welches mein Name ausgelöst hatte, verflog. Wir waren fast am äußersten Ende des Parkes, auf der Seite der Holzgalerien, in der Nähe des Theaters, als direkt vor unseren Füßen ein Mann auf den Boden fiel, der offensichtlich aus einer Spielhalle entfliehen wollte. Wir waren mächtig erschrocken, denn wenn er auf uns gefallen wäre, hätte er jemanden aus unserer Gesellschaft getötet ... Aber niemand wagte zu schreien. Starr vor Schreck standen wir da und sahen ihn an. Er bewegte sich. Nun gingen wir doch an ihn heran, während zwei Männer unter den Arkaden hervortraten. Sie nahmen ihn auf und trugen ihn dort hindurch, ohne von irgend jemandem gehindert zu werden, denn es war nicht ein einziger Posten da. Wir nahmen nun an, daß wir auf diesem Weg ebenfalls den Park verlassen könnten, aber wir wurden von einer außerhalb stehenden Wache angehalten, die unsere Ausweise sehen wollte. Nun begriffen wir, wie wir hinausgelangen konnten; wir kehrten um, um dies auch all jenen mit uns Eingeschlossenen zu sagen, die es noch nicht wußten. So blieben wir freiwillig noch eine halbe Stunde da, zum einen, damit unsere Damen ihre Begleitung wiederfinden konnten, und um mitanzusehen, wie die Spieler und die Emigranten abgeführt wurden.

Niemals zuvor habe ich solche Gestalten gesehen wie diese Spieler; es waren fast ausnahmslos Leute, die schon äußerlich für dieses Metier wie geschaffen schienen: Ihre Gesichtszüge, die Beweglichkeit ihrer Muskeln, alles war dazu bestimmt, Schwindel und Gaunerei auszudrücken, mit einem einzigen Zucken, ohne den Blick zu wenden; um vorgetäuschte Freude zu zeigen oder Wut hinter vollkommener Ruhe zu verbergen. Wenn die Künstler Teufel malten, müssen sie Spieler zum Modell genommen haben. Wir sahen unter ihnen einige Frauen. Eine von ihnen war hübsch. Aber was für eine Schönheit! Sie flößte Furcht ein und tötete jegliche Begierde. Die anderen sahen so aufgebracht wie zänkische Weiber aus. Schlimmer noch: Wenn man ein Stück von ihrem Arm sah, konnte man nichts anderes annehmen, als daß die Hand die Kralle einer Harpyie sein mußte ... Zu dieser Gesellschaft gehörte auch ein vierzehnjähriges, junges Mädchen, ebenso zwei oder drei Jungen des gleichen Alters. Man erzählte uns, daß dies eine Spitzbübin und zwei kleine Schurken seien, die nur darauf abgerichtet waren, die Spieler abzulenken, sie mit ihrer belustigenden Naivität manchmal sogar durch gespielte Leichtfertigkeit zu täuschen ...

Es war auch ein Greis unter ihnen, mit weißem Haar, ehrwürdiger Miene und vornehmem Gesicht. Mein junger Bekannter, der ein- oder zweimal in dessen Spielhölle gewesen war, ohne selbst dort zu spielen, erklärte uns, daß er es nicht begreifen würde, wie man ein solcher Lump sein könne, ohne sich dabei auch äußerlich zu verändern. Früher hatte dieser Mann ein anständiges Leben geführt, als er dann aber durch ein wahnwitziges Unternehmen ruiniert war, wurde er zunächst ein Falschspieler und schließlich der Besitzer einer Spielhalle. Die Leute vertrauten ihm, weil seine Stimme so gütig und das, was er sagte, so ehrenhaft klang. Er hatte gegenüber früher weder seinen Ton noch seine Erscheinung gewandelt, aber seine Seele war bis in ihre tiefen Winkel verdorben, während er ganz ungekünstelt und mit so viel Natürlichkeit über gesunde Moral sprach, daß man davon geblendet wurde. Dieser Schurke hätte durchaus ein interessantes Buch schreiben können.

Nachdem wir nun all diese Einzelheiten gehört hatten und unsere

Damen von ihren Ehemännern wiedergefunden wurden, verließen wir den Park, wobei wir unsere Ausweise vorzeigten. Da wir in verschiedenen Stadtteilen wohnten, trennten wir uns dann sofort. Der junge Mann begleitete mich, auch seine Damen kamen mit uns. Wir waren gerade auf dem Quai des Orfèvres, als wir im Fluß einen Schrei hörten. Wir liefen an das Geländer, um zu sehen, was vor sich ging. Ein völlig bekleideter Mann durchquerte schwimmend den Flußarm. Er wurde von einem anderen verfolgt, der eine Waffe in der Hand hatte. Beide Männer waren geschickte Schwimmer. Mein junger Freund lief auf die andere Seite hinüber, um sie aus der Nähe zu sehen. Aber sie erreichten eine Treppe. Der erste stieg eilig hinauf und rannte schnell in die Straßen; als der zweite oberhalb des Quais angelangt war und nichts sah, zögerte er; schließlich entschied er sich für den Weg in Richtung Pont-Neuf, und kam somit direkt an meinem jungen Freund vorbei.

»Aber Monsieur«, sprach dieser ihn an, »Sie sind ja total durchnäßt!«

Der Mann antwortete nicht und beschleunigte seine Schritte. Er kam auf die Place Dauphine, und als er sich von dem jungen Mann verfolgt sah, bedeutete er ihm mit einer Geste umzukehren. Da er wußte, daß der andere bewaffnet war, wagte es mein Bekannter nicht, sich dem zu widersetzen. Er kam wieder zu uns zurück. Dann trennten wir uns. Um drei Uhr morgens war ich schließlich zu Hause.

ZWANZIGSTE NACHT

Vom 26. zum 27. Februar 1793

Ladensturm

Tiefe Melancholie hatte sich meiner bemächtigt. Trotz der Nachrichten von dem Erfolg unserer Truppen ergriff mich eine gewisse Unruhe. War das eine Vorahnung kommenden Unheils? In der ganzen Stadt war die Stimmung gespannt. An allen Ecken tauchten plötzlich Unruhestifter auf. Man sagt, daß sie von den Engländern oder vom englischen Hof, was ja nicht dasselbe ist, geschickt und besoldet seien. Ich ging gegen fünf Uhr, also kurz bevor es dämmerte, von zu Hause fort. Kaum hatte ich ein paar Schritte über den Quai getan, als ich sah, wie der Laden eines Krämers gegenüber des Pont de la Tournelle überfallen wurde. Ich hörte, daß der hohe Preis der Seife der Grund dafür sei. Nun sah ich, wie die Frauen des Volkes von Paris lärmend zuschlugen und zerstörten, ohne an das Morgen zu denken ... die Frauen eines Volkes, das so ganz anders ist als die Landbevölkerung, weil es von alters her gedemütigt wurde, weil es namenlos und im dunkeln lebt, weil es von dem Reichen schon immer aus alter, übler Gewohnheit einfach geduzt wurde, und dies mit dem anmaßenden Ton und Blick, mit dem man sonst nur zu einem Hund spricht ...

Das führte mich zu folgenden Überlegungen: Hier werden also zwei Krämerläden angegriffen, denn der an der Ecke der Grands-Degrés war auch betroffen, worauf ich nicht weiter achtete. Die Agitatoren waren es, die den dummen Pöbel aufgehetzt hatten, so die von der Härte ihres Lebens verbitterten Schiffersfrauen, die wie die Tiere nur das wahrnehmen, was sie unmittelbar vor Augen haben. Sie empfinden gegen die Krämersfrau, die besser genährt und gekleidet ist als sie, denselben Neid, den eine Bürgersfrau gegen die Gattin eines Advokaten oder Rates hegt; den wiederum diese auch gegen die Frau des Finanzmannes oder die Adlige verspürt. Die Frau des Pöbels glaubt, niemals genug dafür tun zu können, um die Krämerin auf ihren eigenen Stand herabzuziehen. Dabei vergißt sie, daß ihr die

Krämerin, lebte auch sie im Elend, nichts von dem zum Kauf anbieten könnte, was sie in ihrem Laden bereithält. Sie, die Wäscherin, wäre oft genug gezwungen, lange darauf zu warten oder danach zu suchen, gäbe es den Laden nicht. Sie würde somit ganze Tage und ihre Arbeitskraft verschwenden und hätte außerdem kein Brot. All das will jedoch nicht in ihren stumpfsinnigen Kopf hinein, und die Agitatoren, diese Verräter, die sie aufgewiegelt haben, hüten sich wohl davor, ihr zu sagen, daß sie gegen die eigenen Interessen handelt. Aber warum tun es dann die Sektionsversammlungen nicht, anstatt sich in ihren langen, langweiligen und lärmenden Sitzungen mit so viel müßigen Dingen zu befassen! Weil die Agitatoren stets auch in den Sektionen sind.

Ich setzte meinen Weg über den Pont de la Tournelle fort. Auf der Insel wurden die Händler noch nicht angegriffen, aber am Getreidehafen, in der Rue de la Mortellerie war eine Plünderung im Gang. Ein lausiger Maurergehilfe kam gerade aus dem Laden an der Ecke der Rue des Barres, beladen mit sieben Zuckerhüten. Ich ließ ihn von Frauen festhalten, die ihm den Zucker wieder abnahmen. Schon immer war ich mir darüber im klaren, habe es durchdacht, gesagt und geschrieben, daß das niedere, ungebildete Volk der größte Feind jeder Regierung ist. Gerade an diese törichten Kreaturen, denen er sich mit seinem Äußeren heuchlerisch anpaßt, wendet sich der Agitator. Ich weiß für ein Land, in dem der Pöbel das Sagen hat, nur ein Heilmittel gegen das Übel. Das ist nicht etwa die gleichmäßige Verteilung des Besitzes, denn das ist unmöglich, und man müßte jeden Tag aufs neue damit beginnen, sondern eine Gütergemeinschaft, wie ich sie 1782 in meinem ›Anthropographe‹ vorgeschlagen habe. Einzig dieser Plan könnte, wenn er noch vervollkommnet und mit Klugheit in die Tat umgesetzt würde, alles in Einklang bringen. Wenn man das jedoch nicht will, muß man Zwang gegen das Volk ausüben und gleichzeitig mehr Gleichheit durchsetzen. Denn niemals wird es das Volk verstehen, daß es in dem gegenwärtigen System, wo alle Besitztümer einzelnen gehören, reiche Leute geben muß, die eine kluge Vorratswirtschaft betreiben. Es wird niemals begreifen, daß es das größte Unglück wäre, wenn alle Leute Verschwender oder Müßiggänger wären, wie es die Vorfahren der Armen oder die Armen selbst sind. Ebensowenig wird es einsehen, daß bei dem jetzigen System das Eigentum geschützt werden muß und nur allzu große Besitzungen an Grund und Boden nicht erlaubt sein sollten, denn jene, die zuviel davon haben, nutzen einen Teil des Bodens zu Luxuszwecken, der somit dem landwirtschaftlichen Anbau verlorengeht. Das ist die große, die ewige Wahrheit! Hätte ein anderer als ich den ›Anthropographe‹ geschrieben, so würde ich dieses Werk von den Dächern verkünden und hätte es dem Nationalkonvent vorgelegt; aber mich selbst möchte ich nicht in den Vordergrund schieben.

Man kann die Übergriffe und Verbrechen nicht zählen, die bei den Ausplünderungen der Händler vorgekommen sind! Die übelsten Subjekte veranstalteten im Bunde mit fremden Agitatoren einen wahren Raubzug wie bei der Plünderung einer eingenommenen Stadt. Man hat mir erzählt, daß in das Haus eines sehr reichen Kaufmanns, der aber nicht will, daß sein Unglück überall bekannt wird, sechs Schurken eingedrungen waren. Wie man annimmt, waren es drei Handwerksmeister aus der Nachbarschaft mit ihren drei Dienern. Nachdem sie sämtliches Silberzeug gestohlen, die Assignaten indes liegengelassen hatten, fesselten sie seine noch recht ansehnliche Frau an den Bettpfosten und ebenso die beiden hübschen Töchter, die aus seiner ersten Ehe stammten. So wurden sie, wie man mir weiter erzählte, von den Männern, das heißt nur von den Meistern, vergewaltigt, während die Diener mit Säbeln in der Hand und Pistolen im Gürtel daneben standen. Auch wenn es ein Verbrechen war, soll es mit der Rücksicht, die Zuneigung verrät, verübt worden sein. Aber der Ehemann mußte gefesselt zugegen sein und alles mit ansehen. Das Ganze wiederholte sich dreimal, wobei die Täter ihren Opfern Ruhepausen gönnten und sie mal zärtlich, mal brutal behandelten. Am Ende haben sie sie von ihren Fesseln befreit und aufgefordert, sich zu beruhigen. Rückwärts aus dem Zimmer gehend, ergriffen sie darauf als die ersten die Flucht, ihre Diener folgten ihnen, die Pistolen schußbereit in der Hand. Frau und Töchter bemühten sich nun zunächst, den Mann zu befreien, was den drei Schurken die Zeit ließ, sich davonzumachen. ›Denn ihre feigen Knechte will ich nicht als zur Menschheit gehörig betrachten!‹ sagte der Mann dazu. Es war wirklich eine weise Entscheidung, dieser Art von Individuen den Rang eines Bürgers zu verweigern!

In dem Haus eines anderen Händlers zerrten drei Banditen den Kaufmann und seine Frau in ihr Schlafzimmer im ersten Stock, fesselten sie und hielten so lange eine Flamme unter ihre Füße, bis sie alles preisgegeben hatten, was sie an Kostbarem besaßen: Gold,

Geld, Assignaten, Wäsche, Spitzen, Seidenkleider. Alles wurde dann mitgenommen, und die beiden Unglücklichen, denen man indessen mehr Angst eingejagt, als Schmerz zugefügt hatte, wurden gefesselt auf ihr Bett geworfen, wo man sie liegenließ.

Ich könnte hier unendlich viele andere Einzelheiten über Plünderungen berichten, über Betrug und Raub; aber ich müßte mich nur wiederholen. Jetzt muß ich doch zu dem kommen, was ich selbst gesehen habe.

Mein Weg führte mich an jenem Abend durch die Rue Saint-Antoine, über die Quais Pelletier, de Grève, de la Feraille, in die Rue de l'Arbre-Sec, die Rue Saint-Honoré, zur Nouvelle Halle, in die Rue J.-J. Rousseau, Rue Verdelet, dann in die Rue des Vieux-Augustins und die Rue des Petits-Champs usw. Als ich in die Rue Montmartre kam, sah ich zwei Frauen, Tochter und Mutter, aus dem belagerten Laden eines Krämers kommen; es waren aber nicht die Frau und die Tochter des Kaufmanns. Die Mutter war eine frühere flüchtige Bekannte von mir, die ich seit ihrer Heirat nur einmal gesehen hatte, das war im Jahre 1786; das heißt also erst nach sechs Jahren wieder, denn die Hochzeit war am 11. Juli 1780; wie es auf meiner Insel geschrieben steht.

»Hallo, Madame! Wohin wollen Sie?«

»Ach, Monsieur, ich laufe zur Sektion, um zu melden, daß man den Krämer dort in seiner Wohnung im ersten Stock umbringen will! Seine Frau und die Tochter schreien ganz entsetzlich.«

»Laufen Sie nur, Madame, Sie werden mich hier wiederfinden; ich werde versuchen, Zutritt zu erlangen, indem ich mich auf Sie berufe.«

Ich trat in das Haus, drang in den Laden ein und stieg über die Innentreppe zur ersten Etage hinauf. Als ich in das Zimmer kam, sah ich drei Banditen, die den Kaufmann, und drei andere, die dessen Frau, den Sohn und die Tochter festhielten. Einen von ihnen kannte ich, da ich ihn früher einmal beschäftigt hatte. Ich wich bis an die Tür zurück, und von dort aus schrie ich ihm zu:

»Du Kerl bist dabei! Ich kenne dich; du bist verloren, du und deine Spießgesellen!«

Gleichzeitig eilte ich die Treppe hinunter. Darauf hörte ich Lärm. Es war die Treppentür, die sie sich öffnen ließen. Einen Moment später rief der Sohn des Kaufmanns:

»Monsieur, Monsieur, sie sind geflohen!«

Nun stieg ich wieder hinauf. Tatsächlich, die sechs Banditen waren verschwunden. Man dankte mir wie einem Befreier. Was waren das für Leute gewesen? Sechs liederliche, verkommene Arbeiter, die die Gelegenheit nutzen wollten, um auf leichte Art an Geld zu gelangen. Das ist die traurige Wirkung der Überbezahlung der Arbeiter in gewissen Berufen! Die Leichtigkeit des Geldverdienens läßt sie ausschweifend werden; wenn die unseligen Feiertage nahen, fordern sie eine Lohnzulage, wenn sie auch an diesen Tagen arbeiten sollen. Am anderen Tage aber vertrinken sie diese Sonderzuwendung und noch viel mehr. Die Kehle brennt ihnen, die Arme erschlaffen, sie nutzen alle Mittel, das Verbrechen eingeschlossen, um zu Geld zu kommen. Ich habe es wiederholt gesagt: ›Es gibt nichts Unmoralischeres, nichts Unvernünftigeres als zwei aufeinanderfolgende Festtage, oder gar drei! Ein Festtag, mitten in der Woche, dazu in den großen Städten, ist ein von der Regierung und der Religion angewiesener Tag der Zügellosigkeit, ein Verbrechen an der Gesellschaft!‹ Hier kann man sich auf mein Urteil verlassen, denn niemand kennt die Arbeiter besser als ich. Es verwundert mich immer wieder, daß die Wähler von Paris nicht den klügsten der Arbeiter, den gebildetsten der Handwerker und Geschäftsleute sowie den ehrenwertesten unter den Männern der Feder für den Konvent bestimmt haben; denn wenn es einen solchen gibt, ist er ein so seltenes Phänomen, daß er bekannt sein muß. Das wäre besser als diese ... Es ist vielleicht nicht angebracht, sie zu nennen, trotz der Pressefreiheit; denn wie sagt doch das Sprichwort: ›Nicht alle Wahrheiten sind geeignet, ausgesprochen zu werden.‹

Madame Maillet (das ist die Dame, von der ich sprach) kam mit ihrer Tochter verzweifelt zurück: Die gesamte Wachmannschaft war unterwegs auf Patrouille; es war nur der Posten im Wachhaus.

»Alles ist wieder in Ordnung«, sagte man ihr, »durch einen glücklichen Zufall, der uns diesen ehrenwerten Mann geschickt hat.«

Sie wußten, daß sie diesen glücklichen Zufall Madame Maillot zu verdanken hatten. Ich verließ meine alte Freundin und diese guten Leute um elf Uhr und begab mich auf den Rückweg, jedoch nicht mit der Absicht, bei Madame Maillot noch einen Besuch zu machen. Denn ich will abends nicht mehr so spät nach Hause kommen, seit der widerwärtige Held der achten Nacht meiner ›Semaine nocturne‹ (Teil XV der ›Nuits‹) mir mit der Absicht auflauern ließ, mich zu ermorden. Ich kehrte also über die Rue Saint-Honoré zurück, wo ich vor dem Krämerladen an der Ecke zur Rue des Poulies einen Haufen Volk erblickte. Was mich dabei am meisten überraschte, war eine Dame, die das Volk aufhetzte, die Türen einzuschlagen. Ich trat an sie heran, um sie nach dem Grund ihres erbitterten Zorns zu fragen.

»Wie sollte ich nicht, Bürger!« erklärte sie mir. »Dieser Krämer hat außerdem noch einen Schuhladen!«

»So seid Ihr also Schuhmacherin, Madame?«

»Nein«, sagte ein Mann, der sie begleitete, trocken, »aber die Dame will nicht, daß ein einzelner Mann mehrere Gewerbe betreibt.«

»So war der Herr demnach ehemals Geschworner einer Handwerkszunft?«

Der Mann und die Dame entfernten sich daraufhin.

»Es ist noch viel schlimmer!« verkündete lautstark ein Mann, der uns zugehört hatte. »Er ist ein früherer Kommissar! Er heißt N...ch.« (Er nannte mir einen sehr bekannten Namen.)

»Ah«, rief ich aus, »ich verstehe; die beiden wollen das Ancien régime zurückholen.«

Man hätte sehen sollen, wie N...ch und seine Frau bei diesen Worten davonliefen! Sie waren augenblicklich verschwunden.

An diesem Abend hatte ich nur noch ein Erlebnis, und das schon ganz in der Nähe meiner Wohnung. Am Fuße des Pont Saint-Michel war ein großer Auflauf. Die Tür des Krämerladens neben dem Café war verschlossen, und davor stand ein Mann. Er war allein, aber mit einem Säbel bewaffnet, um sich zu verteidigen, denn er war auf feige Art überfallen worden. Ich hörte ihn rufen:

»Also so etwas! Jetzt bringt ihr mich in Wut! Wollt ihr endlich verschwinden und mir den Weg frei machen?«

Die Frauen antworteten ihm mit Schimpfworten, und die Männer versuchten, ihm seinen Säbel zu entreißen. Vier Hände umklammerten die Klinge. Der Mann riß sie zurück, wobei er die Hände, die sie festhielten, verwundete. Dann schlug er wild mit dem Säbel um sich und bot so der Menge dieser unglückseligen, blindwütigen Auvergnaten, die auch ihren Teil von den Plünderungen haben wollte, die Stirn. Erst jetzt machte ihm der Pöbel endlich Platz. Er läßt nun den Säbel tanzen, ohne indes wirklich zuzuschlagen, aber damit drohend, den ersten, der es wagen würde, sich ihm zu nähern, in zwei Hälften zu spalten. Vierzig starke und aufgebrachte Männer wichen vor diesem wahren Mut zurück; die wütenden Frauen, von denen eine einen Schlag mit der flachen Klinge abbekam, flüchteten zuerst. Drei ehrenhafte Männer kamen dem Helden zu Hilfe; zu ihrer Verstärkung trat auch ich hinzu, und der Auflauf zerstreute sich. Ich beglückwünschte den tapferen jungen Mann.

EINUNDZWANZIGSTE NACHT

28. Februar 1793

Verwüstungen

Wir stehen am Abgrund einer Katastrophe, sie ist schon über uns hereingebrochen, ohne daß wir es wissen. Aber so spielt das Schicksal! An demselben Tage, da uns aus der Ferne eine glückliche Nachricht erreicht, ereilt uns an eben dem Ort, von wo sie ausging, das Unglück! – Die Plünderungen der Läden waren ein Vorbote der Revolten in der Vendée und an der unteren Loire, ein Hinweis auf unsere bevorstehenden Niederlagen im Ausland waren sie hingegen nicht. Gerade in dem Augenblick, da Paris ein wenig zur Ruhe zu kommen schien, da die Sektionen geschworen hatten, für den Schutz des Eigentums einzustehen, versetzte ein unerwarteter, unerklärlicher, unfaßbarer Schlag alle Menschen in Angst und Schrecken!

An einem Sonnabend, um zehn Uhr abends, kamen achtzig bewaffnete Männer in die Rue Serpente. Zwanzig von ihnen versperrten den einen Ausgang der Straße, zwanzig weitere riegelten die andere Seite ab. Sie trugen die Uniform der Dragoner. Die anderen vierzig drangen in die Druckerei der ›Chronique‹ ein, ein ursprünglich patriotisches Blatt, das aber, nachdem es in zweifelhafte Hände übergegangen war, nunmehr die föderalistische Richtung vertrat. Die Eindringlinge zerschlugen die Druckformen, die Pressen, zerrissen alles bereits bedruckte Papier, auch jenes für andere Werke bestimmte, richteten diese ganze Verwüstung in nur fünf Minuten an; und sie verschwanden unter den Schreien eines Mannes, den sie hinderten hinauszugelangen. Eine Kommission der Sektion Théâtre-Français hat das Ausmaß des Schadens festgestellt. Es würde nicht schwierig sein, die Urheber zu finden. Ein Privatmann aus der Rue des Mathurins wußte von den Plünderungsabsichten schon am Abend zuvor (er hat sich dessen gerühmt). Woher wußte er es? Ich begreife die Unklugheit gewisser Leute nicht! Man sollte sie dafür mit Verachtung strafen; denn es wäre doch ihre Pflicht, das Verbrechen zu vereiteln, oder aber sie sollten schweigen.

Genau in dem Moment, da sich diese Szene in der Rue Serpente abspielte, oder kurz danach, wiederholte sie sich bei einem noch viel schuldigeren Manne, denn er war als Abgeordneter ein Scharlatan und ein Schurke obendrein. Er mußte fliehen, als er hörte, daß sein Leben bedroht war. Unerkannt ging er zwischen den Zerstörern hindurch, mit zwei Pistolen bewaffnet. Da er fürchtete, an der Tür erkannt zu werden, flüchtete er mit einem Sprung über die Gartenmauer.

Demgegenüber konnten Panckoucke mit seinem ›Moniteur‹ und Prudhomme mit seinem ›Révolutions‹ dem Schicksal der beiden anderen entgehen, indem sie sich bewaffneten; der erste hatte in seinem Hof sogar eine Kanone aufgestellt.

Ich war über alle Maßen verwundert, die Rue Serpente abgesperrt zu sehen, als ich dort vorbeikam. Ich wußte nicht, bei wem ich etwas über den Grund erfahren konnte. Warum hat man eigentlich nicht die Gepflogenheit eingeführt, auf Anfrage allen Bürgern Auskunft über jegliche in der Republik bei Tag, vor allem aber bei Nacht, durchgeführte Aktion des Militärs zu geben? So könnte man erkennen, ob es sich stattdessen um Straßenräuber handelte, die ein Verbrechen begehen; denn das Ausbleiben einer Antwort würde sie verraten. Warum verhindert man nicht, daß einem freien Mann das Betreten der Straße verweigert werden kann? Am Tage des Ladensturms wollte mir ein Wachsergeant verwehren, durch die Rue des Vieilles-Étuves-Saint-Honoré nach Hause zurückzukehren. In seiner groben Art sagte er nur, ich hätte schon dreimal die Straße passiert, in Wahrheit war ich noch gar nicht dort gewesen. Und selbst wenn ich dreimal dort langgegangen wäre, ich war ja doch allein und friedfertig! Aber dieser ungehobelte Klotz wiederholte nur, was er auch schon zu anderen gesagt hatte. Er wollte von seiner augenblicklichen Autorität Gebrauch machen, um irgend jemandem etwas am Zeug flicken zu können. Es bleiben noch sehr viele Gesetze zu erlassen, die die Einzelheiten regeln, bevor die freien Bürger ihre Freiheit auch genießen können! ... Ich mußte also weitergehen, ohne etwas in Erfahrung gebracht zu haben. Selbst am Abend war ich noch nicht unterrichtet, da ich nicht mehr in diesen Stadtteil zurückgekommen war. Ich ging ins Café Robert-Manouri, das sehr zahlreich besucht und weshalb es dort ebenso unterhaltsam wie aufschlußreich war. Nachdem ich mich hier ein wenig ausgeruht hatte, begab ich mich ins Palais-Égalité, das ich dann über die Rue Vivienne verließ, um bis zur Rue Saint-Fiacre zu gelangen.

Fortsetzung der Geschichte von den Männern im Fluß

Am Ende der Rue Notre-Dame-des-Victoires, in der Nähe der Rue Montmartre, an der einsamsten Stelle, sah ich, wie zwei Männer aufeinanderzustürzten, sich gegenseitig umklammerten, sich zu Boden warfen und einander würgten. Ich ging näher heran.

»Verschwinde!« rief man mir zu.

Da ich alt, schwach und unbewaffnet war, wollte ich mich auch zurückziehen, als ich den Älteren zu dem Jüngeren sagen hörte:

»Beim Durchschwimmen des Flusses bist du mir neulich entkommen, aber nun habe ich dich!«

»Du bist mein Vater«, erwiderte der andere, »aber wenn du mich nicht losläßt ...!«

Ich hielt mich ein Stück entfernt von ihnen verborgen; sie sahen mich nicht mehr.

»Elender«, sprach der Vater, »nur durch meine Hand sollst du verderben! Du Feigling, du verrätst deinen König, deinen Gott!«

»Ich verrate nur den Mißbrauch der Macht ... Aber du, du Elender, der du nur das Laster kennst und die eigene Tochter verführt und meine Mutter vergiftet hast ... Ja, du wirst durch meine Hand umkommen ...!«

Mit diesen Worten warf er ihn zu Boden und begann, mit einem kleinen Dolch auf ihn einzustechen. Nun schrie ich mit ganzer Kraft um Hilfe. Der Sohn ließ den Vater liegen und flüchtete. Wie mir schien, lief er, so schnell ihn seine Beine trugen, in die Richtung der Place Victoires, heute Place de la Révolution genannt. Der Vater verfolgte ihn noch. Aber ich meine gesehen zu haben, daß der Sohn zuviel Vorsprung hatte und außerdem sehr viel schneller war, wenngleich der Vater noch jung und kräftig aussah.

»Ach«, begann ich laut zu denken, »Paris ist wohl jetzt von noch mehr verkommenen Subjekten bevölkert als unter dem Ancien régime! Das soll nicht heißen, daß ich der alten Zeit nachtrauere, denn damals herrschten zu viele Mißstände!«

»Dein Glück, Alter, daß du diesen letzten Satz hinzugefügt hast«, sprach mich ein junger, gutbewaffneter Nationalgardist an, »denn sonst hätte ich dich für einen Aristokraten gehalten!«

Er begleitete mich auf meinem Weg, und wir unterhielten uns.

»Wer sollte mehr als ich«, erklärte ich ihm, »die Mißstände des Ancien régime zu spüren bekommen haben. Ich bin in Paris nur während einiger Jahre ein wirklich freier Mann gewesen: vom Ende des Jahres 1765 bis zum Beginn des Jahres 1766, von Mitte 1767 bis zum April 1769. Von dieser Zeit an streckte sich der Arm des Despotismus nach mir aus und verfolgte mich bis ins Jahr 1785. Alle meine Tage waren von Angst begleitet, all meine Nächte voller Unruhe. Schon bei dem kleinsten Geräusch eines Wagens, der vor meiner Haustür hielt, glaubte ich, daß der Polizist Dhemeri käme, um mich abzuholen. Dabei druckte ich niemals etwas ohne die Genehmigung eines Zensors. Aber im Jahre 1776 hat man mir gezeigt, daß ein Zensor nicht vor der Bastille schützt: Der Polizist Goupil wollte mich kraft eines Blankobefehls, vom Polizeileutnant Albert unterzeichnet, wegen meines ›Paysan‹ dort hineinbringen, hätte ich ihm nicht Geld gegeben, wozu mir einer seiner Gefolgsleute den Wink gegeben hatte.

Den Sekretär Demarolles und den Polizisten Dhemeri habe ich mir zu Todfeinden gemacht mit einem ›Contre-Avis‹ an die Schriftsteller, als Antwort auf den entsprechenden ›Avis‹ von Falbaire über den Buchhandel, aus dem diese Subalternbeamten eine Goldgrube für sich machen wollten. Im Jahre 1783 mußte ich erleben, wie meiner ›Paysanne‹ auf Grund des Verrats von Terrasson, den ich meinen Freund glaubte, die Druckgenehmigung entzogen wurde, nachdem sie, einschließlich der Stiche, bereits fertig war. Das brachte mich an den Bettelstab. Zwei Jahre lang wartete ich auf einen neuen Polizisten; endlich folgte Villedeuil auf den habgierigen Neville; so erhielt ich auch einen Zensor, der sich sehr von dem gemeinen und niederträchtigen Sanci abhob, den man im geheimen als Zensor meiner ›École des Pères‹ eingesetzt hatte, die er dann auch mit seiner Kritik vernichtete. Villedeuil folgte auf den hinterlistigen Terrasson, den Erzieher des Marquis de Louvois (das war der Bürger Toustain-Richebourg), und meine ›Paysanne‹ und somit meine Existenz waren fürs erste gerettet. Meine Sorgen nahmen ein Ende: Ich war weniger Sklave. Das wußte ich auch zu nutzen. Dann kamen die unruhigen Zeiten: zuerst der Halsbandprozeß, dann die Notablen, dann Calonne, Necker; schließlich die Generalstände, die Nationalversammlung, die erste, die zweite und sicher bald die dritte Revolution. Nichts als Erschütterungen! Ich verlor all mein Hab und Gut, zum einen durch die Geldentwertung und weil es keine Käufer und keine Leser mehr gab. Ich entließ meine Angestellten und war von nun an alles in einer Person: Autor, Drucker, Setzer, Buchbinder, Buchhändler, Plakatkleber und Kolporteur. Wenn aber ein Mensch so viele Gewerke gleichzeitig betreibt, macht er sie alle schlecht; so war es auch bei mir. Ich war vollkommen am Ende, als mir im Januar ein großmütiger Mensch zu Hilfe kam. Er soll gesegnet sein! Es handelt sich um Monsieur Arthaud, den Sie ja kennen. Aber nun habe ich nur von mir gesprochen. Wollen wir doch einmal alle Übel des Ancien régime beim Namen nennen.

1) Der Hof: seine Verschwendungssucht, seine Unmoral, sein schlechtes Beispiel, seine Geringschätzung für die Menschen, für die Angehörigen des niederen Adels und die Bürgerlichen. Voller Verachtung sah er im hohen Adel die erste Kategorie der Affen; im niederen Adel die zweite Art, den Orang-Utan; die Bürgerlichen bezeichnete er als Halbaffen oder als die höchstentwickelten Vertreter der Vierfüßler.

2) Die Minister: ihre Herrschsucht, ihre Grausamkeit, ihr Geiz. Erpressungen und Zerstörungen waren die Kennzeichen ihres Handelns.

3) Die Intendanten: schlimmer als die Minister, weil sie weniger Macht hatten. Sie waren rachsüchtiger und grausamer.

4) Die Justizbeamten, diese unersättlichen Räuber, Despoten, die nur atmeten, dachten, schrieben, lasen, arbeiteten, ruhten, aßen, tranken, schliefen und eine Frau küßten, um Böses damit anzurichten. Jedem, der mit ihnen zu tun hatte, sei er nun jung, alt, schön, häßlich, geistreich, dumm, gut oder böse, brachten sie Unheil. Niemals hat es ein grausameres wildes Tier gegeben, welches mehr nach Blut gierte als sie nach Tränen, und vor allem nach Geld. Wenn sie euch liebten, Frauen, mußtet ihr erzittern, denn ob ihr eure Keuschheit ihrer Wollust geopfert oder aber sittsam widerstanden habt, ihr hattet ohnehin verloren. Ich tauche meine Feder in Gift, wenn ich über diese Schurken schreibe, und ich zittere voll Bangen, daß unsere neuen Richter ihnen gleichen könnten.

5) Die Schar der niederen Schreiberlinge: Ha, von ihnen sind wir keineswegs befreit, und wir haben in dieser Hinsicht durch die Revolution auch nichts gewonnen! Der geldgierige Prokurator wird nun anders genannt; der widerliche Advokat schreibt und schwatzt weiterhin daher und verdreht wie eh und je das Recht. Der Gerichtsvollzieher bereichert sich weiter, er erwirkt noch immer Mahnungen, Vorladungen und Verurteilungen. Er beschlagnahmt und verkauft weiterhin Möbel und nimmt ihren Erlös als Amtsgebühren ein. Im

Bunde mit den Käufern veruntreut er Gelder bei Versteigerungen, Zwangspfändungen oder auch bei Todesfällen. Ihr müßt meinen ›Thesmographe‹ lesen, wo ich von all diesen Gaunereien berichte; es sind noch immer die gleichen. Wir haben das drückendste Joch noch nicht abgeschüttelt; wir haben uns noch nicht von den gefährlichsten aller Räuber befreit.

6) Die Steuern: Sie sind höher als je zuvor. Sicher ist es wahr, daß wir einen schrecklichen Krieg haben. Ich zahle jetzt siebzig Livres. Als Kompagnon der Druckerei wurde ich mit sechsunddreißig Sous pro Auflage besteuert. Ich entrichte jetzt fünfunddreißig oder vierzig Livres, um in meinem eigenen Hause an meinem Werk arbeiten zu können. Ich bin ruiniert und bezahle mehr als je zuvor. So geht es den Leuten in ganz Frankreich. Die einzigen, die eine gewisse Entlastung verspüren, sind die Bauern, denen nur der Zehnte erspart bleibt. Aber diese Erleichterung bedeutet ihnen auch alles; es ist die Freiheit anstelle der Sklaverei. Der Landbewohner ist erst seit der Revolution ein Mensch, und zwar im vollen Sinne dieses Wortes, ausgenommen die Gerichtsvollzieher und Prokuratoren, die sich jetzt nur anders nennen. Sie werden meiner Meinung sein.

6bis) Die Jagd: Welch ungeheurer Mißstand herrschte damals! Für den Vergnügungsdrang eines hochmütigen dummen oder lasterhaften Adligen wurde der Bauer noch unter den Rang der wilden Tiere gestellt; er mußte mit ansehen, wie die Jäger seine Ernte zertrampelten, und durfte sie nicht einmal davonjagen. Ein Jagdhelfer würde zu ihm gesagt haben:

›Sie sind nun mal bei dir, du mußt sie dort erdulden; wer gibt dir das Recht, sie auf das Feld eines anderen zu jagen?‹

Ein nichtswürdiger Adliger zerstörte um seines Vergnügens willen die Lebensgrundlage der Menschheit, stellte ganze Generationen vor das Nichts, verdammte alles Lebende zum Hungern, nur um den Spaß zu haben, einige wilde Tiere erlegen und verzehren zu können! Damit aber noch nicht genug. Dieser Herr belastete den friedlichen Landbewohner nicht nur in Gestalt seiner Jagdaufseher, sondern darüber hinaus durch seine Steuereintreiber und Amtsvogte, die gezwungen waren, ungerecht zu sein, um sein Wohlwollen zu erlangen, die gezwungen waren, ihm zu schmeicheln und seine Geldgier und Bosheit zu befriedigen. Demgegenüber wurde hier in Paris, auf der Bühne unseres Théâtre Italien der Grundbesitzer immer als der Gute, der Amtmann stets als böse dargestellt; er war das schwarze

Schaf. Niemals ging es um den Verwalter, der ja der Vertreter des Grundherrn war und ohne dessen Anordnung der Amtmann ohnehin nichts tat. Wie ist diese Rücksicht zu erklären? Sucht die Antwort, wie ich es tat, bei Favart dem Älteren. Sie liegt ganz einfach darin, daß der betreffende Grundherr für eine seinem Verwalter zugefügte Unbill ebenso empfindlich gewesen wäre, wie wenn sie ihn selber getroffen hätte; denn man hätte darin zu deutlich gesehen, wer welche Rolle spielte. Für die Bauern waren die Mißstände des Ancien régime ebenso schrecklich, wie sie im Grunde unklug waren. Aber die Grundherren mußten ernährt werden, denn die Könige waren selbst Grundherren, und auch sie gingen auf die Jagd, die noch viel unheilvoller war als die der kleinen Grundbesitzer. Man hatte ihr einen Namen gegeben, der, wurde er ausgesprochen, alles erzittern ließ: ›Die Freuden des Königs‹.

7) Die Priester: Darunter verstehe ich den gesamten Klerus. Das Ancien régime, das sich alles zunutze machen und alles mißbrauchen wollte, selbst den Aberglauben, der eine seiner Stützen war, betrieb blindlings die Unterhöhlung eben dieses Aberglaubens, indem es die skandalösen Bereicherungen der Priester, der Bischöfe und der Äbte begünstigte. Aus welchem Grund geschah dies? Weil der Hof über genügend Mittel verfügen wollte, um seine Zuhälter und Dirnen belohnen zu können, die ihre Gunst verkauften. Er rechnete auf die Blindheit des Volkes, darauf, daß es die Predigt des Abbé Mauri oder des Abbé de Calonne mit ebensolchem Vertrauen anhörte wie die eines heiligen Priesters, wie es der Pfarrer von Courgis zum Beispiel ist. Der Hof versprach sich mehr von den Reden dieser Taugenichtse als von der Predigt eines guten Geistlichen, denn der Taugenichts griff niemals die Mißstände an, sondern verdichtete den Schleier des Aberglaubens immer mehr. Was anfangs als eine Inkonsequenz erschien, war also für eine gewisse Zeit raffinierte Absicht, und diese Zeit währte schon immer, bis zu dem Moment, da die Aufklärung in allen Städten breiten Widerhall fand. Mit einem Schlage, als man es aussprechen konnte, sank der Priesterstand in tiefste Verachtung. Aber in einigen Departements, vor allem den entlegeneren, wie in der Vendée, in Aunis, der Saintonge und im gesamten alten Poitou hielt er sich noch. Männer wie Mauri und Calonne können und müssen dort noch immer den größten Erfolg haben, während ein einfacher Priester, der auch ein wenig vom Geiste der Quäker hat, wie der gute Creuzot, Pfarrer von Saint-Loup d'Auxerre, gnadenlos be-

schimpft und geächtet werden würde. Der Hof hat sich also ziemlich dumm verhalten; das kommt aber daher, daß er sich in dieser Beziehung auf Leute verlassen hatte, die nicht über den Augenblick hinaus dachten. Wieso bin ich heute, am 13. April 1793, so fest von der Dauerhaftigkeit der neuen Ordnung überzeugt, trotz der herannahenden Gefahren, die sie bedrohen? Weil die Wiederherstellung des Alten unmöglich ist. Selbst wenn der Hof gewaltsam die Macht zurückeroberte, so könnte er doch niemals mehr seine Geistlichkeit, seine Gerichtshöfe, seine Intendanten usw. einsetzen. Die Gewaltherrschaft kann nicht ewig dauern, und sobald die Nation sich auch nur für einen Moment ihrer Kraft bewußt wird, ist auch der Despotismus verloren, verschwindet dann auf eine noch viel schrecklichere Art, als es jetzt geschehen ist. Ich versichere es den alten Adligen immer wieder:

›Gebt euch keiner sinnlosen Hoffnung hin! Sollte man euch zurückholen, so bedeutete das nur eure endgültige Niederlage. Die Jahrhunderte vergehen, nehmen immer den gleichen Lauf und sind doch niemals dieselben. Der Monarchismus und die Feudalherrschaft werden für immer aufhören zu existieren, gerade weil sie schon zu lange Zeit überdauert haben.‹

›Aber in China zum Beispiel ist die Regierung doch schon ewig nicht verändert worden?‹

›Dieser Meinung bin ich nicht, denn China wurde von den Tataren erobert! Außerdem wird es nicht nach monarchistischen, sondern nach patriarchalischen Grundsätzen regiert: Dort gibt es keine Aristokratie, keinen Erbadel, denn die Tataren darf man nicht als Adlige betrachten; sie sind ein Volksstamm. Die grausamen Regierungen in den barbarischen Staaten hingegen sind unserer Feudalherrschaft sehr viel ähnlicher, ohne jedoch das gleiche zu sein. Die Macht der Feudalherren ist etwas Widersinniges und konnte nur auf Grund der Zeitverhältnisse so lange währen. In China ähnelt die patriarchalische Regierung des Staates der der Familien; in dieser Übereinstimmung besteht ihr Halt. Der Tatar hat bei seinem Einfall in China wohl gespürt, daß diese Übereinstimmung der glücklichste Gedanke war, der dem Geist des Menschen entspringen konnte. Deshalb hat er an dieser Herrschaftsform nicht gerüttelt, die ihrer Natur nach ewig ist, weil jedes Familienoberhaupt, das heißt also das ganze Volk, die kleinen Kinder und die Frauen ausgenommen, daran interessiert ist, sie zu erhalten. Ich bin der erste, der diese unumstößliche Wahrheit ausspricht. Trotzdem gehen auch in China Veränderungen vor sich; das ist nun mal das Schicksal der Menschheit, und ich bin sicher, daß ein Chinese, der vor dreitausend Jahren gelebt hat, könnte man ihn mit den Erfahrungen von heute wieder an seinen alten Platz verpflanzen, in lautes Klagen ausbrechen würde! Dennoch ist dies das Land, wo man am wenigsten verändert, die Ursachen dafür habe ich gerade genannt. Darüber hinaus gibt es noch weitere Gründe, die die hier aufgeführten noch bestärken; gerade eine so überaus hohe Bevölkerungszahl verlangt eine solche starke Macht, und die verbietet jegliche Neuerung usw. Etwas ganz anderes ist es mit unseren europäischen Regierungen! Vom Republikanismus einmal abgesehen, wundert es mich, daß sie länger als ein Jahrhundert überdauern konnten! Auch die republikanische Staatsform kann nicht ewig existieren, wenn sie nicht sehr klug eingerichtet wird. Laßt also eure eitlen Hoffnungen fahren, ihr Aristokraten! Alles, was ihr tut, um eure Rechte zu bewahren, wird eure und unsere Leiden nur noch vergrößern.‹

8) Das Ancien régime bestand aus einer Unzahl anderer Mißstände; zum Beispiel den Privilegien, die die Reichen aus der Klasse der Steuerzahler heraushoben, denen die hohen Steuern abgepreßt wurden; den Wegezöllen, die den Handel behinderten; den Salzsteuern, die den Winzer dazu verdammten, niemals Wein zu trinken und häufig nicht einmal sein Knoblauchbrot salzen zu können. Auch die Protektion gehört dazu, die stets den Armen die Prozesse verlieren ließ, die man ihm ungerechterweise aufzwang. Weiterhin nenne ich die Frondienste, die sowohl für den Staat als auch für den Grundherrn zu leisten waren, was dem Unglücklichen, der nichts als seine Zeit zu verkaufen hat, diese Zeit noch raubte; die Unterwerfung der untersten Klassen, je ärmer desto tiefer, unter alle anderen, wobei die Reichsten auf dem Rücken der Ärmsten lasteten, was jeglichem menschlichem Verstand zuwider lief. Darin besteht auch der Hauptgrund für die äußerste Roheit, die das Volk nun an den Tag legt. Es rächt sich an den Ständen, die es am ärgsten traten. Schließlich ist die Wertlosigkeit jener Subjekte zu erwähnen, die sich nicht Bürger nennen dürfen, usw. usw. All das weiß man, und dennoch gibt es Leute, die das Ancien régime zurückwünschen! Das ist doch wohl unmöglich! – Von der Vernunft will ich gar nicht sprechen (um die kümmert man sich ohnehin am wenigsten), sie schreit schon seit so langer Zeit gegen den Adel! Wenn man wenigstens, wie es im ›An-

thropographe‹ gezeigt wird, die Degradierung des Adligen von Generation zu Generation eingeführt hätte, so daß er seinen Titel nur durch gute und edle Taten erlangen könnte! Aber nein, statt dessen galt das an die Nachfahren weitergegebene Blut als um so edler, je länger die Reihe der Dummköpfe oder der Ungeheuer war. Ich habe immer wieder beobachtet, daß das sicherste Mittel, alles zu verlieren, stets der Drang ist, zuviel haben zu wollen. Ich habe diese Wahrheit an anderer Stelle bereits angemerkt, als ich von den im Widerspruch zum Glauben stehenden Reichtümern des Klerus sprach. Der Hof hat sie ihm bewahrt, aus den schon genannten Gründen, aber auch, um seine Aristokratie zu begünstigen, deren jüngere Söhne er mit Bistümern und Abteien versorgte. So hatte der Adel alles: die feudalen Grundrechte und die Macht über die Köpfe. Er allein hatte das Recht, den vor ihm niederknienden Bürgerlichen zu segnen, wobei er bisweilen recht vernehmlich dazu sagte:

»Bückt euch, Schurkenbande! Ihr Schufte, verbeugt euch vor einem Edelmann!«

Außerdem hatte er die hohen Richterstellen inne, wo er zu seinem Vergnügen jeden Nichtadligen rädern, verbrennen, auspeitschen und brandmarken lassen konnte; er konnte ihn entehren, ruinieren und sogar seine Frau oder Tochter zur Dirne machen. Es war zuviel! Viel zuviel! Wer alles haben will, tut nur Unrecht!

ERSTE ANGEFÜGTE NACHT

2., 3., 4. April 1793

Niederlagen

Unseren militärischen Erfolgen wurde Ende Februar 1793 ein Ende gesetzt; und dabei kamen die Verluste so schnell, daß sie zu einem wahren Schreckgespenst wurden. Aber tröste dich, französisches Volk, sie sind nicht das Ergebnis deiner Schwäche oder deines fehlenden Mutes! Gemeine Verräter haben deinen Rückzug erzwungen, aber sie werden es mit ihrem Leben bezahlen.

Die Wiedereinnahme Frankfurts durch die Preußen war unsere erste Niederlage: eine Niederlage, die die Franzosen verblüffte. Die zweite war der Sturm, der das Schiff Truguets vor Sardinien untergehen ließ. Der dritte Schlag war entsetzlich! Wir wähnten uns in größter Sicherheit. Unsere Heere, so sagte man, würden Holland erobern. Darin täuschte man uns, denn während wir meinten, Dumouriez stünde einem Ungeheuer gleich vor den Toren Amsterdams, der Stadt, die nur darauf brannte, ihn zu empfangen, verhandelte der Schurke in Wahrheit mit den Abgesandten von Kaiser Franz und Friedrich-Wilhelm. Tod allen Verrätern! Tod allen Aristokraten in unserem Lande, die sich am Unglück ihres Vaterlandes erfreuen! Nieder aber auch mit den Anarchisten, diesen Wahnsinnigen, die glauben, wir alle wären bereit, uns in Verhältnisse zu fügen, die nur für sie allein von Vorteil sind!

Der vierte Schlag traf uns bei Aachen, wo unsere Truppen infolge des Verrats der Generäle, von denen die meisten im Übereinkommen mit dem gemeinsten aller Menschen, dem unmoralischen Dumouriez, handelten, überrascht wurden! Die Kommissare des Konvents in Lüttich sahen diesen Schlag kommen und ließen deshalb den Schatz aus der Stadt bringen. Lüttich, die befreundete, die verbündete Stadt, fiel wieder den Tyrannen in die Hände. O Lüttich, ich habe dich beweint wie mein Vaterland! Man hatte uns betrogen. Der Verräter Dumouriez, der sich in Holland geflissentlich amüsierte, hatte verkündet, daß er den Rest Belgiens besetzen wolle; statt dessen lieferte er es aus! Loewen, Mecheln, Brüssel, das eifrige Brügge, alles wurde ausgeliefert, bis zu Antwerpen und Ostende. Dort wurde der fragwürdige Admiral Moreton mit seinen Schiffen von der englischen und holländischen Flotte aufgebracht. Breda und Gertruydemburg wurden evakuiert und dem Zorn des Statthalters überlassen! Ja, man kann es tatsächlich auch so sehen: Dumouriez hat unsere Ehre gerettet. Ohne seinen Verrat, der unsere Niederlage entschuldigt, wären wir in den Augen Europas und der ganzen Welt nichtswürdig und verdienten dasselbe Schicksal wie das unglückliche Polen!

Schließlich aber hat der Verräter die Maske fallen lassen! Er begnügte sich nicht nur damit, die Anordnungen des Konvents zu mißachten, er handelte auch auf feigste Art und beging das schlimmste Verbrechen. Er ließ die Bevollmächtigten des Konvents ergreifen und schickte sie in einem geschlossenen Wagen nach Tournai zu Cobourg, dem feindlichen General, der, wenn er sie festhalten sollte, ein ebenso infames Ungeheuer wie Dumouriez ist! ... Dies schreibe ich am 5. April nieder, während ich die weiteren Ereignisse abwarten will.

Am Abend des 2. [April] hatte man Kenntnis vom Strafbefehl gegen die Kommissare der Exekutivgewalt erhalten. Niemand glaubte ernsthaft daran. Am Abend des 3. [April] war dann all das, was ich berichtet habe, zur Gewißheit geworden. Bei diesen schlechten Nachrichten kam es in den Straßen von Paris zu Menschenansammlungen. Ich mischte mich unter alle Gruppen, auf die ich stieß, um die allgemeine Stimmung zu erkunden. Ich bemerkte, wie sich eine der Gruppen am Ende des Pont Saint-Michel um einen bezahlten Agitator scharte, der versuchte, Verwirrung unter die Menschen zu bringen. Ganz leise sprach ich zu einigen vernünftigen Bürgern, die sich von ihm abwandten und andere veranlaßten, es ihnen gleich zu tun. Der Redner an der Place du Pont-Neuf war wesentlich verständiger; ich brauchte ihm nur noch unterstützend beizupflichten. Er war einzig von den Gedanken der Einigkeit und Eintracht durchdrungen; während der andere die Bürger dazu aufhetzte, alle verdächtigen Aristokraten zu jagen, um sie zu erdolchen. Er war ganz sicher ein Straßenräuber. Die Gruppe an der Place des Trois-Maris tobte. Aber ich hatte nicht den Eindruck, daß Räuber darunter waren. Ich hörte nur viele dieser unverschämten Arbeiter, die den Arbeitslohn auf eine solche Höhe treiben wollten, daß es niemandem mehr möglich sein würde, sie zu beschäftigen, es sei denn, die ganze Welt bestände nur aus einem einzigen Staat, in dem es demzufolge keine Konkurrenz gäbe. Wenn die Arbeitskraft in einem einzelnen Land überbezahlt wird, gehen dort alle Künste und Gewerke nieder; die Bürger lassen sich die Waren aus dem Ausland liefern, denn niemand kann mehr im eigenen Land kaufen, wo es zu teuer ist. Das will der stumpfsinnige Arbeiter natürlich nicht begreifen. Nichts ärgert mich mehr als Unwissenheit und Dummheit, so töricht es andererseits ist, sich über sieben Achtel der gesamten Menschheit zu erregen. Wollte man das aber den Leuten in einer der Gruppen sagen, so würde nicht einmal jemand zuhören, man könnte sich auch keinerlei Gehör verschaffen, denn darüber müßte man eine sachliche Diskussion führen. Davon einmal abgesehen, war diese Gruppe den Staatsangelegenheiten durchaus wohl gesonnen.

Das Palais-Égalité war voller Menschen; aber das war nichts im Vergleich zu den Tuilerien. Überall dasselbe: die Agitatoren auf der einen Seite, die ehrenhaften Leute auf der anderen. Ich ermunterte fünf oder sechs Gruppen der letztgenannten, sich den Widersachern zuzuwenden, um sie als Feinde bloßzustellen, und ich hatte recht guten Erfolg damit. In den Tuilerien wurde ich von einem Mann erkannt, der mich bei meinem Namen rief. Aber damit schmeichelte er mir nicht; sein Ton war mir unangenehm, seine Absicht schien mir bösartig. Ich wandte mich an eine Frau, die neben mir stand und die mit mir gesprochen hatte:

»Kennen Sie diesen Mann?«

Sie sah zu ihm hinüber und stieß mich dann mit dem Ellenbogen an. Ich neigte mein Ohr zu ihr hinunter, und sie sagte:

»Er gehört meiner Sektion an, der ›Section des Piques‹, seinen Namen kenne ich nicht, aber bis morgen werde ich ihn wissen. Bisweilen ergreift er in den Versammlungen das Wort, aber man schätzt ihn nicht sehr.«

Der Mann bemerkte, daß sie über ihn sprach, und da er sie für meine Bekannte hielt, entfernte er sich. Mit den Augen verfolgte ich ihn. Er ging bis an die Tür des Cafés, welches der Hof im Jahre 1792 hatte schließen lassen, und versteckte sich hinter jemandem, mit dem er leise zu sprechen schien. Ich machte nun die Frau auf beide aufmerksam.

»Ach, den anderen kenne ich«, sagte sie mir, »er war Laufbursche im Kriegsministerium; man hat ihn hinausgeworfen.«

Da ich keinerlei Beziehungen zu Leuten dieser Art hatte, beruhigte ich mich. Dennoch ließ ich die beiden Männer nicht aus den

Augen. Jener, der mich angesprochen hatte, stand auf und begann nach mir zu suchen. Ich wich ihm immer gerade so weit aus, wie er vorwärts ging, und konnte mich somit vor ihm verbergen. Er kehrte zu dem anderen Mann zurück und sagte:

»Er ist nicht mehr hier, wir müssen das nächste Mal abwarten.«

Ich verhielt mich ganz ruhig, beobachtete sie aber weiter genau. Schließlich sah ich einen dritten Mann zu ihnen treten; es schien, als redete dieser sehr heftig auf die beiden anderen ein. Ich versuchte, sie zu belauschen:

»Sie wollen mir, der ich aus Fontenay-le-Comte stamme, weismachen, daß es nicht stimmt!«

»Wie hat er sich denn in dieser Gegend überhaupt einen Namen machen können?«

»Das will ich Ihnen erzählen. Durch einen Arzt, Monet ist sein Name, ein sehr verdienter Mann, der aber etwas schwerfällig ist, was den Umgang mit ihm langweilig macht. Dabei ist er eigentlich ein sehr leidenschaftlicher Mensch. Er wohnt in Chef-Bouton; Himmel und Erde hat er in Bewegung gesetzt, um jenen Mann zum Abgeordneten zu machen. Er hatte es auch fast geschafft, bis ein angeblicher Kommissar dort auftauchte, der, so glaube ich, sich diesen Auftrag selbst erteilt hatte. Dieser Kommissar behauptete, ein enger Freund des Mannes zu sein, den wählen zu lassen es Monet gelungen war. Er erbot sich, einen Brief aufzusetzen, um das Einverständnis des Gewählten einzuholen. Monet war sehr erfreut darüber, denn auf sein letztes Schreiben an den betreffenden Mann hatte er keine Antwort erhalten. Acht Tage später brachte der sogenannte Kommissar einen Brief, in dem unser Mann seine Einwilligung strikt verweigerte. Darüber war man sehr verärgert! Monet war blamiert ... Der Kommissar reiste ab und nahm den Beweis mit. Nun erst kam Monet der Gedanke, daß er den Brief doch hätte lesen sollen. So machte er einen Mann ausfindig, der das Schriftstück gesehen hatte, und zeigte ihm einen echten Brief. Ihm wurde versichert, daß diese Schrift in keiner Weise der jenes Briefes ähnlich sei, den der sich als Burgunder ausgebende Kommissar, der in Wahrheit aus der unteren Normandie stammte, vorgelegt hatte. Monet mußte an den Mann schreiben, um von ihm selbst zu erfahren, ob er tatsächlich abgelehnt hat.«

Nun hatte ich verstanden, daß die Rede von mir war, und ich trat heran:

»Nein, der Brief war nicht von dem Mann verfaßt, das können Sie mir glauben«, sagte ich ihnen, »der gemeine, böse Feind, der mir diesen Streich gespielt hat, nahm an, mir damit Schaden zufügen zu können. Im Grunde war es mir jedoch nur recht; für die Nation hingegen ist es vielleicht von Nachteil; denn ich habe den Plan zu einer allgemeinen Kooperativgesellschaft entworfen, den ich dem Konvent sicher hätte schmackhaft machen können, was nun natürlich nur schwer möglich ist. Ferner hätte ich mich dafür eingesetzt, daß den Anarchisten und Aufwieglern das Handwerk gelegt wird. Vieles von dem, was man heute im Konvent geschehen läßt, hätte ich zu verhindern gewußt ...«

Mit diesen Worten zog ich mich zurück. Ich kann mir nicht erklären, weshalb die drei Männer so überrascht waren. Keiner von ihnen tat auch nur den Mund auf. Sie schienen wie vom Blitz getroffen. Aber was kümmert mich das. Da ich sie aber später niemals wiedersah, hätte ich mich schon dafür interessieren müssen, wer sie waren.

Erneut begegnete ich der Frau, mit der ich vor kurzem gesprochen hatte.

»Haben Sie von dem seltsamen Vorfall auf der Île-Saint-Louis gehört?« fragte sie mich. »Ich will Ihnen davon erzählen. Wir kennen uns zwar nicht, aber ich habe Sie schon oft dort gesehen. Auf der Insel wurde ein Mann beobachtet. So wie man ihn mir beschrieben hat, muß er Ihnen in Kleidung und Gestalt sehr ähnlich sein.«

»Ich weiß, um wen es sich handelt«, antwortete ich ihr, »man trachtete dem früheren Mitglied der Konstituante Dupont de Nemours nach dem Leben; man glaubte, ihn getötet zu haben, dabei wurde er mit einem anderen verwechselt. Dieser andere hätte ich sein können, würde ich noch meine allabendlichen Spaziergänge über die Insel machen, wie ich es früher tat. In der Zeit des Despotismus war die Insel mein einziger Trost. Ich ritzte dort meine Ängste und meine Leiden in den Stein. Heute bedarf ich dieses Trostes nicht mehr. Aber sollte ich ihn dennoch brauchen, so müßte ich darauf verzichten. Der Pöbel, der durch die Revolution eigentlich hätte verschwinden müssen, existiert noch immer; er ist sogar noch gefährlicher geworden. Die jetzige Generation muß erst aussterben, bis das Volk von ihm befreit ist. Ich kann nicht beschreiben, wie groß meine Verachtung für diese Taugenichtse ist, die die schönsten Dinge beschmutzen, verderben, entehren und vergiften. Man nimmt im allgemeinen an, daß es der Ehrgeiz der Könige und der Mächtigen war, der den Despotismus herbeigeführt hat, ist es nicht so? Nein; es war die Unverschämtheit der Kanaille! Ich glaube, daß zunächst alle Menschen gleich waren. Denn warum sollten sie es nicht gewesen sein? Aber das Gesindel, das sich aus Nichtstuern, Habgierigen und Bösewichten aller Art zusammensetzt, das in ärmlichen Verhältnissen blieb, während der Fleißige, der Gewissenhafte und der Arbeitsame sich Wohlstand und Überfluß schuf, dieses elende Gesindel geriet darüber in Wut, schimpfte, stahl, mordete. Darauf schlossen sich jene zusammen, die es zu etwas gebracht hatten; sie gaben sich ein Oberhaupt, Waffen und Soldaten. So entwickelten sich Regierungen der Könige oder Beamten; so entstand auch der Despotismus selbst, da man, reich und wohlhabend, die absolute Herrschaft eines einzelnen der Anarchie des Pöbels vorzog. Man glaubte, gar nicht weit genug gehen zu können, um diese Anarchie zu unterdrücken, mußte sich am Ende jedoch selbst als Sklave wiederfinden. Man hat darunter gelitten, es aber der ständigen Gefahr von Plünderungen und Massakern immer noch vorgezogen. Oh, wie sehr müssen wir es doch dem Pöbel, der weder eigene Verdienste, noch besondere Fähigkeiten, noch Tugenden aufweist, verübeln, daß er uns bis zu diesem bösen Ende trieb! Noch immer ist dies das schreckliche Schicksal, das uns unsere Anarchisten heutzutage bescheren, solche Leute wie Brissot, wie Guadet, wie ...«

»Ich glaube, daß Sie recht haben«, antwortete die Frau. »Ich muß Ihnen von einer Begebenheit berichten, die sich beim diesjährigen Karneval zugetragen hat. Sie wissen sicher, daß vor dem Verrat Dumouriez' viele Angehörige seiner Armee zurückgekommen waren, vor allem jene Lüstlinge, die das angenehme Pariser Leben nicht länger entbehren wollten.

Ein Mädchen in Männerkleidern

Es wurden keine Masken getragen, aber einige Leute hatten sich verkleidet. Ich weiß von einem Fall, da dies auch notwendig war. Einer der Wüstlinge, die aus Belgien zurückkehrten, hatte einer Frau aus seinem Nachbarhaus, die es ihm verwehrte, sich ihrer Tochter zu nähern, häufig gedroht:

»Ich wünsche mir, daß Paris von den Feinden eingenommen wird, nur, um das Vergnügen zu haben, Ihre Tochter vor Ihren Augen schänden zu lassen.«

Diese unverschämten Worte entsetzten die Mutter, ohne sie jedoch übermäßig zu erschrecken, da sie ja nur aus dem Munde eines bösartigen Dummkopfes kamen. Aber man hatte erfahren, daß er die Winterpause gemeinsam mit seinen Spießgesellen verbrachte, um mit deren Hilfe seine Drohung wahr zu machen. Er lauerte seiner jungen Nachbarin auf, um sie seinen Kumpanen zeigen zu können. Die jedoch verließ das Haus niemals. Als sie aber schließlich doch einmal dazu gezwungen war, weil die Mutter krank darniederlag, mußte sie in die Kleider eines ihrer Cousins schlüpfen. So ging die hübsche Césarette nun als Jüngling verkleidet auf die Straße. Man erkannte sie nicht. Sie gefiel sich aber nicht in diesem Aufzug. Sobald sie heimgekehrt war, zog sie wieder Rock und Bluse an, behielt die Hosen, die flachen Schuhe und die farbigen Strümpfe aber darunter. Eines Tages jedoch, als sie einmal ganz in der Nähe schnell etwas zu besorgen hatte, ging sie so hinaus, wie sie gerade angezogen war. Dazu muß man sagen, daß Césarette das reizendste Gesicht hatte und diesen jungfräulichen Blick, der den Verführern so gut gefällt. Sie lief schnell, sowohl wegen der Gefahr, aber auch, weil sie es sehr eilig hatte. Der üble Kerl erblickte sie von jenem Café aus, wo die schöne Limonadenverkäuferin arbeitet, an der Ecke der Rue de Grenelle. Er sprach zu seinen Kumpanen:

»Ich glaube, dort ist sie!«

Sogleich gingen sie, nunmehr fünf Leute, hinaus. Es war zu Fastnacht. Aber Césarette war so schnell gelaufen, daß sie schon in der Rue du Pélican verschwunden war, als die Männer auf die Straße traten. Sie wußten nun nicht mehr, wo sie sie abpassen sollten. Deshalb erwarteten sie sie am Eingang der Rue du Coq, in der sie wohnte. Aber auch das war vergeblich! Die Kleine war, wie von einer Eingebung gelenkt, am Kloster Saint-Honoré vorbei durch die Rue du Chantre gegangen und hatte ihre Wohnung, von der anderen, zum Louvre führenden Seite der Straße kommend, wieder erreicht. So war sie also entwischt. Das wußte sie aber nicht. Am Abend, es war schon dunkel, mußte sie noch einmal das Haus verlassen. Obwohl die Mutter ihr zurief, doch die Jungenkleider anzulegen, hörte sie nicht darauf. Sie machte ihre Besorgung in der Rue Champfleury. Aber anstatt durch die Straße am Louvre zurückzukehren, kam sie aus der Richtung Saint-Honoré. Sie hatte die Rue Champfleury noch nicht ganz verlassen, als sich ihr zwei der beurlaubten Soldaten in den Weg stellten.

»Verflucht noch mal«, sagte einer von ihnen, »diese kleine Demoiselle ist doch ebensogut wie die Césarette, auf die es Giroflée abgesehen hat!«

»Ja, sie ist hübsch!« erwiderte der andere.

Dabei hielten sie sie fest. Césarette, die ihren Namen gehört hatte, fühlte sehr wohl, daß es um sie geschehen war, wenn man sie erkannt hatte. Als sie sich festgehalten sah, begann sie zu lachen, hob ihren Rock bis zum Bauchnabel und zeigte ihre Hosen.

Der gröbere der Gauner sagte zum anderen:

»Mein Gott, so etwas jage ich nun wahrlich nicht! Das war einst das richtige für einen Jesuitenpfaffen ...«

»Oder für den Duc d'Elbœuf!« fügte der andere hinzu. »So etwas gehört ins Ancien régime.«

Und sie ließen sie laufen. Zu Hause angekommen, war Césarette ganz blaß.

»Was hast du, Tochter?«

»Ach Mutter, ich habe noch mal Glück gehabt, denn ohne die Männerhose wäre es um mich geschehen gewesen!«

»Wieso denn das?«

Sie erzählte, wie sie festgehalten worden war; wie sie ihren Rock hochgehoben hatte, usw. und wie froh sie war, doch die Männerhose angelassen zu haben. Sie verließ das Haus niemals mehr ohne Männerkleidung, und wenn, dann so selten wie möglich. Giroflée hatte inzwischen von der Dummheit seiner Kumpane erfahren, die Césarette hatten laufen lassen. Darüber hat er mehr als zwei Stunden lang in gröbster Manier geflucht. Seine beiden Freunde fluchten noch ärger, vor allem wegen des Spottes, den sie sich gefallen lassen mußten. Vor lauter Wut mißhandelten sie sogar einen Schuljungen ganz schändlich, den sie für Césarette hielten. Sie aber blieb bis zur Abreise der Männer versteckt.

Ich notierte mir diese Begebenheit, die beweist, welchen Exzessen der Anarchie wir ausgeliefert sind.

24. April [1793]
Marats Triumph

Auf Grund eines zuvor erlassenen Dekrets war Marat (der Name spricht für sich) unter Anklage gestellt worden. Man hatte einen

Haftbefehl gegen ihn erlassen. Marat war der Ansicht, sich dieser Order besser nicht zu fügen. So hätte man von ihm sagen können, er sei nur der blinde Nachahmer eines Sokrates. Es ist ja auch von ungleich größerem Wert, ein wirklich unverwechselbarer Mensch zu sein. Er behauptete sogar, daß er sich aus Großmut dem Dekret nicht unterwerfen wollte, um seine Feinde vor einem Verbrechen zu bewahren. (Er hatte recht; die Ereignisse haben gezeigt, daß es tatsächlich ein Verbrechen war, denn Marat war ein wahrer Patriot.) Welch moralische Kraft doch die Unschuld hat, wenn sie ein falsches Handeln, das sie ablehnt, verhindern will! Das Revolutionstribunal ließ den Patrioten Marat nicht lange warten, er kam bald an die Reihe. Das ganze endete nicht mit einer Verurteilung, sondern mit einem Triumph. Der Angeklagte erschien, von Wachen umgeben; Frauen, die für ihren Patriotismus berühmt waren, kränzten ihn mit Blumen. Sie waren es auch, die ihn in den Gerichtssaal hineinführten. Dort antwortete Marat von einem Platz aus, den er selbst bestimmte, in der Weise auf die Fragen, wie er es für richtig hielt; so war er es, der seinerseits die Richter befragte. Alles, was er tat, war richtig; alles, was er sagte, war gut gesagt. Alles, was er geschrieben hatte, war von einer tiefen Weisheit; und wenn man es zunächst vielleicht für übertrieben hielt, so haben es die Ereignisse gerechtfertigt. Er wusch sich von der Anklage rein; die Bürgerkrone wurde ihm verliehen. Er verließ den Saal als Sieger, wurde durch die Straßen getragen wie Mardochei; es fehlte nicht viel daran, und seinen Anklägern wäre das Schicksal Amans widerfahren ... (aber das sollte ohnehin nicht mehr lange auf sich warten lassen). Ha! Wer könnte es dem ›Journal du soir‹ jemals verzeihen, Marats Verteidigungsreden mit der Absicht gedruckt zu haben, ihre Wirkung zu mindern! Welche Niedertracht! Unterstützt man so die Patrioten? Was mich betrifft, so widme ich diese Zeilen dem Triumph Marats, und wenn ich wollte, könnte ich noch hinzufügen, was ich dem Bürger Dubois, seinem Freund, gesagt habe. Aber im Moment genügt es festzustellen, daß dieser berühmte Mann seine Berühmtheit auch unter anderen Umständen, auf Grund seiner außergewöhnlichen Klugheit, erlangt hätte. Wenn es am 31. Mai, am 1. und 2. Juni um die Festnahme und den Ausschluß der zweiundzwanzig oder zweiunddreißig Mitglieder aus dem Konvent gehen wird, wird man von Marat keinerlei Beschimpfungen, die zum Schicksal der Verurteilten beigetragen, hören. Man wird erleben, daß er sich freiwillig aus der Versammlung

entfernt, um so auf eine Art, für die es bislang kein Vorbild gibt, die
Rolle des Angeklagten mit der des Anklägers zu tauschen. Nie zuvor hat es ähnliches gegeben, diese Haltung war beispiellos. Er ist ihr für den Rest seines bewunderungswürdigen Lebens treu geblieben.

Am 1. Mai kam es zu einem Ereignis, das so ganz anders war als jene, die meine Aufmerksamkeit viel zu sehr auf sich zogen. Ich war recht früh ausgegangen, um auf meiner Insel den ersten Tag dieses schönsten Monats des Jahres zu feiern. Ich ging still spazieren und vermied es, auf Kinder zu treffen. Dabei erblickte ich zwei Frauen, die heiter miteinander plauderten. Ich hörte ihnen ungefähr eine halbe Stunde lang zu und werde, soweit es mir in Erinnerung geblieben ist, wortwörtlich niederschreiben, was eine der beiden erzählte.

Der Ci-devant, der eine Sansculotte zur Frau nimmt

Ein reicher Adliger (als es solche noch gab), der bisher noch nicht hatte heiraten wollen, war erschreckt von all den Drohungen, die gegen die Aristokraten gerichtet wurden. Er faßte den Entschluß, eine Frau zu nehmen und sich unter den Schutz der Sansculotten zu stellen, indem er sich mit ihnen verband. Dabei war ihm jedoch klar, daß dies ein schwieriges Vorhaben war, denn, obwohl sie nicht stolz schienen, wußte er nicht, wie er auf sie zugehen sollte. Während er darüber nachdachte, fiel ihm eines Tages, als er gerade durch die Rue de la Bûcherie ging, eine junge Nymphe der Sansculotten ins Auge, die zusammen mit ihrer Mutter vorbeiging. Ihre Kleider waren aus rotem Leinenstoff, sie war aber sauber wie ein Sou (aus den Zeiten, als es diese noch gab). Unabhängig von allen anderen Absichten, fand er sie reizend und fühlte, daß es ein Glück wäre, von ihr geliebt zu werden. Früher hätte er sie einfach angesprochen, ihr von seinem Vermögen erzählt, vorausgesetzt, er wäre heftig verliebt und das Mädchen auch tugendhaft genug. Heute versteckte er diesen Vorzug. Glücklicherweise war er in der Uniform der Nationalgarde. Er folgte den Frauen bis vor deren Tür. Sie wohnten in einem kleinen einstöckigen Haus. Dort grüßte er die Mutter und lachte sie dabei an.

»Bürger«, sagte sie daraufhin, »Sie scheinen mich zu kennen, ich aber kenne Sie nicht.«

»Vielleicht irre ich mich«, antwortete der Mann, »ich hielt Sie für ...«

Er wollte gerade einen Namen nennen, als eine Wäscherin, die einen kleinen Korb unter dem Arm trug, hinzutrat und als hübsches Mädchen das Recht zu haben glaubte, die Unterhaltung unterbrechen zu können. Sie sprach:

»Madame Chantocé, ich bringe hier Ihre runden Häubchen und die Mieder. Bonjour, Marie-Louise! Was höre ich? Du willst also nicht mit diesem ... was war er? Kupferstecher, Maler, Zeichner?«

»Nein, nein«, antwortete Madame Chantocé, »ein schöner Broterwerb, in diesen schwierigen Zeiten! Das reichte gerade, um Hungers zu sterben! Mir wäre ein Soldat, der sich Verdienste erworben hat, viel lieber.«

»Auch ich wollte ihn nicht«, sagte ganz bescheiden Marie-Louise.

»Aber der Bürger sprach zu Ihnen, Mutter! Unterhalten Sie sich nur, während ich unsere Wäsche zählen will.«

»Ja, kümmere dich darum, mein Kind«, erwiderte Mutter Chantocé. »Bürger, wovon haben Sie gerade gesprochen ... für wen haben Sie mich gehalten?«

»Für eine Bretonin, aus Vanade, vier Meilen von Chantocé und drei van Ancenis entfernt.«

»Ha, jemand, der meine Heimat kennt! Ich selbst bin aus Oudon; mein Mann aber stammte aus Chantocé, wonach man ihn auch benannt hat.«

»Madame, ich bin entzückt, Sie getroffen zu haben: erlauben Sie mir, bei Ihnen einzutreten, so können wir plaudern.«

»Aber gern, Bürger! Wie ist Ihr Name?«

»Gémonville, ich stehe zu Ihren Diensten. Ich habe lange Zeit in Nantes gewohnt, dann in La Roche-Bernard, was heute La Roche-Sauveur genannt wird, nach dem braven Patrioten Sauveur, den die Rebellen umgebracht haben, weil er nicht in ihr Geschrei einstimmen wollte.«

»Nun, wie ich sehe, sind Sie ein Patriot und ein guter Bretone.«

»Habe ich Sie nicht einmal in Marillac gesehen, Madame?«

»Nein, ich bin immer in Paris gewesen, wo ich geboren bin; aber mein Vater war aus Pontchâteau, drei Meilen von La Roche-Sauveur, wie man es heute nennt, Sie haben gerade davon gesprochen.«

»Wir sind Landsleute, Bürgerin Chantocé, und sehen Sie, aus ebendiesem Grunde habe ich mich auch schlagartig in ihre Tochter verliebt, um deren Hand ich bei Ihnen anhalten will, sobald Sie mich besser kennen.«

»Oh, Sie sind aber flink, Bürger Gémonville! Und wie geschickt Sie Ihren Plan eingefädelt haben! Der Bürger macht uns Spaß, nicht wahr, Marie-Louise?«

Marie-Louise errötete, ohne darauf zu antworten.

Die Mutter fuhr fort: »Nun also, Bürger, Sie wollen uns kennenlernen.«

»Ja«, antwortete Gémonville, »das ist alles, worum ich Sie bitte, nämlich um die Gelegenheit, Ihre ehrenwerte Bekanntschaft machen zu dürfen, Bürgerin Chantocé; ebenso die der Bürgerin Marie-Louise, Ihrer liebenswürdigen Tochter; denn seit ich mich entschlossen habe zu heiraten, ist sie die erste, mit der ich Haus und Herd teilen möchte. Ich glaube, daß es das größte Glück wäre, am Abend oder zu jeder anderen Stunde des Tages heimzukehren und dort von einer so hübschen Hausfrau und von einer so guten Mutter wie Ihnen, Bürgerin Chantocé, empfangen zu werden.«

»Na, so etwas, aber nun hört, Bürger, man könnte annehmen, daß Sie es wirklich ernst meinen?«

»So ernst, daß ich sie heiraten möchte, mit einer Trauung, wie Sie sie wünschen, vor der Stadtverwaltung, oder, wenn Sie das sicherer glauben, auch in der Kirche.«

»Was meinst du, Marie-Louise, er ist doch ein schöner, junger Mann? Na gut, Bürger, um mit dem Kennenlernen gleich zu beginnen: Meine Tochter hat ihre Aussteuer; sie ist das einzige Kind und wird alles erben. Wir hatten in der Bretagne einen kleinen Besitz, in Pontchâteau, der jährlich in jedem Fall dreihundert Livres Pachtgeld einbrachte; aber wir haben ihn verloren. Und Sie, Bürger, was nennen Sie Ihr Eigentum?«

»Nun, Bürgerin, ich hatte vier Häuser in Lorient, die im Jahr durchschnittlich dreitausend Livres einbrachten; zwei in Nantes, das sind Geschäftshäuser, die viertausend Livres abwerfen. Ich werde Ihnen das noch vor der Hochzeit vorweisen, Bürgerin Chantocé.«

»Ich sehe, Bürger, Sie waren ein reicher Mann; aber sind Sie das noch immer?«

»Ja, Bürgerin! Und wäre ich nicht in der Lage, einem schönen Mädchen, wie es Ihre Tochter ist, das tägliche Brot zu geben, würde ich auch nicht, so ganz ohne vorher überlegt zu haben, um deren Hand anhalten. Ich werde Ihnen dies alles beweisen, wann immer Sie es wünschen.«

»Nun, was meinst du, Marie-Louise? Wir werden sehen, Bürger.

Solange essen Sie erst mal mit von den Erbsen, die gerade auf dem Herd stehen, wenn Sie mögen; es ist gut gemeint.«

»Ach, das ist es, was hier so duftet?« fragte Gémonville artig. Und dabei dachte er bei sich: ›Ich werde daran, ob Marie-Louise den Tisch eifrig oder lustlos deckt, sehen, wie ich ihr gefalle.‹

Marie-Louise, blühend wie eine Rose, frisch wie eine schöne Kirsche, die noch am Baume hängt, hatte im Nu den Tisch gedeckt. Sie brachte drei silberne Becher, die in Tücher eingewickelt waren, und den schönen Salzstreuer, die Suppe wurde in einer mit Blumen bemalten Terrine serviert, die nicht oft benutzt wird; aus dem Schrank wurden die feinen Porzellanteller genommen. Schließlich ging sie in den Keller und holte zwei Flaschen des Weines, der im Sand gelagert war.

»Gut«, sagte Gémonville, »es wird wunderbar schmecken!«

Das Essen verlief sehr fröhlich, das heißt für den Galan und die Bürgerin Chantocé; denn das junge Mädchen war etwas verwirrt. Er bat um die Erlaubnis, am nächsten Tag mit all seinen Papieren zurückkommen zu dürfen, und außerdem darum, daß die Bürgerin jemanden dabei hätte, dem sie vertraute. Das versprach sie; er verabschiedete sich, um nicht aufdringlich zu erscheinen.

Fortan sprachen Mutter und Tochter über nichts anderes als ihn. Marie-Louise gestand ein, daß er liebenswürdig sei, Geist besäße und es offensichtlich nicht auf ihr Geld abgesehen habe. Die Mutter befand, daß er ein höflicher und hübscher junger Mann sei.

»Wir werden schon sehen, was daraus wird«, fügte sie hinzu. »Aber er ist ziemlich reich! Davon abgesehen, daß man sich bei einem Heiratsantrag selbst immer reicher macht, werden wir froh sein, wenn er am Tag nach der Hochzeit noch ein Drittel davon hat.«

Was Gémonville betrifft, so war er von Marie-Louise entzückt und mit ihrer Mutter sehr zufrieden. Das bestärkte seinen Willen zu heiraten und sich mit allen Sansculotten aus dem Bekanntenkreis seiner Frau zu befreunden und zu verbrüdern.

So versäumte er es auch nicht, am nächsten Tag wiederzukommen. Er fand die Bürgerin Chantocé im Kreise ihrer ganzen Familie. Außerdem hatte man einen Notar gerufen, um die geschäftlichen Fragen zu regeln. Mit seinem höflichen und geradlinigen Wesen machte Gémonville bei allen einen guten Eindruck, wenngleich er es vermied, von seinem früheren Stande zu sprechen. Er gab sich als guter

Bretone und Anhänger des Vaterlandes, für das sich zu opfern er bereit wäre. Seinen Adelstitel verschwieg er und nannte sich nur Gémonville. Der Ehevertrag wurde recht bald aufgesetzt, weil er die Mutter dazu drängte. Dabei bevorteilte er seine Zukünftige mehr, als man verlangte; er bewies ihr gegenüber soviel Redlichkeit und Großmut, daß jeder Marie-Louise dazu beglückwünschte. Es gab ein gutes Essen für die ganze Gesellschaft. Gémonville bat darum, diese noch vergrößern zu dürfen. So war der Rest des Tages für alle eine Freude. Am Abend vor dem Abschied ließ die Mutter das zukünftige Paar für einen Moment allein. Gémonville wußte das zu nutzen. Seine Gefühle waren so zärtlich, so edel, so aufrichtig, daß er ein Herz zum Erzittern brachte, das ohnehin von seinem ganzen Auftreten schon erobert war. Er ließ Marie-Louise erbeben und übertrug ihr etwas von seiner Zärtlichkeit.

Am nächsten Tag kam er schon am frühen Morgen, um die Damen zu bitten, ihm die Ehre ihres Besuchs zu erweisen. Er hatte sich eine anständige Wohnung genommen, wie es sich für einen Adligen, der Sansculotte werden wollte, gehört. Die Frauen kamen seinem Wunsch nach, und er schlug vor, sie und ihre beiden engsten Freundinnen in einer Kutsche abzuholen. Sie waren somit zu fünft auf den Plätzen des Wagens, und Marie-Louise saß auf den Knien ihres Zukünftigen. Bei der Ankunft besichtigten Mutter Chantocé und die beiden Freundinnen das ganze Haus und bewunderten laut vernehmlich die Bequemlichkeiten und den Wohlstand, den sie erblickten. Währenddessen führte Gémonville Marie-Louise jene Räume vor, welche sie als seine Frau bewohnen würde; drei Zimmer, ein schönes Schlafgemach, ein hübsches Schreib- und Lesekabinett und eines für ihre Toilette. Er zeigte ihr die Stoffe, die er für das Brautkleid ausgewählt hatte und für jene Kleider, die sie am ersten und zweiten Tag nach der Hochzeit tragen würde; sowie die Negligés der Hochzeitsnacht, die Tücher, die Mousselines, den Batist, die Spitzen, die Gazestoffe usw. Sie war ganz entzückt und konnte nur erröten. Unterdessen hatte Mutter Chantocé bemerkt, daß sie ihr nicht gefolgt war, und das beruhigte sie. Sie kam leise näher, um zu lauschen. Nun sah sie, wie ihre Tochter voller Entzücken die Stoffe ausbreitete und sich an deren Schönheit freute; sie hörte, wie Gémonville dazu sagte: »Oh, wie gut Ihnen das stehen wird!« und hörte ihn weiter davon zu ihr sprechen, wie heiß er sie liebe und wie sehr er ihre Mutter respektiere. Schließlich sah sie, wie er ihre Hand küßte. Die Bürgerin

Chantocé, die ihre beiden Freundinnen neben sich hatte, trat daraufhin hinzu:

»Na, so etwas, nur die Hand! O mein lieber Sohn! Ich kenne dich nun, nachdem, was ich soeben gehört habe! Küß sie auf den Mund; nur zu, und von dir keine Zierereien, Mademoiselle!«

Der Bräutigam gehorchte, und sein Mund drückte einen Kuß auf ihre Lippen, nachdem er die beiden Wangen geküßt hatte. Die Bürgerin Chantocé klatschte in beide Hände:

»Gut, es ist gut so, denn es ist in meiner Gegenwart geschehen!«

Das Essen war vorzüglich; die drei alten Damen waren sehr ausgelassen; Marie-Louise blieb bescheiden und zurückhaltend, Gémonville respektvoll.

»Sie haben uns das Benehmen gelehrt, die beiden jungen Dinger«, sagte die Mutter, als sie abends ging.

Gémonville sah seine Braut fortan jeden Tag, und am zehnten heiratete er sie. Als Ehemann tat er dann noch mehr: Er bildete Herz und Geist seiner Frau, die die besten Anlagen dazu hatte; ihr Glück erfreute alle Bekannten der Bürgerin Chantocé. Sie hatte einen großen Garten im Faubourg Saint-Marceau mit dem Auftrag zur Verfügung erhalten, dort an jedem Sonntag für alle Leute, die sie selbst einladen wollte, ein gutes Essen zu bereiten. Ihr Schwiegersohn hatte sie gebeten, keinerlei Hemmungen in bezug auf ein wenig höhere oder geringere Ausgaben zu haben. Diese Essen verschafften Gémonville einen großen Einfluß, der ihn beruhigte. Er wurde Präsident seiner Sektion, er verfaßte Berichte an den Konvent; er hörte den zustimmenden Applaus, und sein Name ging von Mund zu Mund. Wenn es um Spenden für das Vaterland ging, war er immer der erste.

»Ich verdanke der Revolution mein Glück«, sagte er, »denn ohne sie hätte ich meinesgleichen geheiratet und so niemals auch nur etwas geahnt von den Tugenden der ehemals niederen Stände. Nein, denn man trifft nur in diesen mittleren Schichten solche trefflichen Frauen wie die meine, solche lustigen und fröhlichen Naturen wie ihre Mutter! Ein solches Glück, das diese beiden Frauen mir geben, kannte ich bisher nicht; es ist ganz anders als die Sitten und die Denkart des Ci-devant-Adels.«

Ich begab mich ins Café Robert-Manouri, wo ich das, was man soeben gelesen hat, in einem Zuge aufschrieb. Kehren wir zu den Staatsangelegenheiten zurück.

ZWEITE ANGEFÜGTE NACHT

6. und 23. Mai 1793

Am Abend ging ich gegen sieben Uhr über den Pont-Neuf. Mitten auf der Place des Trois-Maries stand eine Gruppe junger Leute unterschiedlicher Herkunft. Ich trat näher heran, um zu hören, was gesprochen wurde. Einer der Wortführer hielt eine Rede. Hier die Wiedergabe dessen, was er sprach:

›Es ist beschlossen worden, daß die Stadt Paris zwölftausend Männer zur Verfügung zu stellen habe, die gegen die Rebellen in der Vendée geschickt werden sollen. Es wurden Listen ausgelegt, in die die Freiwilligen sich eintragen konnten. Aber man hat schon bald festgestellt, daß ein anderes Mittel gefunden werden mußte. Man legte fest, daß niemand von den Bestimmungen ausgenommen sein sollte, weder Laufburschen noch Beamte. Und was soll man glauben? Gerade die letzteren besitzen die törichte Unverschämtheit, Unruhen anzustiften und Forderungen zu stellen. Wonach? Nach einem Privileg, und sie wagen das in einer Republik, die diese gerade abgeschafft hat! Sie schließen sich zusammen, ohne darüber nachzudenken, daß ein Zusammenschluß gegen die Entscheidung der rechtmäßig zusammengetretenen Sektionen ein verbrecherischer Aufruhr ist; sie versammeln sich, um unter sich zu diskutieren, ob sie dem Gesetz der Zwangsrekrutierung Folge leisten sollen. Die verweichlichten Schreiber und Notare und selbst deren Laufburschen vertreten die Meinung, daß sie an ein bequemes Leben gewöhnt und deshalb nicht in der Lage seien, die Beschwerlichkeiten eines Krieges auf sich zu nehmen. Die Frauen finden diese Begründung ausgezeichnet! Die Gehilfen bringen den Einwand vor, daß sie in ihren Kanzleien unentbehrlich seien. ›Und wir erst‹, schrieen die kleinsten Schreiber, ›wer besorgt eure Transaktionen, wer stellt eure Vollmachten und Wechselbriefe aus, eure Heiratskontrakte, eure Wechselproteste über achttausend oder zwanzigtausend, eure Erbschaftsangelegenheiten? ...‹

›Die wird es nicht mehr geben‹, rief man ihm zu.

›Eure Testamente ...‹

›Gibt es nicht mehr.‹

›Was denn, ereilt der Tod nicht noch immer den Lebenden?‹

›Aber nein! Heute ist es der Lebende, der über den Sterbenden und den Toten herfällt!‹

›Aber eure Schenkungen zu Lebzeiten, so etwas ist ja noch immer sehr willkommen, vorausgesetzt, sie werden angenommen, und die Übergabe erfolgt tatsächlich. Denn geben und gleichzeitig zurückbehalten ist nichts wert.‹

›Das stimmt nicht mehr!‹ rief man wiederum. ›Denn seht selbst, ob wir nicht unsere Macht dem Konvent übertragen und wir sie nicht doch gleichzeitig behalten!‹

›Das ist nicht wahr!‹ sagte darauf ein Jakobiner. ›Zunächst einmal überträgt das Volk seine Souveränität auf niemanden, sondern es überträgt nur deren zeitweilige Ausübung ...‹

Man kam ins Politisieren, als die bewaffnete Macht der Sektionen erschien. Die Schreiberlinge fürchteten um ihre zerbrechlichen Glieder, die Laufburschen um ihre Lockenpracht, alles flüchtete. Man nahm nur einige Faulenzer, Gehilfen und Taugenichtse mit, die weniger verweichlicht als die anderen waren.

›Ach‹, sagte ein Mann, indem er sie davonlaufen sah, ›laßt doch diese Feiglinge für unsere Damen und Dirnen; sie sind nicht würdig, Soldaten zu sein!‹ Und schon am nächsten Morgen ließ man auch die, welche man festgenommen hatte, wieder laufen und betrachtete fortan alle Schreiber als eine nicht aus Männern bestehende Klasse. Ehre den tapferen Soldaten! Ewige Schande über alle Schreiberlinge, Laufburschen und alle Feiglinge!«

Hier wurde der Redner unterbrochen.

»Du bist selbst ein Feigling«, sagte ein Beamter zu ihm. »Einer von uns, der General Salomon, macht sich durchaus verdient, er zeigt, daß man kein Riese sein muß, um Mut zu beweisen.«

Als ich sah, daß man begann, sich zu schlagen, ging ich weiter. Ein Stück entfernt traf ich auf einen Mann, der mir auf die Schulter klopfte und dabei sagte:

»Bürger Spectateur nocturne, Sie kennen doch sicherlich Dupont de Nemours, das frühere Mitglied der Verfassunggebenden Versammlung, ehemals Ökonom und sehr aristokratisch gesonnen, wie man sagt, der aber die Revolution mit ganzem Herzen begrüßte, in der Hoffnung, daß man mit ihr die Hirngespinste seiner Lehre verwirklichen würde. Dieser Mann hat seine demokratische Haltung bald bereut, und seither tat er alles, was ihm möglich war, um die Aristokratie wieder in ihre alten Positionen zu bringen; ein Beweis dafür sind seine zahlreichen Schriften. Können Sie sich also vorstellen, daß man ihn hat ermorden wollen? Ich will Sie rechtzeitig davor warnen, weiterhin so wie früher abends um elf Uhr oder um Mitternacht auf der Insel spazierenzugehen. Man hat mir erzählt, daß Sie diese Gewohnheit aufgegeben haben seit jenem Vorfall, der sich am 14. Juli 1789 abends um Viertel nach elf ereignete und über den Sie im Teil XV der ›Nuits de Paris‹ berichtet haben. Ich war sehr froh darüber, denn man hat mich, den man für Dupont hielt, ermordet und ins Wasser geworfen.«

»Wie, ermordet!«

»Ermordet ... Ebenso sicher ist, daß Sie bei den Inselbewohnern jemand verleumdet hat, bei den kleinen Leuten der Île de la Fraternité. Der Laufbursche eines Weinhändlers hat Sie dort als Verschwörer denunziert, und zwei oder drei Arbeiter vom Quai, die in die Affäre gegen Dupont verwickelt waren, hatten beschlossen, Sie bei dieser Gelegenheit ebenfalls ins Gras beißen zu lassen. Sie sehen also, an welch seidenem Faden unser Leben in diesen Zeiten der Anarchie und des Aufruhrs hängt! Ich will Ihnen nur den Rat geben, nicht mehr am Abend auf die Insel zu gehen. Ich weiß, daß Sie den Bewohnern der ›Fraternité‹ nichts getan haben, seien sie nun von niederem oder von höherem Stande. Aber ein Schurke, Sie wissen, wen ich meine, hat die Kinder des Volkes gegen Sie aufgehetzt. Das genügt schon, um einen Menschen umbringen zu lassen.«

»All das wußte ich«, antwortete ich ihm darauf, »aber ich werde mich deshalb nicht davon abhalten lassen, auf die Île de la Fraternité zu gehen; ich habe mir immer gewünscht, dort zu sterben. Jedesmal, wenn ich sie verlasse, glaube ich, einem Schiffbruch zu entgehen, und ich segne die Insel. Aber die Schurken verfluche ich! Ich wurde oft von einzelnen Leuten beschimpft, auf der Insel, auf dem Pont de la Tournelle oder auf dem Pont-Marie. So einmal von einem großen, noch jungen Schurken, der zwei Frauen bei sich hatte. Von weitem beleidigte er mich, indem er schrie:

»Da ist der große, berühmte und bekannte ...!« Ich tat nicht dergleichen und würdigte ihn keines Blickes, als ich an ihm vorbeiging. Ein wenig entfernt blieb ich stehen. Der Prahlhans fuchtelte mit dem Spazierstock. Ich habe den Verdacht, daß er der Sohn oder Neffe eines gewissen Valluiq war. Dasselbe passierte mir 1793 auf dem

Pont-Marie. Völlige Nichtbeachtung ist die einzige Antwort, die man diesen erbärmlichen Kreaturen geben sollte. Der alte Valluiq ist nicht besser, genauso wenig wie Vater und Sohn Drallab, die Durenroche usw., die mich ebenfalls beschimpft haben, obwohl ich sie gar nicht kenne. Ich überlasse all diese unmoralischen Geschöpfe ihrer tiefen Dummheit. Wenn sie meine Bücher lesen, werden sie sich wiedererkennen; das ist die einzige Rache, die ich an ihnen nehmen will. Andere will ich mit diesen Leuten gar nicht erst langweilen. Ich verabschiedete mich von dem Mann und kehrte nach Hause zurück, wo ich den folgenden Brief fand:

Brief an den ›Beobachter‹
›Bürger Spectateur nocturne!
Wir befinden uns in einer schrecklichen Krise! Schurken, gleichwohl in der Minderheit, die schon allein aus diesem Grunde nur Rebellen sein können, haben den Bürgerkrieg entfacht. Nichts kommt ihrer Grausamkeit gleich: Sie töten, sie vergewaltigen, sie plündern, und was das allerschlimmste ist, sie zwingen die Unwissenden und die Schwachen, ihre Reihen zu vermehren. Sie haben Fontenay-le-Peuple eingenommen und dort schreckliche Verbrechen begangen. Hier nur zwei Ereignisse, von denen man mir erzählt hat, ohne mit Sicherheit angeben zu können, wo sich das Geschehen abgespielt hat. Ich will dennoch die Orte zitieren, die man mir genannt hat.
In Fontenay-le-Peuple lebte ein Uhrmacher mit Namen Filon, der eine sehr hübsche Frau hatte. Zwei aus England zurückgekehrte Emigranten kannten sie, und ihr größter Wunsch war, sie in ihre Gewalt zu bekommen. Beim Angriff auf die Stadt waren sie die eifrigsten, und als sie schließlich eingedrungen waren, liefen sie zu dem Haus, in dem Madame Filon wohnte. Sie fanden sie dort, der Ehemann war bei ihr. Ihre Schönheit und Anmut entwaffneten sie; das heißt, daß sie sich nicht dazu entschließen konnten, sie vor ihrem Ehemann zu vergewaltigen, wie sie es sich vorgenommen hatten.
‚Madame‘, sagten sie, ‚wir kommen, um Sie zu beschützen, da wir von gegen Sie geplanten Angriffen wissen. Wir werden Sie in ein Haus bringen, wo Sie mit anderen Frauen zusammen sind.‘
Sie brachten sie auch wirklich in ein Haus, in dem aber sie allein alle Macht besaßen. Sobald sie dort waren, vergewaltigten sie sie, nachdem sie ausgelost hatten, wer der Erste sein würde. Sie ließen die Marter sehr lange dauern. Als sie sich dann darauf besannen, wie

sehr sie sie begehrt hatten und wie schön sie war, wollten sie sie, aus einem gewissen Gefühl der Eifersucht heraus, umbringen. Doch da hatte einer der beiden den Einfall, die Frau so sehr zu erniedrigen, daß sie jegliche Begierde nach ihr verlören. Sie sahen zu, wie sie die Knechte und Kutscher ebenfalls vergewaltigten; anschließend wurde sie, dem Tode nahe, nach Hause gebracht ...

Sie ist nicht daran gestorben. Aber für die folgenden zwei Monate hatte der Wahnsinn ihren Geist verwirrt; beim kleinsten Trommelschlag oder Gewehrschuß, schon beim leisesten Geräusch war sie so erschrocken, daß sie sich unter die Betten oder in den Keller verkroch. Eines Tages hätte sie sich sogar beinahe in einen Brunnen gestürzt. Sie wurde nur geheilt, weil man sie an einen stillen Ort geschickt hatte, wo sie nichts mehr hörte. Sie können sie kennenlernen; sie lebt heute in Paris.

Eine andere Begebenheit ereignete sich in Champigny, zu dem Zeitpunkt, da die Rebellen aus Tours auf die Stadt marschierten.

Eine Witwe aus Grandpont hatte zusammen mit ihren beiden hochgewachsenen und schönen Mädchen beim Herannahen der Rebellen in Champigny Zuflucht gesucht. Die Töchter waren fünfundzwanzig und siebenundzwanzig Jahre alt, die fünfundzwanzigjährige die größere von beiden. Die Mutter sah noch sehr gut aus, vor allem war sie von feinem Anstand. Der verstorbene Monsieur Saussaie, der Ehemann der Witwe, hatte früher einen argen Widersacher, der jetzt zur Armee der Rebellen gehörte. Als dieser erfuhr, daß die Frau das Dorf mit den beiden Töchtern verlassen hatte, um sich in der benachbarten Stadt in Sicherheit zu bringen, ließ er sie belauern, besonders zu den Zeiten, da alles ruhig zu sein schien. In der Tat nutzte die Frau, als sie keinerlei Gefahr vermutete, die Gelegenheit eines ruhigen Augenblicks, um allein nach Grandpont zu gehen. Dort regelte sie einige Angelegenheiten und kehrte wieder zurück. Ihr Feind wußte davon. Als man sie allein sah, hielt er, da er selbst nicht die Absicht hatte, sie zu beschimpfen, jene seiner Komplizen zurück, die sie hätten angreifen können. So verschaffte er ihr eine unsichtbare Eskorte.

Madame Saussaie wähnte sich in Sicherheit, und als sie ein zweites Mal in Grandpont zu tun hatte, ließ sie sich von ihren Töchtern begleiten. Diesmal lauerte ihr der Schurke auf. Sie hatte eigentlich nicht die Absicht, im Dorf zu übernachten, aber in dem Moment, da sie gehen wollte, bekam sie Angst, da plötzlich ein kleiner Trupp auftauchte. So blieb sie dort, sehr verärgert über ihren unvorsichtigen Ausflug. Mitten in der Nacht wurde das Haus dann auch angegriffen, die Türen eingeschlagen. Die Soldaten plünderten, tranken, aßen; die Offiziere drangen in das Schlafzimmer der Damen ein, zündeten alle Lichter an, zogen die Frauen aus, und mit dem Dolch oder der Pistole in der Hand zwangen sie sie zu einem solchen Gebaren, mit dem sich die Soldaten gewöhnlich nur die Schönen der Freudenhäuser unterwerfen. Nun machten sie ihre unanständigen Bemerkungen über Mutter und Töchter und befahlen ihnen, mit nach vorn gestrichenen Haaren auf allen vieren zu kriechen, nicht etwa auf den Knien, sondern auf Händen und Füßen; womit diese Schufte ihre brutalen Triebe befriedigten. Dann nötigten sie die Mutter gar ... die eigenen Töchter zu schänden. Als dies geschehen und der Höhepunkt ihrer Brutalität erreicht war, vergewaltigten sie alle drei, und bei dem kleinsten Widerstand gegen ihre obszönen Befehle schlugen sie auf sie ein. Sie wollten sie nun auch ihren Soldaten überlassen, als der entfernte Ruf der Trommel sie aufschreckte. So ließen sie die drei Frauen nackt und gefesselt zurück, um wieder zu den Waffen zu greifen. Dabei hatten sie sich vorgenommen zurückzukommen. Aber die Patrioten gaben ihnen dazu keine Gelegenheit mehr. Die Nachbarn hörten die Schreie und befreiten die Frauen.

Dies ist nur eine kleine Probe des Schicksals, welches die Konterrevolutionäre den Städten und Dörfern, die sie überfallen, bereiten.‹

DRITTE ANGEFÜGTE NACHT

31. Mai; 1. bis 5. Juni 1793

Der 31. Mai ist ein denkwürdiger Tag in meinen ›Annalen‹, oder ›Kalendern‹, wie ich sie in jungen Jahren nannte. Ich hatte mich ganz ruhig zu Bett gelegt, obwohl ich auf dem Heimweg vom Café Robert-Manouri viel Bewegung auf den Straßen gesehen hatte. Um drei Uhr hörte ich aus allen Richtungen die Sturmglocke läuten, genau wie am 10. August des vorigen Jahres. Ich wußte nicht, was das zu bedeuten hatte; deshalb blieb ich wach. Ab vier Uhr war das ganze Viertel in Aufregung. Ich hörte, wie man an die Tür unseres Hauptmanns klopfte, der den Kopf zum Fenster hinaussteckte und dabei schimpfte:

»Man schlägt nicht an die Türen!«

Er stand aber dennoch auf. Auch ich war bald auf den Beinen.

Draußen erkundete ich zunächst einmal die Lage. Meine Kameraden wußten aber auch nicht, warum man sie alarmiert hatte. Ich hatte zwar einige Vermutungen, aber ganz sicher war ich nicht. Im übrigen kannte ich auch noch nicht die verschiedenen Interessen und Pläne der populärsten Konventsmitglieder, die ich für wahrhafte Patrioten hielt, hatte ich sie doch selbst als solche gepriesen. So konnte ich mir also wirklich nicht vorstellen, was passieren würde. Wir blieben den ganzen Tag unter Waffen. Gegen neun Uhr abends wurde der Konvent mit Truppen und Kanonen umstellt. Über diese Vorgänge war man allenthalben ausgesprochen verwundert, so muß man es wirklich nennen, denn die Zahl derer, die man eingeweiht hatte, war verschwindend klein. Zunächst nahm man an, daß die Kommune von Paris damit einen gewaltsamen Angriff gegen den Konvent beabsichtigte; später aber hat man verstanden, daß dies nur geschah, um die Aristokraten und andere böswillige Gegner jeglicher Art abzuschrecken. Dieses Motiv rechtfertigte die Umzingelung der Nationalversammlung. Dennoch geiferten solche Leute wie Pétion, Guadet, Vergniaud, Lanjuinais, daß man sie der Freiheit beraube. Lacroix und einige andere Mitglieder der Bergpartei wurden, als sie den Saal verlassen wollten, von bärtigen Männern, die nicht zur gewöhnlichen Garde gehörten, zurückgedrängt. Verschreckt gingen sie wieder hinein und beschwerten sich. Von wem wurden diese Wachen dort aufgestellt? Das konnte nur einer der Ausschüsse des Konvents oder die Kommune veranlaßt haben. Es war schon eine mutige Tat, unantastbare Mitglieder aus dem Konvent auszuschließen und sich so selbst Angriffen auszusetzen! Aber die Abgeordneten nahmen dieses große Opfer auf sich und begaben sich sozusagen freiwillig in Gefahr.

Die ganze Aktion begann am 31. Mai. Pétion, Guadet, Lasource, Brissot, Lanjuinais, Vergniaud, Buzot usw. wurden unter Anklage gestellt, sie, welche wir für wahre Patrioten und für die stärksten Stützen der Freiheit hielten. Sie hatten uns getäuscht! Ihr späteres Verhalten erbrachte den Beweis für ihren Verrat. Sie wollten die Brust ihrer Mutter zerreißen. Dem Vaterland haben sie unermeßlichen Schaden zugefügt. Caen und der Calvados wurden wieder zurückgewonnen; aber Lyon ist verloren! Marseille und Bordeaux haben die Gefahr gespürt; die feigen Toulonnaiser jedoch haben sich unseren ewigen und gefährlichsten Feinden, den perfiden Engländern, ausgeliefert, deren punische Treue noch weit schlimmer als die der Karthager ist!

An den folgenden Tagen, dem 2. und 3. Juni, wurden die zwölf Mitglieder der sogenannten Zwölferkommission, zu der unter anderem Rabaud gehörte, unter Anklage gestellt. Diese Kommission hatte den Stadtrat Hébert verhaften lassen, was dann auch der unmittelbare Anlaß der gewaltigen Umwälzung war. Die Jakobiner sahen, daß man gegen die glühenden Patrioten vorgehen wollte, gegen solche, wie den Bürgermeister Pâche, der jenen Flügel der Nationalversammlung angegriffen hatte, welchen man, um ihn von der Bergpartei zu unterscheiden, die Ebene nannte. Die bei dem Bürgermeister abgehaltene Versammlung wurde als eine Verschwörung gegen den Konvent denunziert; das heißt als eine Verschwörung gegen jene Mitglieder, die man inzwischen ausgeschlossen hat. Hätten diese noch die nötige Macht, so wären es die anderen, die man entfernt hätte. Die Folgen des Ausschlusses sind bekannt; es kam zu zeitweiligen Aufständen in den westlichen Departements, um Bordeaux, um Marseille. Wer vermag heute zu sagen, welchen Katastrophen uns die Zwölferkommission ausgeliefert hätte, hätte sie die Oberhand gewonnen? ... Der Gedanke daran läßt erschaudern! Vielleicht wäre die zerrissene, zerstückelte Republik heute die Beute der Tyrannen.

So wollen wir also die Bergpartei segnen, die unseren völligen Untergang verhinderte, und versuchen, die Schäden zu lindern, die man uns zugefügt hat.

Aber wie man weiß, überlasse ich die öffentlichen Angelegenheiten lieber anderen und ziehe es vor, mich mit dem Schicksal einzelner zu beschäftigen.

Die Jakobinerinnen auf der Tribüne

Am 31. abends traf ich am Eingang zum Café Robert-Manouri auf eine recht beträchtliche Menschenmenge. Ich war überrascht, nicht darüber, dort viele Frauen zu sehen, sondern weil mir unter ihnen zwei junge, hübsche und glühende Patriotinnen auffielen. Sie wurden von allen anderen bewundert, allerdings mit Ausnahme einiger Aristokraten, die ziemlich laut hören ließen:

»Die sind bezahlt.«

Eine der beiden hörte diese Beschuldigung eines Muscadin:

»Da irrst du dich«, sagte sie zu ihm. »Niemand bezahlt mich, aber der Minister Choiseul hat meinen Onkel ermorden lassen; durch Condé fiel mein Vater in die tiefste Verzweiflung; Calonne hat meine beiden Brüder um ihre Anstellung gebracht; d'Artois hat meine ältere Schwester entführen lassen, und Monsieur hat sich unser Landhaus angeeignet.«

Die andere Frau, die größer war und sehr entschlossen wirkte, näherte sich nun ebenfalls und versetzte dem Stutzer einen Faustschlag unter das Kinn. Man gab ihm nun den Rat, das Feld zu räumen, was er dann auch tat. Aber ich bemerkte, daß die Amazone ihn verfolgte. Aus dem, was sie sprach, schloß ich, daß sie jene Schwester sein mußte, die damals entführt wurde. Um mich dessen zu vergewissern, näherte ich mich den beiden Schönen und sprach sie auf die höflichste Art an:

»Wer bist du denn?« antwortete mir die ältere. »Nach deiner Kleidung würde ich dich für einen Pfaffen halten?«

»Nein, Bürgerin, ich bin der ›Paysan perverti‹ und der Erzähler der ›Contemporaines‹.«

»Tatsächlich? Ha, du bist kein Aristokrat. Kennen Sie ihn?« fragte sie den Besitzer des Cafés.

»Ja, Bürgerin: das ist ...« (Er nannte meinen Namen.)

»Wenn das so ist, mein Freund, dann begleite uns nach Hause: ich freue mich, mit dir sprechen zu können.«

Und sie reichte mir ihren Arm. Wir gingen über den Louvre, die Rue du Chantre, die Rue des Bons-Enfants und kamen in die Rue du Mail, dort wohnten die beiden, die, wie vermutet, tatsächlich Schwestern waren. Unterwegs erzählte mir die ältere:

»Wir gehen täglich entweder in den Konvent oder zu den Jakobinern, um dort die Patrioten mit all unseren Kräften zu unterstützen. Sie werden meinen Vater kennenlernen; er ist ein ehrwürdiger Greis, aber auch ein so erbitterter Gegner des Ancien régime, daß er nichts unversucht läßt, um die Rückkehr der alten Ordnung zu verhindern.«

Wir betraten das Haus des alten Mannes. Eine seiner Töchter stellte mich ihm vor.

»Bürger«, sprach er darauf zu mir, »meine ältere Tochter flüstert mir soeben ins Ohr, wer Sie sind. Dieses Wissen soll der Grund meines Vertrauens sein, denn eigentlich bin ich nicht schwatzhaft. Ich hatte einen älteren Bruder, der seinem Namen Ehre hätte machen können; er wurde von einem etwas heruntergekommenen Edelmann aus dem Artois, der sich rühmte, zum Kreis um die Pompadour zu gehören, beauftragt, einen Plan zur Reformierung der Staatsfinanzen zu erarbeiten. Den wollte die ältliche Mätresse, die am Ende ihrer Tage doch noch ein guter Mensch geworden war, König Ludwig XV. hinter Choiseuls Rücken vorstellen und schmackhaft machen. Mein Bruder verfaßte diesen Plan, oder richtiger, er überarbeitete ihn nach dem Entwurf eines Unbekannten, eines einfachen Arbeiters in der Königlichen Druckerei. Als das Projekt so weit gediehen war, daß es zur Prüfung vorgelegt werden konnte, wurde mein Bruder damit betraut, es zu erläutern. Die Dame führte ihn ein, präsentierte ihn als den Autor und ließ es ihn vortragen. Der Plan enthielt den Vorschlag, zur Tilgung der Staatsschulden alle Güter des Klerus zu verkaufen, den Bischöfen eine Pension von 6 000 Livres und den Pfarrern eine von 1 200 Francs zu zahlen, Mönche und Stiftsherren völlig abzuschaffen und sie zu zwingen, sich mit Nonnen zu verheiraten, die Widerspenstigen mit einer allgemeinen Strafverfügung zu Arbeiten heranzuziehen, die ihren Fähigkeiten und ihrem Alter entsprechen, usw. Diese Pläne ließen Ludwig XV. erschaudern. Man schrieb das Jahr 1763. Der König fragte noch, ob man nicht auch vorhätte, ihn umbringen zu lassen. Entgegen seinem Versprechen redete er mit

Choiseul über diese Angelegenheit; mein Bruder wurde verhaftet, in Vincennes gefangengehalten und den Priestern ausgeliefert. Nachdem man ihn lange gequält hatte, wobei er den wirklichen Urheber der Abhandlung nicht preisgab, wurde er von Foulon erdolcht. Der Erzbischof von Paris hatte ihn darum gebeten, die Kirche von diesem Unruhestifter zu befreien, ohne jedoch zu sagen, auf welche Art dies geschehen soll. Wir waren bei der Regierung sehr schlecht angesehen; damals aber noch zu jung, hatten wir mit der Sache nichts zu tun, weder ich, noch meine Frau, die gerade achtzehn Jahre alt, dabei aber schon die Mutter meiner vier Kinder war. Alles Leid, welches man uns zufügte, ereignete sich fast fünf Jahre nach jener Schrift und acht Tage nach dem Tod meines Bruders. Man kam, um meine Frau in den ›Hirschpark‹ zu bringen, wo Ludwig XV. sie dadurch erniedrigte, daß er ihre Schönheit übersah und auf sie spuckte. Man entzog sie seinen Blicken, und sie wurde von zwei Galeerensträflingen, die man dafür aus dem Tournelle-Gefängnis geholt hatte, vergewaltigt. Diese Verbrecher entwürdigten sie mit schmutzigsten Untaten: Os, anus, concha, nichts blieb rein. Dann brachte man sie mir zurück. Dies war die Rache Choiseuls, die vor allem gegen die Pompadour gerichtet war, die den Gifttod starb und um die Ludwig so wenig trauerte, daß er von seinem Balkon aus lachend auf ihren Leichenzug herabsah.

Es vergingen sechs weitere Jahre, während derer meine Frau langsam zugrunde ging. In dieser Zeit wurde ich von Condé, wie von allen am Hofe, als ein unterwürfiges Opfer betrachtet, das man mißbrauchen konnte. Er ließ mir den Befehl überbringen, vor ihm zu erscheinen. Das tat ich auf der Stelle. Heimlich schloß er sich mit mir ein und dann eröffnete er mir, daß er mich dazu erwählt hatte, die Du Barry zu ermorden, da sie Ludwig XV. und Frankreich entehren würde. Ich wollte etwas sagen. ›Kein Widerspruch! Wenn du Erfolg hast, werde ich dich retten; schaffst du es nicht, so lasse ich dich erdolchen; lehnst du ab, so bist du ein toter Mann. Wenn du es verrätst, dafür ist alles vorgesehen, wirst du deine Vernichtung nur noch beschleunigen. Ansonsten hast du freie Hand, und alles, was man dir sagt, sind nur Ratschläge.‹ Freie Hand, das hieß: Gift, Dolch, Verrat, Überfall, Erschießen mit der Pistole oder dem Gewehr; ausgeführt von Verbrechern aus den Gefängnissen, die man mir zur Verfügung stellte, oder von mir selbst; für den letzteren Fall mit der Zusage, mich gefahrlos aus Frankreich herauszubringen. Ich sah in all dem nur den Tod und den Untergang meiner Familie voraus. Nachdem ich Condé verlassen hatte, ging ich nicht einmal mehr nach Hause zurück; ich nahm die Kutsche nach Calais, wo ich abends eintraf, und am nächsten Morgen sprang ich auf das erste Schiff, welches abging. In London angekommen, ließ ich einem Freund einen Brief für meine Familie schicken. In der folgenden Zeit versteckte ich mich, nicht in London, sondern in einem Dorf der Grafschaft Bedford, wo ich dann bis zur Revolution geblieben bin.

Meine Kinder waren noch in Paris. Freunde verschafften meinen Söhnen unter falschem Namen eine gute Stellung. Unsere Feinde waren verschwunden, und wir glaubten von jenen, die regierten, nichts befürchten zu müssen. Doch da fiel die alte Kopie des Reformplans in die Hände von Calonne, der auch erfuhr, wie sehr dessen Verfasser verfolgt worden war. Er fand heraus, daß meine Söhne die Neffen dieses Mannes waren. So wollte er sie kennenlernen, und nachdem er erkannt hatte, wie klug sie waren, beschloß er, sie für einen gefährlichen Auftrag zu benutzen. Er wollte sie mit der Herstellung gefälschter Scheine der Kreditkasse betrauen, Scheine, mit denen er sich auf ungeahnte Weise zu bereichern gedachte. Dabei faßte er auch den Plan, die beiden umzubringen, sobald er das erreicht hätte, was er sich erhoffte. Aber die Brüder waren zu gescheit, um in die Falle zu gehen. Nur zum Schein akzeptierten sie sein Angebot. In Wahrheit regelten sie jedoch schnell ihre Angelegenheiten und reisten noch in derselben Nacht als Frauen verkleidet mit der Kutsche in Richtung Lille, unter den Namen zweier Damen, die auch die Fahrt bezahlt hatten. So trafen sie mich in London.

Blieben noch meine beiden Töchter. Man muß wissen, daß zu dieser Zeit, also um 1779, sowohl Monsieur als auch d'Artois den wüstesten Ausschweifungen nachgingen; bei den Orgien von Monsieur war man wohl nicht gerade zimperlich, noch schlimmer ging es aber bei d'Artois zu. Im Faubourg Saint-Antoine gab es ein Bordell, das von d'Orléans-Buffon, d'Artois und anderen besucht wurde, wie ich vom Hörensagen weiß. Dort regierte solche Verworfenheit, wie sie seither nur von de Sade in seinem verabscheuungswürdigen Roman mit dem Titel ›Justine, ou les Malheurs de la vertu‹ beschrieben wurde. Eine ganz sonderbare Gewohnheit, die jegliche menschliche Vorstellungskraft übersteigt, bestand darin, daß man seine Bestialitäten an Truthähnen ausübte, denen man in dem Augenblick, da sich die Greuel vollzogen, den Kopf abschlug. Diese scheußliche Grausamkeit brachte einen meiner Feinde – Feind deshalb, weil er ein Freund Choiseuls war – auf den Gedanken, auch meine Tochter diesem entsetzlichen Vergnügen dienstbar zu machen. Man entführte sie auf den Befehl von d'Artois, dem sich in jener Zeit niemand widersetzte, und man brachte sie in den Faubourg, wo sie sich inmitten der Orgien wiederfand. Sie sah alles mit an und zitterte vor Angst, ohne dabei ihr eigenes Schicksal schon zu kennen. Man zog ihr sämtliche Kleider aus; sie sollte hingeschlachtet werden, als ... das muß man ihm zugute halten, d'Artois hinzukam: Man zeigte ihm sein Opfer und sagte ihm ganz leise, für welchen Zweck man es bestimmte: ›Nein, nein!‹ schrie er daraufhin. Er ließ ihr auf der Stelle ihre Kleider zurückgeben. Sie wurde in ihre Pension zurückgebracht.

Was mein Landhaus betrifft, so habe ich es bei meiner Rückkehr wieder bezogen. Nun können Sie sich nach all dem, was Sie gerade gehört haben, sicher vorstellen, wie sehr meine Kinder und ich für die Revolution einstehen. Die beiden Söhne dienen ehrenvoll in der Armee. Zu meinen Töchtern ist zu sagen, daß sie die Tribünen niemals verlassen, wenn die Sitzungen stattfinden, und die Zeit, die sie hier zu Haus verbringen, wird dazu genutzt, Hemden für die Soldaten zu nähen.«

Darauf antwortete ich dem alten Mann:

»Sie haben wahrhaft Gründe, das Ancien régime zu hassen. Was meine Einstellung betrifft, so läßt sich mit einem Wort alles erklären: Dieser Plan der Finanzreform, der Ihren Bruder das Leben gekostet hat, war mein Werk. Ich verfaßte ihn, während ich in der Königlichen Druckerei arbeitete. Ich tat es auf die Bitte jenes Mannes aus dem Artois, dem ich die Schrift schickte, ohne mich als Verfasser zu erkennen zu geben. Der Vermittler war ein Freund, er hieß Boudard.«

»Und dieser Boudard ist es, den ich Ihnen nicht genannt habe, da ich glaubte, daß er der Urheber des Werkes sei!«

»Nein, er hat mir nur den Auftrag dazu erteilt ... Und nun urteilen Sie selbst, ob ich die Revolution lieben soll? Ohne sie hätte ich niemals noch zu meinen Lebzeiten dem Publikum mein wichtigstes Werk vorstellen können, in welchem ich mein ›Herz enthülle‹.«

Der Greis schien gerührt. Ich zog mich zurück. Vor einigen Tagen habe ich dann aber einen Brief von ihm erhalten.

›Ich lade Sie für den 22. September [1793] zum Essen in mein Haus ein. Kürzlich habe ich eine Neuigkeit erfahren, die mich in gewaltiges Erstaunen versetzt: Latude, der, unter uns gesagt, eine Strafe verdiente, hat soeben von den Erben der Pompadour eine Entschädigung für all die Leiden, die er ertragen mußte, erhalten. Von der Rechtsprechung war diese Forderung Latudes zurückgewiesen worden, weil man erkannt hatte, daß er als damals noch junger Mann ein Intrigant war, der sich von der berühmten Dirne etwas erhoffte, indem er vortäuschte, sie vor einem angeblichen Giftmord bewahrt zu haben. Es gefällt mir, daß es ihm nicht gelungen ist und daß es den übrigen Günstlingen der Tyrannen ebenso ergeht! So etwas hätte ich niemals zu hoffen gewagt ... Bis Sonntag.‹

Da es mir gesundheitlich nicht gut ging, konnte ich diese Einladung leider nicht annehmen. An den vier folgenden Abenden beobachtete ich das Geschehen ganz genau und ging sogar in den Konvent. Ich verfolgte die Reden der Stadtvertreter. Sie sind in den Zeitungen nachzulesen. Beim Überqueren der Place du Carrousel sah ich die schußbereiten Kanonen ...

Die drei Tribünenbesucherinnen

Am 1. Juni beobachtete ich drei junge Mädchen, die von den Tribünen herunterkamen.

»Seit heute früh um vier Uhr bin ich hier«, sagte eine von ihnen, die recht hübsch war. »Ich kann nicht mehr ... Aber alles geht gut.«
»Ja, Robespierre ist ein Gott«, erwiderte eine andere.
»Und Barère?«
»Die ›Staatsmänner‹ sind nun ziemlich tief gesunken.«
»Lanjuinais weigert sich zurückzutreten!«
»Was macht das schon? Man wird ihn absetzen.«
In diesem Moment erblickte mich eine der drei jungen Damen:
»Seht mal«, sagte sie zu den beiden anderen, »dort ist der ›Zeitgenosse‹, oder die ›Eule‹, wie man ihn auch nennt! Wenn er uns gesehen oder gehört hat, wird er über uns schreiben.«
»Ja, ja, er wird von uns berichten. Ob er uns wiedererkennt?«
»Ich weiß es nicht; sprechen wir ihn doch an.«
Das taten sie nun. Ich gab mir zunächst den Anschein, als hörte ich sie nicht.
»Bürger«, sagte die Hübscheste zu mir, »erkennen Sie uns?«

»Nein, meine Damen, denn meines Wissens habe ich Sie auch noch nie gesehen.«

»Er weiß tatsächlich nicht, wer wir sind!« sprach wiederum die Schönste, in der ich nun Florence Vetoilli erkannte, die mittlere der drei Schwestern. »Machen wir uns einen Spaß ... Wir aber kennen Sie ein wenig, wir haben Sie im ›Palais‹ vorübergehen sehen, wo wir Bürsten und Schwämme verkauften. Wollen Sie, daß wir Ihnen unsere Lebensgeschichte erzählen?«

»Liebend gern, meine Schönen, denn ich ziehe wahrhaftige Geschichten stets dem Erfundenen vor.«

»Oh, damit können wir dienen.«

Placidie, die Älteste, begann ihren Bericht:

»Wir sind drei Schwestern und ein Bruder, und wir hatten einen Verkaufsstand für Bürsten im ›Palais Marchand‹. Unser Vater liebt das ausschweifende Leben; unsere Mutter hingegen ist sehr sparsam. Zu mir, als der Ältesten, sagte mein Vater eines Tages: ›Placidie, du wirst diese drei feinen Schwämme und diese beiden Haarbürsten zu den Arkaden des Palais-Royal an der Penthièvre-Passage bringen. Du fragst nach Monsieur Bénavant im Haus Nummer 16 und wirst annehmen, was er dir gibt.‹ So ging ich, gewaschen und geputzt, dorthin; denn mein Vater hatte mir befohlen, mich schön zu machen. Um neun Uhr früh war ich bereits im Haus dieses Bürgers. Er lag noch im Bett.

›Aha, Sie sind also Placidie?‹

›Sie kennen ja schon meinen Namen!‹

›Aber ja, meine Kleine; und mehr als das: Ich weiß, daß Sie es verstehen, wie ein Kanarienvogel zu singen. Gehen Sie dort hinüber.‹

Er ließ mich bis zu einem kleinen Karree vortreten. Da begann sich plötzlich eine Winde zu drehen. Ich wollte hinausgehen, sah mich aber von einem Eisengitter umgeben, das einen Käfig bildete. Von der Winde wurde ich auf ein Podest gehoben. Dann trat ein junges Mädchen ein, das auf einer Spieldose eine Melodie abspielen ließ. Der Monsieur sagte mir dazu, daß sie die Melodie so lange spielen würde, bis ich sie singen könnte.

›Oh, ich kenne sie!‹ rief ich ihm zu. ›Bürger ...‹ Und ich sang sie, begann immer von neuem, mindestens zehn Mal, während ... Danach ließ man mich heruntersteigen, zahlte mir etwas, und ich ging nach Hause.«

»Nun will ich erzählen!« sagte Florence, die zweite der Schwestern.

»In der folgenden Woche war die Reihe an mir. Genau wie meine Schwester schickte mein Vater auch mich, ich wurde ebenfalls in einen Käfig gesperrt; wobei ... Aber als man mich herabsteigen ließ, gab es einen kleinen Unterschied. Während ich auf ein anderes Karree trat, um meine Bezahlung zu empfangen, griffen vier Haken nach meinem Rocksaum, und ich wurde so auf ein Podest gehoben. Der Mann nahm eine Maschine, die er Teleskop nannte, er richtete sie auf mich und verharrte länger als eine Viertelstunde in dieser Betrachtung. Schließlich nahm er sie zur Seite, und ich blieb noch eine weitere Viertelstunde dort, während ... Anschließend ließ man mich vorsichtig herabsteigen; man zahlte mich aus, und ich ging nach Hause.«

»Was mich betrifft«, sprach nun Rosalie, die dritte der Schwestern, »so ließ mich der Mann, nachdem es mir genauso ergangen war, wie die beiden es erzählt haben, daß ich also auch in den Käfig gesteckt wurde, singen mußte und an die Haken gehängt wurde, in ein Spiegelkabinett eintreten, wo ich gebadet wurde. Nach einer Viertelstunde holte man die Wanne heraus, und während einer weiteren Viertelstunde blieb ich dort allein und nackt. Dann öffnete sich eine Tür, ohne daß ich jedoch jemanden sehen konnte, und ich ging durch drei große Zimmer; in einem vierten fand ich meine Kleider, die ich ganz schnell anzog. Ich wollte gerade hinausgehen, als ich die Türen zur Straße zuschlagen hörte. Das machte mir große Angst! Aber endlich sah ich, wie bewaffnete Männer ins Haus kamen. Man ließ mich bewachen, dann führte man mich den Kommissaren vor, wie man sie nannte, die mich verhören sollten. Ich berichtete von allem, was mir passiert war. Man schickte mich wieder nach Hause. Aber gleich am nächsten Morgen ließ man uns, meine beiden Schwestern und mich, wiederkommen, um Anzeige zu erstatten. Als wir dort waren, sagte ein Mann zu uns: ›Ihr wurdet Opfer eines lüsternen Aristokraten; nun müßt ihr gute Patriotinnen werden, und man wird sich eurer annehmen. Um etwas zu lernen, nehmt diese Tribünenkarte und geht zu den Jakobinern: Hört genau zu, was dort gesprochen wird, und zieht Nutzen daraus.‹ Nun gehen wir also jede Woche auf die Tribüne, eine wohlhabende Bürgerin gibt uns eine kleine Belohnung, was uns zusammen mit dem Ertrag unserer täglichen Arbeit einen bescheidenen Wohlstand verschafft hat, ohne daß wir es nötig hätten, uns von Aristokraten aushalten zu lassen. Einige Jakobinerinnen, die uns jeden Tag dort sahen, haben uns auf die Tribünen des

Konvents mitgenommen. Eine von ihnen, die sehr reich war und von unserer Lage erfahren hatte, zahlte uns ebenfalls ein kleines Entgelt. Wir haben nunmehr erfahren, daß all das, was man von gekauften Tribünengästen erzählt, nicht der Wahrheit entspricht. Sie sind vielmehr eifrige Patriotinnen oder auch Patrioten, die den Stammzuschauern, die diesen Patriotismus noch nicht so eifrig vertreten, zu Hilfe kommen. Auch Sie könnten dies tun. Denn jemand, der Sie kennt, hat uns von Ihnen erzählt. Adieu.«

Die drei Jakobinerinnen gingen ihres Weges, und ich kehrte nach Hause zurück.

VIERTE ANGEFÜGTE NACHT

13.–16. Juli 1793

Die allgemein bekannten Ereignisse wollen wir nur kurz erwähnen. So die blindwütigen und dann bitter bereuten Aufstände in mehreren Departements; die Verfolgung einiger Mitglieder des Konvents, gegen die ein Haftbefehl ergangen war, deren Umtriebe in den Departements, in welche sie sich gerettet hatten; eine Durchsuchung, die am hellichten Tage im Palais-Égalité durchgeführt wurde, usw. Lassen wir auch alles außer acht, was unsere Heere betrifft, denn dies ist nicht die Sache des ›Hibou-Spectateur‹, der die Straßen von Paris durchstreift. Wir schreiben den 13. Juli.

Um acht Uhr abends ging ich aus dem Haus. Ich trat in das Geschäft meines Buchhändlers, der die ›Nuits‹ verkauft; dort wußte man noch nichts von dem entsetzlichen Geschehen. Am Pont-Neuf hörte ich, wie ein Ladenschließer zur Händlerin sagte:

»Als sie fortlaufen wollte, hat man sie noch an der Tür verhaftet: Er ist tot ...«

Ich wußte nicht, was das heißen sollte. Übrigens war die erste der Angaben falsch. Ich eilte bis zum Café Robert-Manouri. Dort wurde aus hundert Mündern von dem fürchterlichen Unglück gesprochen. Aber wollen wir erst noch für einen Moment bei der Vorgeschichte verweilen.

Seit 1789 sprach man allerorts von dem Bürger Marat. Ich hatte einmal Gelegenheit, bei einem Abendessen in der Rue Tournon, mit Leuten zusammenzutreffen, die ihn persönlich kannten. Als tüchtiger Chemiker und Physiker hatte er auf einem komplizierten Wissenschaftsgebiet Entdeckungen gemacht, die an die Grenzen dieses Gebiets stießen. Durch die Physik errang er in Paris auch im medizinischen Fach seine ersten Lorbeeren. Seine Methoden folgten der Natur, und bald schon war sein Ruf so gut, daß er bereits im zweiten Jahr seiner Tätigkeit 40 000 Francs verdiente. Werden aber die Naturwissenschaften so ganz ohne Quacksalberei betrieben, dann langweilt das die Leute in Paris sehr bald. So blieben im dritten Jahr die Patienten aus, und im vierten begann er schließlich unter dem

Die Ermordung Marats

Titel ›L'Ami du peuple‹, seine Zeitung herauszugeben. Man weiß, wie es ihm erging; wie er von La Fayette verfolgt wurde, der, obwohl von der gesamten bewaffneten Macht unterstützt, dieses einzelnen Mannes nicht habhaft werden konnte. So begnügte man sich damit, seine Druckerei zu zerstören. Dies war der erste Gewaltakt gegen die Pressefreiheit. Marat hielt sich seitdem so gut verborgen, daß drei Viertel der Welt ihn für ein imaginäres Wesen hielten. Einmal erschien er dann aber doch am hellichten Tage in der Nationalversammlung. Nun konnte man wirklich nicht mehr an seiner Existenz zweifeln. Die Voreingenommenheit gegen ihn war so mächtig, daß seine eigenen Freunde sich für einen Moment gezwungen sahen, ihn im Stich zu lassen. Er behauptete sich aber trotz alledem. Schließlich stellte ihn die Zwölferkommission unter Anklage, wie ich es zuvor in dem noch während seines Triumphes geschriebenen und sogar gedruckten Artikel berichtet habe. Er befreite sich von jeglichem Verdacht. Aber gewisse Kreise des Publikums kehrten seinen Sieg ins Lächerliche. Was war also notwendig, damit Marat, dieser tüchtige Physiker, geschickte Arzt und glühende Patriot, die ganze Reinheit seines Rufes zurückerlangen konnte? Der Tod; der patriotische Tod, den er am 13. Juli 1793 zwischen sieben und acht Uhr abends starb.

Es gibt nur wenige, deren Tod so ruhmreich ist. Lepelletier wurde von einem üblen Subjekt, einem Aufschneider und niederträchtigen Raufbold, von dem allseits verachteten Verbrecher Pâris ermordet. Marat hingegen hatte das Hirn eines jungen, intelligenten Mädchens entflammt, das ihn bewundert, ja verteidigt hätte, hätte es ihn nur besser gekannt. Es war keine ruchlose und entehrende Hand, die sein Lebensband zerschnitt. Das Ungeheuer war ein der Tugend der Frauen würdiges, das heißt keusches junges Mädchen. Es schien, daß dieser vom heiligen Feuer des Patriotismus durchglühte Mann seine Tage nur durch die Hand einer Jungfrau endigen konnte ... Um sieben Uhr kam Marianne-Charlotte Corday zum Haus des Bürgers Marat, dem sie einen Brief geschrieben hatte, der, wenn er echt ist, schon vorab den Beweis des Verbrechens lieferte, weil sie darin die Unwahrheit schrieb. Nur mit unendlichen Mühen und auf Grund der von Marat selbst gegebenen Anweisung gelangte sie zu ihm; ihr Aussehen, ihr Reden, alles machte einen beruhigenden Eindruck. Die Frauen ließen den Kranken, der gerade ein Bad nahm, mit ihr allein, und sobald Marianne-Charlotte den Augenblick gekommen sah, zog sie ein kleines Dolchmesser hervor, welches sie am Morgen im Palais-Égalité gekauft hatte, und stieß es in die Brust des Patrioten, der einen gellenden Schrei ausstieß und nur noch wenige Minuten lebte. Man lief herbei. Marianne-Charlotte versteckte sich in ihrer ersten ängstlichen Erregung in einem Vorhang des Fensters, wo man sie schnell fand. Die Wache kam hinzu. Ein Augenzeuge, der Bürger Laferté, der bei ihrer Vernehmung und anschließenden Überführung in die Abbaye anwesend war, hörte mit an, wie sie die Tat gestand. Auf dem Weg ins Gefängnis wurde sie ohnmächtig. Als sie wieder zu sich kam, sagte die Unglückliche voller Verwunderung:

»Ich lebe noch immer! Ich glaubte, das Volk würde mich in Stücke reißen.«

In der Nacht vom 13. zum 14. kam sie ins Gefängnis, wo sie bis zum Abend des 19. blieb. Dann wurde sie hingerichtet, das war zwei Tage nach dem festlichen Trauerakt zu Ehren ihres Opfers. Sie hatte ihrem Vater geschrieben, dafür um Verzeihung bittend, ihm vorgetäuscht zu haben, nach London reisen zu wollen. Man sah in diesem Brief ganz einfach den Versuch einer Rechtfertigung. Dieses Mädchen verdiente den Tod. Das spürte Marianne-Charlotte und war gerecht gegen sich selbst. Aber wie ist nach einem solchen Verbrechen ihre große Standhaftigkeit zu erklären, die in der ganzen Hauptstadt eine von Grauen erfüllte Bewunderung hervorruft? Kommt ein solches Verhalten nicht ausschließlich der reinen Tugend zu? Wieso hat sie nicht begriffen, daß in unserem Jahrhundert der Amazonen eine mordende Frau die schrecklichste aller Bestien ist? O ihr Frauen, die ihr Männer sein wollt, und ihr weibischen Männer, die ihr sie dazu noch ermutigt! Das Verbrechen Marianne-Charlottes lastet auf euch ebenso wie auf ihr ...*

Der Henker ohrfeigte ihren abgeschlagenen Kopf; dafür wurde er bestraft und ins Gefängnis geworfen. Denn einem Scharfrichter steht es nicht zu, dem Urteilsspruch noch etwas hinzuzufügen.

---

* In dem Werk ›Année des dames‹ ist ihre Geschichte nachzulesen.

FÜNFTE ANGEFÜGTE NACHT

20.–28. August 1793

Fest der Republik

Der 14. Juli wurde zum Trauertag erklärt. Mit allgemeinem Einverständnis verlegte man das Fest der Republik auf den für alle Zeit denkwürdigen Tag, da die Herrschaft der Könige in Frankreich ein Ende nahm. Alle Departements waren gerufen, und alle kamen, trotz der ausgesäten Zwietracht. Lyon, diese unselige Stadt, noch war sie brav oder zumindest noch nicht so schamlos, sie entsandte vierunddreißig Abgeordnete. Auch Toulon, diese niederträchtige Stadt Toulon, schickte ihre Vertreter, um besser zu täuschen ... Aber die Entsandten aus Lyon, von ihren Gesinnungsgenossen gerufen, reisten schon am Abend wieder ab: denn die Aristokraten hatten sich der Stadt bereits bemächtigt und waren nun dort die Herren. Das Fest war wundervoll, und das Fehlen der Lyoneser bemerkte man überhaupt nicht. Aber von den Einzelheiten kann man überall lesen.

Die hübsche Patriotin aus dem Calvados

Ich versuche, alle Berichte von außergewöhnlichen Begebenheiten zu sammeln, um sie in diesem Werk, welches eines Tages von größter Wichtigkeit sein wird, festzuhalten.

Ein junges Mädchen aus Caen, eine wahre Patriotin, jedoch ein wenig überspannt, kam mit der Absicht nach Paris, das Unrecht, welches die zeitweilige Verirrung ihres Departements der Republik zugefügt hatte, und ebenso das Verbrechen von Marianne-Charlotte, wiedergutzumachen. Die Mittel, welche die junge Frau zu nutzen gedachte, waren etwas sonderbar. Sie war eine temperamentvolle Brünette, ungefähr sechsundzwanzig Jahre alt. Sie verkündete, wie einst die gallischen Druidinnen, die alljährlich feierlich ihre Gunst den ehrenvollsten Kriegern weihten, die Freuden der Liebe den Helden des Patriotismus schenken zu wollen. Um ihren großmütigen

Plan in die Tat umsetzen zu können, zog sie zunächst die notwendigen Erkundigungen ein, für die sie dann auch die Beweise haben wollte: Ihre Informationen waren zuverlässig. Aber der eine hatte gerade ein junges, hübsches Mädchen geheiratet, welches er sehr liebte; ein anderer wurde von ein oder zwei eifersüchtigen Mätressen bewacht; ein dritter verachtete die Frauen und kniete niemals vor ihnen nieder, wenngleich er es etwas anders genannt hatte, was großes Gelächter auslöste! Wieder andere ... usw., usw. Kurz, sie sah nicht, welchen sie vorziehen sollte, indem sie sich hingab, oder welchem sie sich hingeben sollte, um ihn zu begünstigen, wie man es nimmt.

Sie war von diesem Für und Wider der Gedanken erfüllt, als der Zufall sie mir über den Weg führte. Ich weiß nicht, wonach ich ausgesehen haben muß; jedenfalls gehörte ich in ihren Augen zu den ihrer Gunst Würdigen, sie glaubte wohl auch, daß zu diesem Akt der Aufopferung viel Mut vonnöten sein würde. Sie sprach mich an. Ich hielt sie für eines der Mädchen aus der Rue de l'Arbre-Sec, das mich bisweilen auffordert, und dementsprechend war meine Antwort.

»Ich sehe, daß Sie sich irren«, antwortete mir daraufhin Félicité Prodiguer, »und ich selbst täusche mich vielleicht auch? Wer sind Sie?«

Ich stellte mich vor. Das junge Mädchen überlegte:

»Sie sind ebensoviel wert wie ein anderer. Aber zuallererst muß ich Sie um einen Rat fragen.«

Nun erzählte sie mir, wie sie nach Paris gekommen war, um das Unrecht, welches durch ihr Departement geschehen war, durch ihre Aufopferung wiedergutzumachen, wie es ganz nach dem Geschmack einiger Leute aus der alten Zeit war. Sie setzte mir ihre Vermögensverhältnisse auseinander usw. Aufmerksam hörte ich ihr zu. Schließlich sagte ich zu ihr:

»Ich glaube, Bürgerin, daß es richtiger wäre, wenn Sie Ihre Schönheit und Ihr beachtliches Vermögen einem jungen Patrioten weihen würden, dessen Glück Sie wären, so wie er das Ihre, und wenn Sie gemeinsam auf diese Weise dem Staate gute Untertanen schenkten. Was meinen Sie dazu? Und um Ihren Absichten entgegenzukommen, rate ich Ihnen, einen jungen Mann aus Paris zu nehmen, der sich als Soldat verdient gemacht hat. So würden Sie den alten Druidinnen am ehesten gleichen.«

Ich erklärte ihr, was damit gemeint ist. Sie bat mich, sie mit den Leuten bekannt zu machen, sie in die Theater, die Cafés und die

Sektionen zu begleiten. Damit war ich einverstanden, und wir gingen sofort los.

Wir betraten das Café Robert-Manouri, damit sie ihre ersten Beobachtungen machen konnte. Von dort aus begaben wir uns in meine Sektion, wo ihr ein junger Mann, der in einer Kanzlei beschäftigt war, besonders auffiel. Für den nächsten Morgen hatten wir uns wieder verabredet. Wir gingen ins Théâtre des Italiens, denn das Théâtre des Français war gerade geschlossen worden, weil man dort verschiedene Stücke gespielt hatte, die von aristokratischen Ideen durchdrungen waren, womit man die dementsprechende Gesinnung verriet. Die letzte Vorstellung wurde am ... September gegeben, mit der ›Pamela‹ des früheren Mitglieds der Gesetzgebenden Versammlung François Neufchâteau. Am Dienstag gingen wir in die Oper, am Mittwoch ins Théâtre National in der Rue Richelieu, Donnerstag in das Théâtre de la République und am Freitag in die Variétés du Palais. Am Sonnabend dann ins Molièretheater, während wir am Sonntag schließlich erneut in meine Sektion zurückkehrten, wo sie dem jungen Kanzleiangestellten ihr Schnupftuch zuwarf. Sie haben bald geheiratet, denn sie gefiel ihm sehr, und ich glaube, daß sie glücklich miteinander sein werden.

Dieses kleine Abenteuer habe ich während des Festes am 10. August und an den folgenden Tagen verfolgen können, denn erst am 30. September 1793 fand es seinen Abschluß.

Die Bestrafung Custines

Inzwischen war der General der Nordarmee nach Paris befohlen worden. Am 22. Juli wurde er verhaftet und ins ›Luxembourg‹ gesteckt; vor das Revolutionstribunal kam er am 18. August; er wurde am 27. um acht Uhr verurteilt und am 28. morgens zwischen zehn und elf Uhr hingerichtet. Sosehr Marianne-Charlotte wahrhafte Standhaftigkeit gezeigt hatte, sosehr niedergeschmettert erschien Custine. In seiner Verzweiflung suchte er Beistand in der christlichen Religion. Seinen Urteilsspruch vernahm er voller Bestürzung und rief nur: »Ich, ein Verräter!« Beim Verlassen des Justizpalastes, auf dem Weg zur Exekution, richtete er Augen und Hände zum Himmel empor und wiederholte dazu den Satz: »Ich, ein Verräter!« Dann sprach er nur noch mit seinem Beichtvater. Am Richtplatz angekommen, brachte er auf jede nur mögliche Art seine Frömmigkeit zum Ausdruck. Was mag wohl der Grund dafür gewesen sein?

Custine besaß bei seinem Tode 25 000 Livres, die sich der Gefängniswärter angeeignet hatte, indem er gleichzeitig den Beichtvater dieses Diebstahls beschuldigte, den man daraufhin festnahm. Da dieser sich jedoch rechtfertigen konnte, wurde der Wärter ins Gefängnis geworfen. Ich weiß allerdings nicht, wie er später bestraft worden ist.

Verschwörer aus Rouen: Jakobinerinnen

Während sich all dies zutrug, hielt ich mich im Rathaus auf. Der Grund war die Scheidung meiner ältesten Tochter von jenem Mann, um den es in der ›angefügten Nacht‹ aus dem Teil XV der ›Nuits de Paris‹ geht. In jener Zeit aß ich gewöhnlich einmal wöchentlich mit einem Freund zu Abend, von dem ich die notwendigen Mittel bekomme, um den Druck meiner begonnenen Werke abschließen zu können. Es ist Monsieur Arthaud, dessen Gattin nun den Platz eingenommen hat, welchen für die ersten fünfzehn Bände der ›Nuits‹ die Marquise innehatte.

Am 2. September beobachtete ich, wie zwei Jakobinerinnen ins Café Robert-Manouri kamen, um eine Erfrischung zu sich zu nehmen. Die Männer sprachen sie scherzend an, worauf die Mädchen mit ebensoviel Geist wie Anstand antworteten. Sie erweckten meine Neugier, und als sie das Café verließen, folgte ich ihnen. Sie gingen durch den Louvre und traten in ein obskures Haus in der Rue Fro oder Froidmanteau. So verschob ich es auf einen anderen Tag, Näheres in Erfahrung zu bringen.

Am 6. September wurden acht der Verschwörer von Rouen hingerichtet (die Frau erst am Sonntagmorgen, drei Tage später, da sie vorgab, schwanger zu sein). Ich sah, wie die Unglücklichen mittags herauskamen, und erschauderte dabei. Immer wieder habe ich festgestellt, daß, abgesehen von Marianne-Charlotte,[*] alle vernunftbegabten Wesen, die zum Tode geführt wurden, zur Hälfte bereits Tote waren. Die gleiche Beobachtung hatte ich schon bei den zwölf Männern aus der Bretagne gemacht, denen nur das Publikum die Stand-

---

[*] Und einem jungen, zweiundzwanzigjährigen Mädchen, Charlotte Vantant, hingerichtet am 15. des ersten Monats im Jahre II der Freiheit.

haftigkeit verliehen hatte. In dem Augenblick, als ich mich zurückziehen wollte, bemerkte ich hinter mir die beiden Jakobinerinnen vom 2. [September]. Ich begann die Unterhaltung mit ihnen, indem ich sie fragte, ob sie denn ihren Regenschirm wiedergefunden hätten.
»Wieso unseren Regenschirm?«
»Aber sicher doch! Als Sie neulich das Café Robert-Manouri verließen, haben Sie ihn vermißt, und ich erinnere mich, wie Sie sagten: ›Du wirst ihn bei meiner Schwester gelassen haben!‹«
Sie lachten und sagten dann:
»Das stimmt ... Ja, Bürger, er war tatsächlich dort.«
»Dann habe ich noch verstanden, daß eine der Damen ihren Gatten oder Geliebten im Kriege stehen hat: Geht es ihm gut? Haben Sie Nachrichten von ihm?«
»Ha! Es ist nicht zu fassen«, sagte die weniger hübsche, »er kennt all unsere Verhältnisse.«
»Nein, nicht alle, Bürgerinnen. Ich weiß allerdings, daß Sie regelmäßig auf die Tribünen der Jakobiner und auf die des Konvents gehen. Könnten Sie mir einige Auskünfte über die Ereignisse des 31. Mai und der folgenden Tage, dem 1., 2., 3., 4. Juni geben?«
»Dafür müßten wir Sie schon besser kennen.«
»Ich bin ein sehr guter Patriot, denn das war ich auch schon vor der Revolution, dieser Revolution, die ich so sehr verehre, wie ein Liebender seine Schöne anbetet.«
»Ausgezeichnet! Bis wir uns näher kennen, können wir Ihnen schon das eine oder andere berichten. In den Tagen um den 31. Mai herum und nach der Benennung der Zwölferkommission war im Konvent selbst die Entscheidung gefallen, alle leidenschaftlichen Patrioten festzunehmen; einige hatte man schon unter dem Vorwand der Unruhestiftung eingesperrt, als die Kommission die große Unvorsichtigkeit beging, Hébert, den ›Père Duchesne‹ und Stadtrat, verhaften zu lassen. Man glaubte sich stark genug, diesen Akt der Willkür durchsetzen zu können, für den eines der Blätter des Stadtrates der wahre Grund war und dem man es als großes Verbrechen anlastete, der beratenden Versammlung im Hause des Bürgermeisters Pache beigewohnt zu haben. Dieser höchste Beamte der Stadt wäre selbst auch verhaftet worden, wenn man es nur gewagt hätte; aber mit der Verhaftung Héberts wollte man zunächst die öffentliche Meinung prüfen. Sie wissen sicher auch, daß diese Festnahme sich für ihn in einen Sieg verwandelte, ebenso wie für Marat die Anklage zum

Triumph wurde. Die Mitglieder der Bergpartei spürten indes die Gefahr; sie wußten, daß Custine und Wimpfen dem Komplott angehörten. Deshalb konnten sie ihren Feinden zuvorkommen, und auch die schlaue Vorsorge Custines, keinerlei Aufzeichnungen gemacht zu haben, vermochten diesen nicht zu retten. Das ist alles, was wir in diesem Augenblick sagen können.«

Ich drang nicht weiter in sie und schlug vor, sie nunmehr zu verlassen, es sei denn, sie wollten mir noch ein Wort über ihre persönlichen Angelegenheiten sagen.

»Wie kommt das nur«, sprach die Hübsche, »verlangt er etwa eine Generalbeichte von uns?«

»Nicht doch, aber mir scheint, als hätten Sie einige Abenteuer erlebt. Sollten die zufällig bemerkenswert gewesen sein, so würde ich das Publikum an ihnen teilhaben lassen, ohne Sie zu kompromittieren oder um Sie gerade bekannt zu machen, das läge ganz in Ihrer Entscheidung.«

»Ha, dieser Mann ist wirklich ein Quälgeist, meinst du nicht auch!« sagte wieder dieselbe.

»So erzähl ihm doch etwas.«

»Also hören Sie, drolliger Kauz, ich will Ihnen gern etwas berichten, aber wenn Sie ein Sänger sind und aus meinem Abenteuer ein Lied machen wollen, so soll weder ich noch mein Freund darin mit Namen genannt sein.«

»So wie Sie es wünschen.«

»Aber machen Sie ein gutes Lied daraus, ganz Paris soll es singen. Sie sollen also wissen ... Um ehrlich zu sein, ich weiß nicht, wie ich es ihm erzählen soll. Tu du es doch für mich, Cathérine, die du die ganze Geschichte genausogut kennst wie ich.«

»Ich kann sie erzählen, aber daß ich sie genausogut kenne wie du, das ganz gewiß nicht.«

»Wir werden es ja sehen, nun sprechen Sie, Madame«, sagte ich darauf zu Cathérine.

»Sie müssen wissen, daß meine Freundin aus Armentières kommt, wo sie geboren, verheiratet und begraben ist. Sie hatte einen sehr eifersüchtigen Ehemann. Er war so eifersüchtig, weil Gudule, die hier vor Ihnen steht, einen Verehrer hatte, den sie wahrlich liebte, wie man eben einen hübschen Burschen liebt, den man nicht einmal halb so oft sehen darf, wie man es möchte. Barbelard (das ist der Name des Ehemanns) sagte eines Tages zu seiner Frau:

›Höre, Gudule, solltest du noch ein einziges Mal mit dem blonden Lambrechin auch nur ein Wort wechseln oder dich von ihm ansprechen lassen, dann erwürge ich dich, schwärze dir das Gesicht, stopfe dich mit Stroh aus, lasse dich trocknen und bewahre dich ganz nackt unter diesem großen Glasgefäß auf, welches ich extra dafür gekauft habe, hast du mich verstanden?‹

›Ja‹, antwortete Gudule. ›Ich werde nicht wieder mit ihm reden, aber wie kann ich es verhindern, daß er mich anspricht?‹

›Oh, wenn du fortläufst und dir dabei die Ohren zuhältst, sobald er mit dir sprechen will, werde ich dir nichts tun!‹ Sie versprach es. Aber sie paßte die Zeit so günstig ab, daß sie eines schönen Abends, da Barbelard seinem Zimmermannshandwerk nachging, die Gelegenheit nutzte, Lambrechin alles zu berichten, der darauf zu ihr sagte:

›Ich weiß, was wir nun tun müssen.‹

›Mach nur alles, was du für richtig hältst‹, antwortete Gudule.

Lambrechin ging nun geradewegs ins Hospital; dort war gerade ein junges Mädchen gestorben. Er nahm es mit, bezahlte auch dafür, natürlich ohne Aufsehen zu erregen. Dann schwärzte er ihm das Gesicht, von einem Chirurgen ließ er die Eingeweide entnehmen, ließ es einbalsamieren, mit Stroh ausstopfen und trocknen. So behielt er es. Zu Gudule sagte er dann:

›Gudule, ich habe dich sehr gern, und dein Mann ist ein brutaler Kerl. Wenn du mir vertrauen willst, gehen wir gemeinsam nach Paris, wo wir wie Mann und Frau miteinander leben können. Aber damit Barbelard uns nicht verfolgt, habe ich eine Mumie hergerichtet. Wir werden sie unter seinen großen Glastopf stecken, mit einem Brief dazu. Wenn er das dann erblickt, wird er glauben, dich zu sehen, dessen bin ich ganz sicher.‹

Gudule war mit alldem einverstanden. Sie gab ihre Hand darauf, und eines Abends zog sie gemeinsam mit Lambrechin auf und davon.

An diesem Abend legte sich Barbelard ein wenig später als gewöhnlich zu Bett. Es war kein Licht. Mit den Händen suchte er nach seiner Frau. Aber das Bett war kalt, es lag niemand darin, und es hatte wohl auch niemand darin gelegen. Barbelard zündete sein Feuerzeug und damit seine Lampe an. Er sah niemanden; aber die Holzschuhe und die Pantoffeln Gudules standen zu Füßen des Glasgefäßes, das mit einem Vorhang aus grüner Seide bedeckt war. Barbelard suchte noch weiter, aber schließlich zog er den Vorhang zurück und sprang mit einem gewaltigen Satz nach hinten, als er eine ganz nackte junge Frau mit geschwärztem Gesicht und getrocknetem Leib unter dem Glasgefäß erblickte. Vor ihr lag ein großer Zettel, auf dem gut leserlich geschrieben stand:

›Mein Ehemann Barbelard, hiermit erkläre ich dir, daß ich mit Lambrechin, dem Blondschopf, meine Ehre beschmutzt habe, was ja noch viel schlimmer ist, als mit ihm zu sprechen. Nachdem ich es getan und immer wieder getan habe, waren meine Gewissensqualen so groß, daß ich mich habe erwürgen, mir das Gesicht schwarz färben, mich mit Stroh ausstopfen, trocknen und ganz nackt unter das große Glasgefäß, welches du extra dafür gekauft hattest, legen lassen. Das alles zu dem Zwecke, daß du mich stets ganz nackt vor Augen hast und so sehen kannst, womit ich meine Sünde begangen habe und wodurch dir die großen und geweihartigen Hörner gewachsen sind, die du nun trägst. Adieu, Barbelard; denn wenn du diese Zeilen liest, wird die arme Gudule, bereits erwürgt und im Gesicht geschwärzt, mit Stroh ausgestopft und getrocknet sein und so ganz nackt unter deinem großen Glasgefäß, welches du extra dafür gekauft hast, aufbewahrt werden.‹

Als er dies gelesen hatte (denn er konnte lesen), zweifelte Barbelard nicht einen Augenblick daran, daß es die Wahrheit sei.
›Dann soll es eben so sein; ich werde dir nicht nachtrauern, wenn du eine solche Schandtat begangen hast! Aber wenigstens wird mir dein Brief nützlich sein können, falls man mich für deinen Tod verantwortlich machen sollte.‹
Und so war er ganz beruhigt; und ist dies bis heute geblieben.
Das ist doch ein schöner Stoff für eine Moritat. Und Sie können noch hinzufügen, daß der Geliebte meiner Freundin, nachdem er einige Zeit mit ihr in Paris verbracht hatte, ohne daß seine Liebe zu ihr erkaltete, in die Vendée gegangen ist, um dort zu kämpfen. Sie hat ihn einmal dort besucht. Als sie aber während eines Gefechts, bei dem Barbelard auf der Seite der Rebellen stand (denn er ist ein Anhänger der Aristokraten), der Gefangennahme durch die Feinde nur im letzten Augenblick entgehen konnte, forderte Lambrechin, inzwischen zum General ernannt, sie auf:
›Fahr wieder nach Paris zurück, mein Liebling; denn ich stürbe wie ein tollwütiger Hund, würdest du dem eifersüchtigen Hahnrei

Barbelard in die Hände fallen! Fahr zurück nach Paris! Während ich dem Vaterlande hier dienen will, wirst du an jedem Sitzungstag zu den Jakobinern gehen, nachdem du zuvor im Konvent warst; du wirst so auf deine Weise dem Vaterland helfen. Und was deine Scheidung betrifft, so mußt du dich nicht darum kümmern. Ich sorge für ein Dekret, das es gestattet, die Frauen der Aristokraten, der Emigranten und der Rebellen vor deren Nase zu heiraten, ohne daß eine Scheidung stattgefunden haben muß.‹

So hat sich die ganze Sache zugetragen. Sie bietet doch guten Stoff, oder etwa nicht?«

»Aber ganz sicher«, antwortete ich, »und ich verspreche Ihnen, Ihre Geschichte so zu verwenden, wie es stets meine Art ist.«

Schließlich verließ ich die beiden Frauen, die mir ebenso gefielen wie ihre Geschichte.

3. Oktober 1793: Seit dem 7. Oktober lösten die Ereignisse einander ab, so die Niederlage der Engländer vor Dünkirchen; die Verfolgung durch unsere Truppen, die trotz der Generäle gesiegt haben; ein Erfolg, der mehr als wieder zunichte gemacht wurde durch Verrat und die Belagerung von Condé, von Valenciennes, von Quesnoi und wahrscheinlich auch Cambrai; weiterhin die Verhaftung des Generals Houchard und beinahe des gesamten Generalstabes der Nordarmee; die Fortsetzung der Rebellion von Lyon, die aber jetzt, am 6. Oktober, eingedämmt werden kann; die schändliche Kapitulation der Stadt Toulon vor den Engländern; der Sinneswandel der Marseiller, der Einwohner von Bordeaux usw.

I. Der Konvent, der sich zu säubern bestrebt war, stellte am 3. Oktober sechsundvierzig seiner Mitglieder unter die Anklage, gegen die Einheit und Unteilbarkeit der Republik, gegen die Gleichheit und die Volkssouveränität konspiriert zu haben. Es waren dies: Brissot, Vergniaud, Gensonné, Guadet, Duperret, Carra, Sillery, Condorcet, Fauchet, Doulcet, Ducos de la Gironde, Boyer-Fonfrède, Gamont, Mollevault, Gardien, Valadi, Valazé, Duprat, Mainville, Bonnet, Chambon, Lacaze, Delahaye, Lidon, Fermond, Mazuyer, Savari, Lehardy, Hardy, Boileau, Vallée, Rouyer, Antiboul, Lasource, Isnard, Leterpt-Beauvais, Duchastel, Deverité, Dulauré, Grangeneuve, Duval de la Seine-Inférieure, Vigée, Resson, Noël, Costard und Andréi.

II. Der Konvent stellt sie vor das Revolutionstribunal, damit sie mit der Strenge des Gesetzes gerichtet würden.

III. Das Dekret, welches Buzot, Louvet, Gorsas, Pétion und andere für Vaterlandsverräter erklärt, wird hierdurch nicht berührt.

IV. Die Abgeordneten, die konterrevolutionäre Schriften verfaßt und am 6. und 19. Juni gegen die Maßnahmen vom 31. Mai und vom 2. Juni und gegen die bis dahin schon ergangenen Verfügungen protestiert haben, werden in Haft genommen; vom Komitee für allgemeine Sicherheit wird dazu ein Bericht erstellt.

Billaud-Varenne: »Ich fordere, daß sich der Haftbefehl auch auf Philippe d'Orléans, einen der Anführer der Verschwörung, erstreckt. Ich verlange, daß dieses Dekret gegen die verschwörerischen Abgeordneten feierlich und mit Nennung der Namen verlesen wird. Ein anderes Konventsmitglied ist der Auffassung, man solle alle Abgeordneten, die den Protest gegen den 31. Mai unterschrieben hatten, ebenfalls vor das Gericht stellen. Denn sie hätten, wie er meinte, kein anderes Ziel verfolgt, als den Bürgerkrieg zu entfachen.«

Robespierre: »Die Nennung der Namen ist überflüssig. Ich sehe nicht ein, warum man annehmen sollte, der Konvent könne sich in zwei Parteien spalten. Wir müssen davon ausgehen, daß es hier keine weiteren Verräter gibt. Ich halte es im Augenblick auch für unnötig, all jene unter Anklage zu stellen, die den Protest lediglich unterschrieben haben. Man muß vor allem gegen die Anführer zum Schlag ausholen, deren Strafe soll all jene abschrecken, die versucht sein könnten, es ihnen gleichzutun. Unter den Unterzeichnern sind die Irregeführten, die nur Opfer der verbrecherischsten und abgefeimtesten Clique waren, die jemals existiert hat. Die Abstimmung soll durch Auf- bzw. Niedersetzen erfolgen. All die genannten Abgeordneten, ebenso die sich bereits in Haft befindlichen, deren Namen demzufolge nicht genannt werden müssen, werden in die Gefängnisse überstellt.«

Auf Antrag von Billaud-Varennes wurde verfügt, daß Marie-Antoinette in der folgenden Woche abzuurteilen sei. So ist der Stand der Dinge am 9. Oktober.

Politisches Glaubensbekenntnis des Verfassers

Entsprechend dem Hinweis, den ich diesem Werk vorangestellt habe, schrieb ich es genauso nieder, wie die Ereignisse aufeinander folgten. Der Druck hat sehr viel Zeit in Anspruch genommen. Ich habe darin vorwiegend Meinungen und Stimmungen der Allgemeinheit festgehalten und die eigene Auffassung in den Hintergrund treten lassen. Aber an dieser Stelle will ich meine persönliche Haltung in aller Klarheit darlegen.

Ich glaube, daß das Volk seine einzig rechtmäßige Vertretung in der Bergpartei hat und daß die Jakobiner und die patriotischen Klubs dieser gleichen Gesinnung die wahren Patrioten sind. Leute wie Pétion und seinesgleichen, vor einem Jahr noch allseits gepriesen, waren Verräter. Marat, Robespierre und ihre Anhänger haben das Vaterland gerettet. Ich glaube, daß die Hinrichtungen vom 2., 3., 4. und 5. September leider unabdingbar waren, vor allem wegen der den Eid auf die Verfassung verweigernden Priester und der weltlichen Konterrevolutionäre usw. Ebenso bin ich der Meinung, daß Ludwig Capets Hinrichtung gerecht und notwendig war, daß selbst die geschickteste Verteidigung ihn nicht mehr vor dem Tode hätte bewahren können. Denn auch dann hätte jeglicher Verteidiger der ganzen Nation beweisen müssen, wie es an anderer Stelle auch in diesem Werk bereits begründet wurde, daß sein einziges Interesse darin bestünde, auch den letzten Tyrannen der Franzosen untergehen zu sehen. Selbst wenn man erklärte, daß dieser insofern kein Tyrann gewesen sei, da er auf dem Thron geboren wurde, so hat man damit doch lediglich ausdrücken wollen, daß er die Macht nicht mit Gewalt an sich gerissen hat. Aber es soll betont sein, daß man aus heutiger Sicht alle früheren französischen Könige als Tyrannen bezeichnen muß. Ich glaube, daß Tage wie der 31. Mai, der 1., 2., 3. und 4. Juni usw. und deren Konsequenzen, die sich mit den Ereignissen am 3. Oktober an den darauffolgenden Tagen eingestellt haben, die Rettung des Vaterlandes bedeuteten. Ich glaube, daß die Verbrechen von Marie-Antoinette, von Brissot und anderen unbestreitbar sind und daß sich die Kommune von Paris durch ihre Stärke, ihren Eifer und ihren flammenden Patriotismus um die ganze Republik verdient gemacht hat.

P. S.: Seitdem ereignete sich weiteres: Am Abend des 6. wurde der ehemalige Abgeordnete Gorsas, Verfasser des ›L'Âne promeneur‹, des ›Courrier de Versailles à Paris‹ und der ›Départements‹ verhaftet, der sich eben in diesen Départements, man weiß nicht, wodurch, einen gewissen Ruf erschlichen hatte. Nach dem 10. August 1792 war er der Sekte der Brissotiner beigetreten. Am 7. Oktober wurde er in

Gegenwart von drei Zeugen dem Revolutionstribunal vorgeführt, die bekunden sollten, daß er tatsächlich Gorsas sei. Mit seinem Namen war alles entschieden. Man erklärte ihm, daß er außerhalb des Gesetzes stehe und daß man auf ihn jenes Dekret anwenden würde, welches ihn zum Tode verurteilte. Er wollte sprechen. Er soll gesagt haben, ›sein Tod würde bald gerächt werden‹. Der Präsident reagierte darauf nur mit einem knappen Befehl: »Führt den Angeklagten ab.« Um drei Uhr wurde er hingerichtet.

Am Morgen desselben Tages hatte man bereits an zwei Zwillingsbrüdern, die des Verbrechens konterrevolutionärer Umtriebe für schuldig befunden worden waren, das Todesurteil vollstreckt. Mit ihnen zusammen, jedoch nicht als ihr Komplize, wenngleich desselben Verbrechens überführt, starb Charlotte Vantant, ein junges Mädchen von zweiundzwanzig Jahren, ohne Beichtvater, in Standhaftigkeit und Würde. Die Frauen Frankreichs, die wirkliche Patriotinnen sind, erkennt man leicht, denn jene, die vorgeben, es zu sein, setzen alles daran, auch so zu erscheinen. Den Pfarrer von Saint-Barthélemy, einen vereidigten Priester, erwähne ich hier nur, um zu wiederholen, was ich schon gesagt habe: daß die Priester den aristokratischen Schmutz nicht mehr von ihrer Seele wischen können. Er ist ihnen so hineingebrannt, wie die Farbe in die Haut der Wilden.

Am zweiten Tag der dritten Dekade des ersten Monats (am Sonnabend, dem 12. Oktober) hat sich Marie-Antoinette dem geheimen Verhör unterzogen. Am folgenden Tag, dem 3. der dritten Dekade, erfuhr man die Nachricht von der Rückeroberung Lyons. Viertausend Aristokraten sind über Vèze geflohen; man hat sie aber verfolgt, und fünfzehnhundert von ihnen sind in Stücke gehauen worden. Der Schatz, den sie gestohlen hatten, konnte wieder zurückgebracht werden, und man hofft, daß die Bewohner der Umgebung die noch Flüchtigen vernichten werden. In der Vendée hat man mit der Wiedereinnahme Châtillons einen Sieg errungen. Abgeordnete aus Nantes haben die Ursachen der zu schleppenden Erfolge der republikanischen Armee in der Vendée beim Namen genannt. Am 4. der dritten Dekade stand Marie-Antoinette vor dem Revolutionstribunal. Endlich bekommt auch diese hochmütige Frau den Satz der Alten in seiner vollen Tragweite zu spüren: ›Nil humani a me alienum.‹ Nichts Menschliches ist mir fremd, nicht einmal das Unglück und die Schande. Und das hat sie auch verdient.

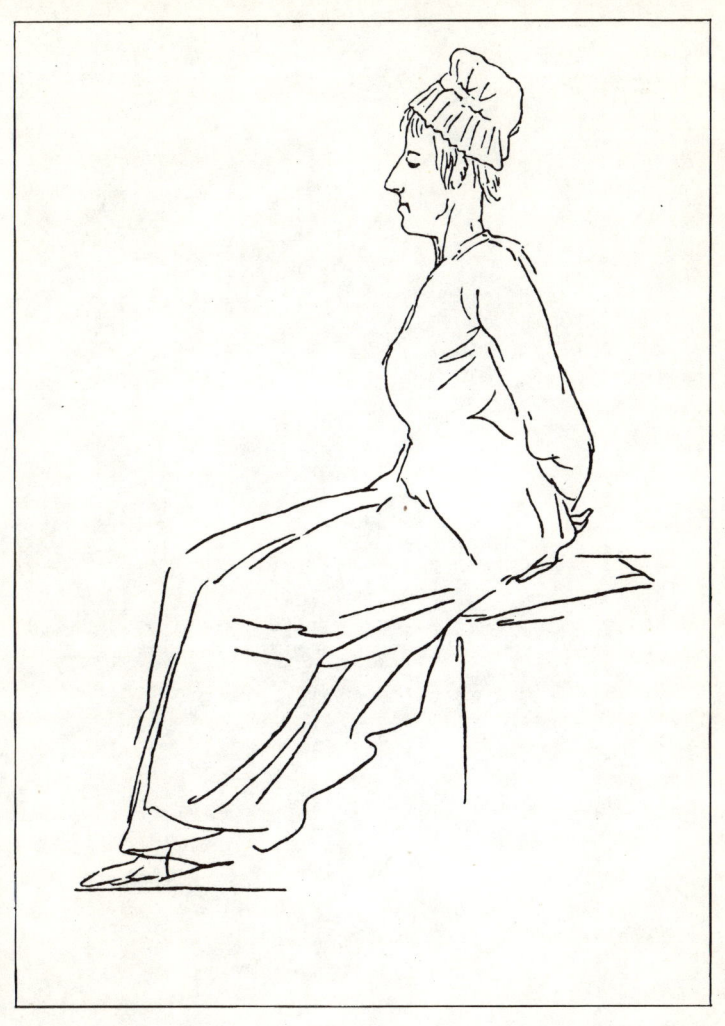

Marie-Antoinette vor der Hinrichtung

Als Marie-Antoinette von Österreich und Lothringen zum Verhör mit ihrem Namen aufgerufen wurde, fügte sie dem noch ihren Stand hinzu, was aber keinerlei Eindruck machte. Ihre Antworten waren kurz, nur ›Ja‹ und ›Nein‹, manchmal setzte sie hinzu: ›Das verhält sich nicht so‹. Unter anderem reichte sie eine Antwort in schriftlicher Form ein. Der Vorsitzende machte sie darauf aufmerksam, daß dies nicht üblich sei, und gab ihr das Schriftstück über ihren Verteidiger zurück. Ohne sie abzulesen, machte sie ihre Aussage nun mündlich. Es ging dabei um eine schwere Beschuldigung in bezug auf ihren Sohn.

Ihr Verhör, das am Montag, dem 3., begonnen und am 4. fortgesetzt wurde, war am 5. um drei Uhr morgens abgeschlossen. Um vier Uhr wurde das Urteil gesprochen. Man brachte sie wieder in ihr Gefängnis zurück. Ihren beiden Verteidigern hat sie die Frage gestellt, ob sie in ihren Antworten nicht zu viel Ehrwürdigkeit gezeigt habe. Voulland hat im Namen des allgemeinen Sicherheitskomitees verlangt, diese beiden Verteidiger zurückzuhalten, um von ihnen zu erfahren, ob sie ihnen noch etwas anvertraut habe. Beide haben versichert, sie hätte tiefe Verschwiegenheit bewahrt. Sie legte sich zu Bett und schlief etwa zwei Stunden. Dann trank sie eine Schokolade. Mit dem Geistlichen verbrachte sie zwei Stunden. Darauf legte man ihr ein weißes Gewand an, dazu ein schmales schwarzes Band, an dem ihre Haube befestigt werden konnte. Den Wunsch, ihre Kinder noch einmal zu sehen, äußerte sie nicht. Um halb zwölf verließ sie den Justizpalast: sie hatte um eine Kutsche gebeten. Gemeinsam mit einem Beichtvater, einem weißhaarigen Greis, stieg sie aber in den Karren. Sie hielt sich sehr gerade, mit dem Priester sprach sie nicht, wenngleich sie ihm bisweilen auf eine Frage antwortete. Sie muß sehr bleich gewesen sein, wie jede Frau, die sehr viel Rouge aufgelegt und große Ängste durchlebt hat. Auf der Place de la Révolution, vor der Freiheitsstatue, wurde sie um Viertel nach eins mit der folgenden Urteilsbegründung hingerichtet: Sie habe ›unausgesetzt gegen die Revolution gearbeitet; ein österreichisches Komitee in Paris unterhalten; ihren Gatten zu der Flucht nach Varennes veranlaßt; dazu eigenhändig alle Türen geöffnet und geschlossen; nach der Rückkehr ihre Verschwörungen fortgesetzt; Mitglieder der Verfassunggebenden Versammlung bestochen, um eine Revision der Verfassung zu erreichen, um somit deren Wirksamkeit zunichte zu machen usw.‹ Sie ist noch eines besonders grausamen Verbrechens angeklagt, von dem wir weiter oben schon etwas durchblicken ließen.* Es wird erzählt, daß ein junger Gendarm im Gefängnis ... Aber das ist nicht bewiesen. Nach einer gewissen Zeit wird man über all diese Umstände mehr wissen. Ihr Leichnam wurde sofort weggeschafft und unter Kalk begraben. Nieder mit allen Tyrannen, Königen, Königinnen, Kurfürsten, Landgrafen, Markgrafen, Zaren, Sultanen, Mikados, Lamas, Päpsten usw., usw. Amen! Amen!

Zweites P. S.: Dem Vernehmen nach ist sie im Moment, da sie auf der Guillotine lag, ohnmächtig geworden.

Man hat einen früheren Gendarm verhaftet, der sein Schnupftuch in ihr Blut getaucht hatte. Tat er es aus Begeisterung oder im Wahn?

Am 8. Tag der dritten Dekade kam die Nachricht von der Aufhebung des Belagerungszustandes in Maubeuge.

---

* Aufgefordert, eine Antwort zu geben, stritt sie alles ab; mit Blick auf das Volk setzte sie hinzu: »Das ist unmöglich; ich rufe alle Mütter zu Zeugen an.« Sie hat das Tribunal jedoch nicht, wie einst Maria Stuart, abgelehnt.

NACHTRAG

Seit Beendigung des Drucks haben sich die Geschehnisse überstürzt. Die Rebellen in der Vendée haben sich bekanntlich, nachdem sie in Mortagne und Cholet vernichtend geschlagen wurden, auf die Insel Noirmoutier zurückgezogen, wo sie von den verräterischen Einwohnern mit offenen Armen empfangen wurden. Aber nachdem sie Beaupréau und Ancenis verlassen mußten, bleibt ihnen nun nur noch dies eine Refugium, in dem sie inzwischen vielleicht ebenso verfolgt werden, wenngleich dies auch die Zerstörung der Vendée bedeutet. Dieses fruchtbare Land, leider von abergläubischen und dummen Menschen bewohnt, die leicht irrezuführen sind, ist nur noch ein Haufen von Schutt und Asche. Die Konterrevolutionäre haben also weder Lyon, noch die Vendée in ihrer Gewalt; Bordeaux lieferte gerade den Beweis glühendsten Patriotismus'. Unsere Nordarmee verfolgt den Feind, nachdem sie ihn aus der Gegend von Maubeuge vertrieben hat, mit großer Zähigkeit, während eine andere Einheit, die Furnes erobert hat, in Richtung Nieuport voranmarschiert und vielleicht Ostende einnehmen wird. Im Rheingebiet hat man versucht, die durch den Verrat eines Offiziers erlittene Niederlage wieder auszugleichen.

Die zweiundzwanzig angeklagten Abgeordneten stehen seit drei Tagen vor dem Revolutionstribunal (heute haben wir den Sextidi, den 6. Tag der ersten Dekade des zweiten Monats, nach der alten Einteilung ist dies der 27. Oktober). Vergniaud hat gestern, am Quintidi, eine und eine Viertelstunde lang eine sehr vehemente Rede gehalten. Genauere Kenntnis habe ich noch nicht davon, da ich nicht die Möglichkeit hatte, sie anzuhören.

Gegen die Staatsordnung gerichtete Zusammenrottungen gibt es noch immer, meist vor den Türen der Bäckerläden. Man hat den Eindruck, daß sich eine bestimmte Sorte Menschen ein Vergnügen daraus macht, nur unter großen Mühen an Brot zu gelangen.

General Gartaud hat am 22. Oktober (nach dem alten Kalender) einen beachtlichen Sieg über die Rebellen von Toulon davongetragen: Sechs englische Schiffe sind durch Artilleriegeschosse beschädigt worden und liegen nun auf dem Trockendock. Das hat die Engländer ungefähr dreihundert Männer gekostet. So sind wir nun kurz davor, diesen wichtigen Ort zurückzuerobern, der für immer ein Begriff der Schande der Verräter, die England regieren, bleiben wird.

Der König von Preußen hat seine Armee, die er unter das Kommando des Braunschweigers gestellt hat, verlassen und befehligt nun jene Herresgruppe, die ihm den Raub eines Teils von Polen ermöglichen soll.

Cobourg ist an seinen Fronten vor Maubeuge hart bedrängt worden. ›Wenn die französischen Republikaner mich hier schlagen, werde ich selber auch zum Republikaner‹, soll er gesagt haben. Er wurde besiegt und ist noch immer der Feigling, der aus den Händen des verräterischen Dumouriez vier Abgeordnete übernommen hat, die er weiterhin gefangenhält.

Der neue Kalender der Republik ist eingeführt worden. Er gilt seit einem Monat, der 22. September (nach der alten Einteilung) ist der 1. der ersten Dekade des Jahres II der Republik, anders ausgedrückt, der 1. des Weinmonats. Man wird wissen, daß auch ich in meinen ›Nuits de Paris‹ eine Reform der Jahres- und Monatseinteilung vorgeschlagen hatte; danach sollte das Jahr am 21. oder 22. Dezember beginnen, am Wintersanfang. Ich schlug ferner vor, die Namen der Monate zu verändern und sie einander anzugleichen usw. Die Bezeichnungen, welche ich ihnen gab, waren ›Primobre‹ (vom 22. Dezember bis zum 22. Januar), ›Duobre‹, ›Triobre‹, ›Quartile‹, ›Quintile‹, ›Sextile‹, ›Septembre‹ (vom 22. Juli bis zum 22. August), ›Octobre‹, ›Novembre‹, ›Décembre‹, ›Unzobre‹, ›Douzobre‹ (der letzte vom 22. November bis zum 22. Dezember). Die Namen nach dem neuen Kalender sind glücklicher gewählt. Es sind dies der Vendémiaire [Weinmonat] (vom 22. September bis zum 22. Oktober), der Brumaire [Nebelmonat], der Frimaire [Reifmonat], der Nivôse [Schneemonat], der Ventôse [Windmonat], der Pluviose [Regenmonat], der Germinal [Keimmonat], der Floréal [Blütenmonat], der Prairial [Wiesenmonat], der Messidor [Erntemonat], der Thermidor [Hitzemonat], der Fructidor [Fruchtmonat]. Da die Monate in Dekaden eingeteilt sind, hat man nun auch den Tagen der Dekade, die die Wochengliederung ersetzt, neue Namen gegeben: ›Primidi‹, ›Duodi‹, ›Tridi‹, ›Quartidi‹, ›Quintidi‹, ›Sextidi‹, ›Septidi‹, ›Octidi‹, ›Nonodi‹ und ›Décadi‹, das ist der Ruhetag. Gestern am Sextidi, dem 6. Brumaire, wurde die Trommel geschlagen, um die Anhänger des früheren Sonntags zu zwingen, ihre Läden zu öffnen, die sie geschlossen hielten.

Mir bleibt nun nur noch, von dem Urteil des Revolutionstribunals gegen die zweiundzwanzig Abgeordneten zu berichten. Diese zweiundzwanzig Verräter wurden gestern, Nonodi, am 30. Oktober nach der alten Rechnung, um halb elf Uhr abends zum Tode verurteilt und sind am folgenden Mittag hingerichtet worden: Valazé (das ist einer von ihnen) beging, als er das Urteil hörte, Selbstmord. Die anderen sind wütend aufgesprungen und haben ihre Assignaten zu Boden geworfen. Sie sind mit gespielter Heiterkeit in den Tod gegangen; neun der Insassen des ersten Wagens sangen sogar. Carra machte ein stumpfsinnig staunendes Gesicht; Sillery und Fauchet hatten einen Beichtvater bei sich. Vergniaud wollte im Moment der Hinrichtung etwas sagen, die Trommelschläger haben ihn aber daran gehindert. So bereitet man denen ein Ende, die ihren Weg nicht geradewegs und ehrlich im Sinne der Revolution gegangen sind.

Am ersten Décadi des Brumaire, um acht Uhr, wird verkündet, daß wir Mons eingenommen haben und daß die Vorbereitungen, um wiederum in Toulon einzumarschieren, eifrig betrieben werden.

ES LEBE DIE REPUBLIK UND DIE BERGPARTEI!

Anhang

ANMERKUNGEN

7 *Palais-Royal*: Ensemble von Gebäuden und Gärten in Paris; 1633 für Richelieu erbaut; ab 1643 Königsresidenz; von 1672–1848 im Besitz des Hauses d'Orléans. Im 18. Jahrhundert war es mit seinen Theatern, Cafés, Geschäften und Vergnügungsstätten ein Anziehungspunkt des Pariser Lebens, während der Revolution mit Unterstützung des derzeitigen Eigentümers Duc d'Orléans (1747–1793) als öffentlicher Diskussions- und Versammlungsort ein Zentrum der Volksbewegung.

9 *Nachdem wir alles ... vorgestellt haben*: Im Original folgt eine Aufzählung der Titel verschiedener Werke Restifs, deren Handlung mit dem Palais-Royal verbunden ist.

23. Juni: 23. Juni 1789.

›Passage du Cirque‹: Mittelpunkt der Gartenanlage des Palais-Royal; ein nach römischem Vorbild errichtetes Gebäude, das mit Wandelgängen und Terrassen umgeben war und im Inneren eine Manege, Konzert- und Ballsäle u. ä. beherbergte.

10 *Necker*, Jacques (1732–1804): Bankier und Politiker, 1777–1781 Finanzminister; erneute Berufung zum Minister am 25. August 1788; seine Entlassung am 11. Juli 1789 trug zur Anheizung der revolutionären Stimmung unter den Volksmassen bei.

doppelte Zahl der Sitze: Unter dem Druck der Ereignisse gelang es Necker mit seinem ›Bericht an den Kronrat in Versailles‹ vom 27. Dezember 1788, den König von der Unausweichlichkeit zu überzeugen, einer Verdoppelung der Zahl der bürgerlichen Abgeordnetensitze (dritter Stand) in den Generalständen zuzustimmen.

die Aristokraten: Die Bezeichnung Aristokratie/Aristokrat wurde während der Revolution, und besonders nach dem Sturz der Monarchie, zu einem Synonym für ›Gegner der Revolution‹.

13 *Réveillon*: Papier- und Tapetenfabrikant im Faubourg Saint-Antoine; beschäftigte in seiner Manufaktur in der Rue de Montreuil etwa dreihundert Arbeiter, denen er höheren Lohn zahlte

als die Konkurrenten. Am 23. April 1789 ging das Gerücht, daß er statt der bisher gewährten zwanzig Sous am Tag den Lohn auf fünfzehn senken wollte. So kam es zur ›Affaire Réveillon‹.

13 *stiftet dazu an, ihn auszuplündern*: Die ›Affaire Réveillon‹, von der Restif hier berichtet, stellte einen Höhepunkt der Pariser Hungerrevolten (Februar–Mai 1789) dar. Am 27. April 1789 wurde im Zuge einer zahlreiche Opfer fordernden Aktion die Manufaktur Réveillons zerstört und sein Haus geplündert.

de Crosne, eigentlich Thiroux de Crosne, Louis (1736–1794): letzter Polizeileutnant von Paris vor der Revolution; 1789 Emigration nach England; 1794 hingerichtet.

Bicêtre: ehemaliges Schloß bei Paris; im 13. Jahrhundert erbaut; im 17. und 18. Jahrhundert als Irren- und Armenhaus, auch als Gefängnis genutzt.

14 *Die Generalstände treten zusammen*: Gemeint ist die Eröffnung der Generalstände am 5. Mai 1789. Die Reden von König Ludwig XVI., Necker und dem Justizminister Barentin (1736–1819) ließen den dritten Stand unbefriedigt und zeigten, daß die Verdoppelung seiner Sitze nur Wirkung zeigen könnte, würde er auch über die entsprechende Stimmenzahl verfügen.

Demokratie: Gemeint ist der dritte Stand.

28 *12. Juli [1789]*: Nach Bekanntwerden der Entlassung Neckers (11. Juli) rüstete das Volk von Paris zum Aufstand, um dem für den 16. Juli geplanten Staatsstreich des Königs zuvorzukommen. Im Palais-Royal forderte Camille Desmoulins (1760–1794): ›Kein Augenblick ist zu verlieren; zu den Waffen!‹

Foulon oder auch Foullon, Joseph-François (1715–1789): Generalintendant der Armee und der Marine unter Choiseul, später auch der der Finanzen, am 12. Juli 1789 vom König zum Generalkontrolleur der Finanzen ernannt; man ließ die Pariser glauben, daß er mit Hilfe der bei Paris stehenden Truppen die Nationalversammlung auflösen wollte.

Lambesq, Charles-Eugène de Lorraine, Duc d'Elbeuf et Prince de (1751–1825): Befehlshaber des königstreuen Regimentes Royal-Allemand, 1788 Marschall, emigrierte früh; 1796 österreichischer Feldmarschall.

Nymphe: hier Bezeichnung für Prostituierte.

Le Nôtre, André (1613–1700): Hofgartenbaumeister, der den Typ der französischen Garten- und Parkanlagen schuf, z. B. in Versailles; hier sind die Gärten der Tuilerien gemeint.

29 *Distrikte*: ursprünglich Versammlung der Wahlmänner in den einzelnen Stadtteilen von Paris; ihre Vertreter zogen am 26. Juni 1789 ins Rathaus ein und bildeten die Stadtverwaltung und am 12. Juli den ›Permanenten Ausschuß‹.

Palais d'Orléans: Bezeichnung für das Palais-Royal, das sich im Besitz des Duc d'Orléans, des späteren Philippe Égalité (1747–1793) befand.

30 *Saint-Florentin* (1705–1777), *Sartine* (1729–1801) und *Lenoir* (1732 bis 1807): Polizeipräfekten (Lieutenant général de police) und Minister im vorrevolutionären Paris.

ein gemeiner Schuft: eine Anspielung Restifs auf seinen Schwiegersohn Charles-Marie Augé, den Ehemann seiner ältesten Tochter Agnès, zu dem er ein äußerst feindseliges Verhältnis hatte.

39 *13. Juli [1789]*: Bewaffnung der Pariser Bevölkerung zum Kampf gegen die königlichen Truppen, die Ludwig XVI. um Paris und Versailles zusammengezogen hatte; gewaltsame Befreiung zahlreicher Häftlinge aus den Gefängnissen.

die grausigen Flößer: Plünderungen, von denen hier die Rede ist, waren selten und richteten sich fast ausschließlich gegen Waffenhändler. Restif hebt die Beteiligung der Flößer besonders hervor, da sie zu den sozial am tiefsten stehenden Schichten gehörten und ihm deshalb für Raublust und Banditentum besonders anfällig erschienen.

40 *Marais-Viertel*: Stadtteil im Osten von Paris, wo der Adel seine Paläste hatte.

51 ›*Tableaux de la vie*‹: eine 1789 erschienene Novellensammlung Restifs.

Flesselles, Jacques de (1721–1789): Prévôt des marchands, frz., Vorsteher der Kaufmannschaft; seit dem 28. April 1789 Titel des obersten Beamten der Pariser Stadtverwaltung vor der Revolution; während des Sturmes auf die Bastille von den Volksmassen ermordet.

Launay, Bernard-René Jordan, Marquis de (1740–1789): letzter Gouverneur der Bastille, bei deren Erstürmung er ermordet wurde.

52 *Delorme*: Antoine-Jérome de Lorme Salbrai, Major in der Bastille.

56 *Île-Saint-Louis*: Seine-Insel, östlich der größeren Île de la Cité gelegen. Bei seinen vorwiegend nächtlichen Gängen durch Paris, die ihm Anregungen für seine Romane und Novellen lieferten, suchte Restif auch häufig die Île-Saint-Louis auf.

hätte sich der Schuft ... gezeigt: Die in dieser Episode beschriebene Verhaftung Restifs erfolgte auf Grund einer Denunziation seines Schwiegersohnes Augé. Nach Restifs eigenen Angaben legte man ihm, ohne Beweise zu haben, zur Last, ein königstreuer Spion zu sein.

58 ›*Paysan perverti*‹ (Der verderbte Bauer, 1775): eines der bekanntesten Werke Restifs; Briefroman, in dem das tugendhafte Leben auf dem Land dem verderblichen Einfluß der städtischen Zivilisation entgegengesetzt wird.

ein Schurke: erneute Anspielung auf seinen Schwiegersohn Augé.

59 *das letzte meiner Daten auf der Insel*: Dennoch ist Restif später auf die Insel zurückgekehrt.

›*Paysan-Paysanne*‹: Synthese der beiden erfolgreichen Romane Restifs ›Le Paysan perverti‹ (1776) und ›La Paysanne pervertie‹ (1784).

68 *17. Juli [1789]*: Aufenthalt Ludwigs XVI. in Paris. Um den Thron zu retten und einen offenen Bürgerkrieg zu verhindern, hatte er zuvor, am 15. Juli, die königlichen Truppen abgezogen und am 16. Juli erneut Necker zum Minister berufen.

Abbild der Chimere: bildhafter Vergleich für das Palais-Royal.

d'Artois: Charles-Philippe de Bourbon, Comte d'Artois (1757–1836): als Karl X. König von Frankreich (1824–1830); jüngster Bruder Ludwigs XVI.; gab mit seiner Flucht aus Paris am 17. Juli 1789 das Signal zur Emigration des Adels, an dessen Spitze er sich im Ausland gegen das revolutionäre Frankreich stellte.

Polignac: französisches Adelsgeschlecht, das in engen Beziehungen zum Hof Ludwigs XVI. stand und ab 1789 eine führende Rolle in der Emigrantenbewegung spielte. Armand-Jules-François, Duc de Polignac (1745–1817), königlicher Großstallmeister, und seine Gemahlin, geb. Yolande-Martine-Gabrielle de Polastron (1749–1793), Freundin von Marie-Antoinette und Erzieherin der königlichen Kinder, emigrierten schon 1789.

69 *Bailly*, Jean-Sylvain (1736–1793): Astronom und Politiker, Abgeordneter des dritten Standes bei den Generalständen, zeitweilig

Präsident der Nationalversammlung, Bürgermeister von Paris (Juli 1789–Oktober 1791), büßte seine anfängliche Popularität mit der Erklärung des Ausnahmezustandes und der Niederschlagung der Marsfelddemonstration im Juli 1791 ein; unter der Jakobinerherrschaft am 10. November 1793 guillotiniert.

La Fayette, Marie-Joseph Motier, Marquis de (1757–1834): General und Politiker; Freiwilliger im Amerikanischen Unabhängigkeitskrieg, 1789 Abgeordneter des Adels, dann des dritten Standes bei den Generalständen; führendes Mitglied der Verfassunggebenden Nationalversammlung (Konstituante); ab 15. Juli 1789 Kommandant der bürgerlichen Nationalgarde; einer der Gründer des ›Club des Feuillants‹; 1792 Befehlshaber der Ardennenarmee; nach dem Sturz der Monarchie (10. August 1792) Übertritt zu den Österreichern; Rückkehr nach Frankreich nach dem 18. Brumaire des Napoleon Bonaparte; während der Restauration Abgeordneter und 1830 Oberbefehlshaber der Nationalgarde.

70 *Viry ... Compiègne*: Ortschaften in der Nähe von Paris.
71 *C***: de Crosne; vgl. 3. Anm. zu S. 13.
72 *Franzosen*: Mit der im Original folgenden Aufzählung der Bewohner verschiedener Regionen und Provinzen Frankreichs weist Restif auf die ›Munizipalrevolution‹, die weite Teile Frankreichs erfaßte, hin.

Busiris: nach der griechischen Sage ein König von Ägypten, der alle im Land ankommenden Fremden als Opfer zum Altar führte.

geschlagene Stände: Adel und Klerus.

73 *sechsunddreißig privilegierte Drucker*: Vor der Revolution waren Presse und Buchgewerbe stark reglementiert. Eine aus dem Jahre 1725 stammende Bestimmung beschränkte die für die Stadt Paris zugelassene Zahl der Druckereien auf 36.

Lebrun ... Toustain; Dhemeri ... Marolles: Zensur- und Polizeibeamte.

Grazien: in der antiken römischen Mythologie die Göttinnen der Anmut; grch., Chariten; gewöhnlich werden drei genannt: Aglaia (Glanz), Euphrosyne (Frohsinn), Thaleia (Blühende).

74 *Abschaffung des Zölibats*: Die Aufhebung des Zölibats erfolgte mit dem Inkrafttreten der Zivilverfassung für den Klerus am 12. Juli 1790.

74 ›*Le Libertin fixé*‹ (Der gebändigte Libertin): Titel eines Theaterstücks von Restif.
76 *Quäker*: Mitte des 17. Jahrhunderts in England entstandene Sekte, deren Anhänger den Heiligen Geist nur im individuellen Bewußtsein anerkennen und jegliche Liturgie ablehnen. Restif führt hier den Vergleich mit den Quäkern an, um seine Vorliebe für peinliche Sauberkeit zu betonen, einer Eigenschaft, die häufig mit den Quäkern in Verbindung gebracht wurde.
Diogenes von Sinope (412–323): griechischer Philosoph; Vertreter der Schule der Kyniker, nach deren Lehre der Zweck menschlichen Strebens nach Glück in der Tugend der Bedürfnislosigkeit und in der Vermeidung des Bösen besteht. Diogenes v. S. gilt als Verächter von Kultur und Zivilisation, da er in übersteigerter Selbstgenügsamkeit und Armut lebte.
78 ›*Nuits de Paris*‹ … ›*Monsieur Nicolas*‹: Restif zitiert hier zwei seiner wichtigsten Werke: die ›Nächte von Paris‹ (1788) und die Autobiografie ›Monsieur Nicolas‹ (1796).
Bernardin de Saint-Pierre, Jacques-Henri (1737–1814): Romanschriftsteller, Schüler Rousseaus, Vorläufer der Romantik, berühmt durch sein Werk ›Paul und Virginie‹; Restif greift ihn wegen seiner wissenschaftlichen Arbeiten an, die u. a. 1784 unter dem Titel ›Études sur la Nature‹ erschienen waren.
das Verführerischste, was man sich unter Schuhen … vorstellen kann: Restif hatte eine Schwäche für besonders schöne Füße und Schuhe der Frauen und wird deshalb häufig als Schuhfetischist betrachtet. Die Vorliebe für besonders kostbare und elegante Schuhe teilte er jedoch mit vielen seiner Zeitgenossen.
81 *der Gouverneur von Paris*: Bertier de Sauvigny, Louis-Bénigne-François (1737–1789), Intendant von Paris seit 1776; der Getreidespekulation beschuldigt, wurde er am 22. Juli 1789 von meuternden Volksmassen getötet.
Foulon: Vgl. 2. Anm. zu S. 28; Foulon wurde von der aufgebrachten Volksmenge am 22. Juli 1789 wegen Spekulation mit Getreide ermordet.
Sartine, Antoine de (1729–1801): Generalleutnant der Polizei von 1759–1774; 1763–1774 als ›Directeur de la Librairie‹ oberster königlicher Zensurbeamter; 1790 Emigration.
87 *Abbaye*: Pariser Gefängnis, einer der Schauplätze der Septembermassaker von 1792, vgl. Anm. zu S. 215.

Saint-Louis-Orden: königlicher Militärorden, 1693 von Ludwig XIV. gestiftet, 1792 aufgelöst, von den Bourbonen 1814 erneut ins Leben gerufen (bis 1830); äußeres Zeichen der Zugehörigkeit war das rote Band.

88 ›*Erudimini* ...‹: lat., Lasset euch belehren, die ihr richtet auf Erden (vgl. Psalm 2,10).

89 *Montmorency*: altes französisches Adelsgeschlecht, das vom 12. bis zum 17. Jahrhundert über teilweise erheblichen politischen Einfluß verfügte.

97 *La Salle*, Marquis de (1731–1814): Kommandant bei der am 12. Juli 1789 von der Stadtverwaltung gebildeten Bürgermiliz, stand kurzzeitig unter dem Verdacht der Verschwörung.

Massaker in Saint-Germain und Poissy: In Saint-Germain-en-Laye wurde am 17. Juli 1789 der Müller Sauvage von der aufgebrachten Menge hingerichtet; am 18. Juli entging in Poissy der Pächter Thomassin nur knapp dem Tode.

Saint-Huruge, Victor-Amédée de la Fage, Marquis de (1750 bis 1810): durch seine große Statur und mächtige Stimme einer der bekanntesten Volksredner des Palais-Royal.

98 *Salpêtrière*: im Jahre 1656 in Paris errichtetes Armenhospital, 1694 um ein Frauengefängnis erweitert.

99 *schwarze Kokarden*: Symbol des Hauses Österreich; weiße Schleife: Farbe des Königs; die Soldaten der französischen Könige (allerdings nur die Infanterie) trugen weiße Kokarden.

‚*Courrier de Versailles à Paris*‘: Zeitschrift, herausgegeben seit 1789 von Antoine-Joseph Gorsas (1752–1793); Journalist, Abgeordneter des Konvents.

der Dauphin: Titel der französischen Kronprinzen; hier für Ludwig XVII. (1785–1795), der nach dem Tod seines älteren Bruders 1789 Dauphin wurde.

Menou, Jacques-François, Baron de (1750–1810): General, 1789 Vertreter des Adels bei den Generalständen; er wurde vom Konvent zur Bekämpfung der Konterrevolutionäre in die Vendée geschickt, wo er mehrfach geschlagen wurde. Auf Grund seiner Verwundungen zog er sich vom Militärdienst zurück. Am 1. Oktober 1793 entging er nur dank der Protektion von Barère dem Revolutionstribunal und damit der Guillotine.

Target, Guy-Jean-Baptiste (1733–1807): Advokat, Deputierter des dritten Standes bei den Generalständen und in der Verfassunggebenden Nationalversammlung; spielte eine bedeutende Rolle bei der Ausarbeitung der Verfassung von 1791; einer der Organisatoren des Bundesfestes am 14. Juli 1790.

99 *Chapelier*, eigentlich Le Chapelier, Isaac-René-Guy (1754-1794): Deputierter des dritten Standes bei den Generalständen und Abgeordneter der Verfassunggebenden Nationalversammlung; sein Name ist bekannt geworden durch das nach ihm benannte Gesetz vom 14. Juni 1791, das alle Berufsvereinigungen und Streiks untersagte; als Agent Englands am 22. April 1794 hingerichtet.

Rabaud Saint-Étienne, Jean-Paul Rabaut, genannt (1743-1793): Politiker und protestantischer Geistlicher, Vertreter des dritten Standes bei den Generalständen; Abgeordneter im Konvent, 1793 Mitglied der girondistischen Zwölferkommission, am 5. Dezember 1793 hingerichtet.

Thouret, Jacques-Guillaume (1746-1794): Politiker und Jurist, Abgeordneter des dritten Standes bei den Generalständen, dann der Gesetzgebenden Nationalversammlung, deren Präsident er dreimal war.

Biauzat, eigentlich Gaultier de Biauzat, Jean-François (1739 bis 1815): Jurist und Politiker, Abgeordneter der Verfassunggebenden Nationalversammlung.

Barnave, Antoine-Pierre-Joseph-Marie (1761-1793): Jurist und Politiker, vgl. 2. Anm. zu S. 169.

100 *O Richard, ... abandonne!*: O Richard, o mein König!/ Die Welt verläßt dich!, der Gesang des Liedes von Richard Löwenherz aus der gleichnamigen Oper von Grétry (1741-1813) – Libretto (1784) von Sedaine – galt als ein Bekenntnis royalistischer Gesinnung.

101 *mit Freiwilligen*: hier die Freiwilligen der Bastille, die sich bei deren Erstürmung am 14. Juli 1789 ausgezeichnet hatten und fortan in polizeiliche und militärische Aktivitäten der Nationalgarde einbezogen wurden.

der junge und mutige Krieger: La Fayette.

die wieder Bürger geworden waren: Die Soldaten des Flandrischen Regiments wurden veranlaßt, die blau-weiß-rote Nationalkokarde zu tragen.

102 *der junge Held*: La Fayette.

105 *Held der alten und der neuen Welt*: La Fayette.

Franz I. (1494–1547): König von Frankreich (1515–1547), führte mehrere Kriege gegen Karl V. um die Vormachtstellung in Europa.

107 *um es durchzusetzen*: Anspielung auf das umstrittene Vetorecht des Königs, mit dem dieser ein von der Nationalversammlung erlassenes Dekret entweder zum Gesetz erheben oder ablehnen konnte.

108 ›*Tefris*‹: Anagramm von Restif.

112 *Provinzparlament*: Die ›parlements‹ waren vom König weitgehend unabhängige Gerichtshöfe, die zunächst nur in Paris, seit dem 15. Jahrhundert auch in zwölf Provinzstädten tätig waren; sie wurden am 6. September 1790 aufgehoben.

113 *Meleagros*: in der griechischen Mythologie ein Held, dessen Leben von den Schicksalsgöttinnen an ein Holzscheit gebunden war. Als Meleagros bei einem Streit die Brüder seiner Mutter erschlug, verbrannte diese aus Rache das Holzscheit, und er starb.

114 *den richtigen Namen*: ›Félicité‹; frz., ›Glückseligkeit‹, ›Heil‹, ›Segen‹.

115 ›*Drame de la vie*‹ (Drama des Lebens, 1790): Sammlung verschiedener Stücke und Szenen, in denen Restif zahlreiche autobiografische Erlebnisse verarbeitet hat.

116 ›*Livre rouge*‹: frz., ›Rotes Buch‹; geheimes Verzeichnis der Empfänger vom König verliehener Pensionen (1774–1789), am 1. April 1790 veröffentlicht.

117 *Griffon*: Gemeint ist La Harpe, Jean-François de (1739–1803); Dramatiker und vor allem Literaturkritiker; die hier genannten Titel sind als Anagramme aufgeführt: ›Kicraww‹ – ›Warwick‹; ›Elmanie‹ – ›Mélanie‹; ›Théocolife‹ – ›Philoctète‹.

die Nationalversammlung zu versorgen: Nach der kurzzeitigen Verbesserung der Lebensmittelversorgung, die von den am 6. Oktober 1789 in Versailles protestierenden Frauen erzwungen wurde, kam es seit dem 20. Oktober erneut zu Unruhen infolge Brotmangels. Die Ermordung des Bäckers François (21. Oktober), der mit der Belieferung der im Bischofspalais tagenden Nationalversammlung beauftragt war, wurde von der Nationalversammlung in Übereinstimmung mit der Commune zum Anlaß genommen, über Paris den Ausnahmezustand zu verhängen.

118 *Rouen ... Bordeaux*: Die Provinzparlamente dieser Städte protestierten gegen das Dekret der Nationalversammlung vom 3. No-

vember 1789, wonach den Gerichtshöfen jegliche Tätigkeit untersagt war.

118 *Bischof von Tréguier*: Der Bischof hatte mit einem Hirtenbrief offen zum konterrevolutionären Umsturz aufgerufen.

Quae vos dementis cepit: lat., sinngemäß: Wie töricht ihr seid!

Montmorency: Montmorency-Laval, Mathieu-Jean-Félicité, Duc de (1766–1826); Teilnehmer am Amerikanischen Unabhängigkeitskrieg; stimmte als Mitglied der Verfassunggebenden Nationalversammlung am 4. August 1789 für die Abschaffung der Adelsprivilegien; nach dem 10. August 1792 Emigration; während der Restauration u. a. als Außenminister Verfechter ultraroyalistischer Positionen.

Bischof von Autun: Talleyrand-Périgord, Charles Maurice de (1754 bis 1838), Geistlicher und Politiker; einflußreiches Mitglied der Verfassunggebenden Versammlung, wo er den Vorschlag einbrachte, die Güter der Kirche dem Staat zu übereignen; führender Vertreter des verfassungstreuen Klerus; unter der Gesetzgebenden Versammlung Diplomat, dann Emigration; nach dem Sturz Robespierres 1794–1807 Außenminister; während der Restauration und der Julimonarchie im diplomatischen Dienst.

Sieyès, Emmanuel-Joseph, Abbé (1748–1836): Geistlicher und Politiker; Verfasser der berühmten Flugschrift: ›Was ist der dritte Stand?‹ (1788); war wesentlich an der Konstituierung der Nationalversammlung im Juni 1789 beteiligt; Anhänger einer konstitutionellen Monarchie; Mitglied des Nationalkonvents und ab 1795 des Rats der Fünfhundert; Mitwirkung am Staatsstreich Napoleons, nach dessen Sturz Emigration.

Clermont-Tonnerre, Stanislas, Comte de (1757–1792): Mitglied der Verfassunggebenden Nationalversammlung; obwohl Monarchist, stimmte er am 4. August 1789 für die Abschaffung der Adelsprivilegien; wurde am Tag des Sturms auf die Tuilerien (10. August 1792) ermordet.

mit welcher Härte die Nationalversammlung die Dreistigkeit jenes ... ›Parlement‹ zurückgewiesen hat: Der Widerstand des ›Parlement‹ von Rennes gegen das Dekret vom 3. November 1789 (vgl. 1. Anm. zu S. 118) wurde von der Nationalversammlung mit einem weiteren beantwortet (11. Januar 1790), wonach die ›Ausübung der Rechte der Aktivbürger‹ fortan an den ›Treueeid auf die Konstitution‹ gebunden war.

Favras, Thomas de Mahy, Marquis de (1744-1790): Kommandant der Schweizergarde des Comte de Provence (später Ludwig XVIII.); wegen seiner Mitwirkung bei den Vorbereitungen zu einer geplanten Flucht Ludwigs XVI. am 19. Februar 1790 hingerichtet.
Besenval, Pierre-Victor, Baron de (1722-1791): Schweizer General, Oberbefehlshaber der 1789 in Paris stationierten königlichen Truppen.
Marat, Jean-Paul (1743-1793): Arzt, Physiker, Publizist und Politiker; seit 1789 Herausgeber des revolutionären Journals ›L'Ami du Peuple‹ (›Der Volksfreund‹), weshalb er verfolgt und mehrfach verhaftet wurde; führender Kopf des 1790 gegründeten revolutionären Klubs der ›Cordeliers‹; als Mitglied des Nationalkonvents dem linken Flügel der Bergpartei angehörend, am 13. Juli 1793 ermordet.
Marat nicht besser absetzen: Marat war Mitglied der Commune von Paris. Die Verhaftung, von der hier die Rede ist, erfolgte im Januar 1790 auf Betreiben Neckers.

119 *Apolog des Menenius*: Agrippa Menenius Lanatus, römischer Konsul (etwa 6. Jh.-5. Jh.); hier Anspielung auf eine von ihm verfaßte Parabel mit dem Titel ›Die Glieder und der Magen‹.

120 ›*Théâtre Italien*‹: auch ›Comédie-Italienne‹, ursprünglich italienische Theatergruppe, die sich ab 1680 im ›Hôtel de Bourgogne‹ in Paris etablierte und seit dem 18. Jahrhundert auch französische Stücke aufführte; 1762 Zusammenschluß mit der ›Opéra-Comique‹, ab 1781 unter dem amtlichen Namen ›Théâtre Favart‹.
›*Variétés*‹: auch ›Variétés amusantes‹, 1790 gegründetes Pariser Theater, 1792 vorübergehend in ›Théâtre de la République‹ umbenannt.

121 ›*Journal des Français*‹ *oder der* ›*Régénérateur*‹: frz., Das Journal der Franzosen oder der Erneuerer; fiktiver Titel einer Zeitung, ›die Franzosen‹ gilt hier als Bezeichnung für das ›Théâtre-Français‹ oder ›Les Français‹.
›*Réveil d'Épiménide*‹: ›Le Réveil d'Épiménide, ou les Étrennes de la Liberté‹ (Das Erwachen des Épiménide oder die neue Freiheit); Theaterstück von Emmanuel Carbon de Flins des Oliviers (1757-1806), Uraufführung am 1. Januar 1790.
Monsieur de Fontaines: Gemeint ist offensichtlich der französi-

sche Dichter Jean de La Fontaine (1621–1695), insbesondere berühmt durch seine Fabeln.

121 *Hénault*, Charles-Jean-François (1685–1770) : Justizbeamter und Schriftsteller, Förderer der Aufklärung.

›*Nuits de Paris*‹; ›*La femme séparée*‹; ›*Le nouvel Épiménide, ou la Sage Journée*‹ : Restif verweist hier auf eigene literarische Produktionen.

›*L'Esclavage des Nègres*‹ (Die Sklaverei der Neger, 1789): Stück von Olympe de Gouges (1748–1793), Schriftstellerin und Verfasserin der ›Erklärung der Rechte der Frau und Bürgerin‹, 1791.

122 ›*Charles IX*‹ (Karl IX. oder die Schule der Könige, 1788): Schauspiel von Marie-Joseph de Chénier (1764–1811), dessen Aufführungen Anlaß zu politischen Auseinandersetzungen in der Comédie-Française boten. Die Wiederaufnahme des Stückes erfolgte nicht, wie von Restif hier angegeben, am 3., sondern am 13. Januar 1790.

Atriden: griechisches Königsgeschlecht, das zu grausamer Selbstvernichtung verdammt war.

›*L'Honnête Criminel*‹ (Der ehrbare Verbrecher, 1767): Versdrama von Charles Fenouillot de Falbaire (1727–1800), 1790 erstmals aufgeführt.

›*Alzire*‹: klassizistische Tragödie von Voltaire (1694–1778).

123 ›*Athalie*‹: Tragödie von Jean Racine (1639–1699), die auf einen biblischen Stoff zurückgeht.

›*Le Somnambule*‹ (Der Nachtwandler, 1739): Komödie von Antoine de Ferriol, Comte de Pont de Veyle (1697–1774).

die Dekrete der hochverehrten Nationalversammlung: In einem Dekret der Verfassunggebenden Nationalversammlung vom 24. Dezember 1789 wurde festgelegt, daß fortan auch den Schauspielern die Bürgerwürde zuzuerkennen ist. Wie die Juden waren sie zunächst nicht in die ›Erklärung der Rechte des Menschen und des Bürgers‹ vom 26. August 1789 einbezogen.

›*Obsoleti*‹: lat., sinngemäß: altmodisch, nicht mehr gebräuchlich; Figuren aus dem ›Gastmahl des Trimalchio‹ von Petronius, (?–66 u. Z.).

Dugazon, Jean-Baptiste-Henri (1746–1809): Schauspieler an der ›Comédie-Française‹.

Martini, eigentlich Schwarzendorf, Jean-Paul-Egide (1741–1816): Komponist vorwiegend komischer Opern.

Gluck, Christoph Willibald (1714-1784): deutscher Opernkomponist, der der Entwicklung der Oper als dramatisches Kunstwerk wesentliche Impulse verliehen hat.

124 ›*Rosière*‹: ›La Rosière républicaine‹ (Das republikanische Rosenmädchen); Ballett von André-Ernest-Modeste Grétry (1741 bis 1813).

›*Les Parisiennes*‹; ›*Le Jugement de Pâris*‹ (Die Pariserinnen, Das Urteil des Paris): Hinweis Restifs auf eigene literarische Werke.

Gardel, Pierre (1758-1840): Ballettmeister an der Großen Oper.

›*L'Indigent*‹ (Der Bedürftige, 1772): Drama von Louis-Sébastien Mercier (1740-1816).

125 *Contat*, Louise-Françoise (1760-1813): berühmte französische Schauspielerin, brillierte als Kokette vor allem in Stücken Molières und Marivaux' und als Suzanne in ›Die Hochzeit des Figaro‹ von Beaumarchais; 1776-1809 an der ›Comédie-Française‹.

Molé, François-René (1734-1802): Schauspieler an der ›Comédie-Française‹ im Fach des jugendlichen Liebhabers.

Lekain, Henri-Louis Cain, genannt Lekain (1729-1778): einer der berühmtesten Schauspieler des 18. Jahrhunderts, hervorragender Interpret tragischer Rollen, vor allem in Werken Voltaires.

Préville, Pierre-Louis Dubus, genannt Préville (1721-1799): Schauspieler in vorwiegend komischen Rollen, seit 1755 an der ›Comédie-Française‹.

Brisard, Jean-Baptiste Britard, genannt Brizard (1721-1791): französischer Schauspieler, 1757-1786 an der ›Comédie-Française‹.

Bellecour, Gilles Colson, genannt Bellecour (1725-1778): französischer Schauspieler.

Dumesnil, Marie-Françoise (1711-1803): bekannte Tragödin, vor allem in Stücken Racines, aber auch Komödiendarstellerin; 1737-1776 an der ›Comédie-Française‹.

Clairon, Claire-Joseph Léris, genannt Clairon (1723-1803): Schauspielerin 1743-1765, Verfasserin von ›Memoiren‹.

Fleury, Abraham-Joseph Bénard, genannt Fleury (1750-1822): Schauspieler an der ›Comédie-Française‹ mit großen Erfolgen vor allem als Interpret der Stücke von Marivaux.

Sainfal, Étienne Maynier, genannt Saintfal oder Saint-Phal: Schauspieler an der ›Comédie-Française‹.

Talma, François-Joseph (1763-1826): berühmter französischer

Tragöde; bis zum Streit um ›Charles IX‹ von Chénier, dessen glühender Verteidiger er war, an der ›Comédie-Française‹, dann Gründung einer eigenen Theatergruppe; 1799 Rückkehr an die ›Comédie-Française‹, wo er für das Theater eine Reform im Sinne größerer Natürlichkeit und historischer Wahrhaftigkeit in der Darstellung einleitete.

125 *Naudet*, Jean-Baptiste: Schauspieler an der ›Comédie-Française‹; einer der entschiedensten Gegner der Aufführung des Stückes ›Charles IX‹ von M. J. Chénier.
Dekret über die Kirchengüter: Das Dekret über den Verkauf der Kirchengüter wurde am 2. November 1789 von der Verfassunggebenden Nationalversammlung erlassen. Der Anschluß Avignons, noch als päpstliches Gebiet, an Frankreich ist auf Grund des Widerstandes des Papstes erst am 14. September 1791 zum Beschluß erhoben worden.
die Affäre Toulon: Am 1. Dezember 1789 fand in Toulon eine Meuterei statt, nachdem der Marineadmiral Comte d'Albert de Rioms (1740–1810) gegen die Hafenarbeiter das Verbot erlassen hatte, in die Nationalgarde einzutreten und im Arsenal die dreifarbige Kokarde zu tragen.

126 *die Patrioten von Brabant*: 1789/90 kam es zu Erhebungen gegen die österreichische Herrschaft in Brabant, deren Ergebnis die kurzzeitige Unabhängigkeit der Vereinigten Belgischen Staaten war.
Beseitigung oder die Untätigkeit der Justiz: Kritik an der Beurlaubung der ›Parlements‹.

129 *Dekrete zur Schaffung einer neuen Ordnung*: Dekret vom 22. Dezember 1789 über die Einteilung Frankreichs in Departements; Einführung der Departementsverfassung am 26. Februar 1790.

130 *Übertragung der Titel*: Anspielung auf die geplante Abschaffung der Adelstitel, die mit dem Dekret vom 19. Juni 1790 in die Tat umgesetzt wurde.

132 *dieser Zeitung*: ›Das Journal der Franzosen‹ oder ›Der Erneuerer‹; vgl. 1. Anm. zu S. 121.
Mauri, Jean Siffrein (1746–1817): berühmter Prediger, Abgeordneter des Klerus in den Generalständen, in der Verfassunggebenden Nationalversammlung ein entschiedener Gegner der Zivilverfassung des Klerus, 1792–1806 Emigration, ab 1810 Erzbischof von Paris.

Duval, Deprémesnil, Jean-Jacques (1746–1794): ursprünglich Vertreter des dritten Standes, der dann aber zum Adel überging; als Royalist 1794 hingerichtet.

Beauvais, Jean-Baptiste-Charles-Marie de (1731–1790): Bischof von Senez bis 1783; 1789 Abgeordneter des Klerus bei den Generalständen.

Mirabeau, Honoré-Gabriel Riqueti, Comte de (1749–1791): Politiker und großer Redner, Publizist, Abgeordneter des dritten Standes; in der Nationalversammlung um Zusammenarbeit mit dem König bemüht, dessen geheimer Ratgeber und Interessenvertreter er war. Sein plötzlicher Tod verhinderte den endgültigen Aufschluß über seine wahren politischen Ziele.

Virieu, François-Henri, Comte de (1754–1793): Abgeordneter des Adels bei den Generalständen, in der Verfassunggebenden Nationalversammlung Anhänger der ›Monarchisten‹, deren Ziel eine konstitutionelle Monarchie nach englischem Vorbild war.

Montesquiou-Fezensac, François-Xavier-Marx-Antoine, Duc de (1756–1832): Abbé von Beaulieu, Vertreter des Klerus bei den Generalständen, in der Verfassunggebenden Nationalversammlung Repräsentant des aristokratischen Flügels; als solcher Gegner der Abschaffung der Privilegien und der Zivilverfassung des Klerus; 1792–1795 Emigration.

›*Théâtre des Nations*‹: ›Comédie-Française‹ oder ›Théâtre-Français‹.

133 ›*Iphigénie en Aulide*‹ (Iphigenie in Aulis): Oper von Christoph Willibald Gluck nach einem Libretto von Lebland de Rollet (1716–1786), dem die ›Iphigenie‹ von Racine als Vorlage diente. Lebland de Rollet nahm jedoch Änderungen im Figurenensemble vor, u. a. mit der Herausnahme des ›Eriphile‹.

›*Italiens*‹: Vgl. 1. Anm. zu S. 120.

›*Aucassin und Nicolette*‹ : anonym, Entstehung Anfang 13. Jahrhundert, ›chantefable‹, bestehend aus Vers- und Prosateilen, zu denen teilweise die Melodien überliefert sind.

›*Blaise und Babet*‹: Theaterstück von Jacques-Marie Boutet, genannt Monvel (1745–1812).

›*Figaro*‹: ›Die Hochzeit des Figaro‹, Komödie von Pierre-Augustin Caron de Beaumarchais (1732–1799), 1784 in Paris aufgeführt, als eine der bissigsten Satiren auf das Ancien régime das wohl größte Theaterereignis am Vorabend der Revolution.

133 *Sainval*, Marie-Pauline, die Ältere (1743-1830); *Sainval*, Marie-Blanche, die Jüngere (1752-1736): Schauspielerinnen an der ›Comédie-Française‹.
Dazincourt, Joseph-Jean-Baptiste Albouy, genannt Dazincourt (1747-1809): Schauspieler an der ›Comédie-Française‹, erster Darsteller des ›Figaro‹ in Beaumarchais' ›Hochzeit des Figaro‹.
Sedaine, Michel-Jean (1719-1797): französischer Dramatiker, Librettist und Lyriker.

134 ›*École des maris*‹ (Die Schule der Ehemänner, 1661): Komödie von Molière (1622-1673).
›*La vie est un songe*‹ (Das Leben ist ein Traum): heute nicht mehr bekanntes Schauspiel.
im ›Monsieur‹: ein Theater, das seinen Namen jeweils nach dem ältesten Bruder des Königs trug. Unter Ludwig XVI. war es der Comte de Provence, der spätere Ludwig XVIII.

135 *Desforges*, Jean-Baptiste Choudard, genannt Desforges (1746 bis 1806); *Lachabeaussière*, Ange-Étienne-Xavier Poisson de (1752 bis 1820); *Anséaume*, Louis (1721-1784): Librettisten und Theaterautoren.
Mercier, Louis-Sébastien (1740-1814): Romancier, Dramatiker und Journalist; auf dem Gebiet des Theaters strebte er eine Reform an, die u. a. die Aufhebung der Genretrennung vorsah und größtmögliche Natürlichkeit in der Schauspielkunst forderte.
›*Tableau de Paris*‹ (Das Bild von Paris, 1781): bekanntestes Werk von Louis-Sébastien Mercier; Sittenbild des vorrevolutionären Paris in reportageartigen Skizzen.

141 ›*Juvénales*‹: Bezeichnung nach dem römischen Satirendichter Iuvenalis (58-140); bei Restif kritische Satiren, die er in verschiedene Werke einfließen ließ, so wie hier erwähnt, ›Les Bulles de savon‹ (Die Seifenblasen), die in die Gesamtfassung seiner beiden Erfolgsromane ›Le Paysan perverti‹ und ›La Paysanne pervertie‹ einging.

143 *Föderation*: Bundesfest der Vertreter der Nationalgarde aller Departements und der Armee am 14. Juli 1790, dem ersten Jahrestag des Sturms auf die Bastille, auf dem Pariser Marsfeld. Dabei leisteten die ›Föderierten‹ den Eid auf die nationale Einheit, die Verfassung und den König, der seinerseits Treue zur Verfassung gelobte.

144 *Altar des Vaterlandes*: Symbol der nationalen Einheit; monumen-

tales Bauwerk in der Mitte des Marsfeldes, das aus Anlaß des Bundesfestes von Pariser Einwohnern und Abgesandten vieler Departements errichtet wurde und fortan als Stätte revolutionärer Feste und Zeremonien diente.

145 ›*Juvénale des Bulles de savon*‹; ›*Le Paysan et la Paysanne pervertis*‹: Vgl. 2. Anm. zu S. 59 und 1. Anm. zu S. 141.

149 *mein Freund Préval*: Guilbert de Préval, seit 1780 Freund und Arzt Restifs.

150 *Fülle von Ereignissen ... bis zum 27. Februar 1791*: Die hier von Restif übersprungene Periode war von dem verstärkten Bemühen des Königs und seiner Verbündeten gekennzeichnet, die Ergebnisse der Revolution rückgängig zu machen, so wurden die geplante Flucht des Königs vorbereitet und geheime Verhandlungen mit dem österreichischen Kaiser über eine mögliche Invasion geführt. In Nancy schlug der königstreue General Bouillé (1739–1800) am 31. August 1790 eine Rebellion der dort stationierten Truppen gewaltsam nieder. Die ›Vereinigten Belgischen Staaten‹ wurden erneut von Österreich besetzt.

151 *Die ›Dolchritter‹*: Gruppe von ungefähr 400 konterrevolutionären Adligen, die in der Nacht vom 27. zum 28. Februar 1791 unter dem Vorwand, ihn vor einem geplanten Anschlag zu schützen, die Flucht des Königs ins Ausland ermöglichen wollten. Die Nationalgarde La Fayettes zwang sie zur Aufgabe.

Heinrich IV. (1553–1610): Führer der hugenottischen Armee in den Religionskriegen; seit 1589 König von Frankreich, nachdem er sich auf Drängen der Katholiken vom Protestantismus losgesagt hatte, er erließ 1598 das Edikt von Nantes, mit dem Religionsfreiheit garantiert wurde.

Stanislas-Xavier: Louis-Stanislas-Xavier, Comte de Provence (1755–1824), als der ältere der Brüder Ludwigs XVI. trug er den Titel ›Monsieur‹; 1814–1824 als Ludwig XVIII. König von Frankreich.

Sklaven des Preußen und des Österreichers: Gemeint sind Friedrich Wilhelm II. (1744–1797), König von Preußen, und Leopold II. (1747–1792), der römisch-deutsche Kaiser.

Condé: Louis-Joseph de Bourbon, Prince de Condé (1736–1818), Heerführer der Emigrantenarmee in Worms.

Bouillé, François-Claude-Amour, Marquis de (1739–1800): konterrevolutionärer General, der mit seinen Truppen die Flucht des Königs am 21. Juni 1791 sichern sollte.

151 *Calonne*, Charles-Alexandre de (1734–1802): Politiker, 1783–1787 Generalkontrolleur der Finanzen, während der Revolution von England aus ein Führer der Emigrationsbewegung.

Broglie, Victor-François, Duc de (1718–1804): Marschall von Frankreich, Befehlshaber der Truppen von Versailles, 1789 kurzzeitig Kriegsminister, dann Emigration, ab 1792 Kommandant der ›Armée des Princes‹.

Luckner, Nicolas, Baron de (1722–1794): Marschall von Frankreich seit 1791; zunächst Befehlshaber der Rhein-, dann der Nordarmee; wegen Verrats vom Revolutionstribunal zum Tode verurteilt.

152 *Leopold und Wilhelm*: Leopold II. und Friedrich Wilhelm II. (vgl. 4. Anm. zu S. 151 und 1. Anm. zu S. 184). Beide erließen am 27. August 1791 gemeinsam die ›Pillnitzer Erklärung‹, in der sie die europäischen Mächte dazu aufriefen, die französische Monarchie zu unterstützen.

21. Januar 1793: Tag der Hinrichtung Ludwigs XVI.

153 *Jakob II.* (1633–1701): König von Großbritannien und Irland; wurde während seiner Amtszeit von Wilhelm von Oranien zur Flucht gezwungen. Der Versuch, erneut die Macht zu erobern, endete mit einer Niederlage.

154 *das Schloß*: Gemeint sind die Tuilerien.

Breteuil, Louis-Auguste Le Tonnelier, Baron de (1730–1807): Politiker und Diplomat unter Ludwig XV. und Ludwig XVI., 1789 Emigration, 1802 Rückkehr nach Frankreich.

158 *Jakobiner*: als ›Gesellschaft der Verfassungsfreunde‹ 1789 gegründeter revolutionärer Klub, benannt nach seiner Tagungsstätte, dem Pariser Dominikanerkloster Saint-Jacques. Er vereinigte zunächst Mitglieder unterschiedlicher politischer Couleur, im Sommer 1791 spalteten sich jedoch die monarchistischen ›Feuillantiner‹ und 1792 die gemäßigt-republikanischen ›Girondisten‹ ab. Nach dem Sturz der Jakobinerdiktatur am 9. Thermidor (27. Juli 1794) wurde der Klub aufgelöst.

Sektion: seit Mai 1790 politische und administrative Einteilung der Stadt Paris, 48 Sektionen ersetzten die vormals 60 Pariser Distrikte (vgl. 1. Anm. zu S. 29). Neben der Repräsentanz von 300 Delegierten der Sektionen in der Stadtverwaltung waren die

Beschlüsse und Forderungen der Sektionen der eigentliche Ausdruck der Volkssouveränität.
Schweizer: Gemeint sind die Schweizergarden, Söldner Schweizerischer Herkunft, die auf Grund sogenannter Militärkapitulationen (Dienstverpflichtungsverträge), die verschiedene Schweizer Kantone mit europäischen Staaten abgeschlossen hatten, in diesen Ländern dienstverpflichtet wurden. Sie stellten den größten Teil der Leibwache Ludwigs XVI.

160 *die Tanten sind bereits fort*: Marie-Adélaïde und Victoire, Töchter Ludwigs XV. und Tanten Ludwigs XVI., genannt ›Mesdames‹, waren am 19. Februar 1791 über Rom nach Triest emigriert.

164 *vom 21. zum 22. Juni*: letzter und wiederum mißglückter Fluchtversuch der königlichen Familie. In der Absicht, im Osten die Truppen Bouillés (vgl. 6. Anm. zu S. 151) zu erreichen, um an deren Spitze gemeinsam mit den Österreichern gegen Paris zu marschieren, verließ Ludwig XVI. in der Nacht zum 22. Juni 1791 die Tuilerien. Von der Bevölkerung erkannt, wurde er in Varennes verhaftet und unter militärischer Bewachung durch die Nationalgarde nach Paris zurückgeführt.
›*Maratiste*‹: vom Namen Marats abgeleitetes Synonym für ›Rasender‹.
Serdeau: Verkaufsstand, an dem die nicht verzehrten Speisen der königlichen Tafel angeboten wurden.

167 *Monsieur ... der Dauphin*: Zur königlichen Familie gehörten neben Ludwig XVI. und Marie-Antoinette auch Madame Elisabeth (1764–1794), die Schwester des Königs; Marie-Thérèse, Tochter des Königs, genannt Madame Royale; und der Dauphin, Louis-Charles de France; weiterhin: Monsieur, der Bruder des Königs; er floh in derselben Nacht aus Paris und erreichte Koblenz, wo er gemeinsam mit dem Comte d'Artois ein Hauptquartier der Emigrationsbewegung errichtete.
Lalande, Joseph-Jérôme Lefrançois de (1732–1807): bedeutender französischer Astronom, der den Ideen der Aufklärung nahestand.

169 *zwei Kommissare der Nationalversammlung*: im Original ›Nationalkonvent‹. Hier unterläuft Restif ein Fehler: Noch existiert die Verfassunggebende Nationalversammlung, an deren Stelle im September 1791 die Gesetzgebende Nationalversammlung tritt, die ein Jahr später, am 20. September 1792, durch den National-

konvent, der die legislative und exekutive Gewalt vereinigte, ersetzt wird.

169 *Barnave*, Antoine-Pierre-Joseph-Marie (1761-1793): Jurist und Politiker; als Abgeordneter einer der bedeutendsten Redner in der Verfassunggebenden Nationalversammlung, wo er gemeinsam mit Alexandre Lameth und Duport das sogenannte ›Triumvirat‹ bildete; Mitbegründer des Jakobinerklubs, den er als Führer der Feuillantiner verließ; nach der Flucht des Königs (21. Juni 1791), den er im Auftrag der Nationalversammlung nach Paris zurückführte, wird er Verfechter einer konstitutionellen Monarchie; wegen seiner Korrespondenz mit dem König unter der Jakobinerdiktatur hingerichtet.

Pétion de Villeneuve, Jérôme (1756-1794): Jurist und Politiker, Mitglied des Jakobinerklubs und Abgeordneter der Verfassunggebenden Nationalversammlung; 1791/92 Bürgermeister der Kommune von Paris; erster Präsident des Nationalkonvents, Mitglied des Wohlfahrtsausschusses; 1793 als Girondist geächtet, floh er nach Bordeaux und wählte den Freitod.

das Colisée: ein nach dem Vorbild der Londoner Vaux-Hall errichtetes Vergnügungsgelände auf den Champs-Élysées; existierte nur von 1771-1778.

Phélippeaux: weitverzweigtes französisches Geschlecht, aus dem vorwiegend Beamte hervorgingen.

›*Transivi, et non erat*‹: lat., Ich ging vorbei und siehe, er war nicht mehr da (vgl. Psalm 37,36).

Chaillot: ursprünglich ganz in der Nähe von Paris gelegenes Dorf, das 1786 eingemeindet wurde.

170 *Grimod de la Reynière*, Alexandre-Balthazar-Laurent (1758-1837): Schriftsteller und Journalist, berühmt durch seine ›Déjeuners philosophiques‹ (philosophische Tafelrunden); Bewunderer und Mäzen Restifs, dem er die Freundschaft jedoch aufkündigte, als dieser mit den Ideen der Revolution sympathisierte.

172 *die Lameth*: drei Brüder. 1) Lameth, Théodore, Comte de (1756-1854): General und Politiker, Abgeordneter der Gesetzgebenden Nationalversammlung, Anhänger einer konstitutionellen Monarchie. 2) Lameth, Charles, Comte de (1757-1832): General und Politiker, Abgeordneter der Verfassunggebenden Nationalversammlung, Mitglied der Feuillantiner; nach dem 10. August 1792 Emigration. 3) Lameth, Alexandre, Comte de

(1760-1829): General und Politiker; wie seine Brüder Teilnehmer des Amerikanischen Unabhängigkeitskrieges; bildete als Abgeordneter der Verfassunggebenden Nationalversammlung mit Barnave und Duport das ›Triumvirat‹, das den königlichen Machtansprüchen entgegentrat; ab 1791 Anhänger der Feuillantiner; lief am 19. August 1792 gemeinsam mit La Fayette zu den Österreichern über.

Pippin der Kleine (714-768): Fürst aus dem Haus der Karolinger, König der Franken, Vater Karls des Großen; konnte sein Reich auf Grund der Schwäche seiner Nachbarn und durch diplomatisches Geschick erheblich vergrößern.

D'Orléans: Louis-Philippe-Joseph, Duc d'Orléans, ab 1792 unter dem Namen Philippe-Égalité, Politiker; Großmeister des Freimaurerordens (1786); gegenüber neuen politischen Ideen aufgeschlossen; Kopf der aristokratischen Opposition gegen den König, für dessen Hinrichtung er als Mitglied des Konvents stimmte. Nach dem Verrat Dumouriez' und der Emigration seines Sohnes als ›Verdächtiger‹ vom Revolutionstribunal zum Tode verurteilt.

176 *der Altar*: Gemeint ist der ›Altar des Vaterlandes‹ auf dem Marsfeld.

177 16 *Flucht ... Gefangennahme Ludwigs*: Fluchtversuch vom 21. Juni 1791, der mit der Gefangennahme Ludwigs XVI. in Varennes endete.

Die Jakobiner ... nicht die Macht: Die Auseinandersetzungen um die politische Zukunft Frankreichs hatten durch den Fluchtversuch Ludwigs XVI. in der Tat neuen Zündstoff erhalten. Am 16. Juli 1791 kam es innerhalb des Jakobinerklubs zum Bruch zwischen einigen wenigen die Verurteilung des Königs fordernden Mitgliedern (Robespierre, Pétion u. a.) und der für den Erhalt der Monarchie eintretenden Mehrheit, aus der der Klub der ›Feuillantiner‹ hervorging.

Klub der ›Cordeliers‹: ein als ›Gesellschaft der Freunde der Menschen- und Bürgerrechte‹ im April 1790 von Danton, Marat und Desmoulins gegründeter revolutionärer Klub, der auch ›Passivbürgern‹ und Frauen die Mitgliedschaft gewährte und als Interessenvertreter der Sansculotten auftrat; nach Abspaltung des von Hébert geführten radikalen Flügels verschmolz er im April 1794 mit den Jakobinern.

177 *eine Petition*: Am 17. Juli 1791 brachte der Klub der ›Cordeliers‹ am ›Altar des Vaterlandes‹ auf dem Pariser Marsfeld eine an die Nationalversammlung gerichtete Petition ein, in der gefordert wurde, ›eine neue Verfassunggebende Gewalt einzuberufen ... zur Aburteilung des Schuldigen (des Königs – M. B.) zu schreiten und ... die Ablösung der alten und Bildung einer neuen Exekutivgewalt vorzunehmen‹. Die Nationalversammlung reagierte mit der Verhängung des Kriegsrechts.

Gros-Caillou: Pariser Stadtviertel an der Seine.

179 *Palais d'Égalité*: frz., Palast der Gleichheit; Bezeichnung für das ›Palais-Royal‹ während der Revolution.

180 *Mairobert*, Mathieu-François Pidansat de (1727–1779): königlicher Zensor, Schriftsteller und Journalist; gilt als Mitautor der 1777–1789 postum erschienenen ›Mémoires secrets‹ von Bachaumont (1690–1771); Verfasser des ›Observateur anglais‹ (›Espion anglais‹), 1777/78.

181 *Findelhaus*: zur Situation der Findelkinder vgl. Louis-Sébastien Mercier, ›Le Tableau de Paris‹, 1781.

183 *die Verfassung ist revidiert*: Am 14. September 1791 wurde der von der Verfassunggebenden Nationalversammlung überarbeitete Text der Verfassung mit der Eidesleistung Ludwigs XVI. angenommen.

Barnave: In der Übersetzung wurde ein im Originaltext an dieser Stelle auftretender, und vom Autor offensichtlich unbeabsichtigter, sprachlicher Fehler korrigiert.

Madame Royale: Marie-Thérèse-Charlotte de France, verh. Duchesse d'Angoulême (1778–1851), Tochter Ludwigs XVI. und Marie-Antoinettes.

184 *der König von Preußen*: Friedrich Wilhelm II.; vgl. 4. Anm. zu S. 151 und 1. Anm. zu S. 152.

der Kaiser: Leopold II.; vgl. 4. Anm. zu S. 151 und 1. Anm. zu S. 152.

Raynal, Guillaume-Thomas-François, Abbé (1713–1796): Historiker und Philosoph; vor allem bekannt durch seine ›Histoire philosophique des établissements et du commerce des Européens dans les deux Indes‹, einem antikolonialistischen und antiklerikalen Werk, dessen Erscheinen 1770 den Autor ins Exil zwang.

Räderwerk der politischen Maschinerie: Am 1. Oktober 1791 traten

745 Abgeordnete der Gesetzgebenden Nationalversammlung im Reitschulsaal der Tuilerien, dem ›Manège‹, erstmals zusammen. 264 von ihnen waren konstitutionell-monarchistische Feuillantiner, die Fraktion der ›unabhängigen Mitte‹ bildeten 345 Abgeordnete, die ebenfalls zur Verfassung vom September 1791 standen, die 136 Sitze zählende Linke setzte sich aus Jakobinern und Cordeliers zusammen.

187 *La Fayette ... war nun nicht mehr der Meinung, daß der König abreisen sollte*: La Fayette stand unter dem Verdacht, frühere Fluchtversuche des Königs (Februar und April 1791) begünstigt zu haben.

191 *ohne besondere Ereignisse vergangen*: Der von Restif übersprungene Zeitraum war vor allem vom Ringen der politischen Kräfte um eine Entscheidung für oder wider den Krieg geprägt. Da Ludwig XVI. indes weiterhin seine konspirative Politik mit den europäischen Nachbarstaaten betrieb und am 3. Dezember 1791 sogar um die militärische Intervention Preußens in Frankreich ersuchte, setzten sich die Anhänger der ›Kriegspartei‹ um Brissot schließlich durch. Frankreich erklärte am 20. April 1792 dem König von Ungarn und Böhmen den Krieg. Die ökonomischen und sozialen Probleme, Folge der nach wie vor ungelösten Agrarfrage, entluden sich seit Herbst 1791 in Bauernaufständen und Unruhen in den Städten. In Paris kam es als Folge der ungehinderten Lebensmittelspekulationen zu ›Zuckerunruhen‹ und ersten ›Ladenstürmen‹.

Zwei Dekrete: Es sind insgesamt vier Dekrete, die die Nationalversammlung gegen die Emigranten und die eidverweigernden Priester erläßt: Das Dekret vom 31. Oktober 1791 stellt dem Comte de Provence, will er sein Recht auf die Thronfolge erhalten, das Ultimatum, innerhalb von zwei Monaten nach Frankreich zurückzukehren. Alle Emigranten werden mit dem Dekret vom 9. November 1791 vor die Wahl gestellt, bis zum 1. Januar 1792 nach Frankreich zurückzukehren und jegliche revolutionsfeindliche Tätigkeit einzustellen oder aber als Verschwörer verurteilt und enteignet zu werden. Am 29. November beauflagte die Nationalversammlung den König, die deutschen Kurfürsten aufzufordern, die sich auf ihrem Gebiet befindlichen Emigrantenzentren aufzulösen. Mit einem anderen Dekret desselben Tages wurde von den eidverweigernden Priestern erneut verlangt, die Verfassung anzuerkennen.

191 *Duport-Dutertre*, Marguerite-Louis-François (1754–1793): Jurist und Politiker, 1790–1792 Justizminister Frankreichs.
seine Strafe erhalten: Duport-Dutertre wurde 1793 hingerichtet.
die beiden Vetos: Die Verfassunggebende Nationalversammlung hatte dem König am 11. September 1789 das verfassungsmäßige Recht zuerkannt, mit einem Veto für die Dauer von zwei Legislaturen, die Dekrete der Nationalversammlung für ungültig zu erklären. Gegen das die Emigranten betreffende Dekret vom 9. November 1791 legte der König am 11. November 1791 sein Veto ein; das Dekret gegen die den Eid verweigernden Priester verhinderte er mit seinem Veto vom 19. Dezember 1791.

192 *Poitou*: Provinz im Westen Frankreichs.
Feuillant: Anhänger der Feuillantiner.

194 *begab mich zu den Tuilerien*: Die Tuilerien waren eine im 16. Jahrhundert erbaute Königsresidenz, während der Revolution ab 6. Oktober 1789 Wohnsitz der königlichen Familie und des Hofes bis zum Sturz der Monarchie am 10. August 1792. 1871 wurden das Palais der Tuilerien und weitere Gebäude des Ensembles zerstört.

195 *von der Gesetzgebenden Versammlung empfangen zu werden*: Der Tagungsort der Gesetzgebenden Versammlung befand sich ebenfalls auf dem Gelände der Tuilerien, in der ehemals für Ludwig XV. erbauten Reitschule (›Manège‹).

196 *Royou, Du Rozoi, Fontana*: Redakteure bzw. Herausgeber royalistischer Zeitschriften; so des ›Ami du roi‹, der von Abbé Thomas-Marie Royou (1743–1792) in den Jahren 1790–1792 geleitet wurde, und der ebenfalls ultraroyalistischen ›Gazette de Paris‹, die seit 1782 unter der Federführung von Barnabé Farmian de Rosoy, genannt Durosoi (1745–1792), stand.

198 *10. August 1792*: Als Reaktion auf die zu Kriegsbeginn erlittenen Niederlagen Frankreichs hatte die Nationalversammlung am 11. Juli 1792 das ›Vaterland in Gefahr‹ erklärt, worauf zahlreiche Freiwilligenbataillone gebildet wurden. Erneut wurde die Forderung nach der Absetzung des Königs laut, insbesondere nachdem am 28. Juli das ›Manifest des Herzogs von Braunschweig‹ (Kommandant der österreichisch-preußischen Truppen) bekannt geworden war, der im Falle des Widerstandes gegen die Interventionsarmeen mit der völligen Zerstörung der Stadt Paris drohte. Am 10. August 1792 kam es zum Volksauf-

stand und zur Erstürmung der Tuilerien durch die Pariser Sektionen, die von den Freiwilligenbataillonen der Föderierten aus Marseille und Brest unterstützt wurden.

Koblenz: unter der Führung des Comte de Provence das Zentrum der aristokratischen Emigrantenbewegung.

199 *dem feigsten all meiner Feinde*: Gemeint ist Restifs Schwiegersohn Augé.

204 *Francs ... Livre*: Die alte Währungseinheit ›Livre‹ wurde während der Revolution mit der Einführung des Dezimalsystems durch ›Franc‹ ersetzt, wobei beide Einheiten in ihrem Wert äquivalent waren.

205 *in die Räume der Nationalversammlung*: Unmittelbar vor dem Sturm des Tuilerienpalastes suchte die königliche Familie Schutz im ›Manège‹, wo die Nationalversammlung tagte. Da der König nach dem Gesetz den Beratungen nicht beiwohnen durfte, hielt er sich in der etwas abseits liegenden Loge des Schriftführers der Versammlung auf.

aus den Fenstern der Galerien: Galerien des Louvre; am Ufer der Seine gelegener 442 m langer Verbindungsbau zwischen den Tuilerien und dem ›Vieux-Louvre‹ (1204/1527); 1609 fertiggestellt, beherbergte er seit Mitte des 17. Jahrhunderts Kunstwerke aus königlichen Sammlungen; unter der Leitung Mirabeaus erweitert und als Museum eingerichtet, das mit dem Dekret vom 27. Juli 1793 der Öffentlichkeit zugänglich gemacht wurde.

206 *die sich ... erbittert bekämpfen*: Hinweis auf die konterrevolutionären Erhebungen des Jahres 1793 vor allem im Westen (Vendée) und Süden Frankreichs; im Sommer 1793 befanden sich zwei Drittel der Departements im offenen Aufruhr gegen den Nationalkonvent.

Temple: im 12. Jahrhundert als Probstei des Templerordens errichtet; die königliche Familie wurde zunächst im Palais untergebracht, später in dem als Gefängnis dienenden Turm des Temple festgesetzt.

der einberufene Konvent: Noch am 10. August verfügte die Nationalversammlung neben der sofortigen Suspendierung des Königs die Einberufung eines Nationalkonvents. Für die Übergangszeit ernannte sie ein neues Regierungsorgan, den ›Provisorischen Exekutivrat‹.

Revolutionstribunal: auf Drängen der revolutionären Kommune am 17. August 1792 vom ›Provisorischen Exekutivrat‹ zur Aburteilung von Konterrevolutionären gebildetes ›Tribunal criminel‹; es wurde am 29. November 1792 wieder aufgehoben und durch das ›Tribunal révolutionnaire‹ am 10. März 1793 ersetzt.

207 *traten die Urwählerversammlungen zusammen*: Die Wahl des Nationalkonvents (3.–15. September) erfolgte nach allgemeinem Wahlrecht (alle männlichen Bürger ab 21. Lebensjahr waren wahlberechtigt), womit die Einteilung in ›Aktiv-‹ und ›Passivbürger‹ aufgehoben wurde. Nach dem Zwei-Stufen-Wahlprinzip bestimmten die Wahlberechtigten, die Beteiligung lag jedoch nur bei etwa 10 Prozent, ihre Wahlmänner, die ihrerseits die 749 Abgeordneten des Nationalkonvents zu wählen hatten.
Nègrepelisse: Die Einwohner der protestantischen Stadt Nègrepelisse (Tarn-et-Garonne) wurden im Jahre 1622 Opfer eines von Katholiken verübten Massakers.
eines Mannes ... dem die Bewohner ... das Leben gerettet hatten: Gemeint ist der französische König Heinrich IV.
Edikt von Nantes: Im Jahre 1598 von König Heinrich IV. erlassen, gewährte es den Franzosen das Recht auf Glaubensfreiheit; es wurde 1685 von Ludwig XIV. widerrufen.
Bulle Unigenitus: päpstlicher Erlaß von 1713, der die auf Erneuerung des Katholizismus gerichtete innerkirchliche Oppositionsbewegung des Jansenismus als Häresie verdammte.

208 *Bataver*: Einwohner der Niederlande, die der Expansionspolitik Ludwigs XIV. zum Opfer fielen.
Longwy ... Verdun: Am 19. August 1792 hatten feindliche Truppen (Österreicher, Preußen, Emigranten) die östliche Grenze Frankreichs überschritten. Die Städte Longwy (23. August) und Verdun (2. September) wurden von den preußischen Belagerern zur Kapitulation gezwungen.
der törichte Monsieur: Gemeint ist Monsieur, Comte de Provence.
eine Seuche: Die unter preußischen Truppen ausgebrochene Ruhrepidemie war nur eine der Ursachen ihrer Niederlage. Die katastrophale Lebensmittelversorgung und massive Nachschubprobleme, teilweise auch bedingt durch das preußische Engagement in der Auseinandersetzung um Polen, vor allem aber die moralische Unterlegenheit, führten zu Verlusten, die mit der Kanonade von Valmy am 20. September 1792 einsetzten.
Dumouriez, Charles-François du Périer, genannt Dumouriez

(1739-1823): französischer General, Mitglied des Jakobinerklubs, März-August 1792 Außenminister; als Nachfolger La Fayettes ab 19. August 1792 Oberbefehlshaber der Nordarmee, die er bei Valmy (20. September 1792) und Jemmapes (6. November 1792) zum Sieg führte; nach der Niederlage bei Neerwinden am 18. März 1793 verlor er das Kommando und kommt seiner Verhaftung durch den Übertritt zur österreichischen Armee am 5. April 1793 zuvor.

Verdun und Longwy: Verdun wurde am 8., Longwy am 22. Oktober 1792 von den Preußen geräumt.

inzwischen Belgien zurückgegeben: Dumouriez wurde am 18. März bei Neerwinden und am 21. März 1793 bei Leeuwen vernichtend geschlagen, was den Verlust Belgiens, das gerade seinen Anschluß an Frankreich erklärt hatte, zur Folge hatte.

209 *Haussuchungen*: Auf Verlangen Dantons (Justizminister im Provisorischen Exekutivrat) wurde die Kommune am 28. August ermächtigt, bei Verdächtigen nach Waffen zu fahnden, etwa 1000 Personen wurden inhaftiert.

Sektionskommissare in der Kommune: In der Nacht zum 10. August hatten sich die Kommissare der Sektionen zur revolutionären Kommune von Paris erklärt, die im Ergebnis des Aufstandes faktisch die Macht in der Hauptstadt ausübte, da sie über die Streitkräfte der Pariser Sektionen verfügte. Der Kompetenzkonflikt zwischen der Kommune, der Nationalversammlung und dem Provisorischen Exekutivrat war somit unausbleiblich.

210 *Polyxena ... Pyrrhos*: Gestalten der griechischen Mythologie; Polyxena, Tochter des Priamos, wurde nach Trojas Fall am Grabe des Achilles, der sie geliebt haben soll, von dessen Sohn Pyrrhos geopfert.

211 ›*Mathurins*‹: Kloster des Trinitätsordens, der sich im Jahre 1212 in Paris etabliert hatte.

Hauptausschuß: oder Zentralkomitee (comité central) der Pariser Sektionen, das sich im Vorfeld des 10. August 1792 als revolutionäres Organ der Kommune gebildet hatte.

›*Karmeliter*‹: Pariser Gefängnis in der Rue de Vaugirard, in dem die ›Septemberbrisaden‹ (vgl. Zwölfte Nacht) ihren Anfang nahmen; ursprünglich Sitz des Ordenszweiges der ›Unbeschuhten Karmeliter‹.

213 ›*Schlag von Jarnac*‹: gebräuchliche Redewendung im Sinne eines

entscheidenden, vor allem unerwarteten Schlages; so benannt nach dem Hauptmann Baron de Jarnac (1505–1572), der bei einem Duell im Jahre 1547 vor den Augen des Königs Heinrich II. seinen Gegner durch einen unvorhersehbaren, aber rechtmäßigen Schlag tötete.

213 *Manuel*, Louis-Pierre (1751–1793): Lehrer und Publizist; 1789 Mitglied des Pariser Gemeinderates, Prokurator der Kommune von Paris 1791, Abgeordneter des Nationalkonvents, Gegner des Todesurteils gegen Ludwig XVI., nach dessen Vollstreckung er sich aus der Politik zurückzog; im November 1793 als ›Verdächtiger‹ hingerichtet.

214 *vom 2. bis zum 5. September [1792]*: Nachrichten vom Vormarsch der Preußen und der Kapitulation Verduns lösten in Paris panikartige Reaktionen aus. Freiwilligenbataillone wurden zum Abmarsch in Richtung Osten mobilisiert. Nachrichten, wonach inhaftierte Konterrevolutionäre einen bewaffneten Schlag gegen die Republik planten, waren Anlaß für die Hinrichtung von mehr als 1100 Häftlingen in den Pariser Gefängnissen.

215 ›*Abbaye*‹: Gefängnis in Gebäuden der Abtei von Saint-Germain-des-Prés; während der Revolution vor allem für politische Gefangene genutzt; die Massaker begannen nicht hier, sondern bei den benachbarten Karmelitern.

216 ›*Force*‹: seit 1782 Pariser Frauen- und Schuldgefängnis.

›*Châtelet*‹: zwei im 16. Jahrhundert erstmals erwähnte Pariser Festungen, die an beiden Ufern der Seine gelegen waren (Großes und Kleines Châtelet), die als Kriminalgericht und Gefängnis dienten; das Kleine wurde 1782 zerstört, das Große Châtelet ab 1802 abgerissen.

Saint-Firmin: In diesem Gefängnis wurden 70 Galeerensträflinge, die man für verkleidete Priester hielt, ermordet.

217 ›*La vie de mon pére*‹ (Das Leben meines Vaters): 1779 erschienen.

219 ›*Conciergerie*‹: mit dem Palais de Justice verbundenes Gefängnis am Seine-Ufer; bis zum 14. Jahrhundert Palais der Kapetinger; während der Revolution letztes Gefängnis für viele vom Revolutionstribunal zum Tode Verurteilte.

Montmorin de Fontainebleau: Montmorin, Gouverneur des Schlosses von Fontainebleau, stand am 31. August 1792 vor dem Revolutionstribunal, da man in den Akten der Tuilerien auf eine verdächtige Note von ihm gestoßen war. Sein Freispruch hatte eine Welle des Protestes ausgelöst, die den Justizminister Danton veranlaßte, die Wiederaufnahme des Verfahrens anzuordnen.

Montmorin-Saint-Hérem, Armand-Marc, Comte de (1745–1792): Außenminister unter Ludwig XVI., ebenso während der Revolution bis November 1791, Opfer der Septembermassaker 1792.

220 *Saint-Brice*, Madame: Hofdame.

Tourzel, Louise-Félicité de Croy d'Havrés, Duchesse de (1749 bis 1832): Gouvernante der Kinder Ludwigs XVI. nach der Emigration der Duchesse de Polignac.

221 *Tallien*, Jean-Lambert (1767–1820): Politiker und Journalist, Mitglied des Jakobinerklubs, Sekretär der Kommune vom 10. August 1792, als Parteigänger der Montagnards Abgeordneter des Nationalkonvents, Konventskommissar in Bordeaux, maßgeblich am Sturz der Girondisten und ein Jahr später (Juli 1794) an der Beseitigung der Jakobinerdiktatur beteiligt; Mitglied des Rates der Fünfhundert; ohne Einfluß während des Kaiserreichs, in der Restauration als Diplomat tätig.

Lamballe, Marie-Thérèse-Louise de Savoie-Carignan, Princesse de (1749–1792): Oberhofmeisterin und enge Vertraute der Königin Marie-Antoinette, emigrierte zum Zeitpunkt der Flucht von Varennes nach England, kehrte aber nach Frankreich zurück, um das Schicksal der gefangenen Königsfamilie zu teilen. Sie wurde in der ›Force‹ gefangengehalten und am 3. September grausam ermordet.

d'Angremont ... Laporte ... Durozoi: Agenten des Hofes, die ersten vom Revolutionstribunal vom 17. August 1792 (vgl. 4. Anm. zu S. 206) zum Tode Verurteilten: Collenot d'Angremont, ein Anwerber, bei dem Werbelisten royalistischer Landsknechte gefunden wurden; Laporte, Intendant der Zivilliste, der für die Besoldung von Emigranten, Geheimagenten und für die Finanzierung der königstreuen Zeitungen zuständig war, wie z. B. der ›Gazette de Paris‹ von De Rozoy.

222 *Roland* de la Platière, Jean-Marie (1734–1793): Generalinspektor der Manufakturen und Mitglied der Stadtverwaltung von Lyon; ab 1791 in Paris in enger Verbindung zu den künftigen Girondisten, deren Interessen er als Innenminister 1792 (März–Juni und ab 11. August im ›Provisorischen Exekutivrat‹) vertrat; Rücktritt nach der Hinrichtung des Königs (23. Januar 1793); nach dem

Sturz der Girondisten im Juni 1793 Flucht nach Rouen, wo er sich das Leben nahm, als er die Nachricht von der Hinrichtung seiner Frau (8. November 1793) erhalten hatte.

223 *das Boot der Agrippina*: Iulia, Agrippina d. J. (15–59), Mutter des späteren Kaisers Nero (37–68), der sie, obwohl von ihr auf den Thron gebracht, wegen ihrer Herrschsucht ermorden ließ, wobei der erste Versuch, ausgeführt mit einem Boot, das sich auf dem Meer öffnen und sinken sollte, fehlschlug.

und sie werden dafür zu büßen haben: Hinweis auf die von dem Konventsgesandten Jean-Baptiste Carrier (1756–1794) angeordneten Massenhinrichtungen unter der Bevölkerung von Nantes im November 1793, der seine Befugnisse als ›représentant en mission‹ zur Niederschlagung der Konterrevolution in grausamer Weise überschritt und dafür im Dezember 1794 hingerichtet wurde.

224 *›Bicêtre‹*: Hospital und Gefängnis für Männer; 1796–1836 berüchtigte Haftanstalt für Galeerensträflinge.

225 *La Motte*, Jeanne de Valois, Comtesse de (1756–1791): Hofdame, eine der Schuldigen an der berühmten ›Halsbandaffäre‹, bei der sie sich auf betrügerische Weise ein für die Königin bestimmtes Collier aneignete; 1786 in der ›Salpêtrière‹ inhaftiert, von wo ihr die Flucht nach England gelang.

229 *Nationalkonvent*: Vgl. 3. Anm. zu S. 206; die 754 Abgeordneten (plus 28 Deputierte aus den Kolonien) traten am 21. September 1792 erstmals zusammen, erklärten die Monarchie als abgeschafft und verkündeten die Republik. Nach dieser nur kurzen Phase des Übereinkommens setzte schon bald der Kampf der Richtungen ein. Gestützt auf die etwa 400 Abgeordneten der ›Unabhängigen‹ (›Ebene‹ oder ›Sumpf‹), konnten sich zunächst die Girondisten als ›Partei bürgerlicher Gesetzlichkeit‹ gegen die nur halb so große, kleinbürgerliche Positionen vertretende Bergpartei (›Montagne‹) durchsetzen. Die außerparlamentarische Gewalt (Sektionen und Kommune) wurde in ihrem Machtanspruch zurückgedrängt, womit die ›Doppelherrschaft‹ als Folge des 10. August 1792 ein Ende hatte.

Collot d'Herbois, Jean-Marie (1750–1796): Schauspieler und Theaterschriftsteller, revolutionärer Volksredner, Herausgeber des revolutionären ›Almanach du Père Gérard‹, 1792 Mitglied der Kommune von Paris und des Konvents; unter der Jakobinerdiktatur Mitglied des Wohlfahrtsausschusses und mehrfach Konventsgesandter zur Unterdrückung konterrevolutionärer Erhebungen; veranlaßte als Konventspräsident die Verhaftung Robespierres, wurde nach dem Germinal-Aufstand 1795 nach Cayenne deportiert.

im Vierten Buch Mose ausdrücklich abgelehnt: ›Numeri‹ – ›Buch der Zählungen‹, 4. Buch des ›Pentateuch‹, dem Gesetzeswerk der jüdischen Religion (die ersten fünf Bücher des Alten Testaments), das dem legendären Propheten Moses (1300 v. u. Z.) zugeschrieben wird.

den Gefangenen des ›Temple‹: die königliche Familie und einige ihrer Kammerdiener.

Lehrer seines Sohnes: Louis-Charles de France (1785–1795), der ehemalige Dauphin Ludwig XVII., wurde nach der Hinrichtung seines Vaters und nachdem man ihn von seiner Mutter getrennt hatte, im Auftrag der Kommune von Paris unter die Aufsicht des Schuhmachers Simon gestellt; über die Umstände seines Todes bestanden einige Unklarheiten, was dazu führte, daß sich in der Folgezeit mehrere Personen als Ludwig XVII. ausgaben.

231 *›La Femme infidèle‹* (Die untreue Ehefrau): ein 1786 erschienener Briefroman Restifs.

›Contemporaines‹ (Die Zeitgenössinnen, 1780–1785): Novellensammlung Restifs.

232 *Abbé Roi*: Möglicherweise ist jener zweifelhafte Abbé Roy gemeint, der im April 1789 als einer der Rädelsführer der ›Affäre Réveillon‹ galt. In einem Brief, den Camille Desmoulins am 16. Juli 1789 an seinen Vater geschrieben hatte, ist ebenfalls von einem Abbé Roy die Rede, der danach jedoch im Juli 1789 gehängt worden ist.

233 *Longwy und Verdun*: Beendigung der preußischen Besatzung und Rückeroberung durch Frankreich.

Wimpffen, Félix, Baron de (1744–1814): General, Teilnehmer am Amerikanischen Unabhängigkeitskrieg; 1789 Abgeordneter des Adels bei den Generalständen, Übertritt zum dritten Stand; 1792/93 Kommandeur in der republikanischen Armee; als Anhänger der Girondisten erfolglos Führer der föderalistischen Bewegung in der Normandie, unter Napoleon wiederum General.

Kellermann, François-Christophe, Duc de Valmy (1735–1820):

französischer Offizier; als Anhänger der Revolution 1792 Generalleutnant der Armee, die gemeinsam mit den Truppen Dumouriez bei Valmy über die Preußen siegt; 1793 Kommandant der Alpenarmee und mit der Niederschlagung des föderalistischen Aufstandes in Lyon betraut; auf Grund des Verdachts, dabei zu ›gemäßigt‹ vorgegangen zu sein, ab Oktober 1793 in Haft; nach dem 9. Thermidor erneut in der Armeeführung, 1804 Marschall, 1808 Senator und Herzog von Valmy, ab 1814 Bindung an die Restauration.

233 *Dillon*, Arthur, Comte de (1750–1794): französischer General irischer Abstammung; Gouverneur von Tobago 1786, Abgeordneter von Martinique bei den Generalständen, 1792 Generalleutnant in der Nordarmee; unter der Jakobinerdiktatur am 13. April 1794 als ›Verdächtiger‹ hingerichtet.

Valence, Cyrus-Marie-Alexandre de Timburne-Timbronne, Comte de (1757–1822): General in der Revolutionsarmee 1792/93 und unter Napoleon; Pair de France während der Restauration.

La Bourdonnais, François-Auguste, Comte de (1747–1793): General der Nordarmee unter Dumouriez, mit dem er im Oktober/November 1792 Belgien einnahm; wurde auf Veranlassung Dumouriez' abberufen, als er der Stadt Tournai eine Kontribution auferlegen wollte; ab 1793 bei den Truppen der Westküste.

die Truppen des Braunschweigers und Cassels: Gemeint ist die österreichisch-preußische Armee.

Braunschweiger: Karl Wilhelm Ferdinand, Herzog von Braunschweig (1735–1806), General im Dienste des preußischen Königs, Kommandant der österreichisch-preußischen Armee gegen Frankreich 1792–1794; Unterzeichner des ›Braunschweiger Manifests‹, 1806 als Befehlshaber der preußischen Truppen in der Schlacht bei Auerstedt tödlich verwundet.

Custine, Adam-Philippe, Comte de (1740–1793): französischer General, Teilnehmer am Amerikanischen Unabhängigkeitskrieg; 1789 Abgeordneter des Adels bei den Generalständen, 1792 Befehlshaber der Rheinarmee, ab Mai 1793 an der Spitze der Nordarmee; wegen Verrats unter Anklage gestellt und vom Revolutionstribunal zum Tode verurteilt.

nahm Speyer ... Frankfurt ein: Speyer wird am 25. September, Worms am 5. Oktober, Mainz am 21. Oktober und Frankfurt am

23. Oktober 1793 von den französischen Truppen eingenommen.

Mons ... Jemmapes: Am 6. November 1792 erzielt Dumouriez den entscheidenden Sieg über die Österreicher, Mons wird am 7. November besetzt.

234 *Frankfurt wurde zurückerobert*: Am 2. Dezember 1792 kommt es in Frankfurt zu einer Revolte gegen die französische Besatzung; die Preußen werden von der Bevölkerung als Befreier empfangen.

Savoyen der Republik angeschlossen hat: am 27. November 1792.

Nizza ... Sardinien angegriffen wird: Am 31. Januar 1793 wird die Grafschaft Nizza, die bis dahin zum Königreich Sardinien gehörte, als 85. Departement unter der Bezeichnung ›Alpes-Maritimes‹ an Frankreich angeschlossen.

Collot: Collot d'Herbois, vgl. 2. Anm. zu S. 229; am 21. September 1792 erklärte der Nationalkonvent das Königtum in Frankreich für abgeschafft, die staatsrechtliche Fixierung der Republik erfolgte am 25. September.

239 *nach den schrecklichen Nachrichten*: Dumouriez, der nach der Niederlage von Neerwinden (18. März 1793) geheime Verhandlungen mit den Österreichern geführt hatte, entgeht der ihm drohenden Verhaftung durch vier Konventskommissare und den Kriegsminister Beurnonville (1752–1821) dadurch, daß er diese an die Österreicher ausliefert, zu denen er selbst am 4. April überläuft.

240 *›Fille naturelle‹* (Die natürliche Tochter): 1769 erschienener Roman Restifs.

›Dii boni! servate in annum! ...‹: lat., Gute Götter, haltet Wacht das Jahr über!

Marchand, Jean-Henri (1752–1785): Schriftsteller und königlicher Zensor, vor allem für juristische Schriften.

241 *École militaire*: eine im Auftrag Ludwigs XV. in den Jahren 1751–1769 auf dem Pariser Marsfeld errichtete Offiziersschule, ab 1777 ›École Supérieure des cadets‹ benannt.

es ist jetzt so üblich: Der Gebrauch der Anrede ›Bürger‹ bzw. ›Bürgerin‹, das Duzen und das Tragen der Nationalkokarde galten als äußere Zeichen revolutionärer Gesinnung.

Soubise: Hôtel de Soubise, ein Pariser Palais, das am Ende des 17. Jahrhunderts in den Besitz der Familie Rohan-Soubise überging; als ›Palais-Cardinal‹ bezeichnet, weil es den aus dem Geschlecht der Rohan hervorgegangenen Kardinälen als Wohnsitz diente; beherbergt heute die ›Archives Nationales‹.

243 *Métropole*: Gemeint ist Notre-Dame, Kirche des Erzbischofs.

Liancourt: eigentlich La Rochefoucauld-Liancourt, François, Duc de (1747–1827); Verfasser philanthropistischer und agrarökonomischer Studien, deren Ergebnisse er praktisch erprobte; Abgeordneter des Adels bei den Generalständen, Mitglied der Verfassunggebenden Nationalversammlung, 1792 nach Sturz der Monarchie Emigration nach England; während der Restauration Pair de France.

gingen wir zum Konvent: Der Nationalkonvent tagte zunächst, wie die beiden vorangegangenen Nationalversammlungen, im Reitsaal der Tuilerien (›Manège‹); ab 10. Mai 1793 wurde sein Sitz in den ehemaligen Theatersaal der Tuilerien (›Salle des Machines‹) verlegt.

244 *vor die Kommune gebracht hatte*: erneute Anspielung auf Restifs Schwiegersohn Augé, der mit einer Denunziation dessen Festnahme am 28. Oktober 1789 erwirkt hatte.

›*Nouvel Abélard*‹: frz., Der neue Abälard, 1778.

›*Françaises*‹: frz., Die Französinnen, 1786.

›*Nuits de Paris*‹: frz., Die Nächte von Paris, 1788.

245 *einen großmütigen Freund*: Gemeint ist offensichtlich Arthaud de Bellevue, ein Bürger aus Lyon, der Restif einen Teil seines ererbten Vermögens zur Verfügung stellte.

›*Année des Dames nationales*‹: frz., Kalender der Damen der Nation, 1791–1794.

›*Les Ressorts ...*‹: Untertitel von ›Monsieur Nicolas‹, 1794–1797.

246 *Pâris ... Lepelletier*: Pâris, Philippe-Nicolas-Marie de (1763 bis 1793), Offizier der königlichen Garde, Publizist und konterrevolutionärer Provokateur; Lepelletier (auch: Le Peletier) de Saint-Fargeau, Louis-Michel (1760–1793), jakobinischer Adliger, bekanntes Mitglied des Nationalkonvents. Am Vorabend der Hinrichtung Ludwigs XVI., also am 20. Januar, nicht, wie von Restif hier irrtümlich angegeben, am 25. Januar, wurde der Volksvertreter Lepelletier in einem Café des Palais-Royal von dem fanatischen Royalisten Pâris ermordet.

248 *Malesherbes*, Guillaume-Chrétien de Lamoignon de (1721–1794): Jurist und Politiker; Direktor des Buchwesens 1750–1768, Förderer der ›Encyclopédie‹ und anderer Werke der Aufklärung; un-

ter Ludwig XVI. gemeinsam mit Turgot an der Spitze des Reformministeriums (1775/76), 1789 Emigration; Rückkehr, um Ludwigs XVI. Verteidigung zu übernehmen; unter der Schreckensherrschaft hingerichtet.

Target, Guy-Jean-Baptiste (1733-1810): Jurist und Politiker, Mitglied der Verfassunggebenden Nationalversammlung; Verteidiger des Königs; unter Napoleon Mitwirkung an der Ausarbeitung des ›Code civil‹.

Treilhard, Jean-Baptiste (1742-1810): Jurist und Politiker, Abgeordneter der Verfassunggebenden Nationalversammlung und des Konvents, Mitglied des ersten Wohlfahrtsausschusses (April-Juni 1793), auch nach dem 9. Thermidor im politischen und diplomatischen Dienst, Staatsminister des Ersten Kaiserreichs; - war nicht Verteidiger des Königs, führte aber während des Prozesses zeitweise den Vorsitz im Konvent; an seiner Stelle hätte Restif den Juristen und Politiker François-Denis Tronchet (1726-1806) erwähnen müssen.

Desèze oder de Sèze, Romain, Comte de (1748-1828): Jurist, einer der Verteidiger des Königs, kurz nach dem Prozeß festgenommen und bis zum 9. Thermidor (27. Juli 1794) inhaftiert; in der Folgezeit hoher Justizbeamter.

249 *Katharina*: Katharina II. von Rußland (1729-1796), ab 1762 Kaiserin von Rußland; unter ihrer Herrschaft wurde 1764 der kirchliche Grundbesitz säkularisiert.

Linguet, Simon-Nicolas-Henri (1736-1794): Pariser Advokat und Publizist, Anhänger eines aufgeklärten Absolutismus, Autor der ›Mémoires sur la Bastille‹ (1783), unter der Schreckensherrschaft hingerichtet.

253 ›*Journal de Paris*‹: 1777 gegründete erste französische Tageszeitung, die während der Revolution La Fayette und der ›Verfassungspartei‹ nahestand; nach dem 10. August 1792 mußte sie ihr Erscheinen einstellen, erschien jedoch wieder im Dezember (bis 1811).

255 *Glacières*: frz., Eisgrube; sehr kalter Ort; ursprünglich Bezeichnung jener Stelle in Paris, wo der kleine Fluß Bièvre in die Seine mündete, und wo sich auf Grund des geringen Wassergefälles im Winter stets Eis bildete; später Name des dort gelegenen Stadtteils.

256 *sollten Verhandlungen beginnen*: Was Ende 1792 nur als Gerücht

kursierte, wurde im Juni 1793 als Tatsache bewiesen: Dumouriez stand in Geheimverhandlungen mit den Girondisten, die die Verurteilung Ludwigs XVI. verhindern wollten. Außerdem suchte er auch Vertreter der Bergpartei davon zu überzeugen, die Person des Königs unangetastet zu lassen.

266 *nicht vereidigten Priester*: Edgeworth de Firmont, Henri Essex (1745–1807); katholischer Priester irischer Herkunft, der den Eid auf die Verfassung verweigert hatte; Kaplan der Prinzessin Elisabeth, der Schwester Ludwigs XVI., Beichtvater des Königs unmittelbar vor dessen Hinrichtung.

Cléri: Cant Hanet, Jean-Baptiste, genannt Cléry (1759–1809); Kammerdiener des Königs, dessen Gefangenschaft im Temple er freiwillig teilte.

Roux, Jacques (1752–1794): Priester, Volksführer der Pariser Sektion Gravilliers, 1791 Mitglied der Cordeliers und der Kommune; Kopf der radikalen ›Enragés‹, deren Forderungen auf die gerechte Verteilung des Eigentums und die politische Gleichberechtigung der Sansculotten zielten; unter der Schreckensherrschaft inhaftiert, beging er im Gefängnis Selbstmord.

Chambon de Montaux, Nicolas (1748–1826): Arzt und Politiker, im November 1792 als Nachfolger von Pétion zum Bürgermeister von Paris gewählt; als ›zu gemäßigt‹ geltend, bereits am 4. Februar 1793 des Amtes enthoben.

auf Befehl des Kommandeurs: Berruyer, Jean-François (1738–1804); General und Feldmarschall, war seit dem 20. Oktober 1792 Chef der Pariser ›Armee de l'Intérieur‹; er war es, der die Trommelschläger befehligte und nicht, wie häufig geschrieben, der Kommandant der Nationalgarde Santerre.

267 *Karl I.* (1600–1649): König von England, Schottland und Irland von 1625–1649, unterlag im Kampf um den Erhalt der absoluten Macht der oppositionellen Parlamentspartei und wurde auf Betreiben Cromwells hingerichtet.

während Ludwig XVI. das nicht mehr war: Seit dem Sturz der Monarchie wurde er offiziell nur noch Louis Capet genannt.

Aristides (540–468): aristokratischer Politiker in Athen; Gegner der Flottenpläne des Themistokles, der ihn deshalb 483/82 durch Volksabstimmung verbannen ließ. In der Überlieferung gilt Aristides als Verkörperung von Gerechtigkeit und Unbestechlichkeit.

Phokion (402–318): aristokratischer Staatsmann, leitete die timokratische Regierung in Athen und wurde deshalb von seinen politischen Gegnern zum Tode verurteilt.

269 *Überwachungskomitee des Konvents*: Auf Betreiben der girondistischen Mehrheit im Konvent war am 1. Oktober 1792 der revolutionäre Überwachungsausschuß der Kommune (vom 10. August 1792) aufgelöst worden, sämtliche dabei sichergestellte Dokumente über die Verbrechen des ehemaligen Königs wurden von der sogenannten ›Kommission der Vierundzwanzig‹ übernommen. Am 2. Oktober 1792 hatte der Konvent das von der Gesetzgebenden Nationalversammlung geschaffene Überwachungskomitee (25. November 1791) zu einem ›Ausschuß für allgemeine Sicherheit und Überwachung‹ umgebildet. Die für ganz Frankreich geltende Festlegung der Mitgliederzahl der Überwachungskomitees auf zwölf Bürger erfolgte mit Gesetz vom 21. März 1793.
Bürgerausweis vorzeigen: Seit dem 19. September 1792 wurden von den Sektionen sogenannte ›Bürgerkarten‹ ausgestellt, mit denen den Inhabern nach eingehender Prüfung ein ›Zertifikat für staatsbürgerliches Wohlverhalten‹ zuerkannt wurde.

275 *Ladensturm*: Zum Pariser Ladensturm am 25./26. Februar 1793 kam es auf Grund der katastrophalen Wirtschafts- und Finanzlage; die Lebenshaltungskosten waren ins Unermeßliche gestiegen, wobei die Assignaten im Februar 1793 nur noch 50 Prozent ihres ursprünglichen Wertes besaßen. Akuter Brotmangel, hervorgerufen durch Getreidehortung, und die Aufhebung des Getreidehöchstpreises durch den Konvent (8. Dezember 1792) öffneten Wucher und Spekulationen Tür und Tor. Nach dem erfolglosen Versuch einer Abordnung der 48 Pariser Sektionen, vom Konvent erneut die Festsetzung der Höchstpreise zu erzwingen, brachen am 25. Februar im Lombardsviertel, dem Zentrum des Kolonialwarenhandels, schwere Unruhen aus, die sich über die ganze Stadt verbreiteten und zur Plünderung von etwa 1000 Geschäften führten.
Agitatoren: frz. agitateurs; während der Revolution Bezeichnung für ›Unruhestifter‹, ›Aufrührer‹.

276 *Gütergemeinschaft ... ›Anthropographe‹*: Im ›Anthropographe‹ (1782) und ebenso im ›Thesmographe‹ (1789) entwickelte Restif seine Vorstellungen zur umfassenden Umgestaltung der Gesellschaftsverhältnisse auf der Basis der Kooperative.

279 *der widerwärtige Held*: Restifs Schwiegersohn Augé.
280 *Geschworner einer Handwerkszunft*: Mit dem Gesetz d'Allarde vom 2. März 1791 wurden sämtliche Zünfte und Korporationen aufgehoben und Gewerbefreiheit geschaffen.
Auvergnaten: Einwohner der ehemaligen Provinz Auvergne.
282 *aus der Ferne ... das Unglück*: Vorgriff auf die militärischen Niederlagen der französischen Armee im März 1793, den Verlust Belgiens und des linken Rheinufers.
Revolten in der Vendée: Die konterrevolutionären Unruhen in der Bretagne begannen am 3. März, der Aufstand in der Vendée am 11. März 1793.
ein ... unfaßbarer Schlag: Am 9. März 1793 wurden die Druckereien der den Girondisten nahestehenden Pariser Zeitungen ›La Chronique de Paris‹ (Condorcet) und ›Courrier des Départements‹ (Gorsas) verwüstet.
283 *Panckoucke*, Charles-Josephe (1736–1798): Buchhändler und Verleger, gab u. a. die Werke von Voltaire und Buffon heraus; gründete im November 1789 die politische Zeitschrift ›Le moniteur universel ou la Gazette nationale‹, in der die Debatten der Nationalversammlung abgedruckt waren.
Prudhomme, Louis-Marie (1752–1830): Journalist und Schriftsteller; Herausgeber der ›Révolutions de Paris‹ (12. Juli 1789–12. Februar 1794), während der Revolution die Zeitschrift mit der höchsten Auflage.
285 *Albert*: Polizeileutnant von Paris von Mai 1775–Juni 1776.
›*L'École des Pères*‹: frz., Die Schule der Väter, 1776.
288 *Favart*, Charles-Simon, genannt Favart der Ältere (1710–1792): Dramatiker und Theaterleiter, vgl. 1. Anm. zu S. 120.
Pfarrer von Courgis: Halbbruder Restifs, Anhänger des Jansenismus, von 1747–1750 mit der Erziehung des jungen Restif betraut.
Vendée ... Poitou: ehemalige Provinzen im Westen Frankreichs, in denen im Frühjahr 1793 konterrevolutionäre Aufstände ausbrachen.
292 *das Schiff Truguets vor Sardinien*: Truguet, Laurent-Jean-François, Comte de (1762–1838); Konteradmiral der französischen Marine. Bei dem Versuch, im Hafen der nordsardischen Stadt La Madalena Truppen zu landen, erlitt er mit der Flotte von Toulon im Januar 1793 eine empfindliche Niederlage.

verhandelte der Schurke: Dumouriez, dessen Armee in den Niederlanden am 18. März 1793 in Neerwinden und am 21. März in Louvain geschlagen wurde, trat am 23. März mit dem österreichischen General Herzog Friedrich-Josias von Sachsen-Coburg (1737–1815) in geheime Verhandlungen, mit dem Ziel, sich der Neutralität der Koalitionsarmeen zu versichern, um selbst in Paris einmarschieren, dort den Konvent auflösen und die Monarchie wiederherstellen zu können.

die Anarchisten: Es ist nicht eindeutig, welche konkrete politische Kraft Restif hier benennen will. Als ›Anarchisten‹ wurden häufig die außerhalb des Konvents, der Kommune nahestehenden radikalen Revolutionäre bezeichnet, so z. B. die ›Enragés‹ um Jacques Roux.

Schlag ... bei Aachen: Die schlecht geführten belgischen Truppen wurden von der angreifenden Armee des Herzogs von Sachsen-Coburg am 2. März 1793 zur Räumung der Stadt gezwungen.

Lüttich ... den Tyrannen in die Hände: Lüttich fiel am 5. März 1793.

293 *Antwerpen ... Breda ... Gertruydemburg*: Diese Städte lieferte Dumouriez im Ergebnis der Geheimverhandlungen mit Herzog von Sachsen-Coburg aus.

dem Zorn des Statthalters überlassen: Frankreich hatte am 1. Februar 1793 England und Holland den Krieg erklärt.

das unglückliche Polen: Hinweis auf die russische Intervention und die zweite Teilung Polens.

die Bevollmächtigten des Konvents: Camus, Armand-Gaston (1740–1804); Quinette, Nicolas-Marie (1762–1821); Lamarque, François (1753–1839); Bancal des Issarts, Jean-Henri (1750–1826) und der Kriegsminister Pierre de Riel, Marquis de Beurnonville (1752–1821). Dumouriez lieferte sie am 1. April an Coburg aus, um einerseits seiner Verhaftung und dem sicheren Todesurteil zu entgehen und andererseits, um sie eventuell als Geiseln für den Austausch gegen Mitglieder der königlichen Familie zu benutzen.

294 *›Section des Piques‹*: frz., Sektion der Piken; im Nordwesten von Paris gelegene Sektion.

296 *Dupont de Nemours*, Pierre-Samuel (1739–1817): Ökonom und Politiker, Anhänger der physiokratischen Lehre Quesnays, Mitarbeiter Turgots, 1789 Abgeordneter des dritten Standes bei den

Generalständen, zweimal Präsident der Verfassunggebenden Nationalversammlung, Gegner der Einführung der Assignaten, während der Schreckensherrschaft verfolgt und inhaftiert; der Sturz Robespierres rettete ihm das Leben.

297 *Brissot de Warville*, Jacques-Pierre (1754–1793): Journalist und Politiker, Mitglied des Jakobinerklubs und der Kommune von Paris, Herausgeber des ›Patriote français‹ (gemeinsam mit Carra), in der Gesetzgebenden Nationalversammlung Führer der sogenannten ›Kriegspartei‹; im Konvent einer der Führer der Girondisten (Brissotins), nach deren Verurteilung er am 31. Oktober 1793 guillotiniert wurde.

Guadet, Marguerite-Elie (1758–1794): Jurist und Politiker, 1791 Präsident des Kriminalgerichts von Paris, Mitglied der Gesetzgebenden Versammlung und des Konvents; als ein Führer der Girondisten heftiger Gegner der Bergpartei, vor allem Marats und Dantons; nach der Ächtung der Girondisten (2. Juni 1793) Flucht in die Normandie, wo er sich an die Spitze der föderalistischen Aufstandsbewegung stellte, nach seiner Niederlage jedoch hingerichtet wurde.

Angehörige seiner Armee zurückgekommen: Eine große Zahl der Freiwilligen, die sich für einen Feldzug (sechs Monate) verpflichtet hatten, musterten zum Frühjahr 1793 ab, was die Armee entscheidend schwächte.

299 *Duc d'Elbœuf*: eine Anspielung auf den Prince de Lambesq, der seit 1763 auch den Titel Duc d'Elbeuf trug.

Marats Triumph: Marat hatte am 5. April 1793 die Abberufung all jener (girondistischen) Konventsmitglieder gefordert, die für einen Appell an das Volk zur Rettung des Königs gestimmt hatten. Der Konvent erließ daraufhin am 13. April unter dem Einfluß der Girondisten ein Dekret, das Marat unter Anklage stellte, wovon ihn das Revolutionstribunal am 24. April freisprach.

300 *der blinde Nachahmer eines Sokrates*: Anspielung auf die stoische Haltung des Sokrates, als dieser unschuldig zum Tode verurteilt, den Giftbecher leerte.

Mardochei: biblische Gestalt; Onkel oder Cousin der Esther, mit deren Hilfe er dem Tode entgeht und an der Spitze des jüdischen Volkes zum Sieg über die feindlichen Assyrer gelangt, deren Führer Aman daraufhin von den Juden hingerichtet wird.

dem Bürger Dubois: Gemeint ist wahrscheinlich Dubois-Crancé, Edmond-Louis-Alexis (1746–1814), General und Politiker, Abgeordneter der Verfassunggebenden Nationalversammlung und Mitglied der Bergpartei im Konvent. Mit dem Gesetz über das ›Amalgame‹ (21. Februar 1793) ist er maßgeblich an der Bildung einer einheitlichen republikanischen Armee beteiligt.

der zweiundzwanzig oder zweiunddreißig Mitglieder: Unter dem Druck der Sektionen muß der Konvent am 2. Juni 1793 die Verhaftung von 29 seiner girondistischen Abgeordneten, außerdem der Minister Etienne Clavière (1735–1793) und Pierre-Marie-Henri Lebrun-Tondu (1754–1793), verfügen. Bereits am 15. April hatten die Pariser Sektionen die Forderung erhoben, zweiundzwanzig girondistische Konventsmitglieder zu ächten.

302 *La Roche-Bernard*: Stadt in der Bretagne, die Mitte März 1793 in die Hände royalistischer Insurgenten fiel, durch das strenge Durchgreifen der Konventskommissare Joseph-Marie-François Sevestres (1753–1846) und Jacques-Nicolas Billaud-Varennes (1756–1819) von den Nationalgarden jedoch sehr schnell zurückerobert werden konnte.

307 *die Rebellen in der Vendée*: Der Aufstand in der Vendée war ursprünglich eine Revolte der unzufriedenen Bauernschaft, die am 11. März 1793 aus Anlaß der vom Konvent festgesetzten Zwangsrekrutierungen ausgelöst wurde. Sehr schnell übernahmen royalistische Kräfte die Führung und erzielten bedeutende Erfolge, auch auf Grund der anfangs nur sehr zögerlichen Gegenmaßnahmen des Konvents. Die Unruhen dauerten bis zum Oktober 1793 an.

308 *Spectateur nocturne*: frz., nächtlicher Beobachter.

309 *Île de la Fraternité*: frz., Insel der Brüderlichkeit; gemeint ist die Île-Saint-Louis.

310 *Fontenay-le-Peuple*: Die Hauptstadt der Vendée wurde am 25. April 1793 von den royalistischen Truppen genommen.

313 *Vergniaud*, Pierre (1753–1793): vor der Revolution Jurist am Parlament von Bordeaux; Abgeordneter der Gesetzgebenden Nationalversammlung, wo er, ebenso wie im Nationalkonvent, zu den führenden Girondisten gehört; als ›Gemäßigter‹ heftiger Gegner von Marat, Danton und Robespierre; des Föderalismus beschuldigt, wird er wie die anderen führenden Girondisten am 2. Juni geächtet und am 31. Oktober 1793 hingerichtet.

313 *Lanjuinais*, Jean-Denis (1753-1827): Jurist, als Mitglied der Verfassunggebenden Nationalversammlung maßgeblich an der Einführung der Zivilverfassung für den Klerus beteiligt, im Konvent einer der Führer des girondistischen Flügels, konnte sich der Verfolgung entziehen, unter dem Direktorium im Rat der Alten, 1800 Senator, unter der Restauration Pair de France.
Lacroix, Jean-François de, auch Delacroix (1753-1794): Jurist, Abgeordneter der Gesetzgebenden Nationalversammlung und des Konvents, Mitglied des Wohlfahrtsausschusses, 1794 gemeinsam mit Danton hingerichtet.

314 *Lasource*, Marie-David Alba, genannt Lasource (1763-1793): calvinistischer Geistlicher, Abgeordneter der Gesetzgebenden Nationalversammlung, Mitglied des girondistischen Flügels im Konvent und des ersten Wohlfahrtsausschusses, 1793 hingerichtet.
Buzot, François-Nicolas-Léonard (1760-1794): Deputierter des dritten Standes in den Generalständen, dann girondistischer Abgeordneter im Konvent, nach der Ächtung der Girondisten Flucht in die Normandie, dann nach Bordeaux, wählt wie Pétion den Freitod.
haben ... Schaden zugefügt: Mitte Juni 1793 hatte die föderalistische Bewegung, von den geflohenen Girondistenführern (Buzot, Pétion, Lanjuinais u. a.) gelenkt, fast zwei Drittel der Departements erfaßt, die sich somit im Widerstand gegen den Konvent befanden. Wie von Restif hier berichtet, konnten die Rebellen im Laufe des Sommers in Caen, Calvados, Bordeaux und Marseille zurückgeschlagen werden, auch weil die Bevölkerung ihnen nur unzureichend folgte.
Lyon ist verloren: In Lyon hatten die Aufständischen bereits am 29. Mai die jakobinische Stadtverwaltung gestürzt und den Bürgermeister Joseph Chalier (1757-1793), ein von ›Gemäßigten‹ wie Konterrevolutionären gefürchteter Montagnard, verhaftet und am 17. Juli 1793 hingerichtet.
die Toulonnaiser ... ausgeliefert: Toulon lieferte sich am 27. August 1793 den Engländern aus, damit auch das stärkste französische Seegeschwader. Nach langer Belagerung wurde die Stadt erst am 29. Dezember zurückerobert.
Zwölferkommission: am 18. Mai 1793 ausschließlich aus Girondisten gebildete Untersuchungskommission des Konvents, die ihre Tätigkeit vor allem gegen die Kommune von Paris richtete.

Hébert, Jacques-René (1757-1794): Führer des Klubs der ›Cordeliers‹, nach dem 10. August 1792 stellvertretender Prokurator der Kommune von Paris, ab 1790 Herausgeber der Zeitschrift ›Père Duchesne‹; auf Grund seiner radikalen Positionen im März 1794 unter der Jakobinerdiktatur hingerichtet.

Pâche, Jean-Nicolas (1746-1823): 1792/93 Kriegsminister, 1793/94 Bürgermeister von Paris; ursprünglich Girondist, aber 1792 Anhänger der Bergpartei und der Hébertisten.

315 *Muscadin*: frz., ›Stutzer‹ oder ›feiner Herr‹, während der Revolution Bezeichnung für die Gegner der Jakobiner.

Choiseul, Étienne-François, Duc de (1719-1785): 1758-1770 unter Ludwig XV. führender Politiker als Außen-, Kriegs- und Marineminister, Günstling Madame Pompadours.

Condé, Louis-Joseph de Bourbon, Prince de (1736-1818): Vetter Ludwigs XVI., während der Revolution einer der führenden Köpfe der Emigrationsbewegung und Befehlshaber der ›armée de Condé‹ gegen die republikanischen Truppen.

316 *Pompadour*, Jeanne-Antoinette Poisson, Marquise de (1721 bis 1764): ab 1745 Favoritin des Königs Ludwig XV., verfügte über politischen Einfluß und protegierte zahlreiche Künstler und Schriftsteller, vor allem der Aufklärung.

Ludwig XV. (1710-1774): französischer König, Urenkel Ludwigs XIV., dem er 1715 auf dem Thron folgte, wobei er die Leitung der Regierungsgeschäfte erst ab 1743 selbst übernahm.

317 *Vincennes*: Das Schloß von Vincennes bei Paris diente seit 1742 als Staatsgefängnis.

der Erzbischof von Paris: Christophe de Beaumont (1703-1781): seit 1746 der Erzbischof von Paris, Gegner der Aufklärung und innerhalb der Kirche des Jansenismus.

›*Hirschpark*‹: frz. ›Parc aux cerfs‹, unweit von Versailles gelegener Park; Ludwig XV. wird nachgesagt, daß er hier junge Frauen niederen Standes als Gelegenheitsmätressen halten ließ.

lachend auf ihren Leichenzug herabsah: Die Marquise de Pompadour starb 1764 im Alter von 43 Jahren an einer Lungenentzündung, einen Trauerzug gab es nicht.

Du Barry, Jeanne Bécu, Comtesse (1743-1793): nach dem Tod der Pompadour die bevorzugte Mätresse Ludwigs XV., häufig an Hofintrigen beteiligt, während der Revolution hingerichtet.

318 ›*Justine, ou les Malheurs de la vertu*‹: frz., Justine, oder die Un-

glücksfälle der Tugend; Roman von Sade, Donatien-Alphonse-François, Marquis de (1740–1814), der 1791 erschienen war und auf den Restif als ein erbitterter Gegner Sades mit einer ›Anti-Justine‹ (1798) reagierte.

319 *in welchem ich mein ›Herz enthülle‹*: Restif zitiert hier den Untertitel seiner Autobiographie ›Monsieur Nicolas, ou le cœur humain dévoilé‹ (›Monsieur Nicolas, oder das enthüllte menschliche Herz‹, 1794–1797).

320 *Latude*, Jean-Henri, genannt Masers de (1725–1805): Des Mordanschlages an der Marquise de Pompadour beschuldigt, verbrachte er 35 Jahre in Kerkerhaft.

Robespierre, Maximilien de (1758–1794): Jurist, bedeutendster Führer der Revolution, 1789 Abgeordneter der Generalstände und der Verfassunggebenden Nationalversammlung, seit 1790 an der Spitze der Jakobiner; trat, politisch und philosophisch von den Ideen Rousseaus geprägt, kompromißlos für demokratische Verhältnisse ein (allgemeines Wahlrecht, Aufhebung des königlichen Vetos, Zerschlagung der Konterrevolution, Pressefreiheit, Demokratisierung des Bildungswesens u. a.); unter dem Eindruck der konterrevolutionären Politik des Königs, der Marsfeld-Ereignisse (17. Juli 1791) und vor allem der revolutionären Erhebung des 20. Juni 1792 gelangte er allmählich zu republikanischen Positionen; war führend am Sturz der Monarchie und als Mitglied des Konvents an der Schaffung der Republik beteiligt; als Kopf der Bergpartei setzte er die Verurteilung des Königs und den Sturz der Girondisten durch und übernahm die Führung der Jakobinerdiktatur; als Vorsitzender des Wohlfahrtsausschusses auf dem Gipfel seiner Macht (27. Juli 1793) betrieb er mit der Schreckensherrschaft (terreur) die systematische Ausschaltung seiner politischen Gegner, die ihn und seine Anhänger am 9. Thermidor (27. Juli 1794) stürzten und am 10. Thermidor hinrichteten.

Barère de Vieuzac, Bertrand, genannt de Vieuzac (1755–1841): Jurist, führender Abgeordneter in der Verfassunggebenden Nationalversammlung; 1792 Wahl in den Konvent, dessen Vorsitz er bei der Verurteilung des Königs führte; gilt als ein Organisator der am 5. September 1793 als Reaktion auf die revolutionäre Krise einsetzende Schreckensherrschaft (la terreur à l'ordre du jour); obwohl am Sturz Robespierres beteiligt, wurde er im Oktober 1795 als dessen Anhänger zur Deportation verurteilt, nach dem 18. Brumaire begnadigt, unter der Restauration jedoch erneut verbannt.

›Staatsmänner‹: Gemeint sind die Girondisten.

321 ›Palais‹: Palais-Royal.

›Palais Marchand‹: frz., Palais der Händler, eine Bezeichnung für das Palais-Royal, wo viele kleine Geschäftsleute ihre Verkaufsstände gemietet hatten.

324 ›Hibou-Spectateur‹: frz., ›Beobachter-Eule‹.

327 ›L'Ami du peuple‹: frz., ›Der Volksfreund‹, seit 1789 von Marat herausgegebene revolutionäre Zeitschrift.

stellte ihn die Zwölferkommission unter Anklage: Es war nicht die Zwölferkommission (sie wurde erst am 18. Mai 1793 gegründet), sondern der Konvent.

Corday, Marie-Anne-Charlotte d'Armans (1768–1793): Von royalistischen Aufständischen in der Normandie beeinflußt, ermordete sie am 13. Juli 1793 Jean-Paul Marat, den sie als den Hauptverantwortlichen für den Sturz der Girondisten betrachtete.

329 *Tag, da die Herrschaft der Könige ... ein Ende nahm*: Gemeint ist der 10. August 1793, der erste Jahrestag des mit dem Sturm auf die Tuilerien erfolgten Sturzes der Monarchie.

Marianne-Charlotte: Marie-Anne-Charlotte Corday.

330 *Mädchen aus der Rue de l'Arbre-Sec*: Prostituierte.

331 *François de Neufchâteau*, Nicolas-Louis (1750–1828): Jurist, Dichter und Politiker, Mitglied der Gesetzgebenden Nationalversammlung; die Aufführung seines Stückes ›Pamela‹ (EA 1. August 1793), in dem konterrevolutionäre Ideen vertreten wurden, führte zur Schließung des ›Théâtre-Français‹ am 3. September 1793.

Fest am 10. August: Fest der Republik.

Justizpalast: Sitz des Revolutionstribunals.

332 *welchen ... die Marquise innehatte*: Für die Mehrzahl seiner Werke hatte Restif eine wahrhaftige oder imaginäre Muse erwählt. Für die ›Nuits de Paris‹ war es die Marquise Montalembert.

333 ›Père Duchesne‹: von Hébert 1790–1794 herausgegebene Zeitschrift, in der in einer sehr volksnahen Sprache die Positionen der Sansculottenbewegung und der radikalen Revolutionäre (›Hébertistes‹) vertreten wurden.

337 *Niederlage der Engländer vor Dünkirchen*: Dünkirchen war am

23. August von den Truppen des Herzogs von York (1763-1827) eingenommen worden und fiel am 8. September 1793 als eine Folge des Sieges in der Schlacht von Hondschoote (6.-8. September) an die Franzosen zurück.

337 *Houchard*, Jean-Nicolas (1738-1793): französischer General, Kommandant der Nordarmee ab August 1793, trotz des Sieges über die englischen Truppen der Koalitionsarmee bei Hondschoote wurde er auf Grund einer Reihe militärisch-taktischer Fehler des Verrats beschuldigt und vom Revolutionstribunal zum Tode verurteilt.

Lyon ... am 6. Oktober: Lyon wurde am 9. Oktober 1793 von den Republikanern zurückerobert.

der Konvent ... am 3. Oktober: Am 3. Oktober stellte der Konvent 41 Abgeordnete unter Anklage; 73 weitere, die gegen die Maßnahmen vom 2. Juni 1793 (Ausschluß der Girondisten) protestiert hatten, verloren ihr Mandat und wurden verhaftet, 19 flüchtige Abgeordnete wurden ›außerhalb des Gesetzes‹ gestellt.

338 *das Dekret, welches Buzot*: Gemeint ist der Haftbefehl gegen die 29 girondistischen Abgeordneten und zwei Minister, der auf Grund des massiven Drucks, den die Pariser Sektionen auf den Konvent ausübten (31. Mai und 2. Juni), am 2. Juni erlassen wurde.

Billaud-Varenne, Jean-Nicolas (1756-1819): Jurist und Politiker, ab 1789 Mitglied des Jakobinerklubs, einer der Organisatoren des Sturms auf die Tuilerien am 10. August 1792, Mitglied der Kommune von Paris, Abgeordneter der Bergpartei im Konvent; Mitstreiter Robespierres, dessen Sturz er jedoch unterstützte.

Marie-Antoinette: Am 2. August war Marie-Antoinette vom Temple in die Conciergerie überführt worden. Vom 12. bis 14. Oktober stand sie vor dem Revolutionstribunal, wurde zum Tode verurteilt und am 16. Oktober hingerichtet.

339 *Gorsas*, Antoine-Joseph (1752-1793): Journalist und Politiker, 1789 Herausgeber des ›Courrier de Versailles‹, dann ›Courrier de Paris‹, später ›Courrier des 83 départements‹, girondistischer Abgeordneter des Konvents, heftiger Gegner Marats, am 2. Juni 1793 unter Anklage gestellt, zunächst Flucht, am 7. Oktober 1793 hingerichtet.

Sekte der Brissotiner: Vgl. 1. Anm. zu S. 297.

343 *der Vorsitzende*: Herman, Martial-Joseph-Armand (1759–1795), 1793 Vorsitzender des Revolutionstribunals.
Beschuldigung in bezug auf ihren Sohn: Vor dem Revolutionstribunal wurde von Hébert die Behauptung aufgestellt, Marie-Antoinette mache sich ihren Sohn durch sexuellen Mißbrauch gefügig, um ihn ihm Falle seiner Regentschaft ihrem Willen unterwerfen zu können.
in ihr Gefängnis zurück: in die am Justizpalast gelegene ›Conciergerie‹.
Voulland, Jean-Henri (1751–1801): Abgeordneter des Konvents und Mitglied des Großen Sicherheitsausschusses.
Verteidiger: Chauveau-Lagarde, Claude-François (1756–1841), verteidigte neben Marie-Antoinette auch Charlotte Corday und Brissot vor dem Revolutionstribunal.

344 *Aufhebung ... in Maubeuge*: Maubeuge wurde am 16. Oktober 1793 von der Belagerung durch die Truppen des Herzogs von Coburg befreit.
8. Tag der dritten Dekade ... Maubeuge: Zeiteinteilung nach dem neuen republikanischen Kalender, dessen Zählung mit dem 22. September 1792 beginnt; nach gregorianischem Kalender ist der 19. Oktober 1793 gemeint.

345 *die zweiundzwanzig angeklagten Abgeordneten*: die Girondisten, gegen die schon am 2. Juni 1793 der Haftbefehl erlassen wurde.

346 *der König von Preußen ... eines Teils von Polen*: Schon nach der Niederlage von Valmy (20. September 1792) hatte Friedrich Wilhelm II. seine Forderungen in Polen geltend gemacht; am 23. Januar 1793 kam es zur zweiten Teilung Polens; auch in den folgenden Monaten verstärkte der preußische König sein Engagement in der Koalitionsarmee nicht, konzentrierte sich vielmehr auf Polen, wo sich bereits eine dritte Teilung abzeichnete.
der neue Kalender: Er wurde geprägt von Philippe-François-Nazaire-Fabre D'Églantine (1750–1794), Dichter und Politiker. Der republikanische Kalender wurde am 24. Oktober 1793 vom Konvent angenommen; er war bis zum 1. Januar 1806 gültig.

347 *Valazé*, Charles-Élénor Dufriche-Valazé (1751–1793): Jurist, girondistischer Abgeordneter des Konvents, am 30. Oktober 1793 zum Tode verurteilt.
Carra, Jean-Louis (1742–1793): Journalist und Politiker, Redak-

teur der ›Annales patriotiques et littéraires‹; Befürworter des Krieges gegen die europäischen Mächte und des Tuileriensturms (10. August 1792), Abgeordneter des Konvents, als Girondist verhaftet und zum Tode verurteilt.

347 *Sillery*, Charles-Alexis Brulart, Comte de Genlis, Marquis de Sillery (1737–1793): Offizier in der Armee; während der Revolution Anhänger des Herzogs von Orléans, der wie er Mitglied des Konvents war und ebenfalls hingerichtet wurde.

Fauchet, Claude (1744–1793): Priester und Politiker, gründete zu Beginn der Revolution den revolutionären Klub ›Cercle social‹; verfassungstreuer Bischof von Calvados, Abgeordneter der Gesetzgebenden Versammlung, dann des Konvents, als Girondist zum Tode verurteilt.

NACHWORT

›Von all' unseren Schriftstellern bin ich vielleicht der einzige, der das Volk wirklich kennt, denn ich lebe mittendrin ... Ich will es beschreiben. Als Wächter über Tugend und Laster bin ich in die niedersten Klassen hinabgestiegen, wo ich alle nur denkbaren Übel vorfand ... Philosophen, nehmt euch in acht! Eure Liebe zur Menschheit kann euch den falschen Weg weisen! Was ihr das Beste nennt, könnte sich zum Schlimmsten verkehren! ... Eine unheilbringende Revolution kündet sich an ...‹ (1788)

So und ähnlich klangen die mahnenden Prophezeiungen des Schriftstellers Restif de la Bretonne (1734-1806).

Als solch eine ›unheilbringende Revolution‹ dann aber tatsächlich die alte Ordnung zerstörte, wurde er mit seinen ›Nuits révolutionnaires‹ (Revolutionsnächten) zu einem ihrer ersten Chronisten. Die geschichtlichen Abläufe nachzuzeichnen war indes niemals sein Anliegen. Er betrachtete das Geschehen mit den Augen des Flaneurs, war Zeuge, nicht Historiograph. Sein Interesse galt dem Revolutionsalltag, dem, was am Rande geschah, ohne von den Hauptaktionen der Revolution losgelöst zu sein: Den alles beherrschenden Ereignissen konnte und wollte sich auch Restif zu keiner Zeit entziehen, nicht in seinem Leben und nicht in seinem Werk.

Als sich König Ludwig XVI. im August 1788 gezwungen sah, die Generalstände einzuberufen, kam dies einer Bankrotterklärung seiner Herrschaft und des Ancien régime gleich. Seit 175 Jahren hatte keiner der absoluten Monarchen oder allgewaltigen Premierminister Frankreichs die Zustimmung, den Rat oder gar die Hilfe dieser Vertretung der drei Stände in Anspruch genommen. Ludwig XVI., ein paar Jahre später wird man ihn ›Ludwig den Letzten‹ nennen, konnte der Bedrängnis, in die ihn die leere Staatskasse und das aufbegehrende, weil hungernde Volk gebracht hatten, jedoch nicht länger Herr werden. Dieses Volk, ›ein wildes Tier‹, würde, ›hätte es die Oberhand, alle Schranken niederreißen und aus einem unter dem Despotismus vorzüglich geordneten Königreich ein schreckliches

Chaos der Anarchie machen‹ – so legt Restif seine Befürchtungen den Aristokraten in den Mund. Dabei hatte es während Ludwigs Herrschaft durchaus einige Versuche gegeben, mit wirtschaftlichen und finanzpolitischen Reformen, das System zu erhalten. Einziges Ergebnis war jedoch immer die Demission der Minister, die derlei Vorschläge gemacht hatten.

An die Wahl der Abgeordneten der Generalstände, denen man die allerorts verfaßten ›Beschwerdehefte‹ mit nach Versailles gab, knüpften sich nunmehr Hoffnungen und Erwartungen, die weit über die Lösung der Finanzkrise hinausgingen. Sollten nun endlich Veränderungen in der Gesellschaft möglich sein, wie sie die Philosophen des ›aufgeklärten Zeitalters‹ in den vorangegangenen Jahrzehnten entworfen hatten, Veränderungen, die schließlich das Ende der ›Despotenherrschaft‹ bedeuten konnten? Nicht nur die Bauern forderten die Abschaffung feudaler Privilegien und die Einschränkung kirchlicher Allmacht, auch und vor allem der Bürger fühlte sich in seinem kommerziellen Expansionsstreben beengt.

Restif blieb zunächst bei seinen bereits erwähnten Vorbehalten gegen entscheidende Umwälzungen, aber ebenso bei seiner Opposition gegen Aristokratie und Kirche, die sich in den Generalständen wiederum als Privilegierte zu behaupten wußten. Daran änderte selbst die dem König abgerungene Zustimmung zur Verdoppelung der Sitzzahl für die Abgeordneten des dritten Standes nichts, die sich gegen ihre Benachteiligung am 17. Juni 1789 mit der Bildung einer Nationalversammlung zur Wehr setzten. Für den Hof war das ein unerwarteter, schwer zu verkraftender Schlag, denn mit dem ›Ballhausschwur‹ in Versailles versicherten die Abgeordneten einander feierlich, ›nicht auseinander zu gehen, ... ehe nicht dem Königreich eine Verfassung gegeben ist ...‹.

Das Pariser Bürgertum verfolgte das Geschehen in Versailles mit Erwartungen, gleichzeitig aber erschrocken über die ermutigende Wirkung, die es auf die Volksmassen ausübte, deren zunehmende Unruhe spürbar wurde. ›Dumpfe Erregung beherrschte die Gemüter‹, der gewohnte Lauf der Dinge schien erschüttert. Meuterei, Streiks und Plünderungen ließen etwas ahnen, woran die ›Philosophen‹ nicht einmal zu denken gewagt hatten.

Restif jedoch warnte davor, daß ›eine Verderben bringende Revolution sich vorbereite, der Geist des Ungehorsams sich erhebe, um sich greife, denn in der niedersten aller Klassen gäre es dumpf‹. Als das Volk im Frühjahr 1789 dann wirklich zu den Piken und Knüppeln griff, hielt er es für angebracht, vorerst mit Distanz zu beobachten, welche Richtung diese Entwicklungen nehmen würden. Verunsichert, fast ängstlich schob er deshalb auch den Druck gerade fertiggestellter Werke auf, um seine Position zu suchen, zu überprüfen – etwa zu dem nunmehr überaus brisanten Problem der Verteilung des Eigentums, dem er sich in seinem ›Thesmographe‹, einer Reformschrift zur Gesetzgebung, gewidmet hat.

Als nach den Monaten des Abwartens mit dem Sturm auf die Bastille das verhaßte Symbol des Ancien régime gefallen war, fühlte sich Restif berufen, als Zeuge seiner Zeit für künftige Generationen festzuhalten, was auch ihm als Beginn einer Entwicklung von weltgeschichtlicher Dimension bewußt geworden war. Er faßte den Entschluß, seine bereits 1788 erschienenen ›Nächte von Paris‹ um die ›Nächte der Revolution‹ zu erweitern, wobei wiederum Paris den Rahmen für seine nun nicht mehr ausschließlich nächtlichen Beobachtungen abgab. Er verstand sich als Chronist dieser Stadt, deren bewegtes Leben ihm darüberhinaus eine unerschöpfliche Quelle künstlerischer Phantasie war, da hier ›der Mensch erst zum Menschen, der Franzose erst zum Franzosen wird‹.

Restif wollte jedoch als Beobachter und Berichterstatter nicht nur für die Nachwelt von Interesse sein. ›Daß dieses Werk eines Tages größte Wichtigkeit haben würde‹, setzte er voraus. Ihm kam es stets auch auf die aktuelle Wirkung seines schriftstellerischen Schaffens an. Dabei sah er sein Hauptanliegen in der Bildung und Erziehung des Publikums, das nur durch die Literatur ›über das Wesen der Dinge‹ Klarheit und die für das Zusammenleben notwendigen moralischen Qualitäten erlangen könne. Der Mangel an Tugend und die verdorbene Moral waren für ihn das offenkundigste Zeichen der Mißstände im Staat und aller sonstigen Unzulänglichkeiten des Lebens, zu deren Beseitigung beizutragen ihm als die vornehmste Aufgabe des Schriftstellers erschien. Seine Veränderungsvorschläge betrafen dabei den Bereich der Familie ebenso wie die politischen und sozialökonomischen Strukturen der Gesellschaft.

Wenn er den sittlich-moralischen Verfall der Menschen beklagt, hat er aber nicht nur die ihm verhaßten, weil parasitären, Stände Adel und Klerus im Blick, auch die niedersten Schichten des Volkes, die er sich rühmt als einziger unter den Schriftstellern wirklich zu kennen. Der nach seiner Auffassung nutzlose und stumpfsinnige Pöbel kann – wie im Frühjahr 1789 erlebt – für Moral und Tugend gefährlich werden. Demgegenüber betont er, daß nur in den ›mittleren Ständen‹, den nützlichen, Moral und Tugend ihre Verwirklichung finden können – bürgerliche Moral und Tugend –, die Restif ganz im Sinne der Aufklärung zu einem allgemeingültigen Ideal erhebt.

Es war nicht alltäglich, daß sich der Sohn eines Bauern derartige Gedanken über Bestand und Fortbestand menschlichen Zusammenlebens machte, daß er sich berufen fühlte aufzuklären. So schien denn auch für den 1734 in der Basse-Bourgogne geborenen Nicolas-Edme Restif der folgerichtige Lebensweg mit der Übernahme des väterlichen Hofes vorgezeichnet. Wenn der Vater indes anders entschied, dann sicher auch, weil er als Dorfsyndikus und Friedensrichter die wachsenden wirtschaftlichen Probleme des ländlichen Gemeinwesens besonders deutlich erfuhr. Wie schon die beiden älteren Halbbrüder sollte auch Nicolas die geistliche Laufbahn einschlagen, zumal er, nach eigenem Zeugnis, schon sehr früh durch ein sensibles Wesen und großes Verlangen nach Büchern auffiel. Dabei konnte von Ausbildung keine Rede sein. Die traditionelle Dorfschule, in der Lesen und Schreiben zu lernen ihm nur unzulänglich gelang, und die allabendlichen Bibelstunden der Familie, durch die Erinnerung schwärmerisch verklärt, waren kaum dazu angetan, außergewöhnliche intellektuelle Begabungen zu fördern. Dies vermochte noch weniger die strenge jansenistische Zucht der Brüder, die eine Zeitlang mit seiner Erziehung betraut waren. In Restifs Rückschau eine harte, weil bildungsfeindliche Zeit, die wenig Gelegenheit für nichtreligiöse Lektüre und Studien ließ. Sicher liegt nicht zuletzt hier eine Quelle seines allzeit sehr distanzierten Verhältnisses zu Religion und Kirche, das sich vor allem in seiner Kritik am Klerus äußert, die, bestärkt durch die antiklerikalen Vorstöße der Revolution, besonders in den ›Revolutionsnächten‹ deutlich wird.

Der Bruch war schon vollzogen, als man bei dem fünfzehnjährigen Klosterschüler eigene Verse entdeckte, die neben erotischen Neigungen vor allem den Spott auf die von ihm als heuchlerisch empfundene Frömmigkeit des Klosterlebens verrieten. Der Zufall und erneut die Entscheidungsgewalt des Vaters verhinderten, daß er sich nun doch dem bäuerlichen Leben zuwandte, dem er durchaus nicht abgeneigt war. Der inzwischen größer gewordene elterliche Hof hätte eine solide Existenzgrundlage bilden können. Restif wurde jedoch in der nächstgelegenen Stadt Lehrling in einer Druckerei. So erlernte er in Auxerre das ihm später einmal so nützliche Metier, bekam aber dadurch auch die Nöte des Lohnarbeiterdaseins zu spüren. Noch prägender wurde diese Erfahrung in Paris. Hier arbeitete er zunächst zehn Jahre lang als Buchdrucker und Korrektor, konnte sich sogar zum Faktor, einer Art Vorarbeiter, hochdienen, bis er dann 1767 den Entschluß faßte, sein erstes eigenes Werk zu veröffentlichen.

Ein Erfolg wurde ›La famille vertueuse‹ (Die tugendhafte Familie) nicht. Dennoch verging fortan kein Jahr, ohne daß Restif nicht wenigstens einen Roman geschrieben hätte. Die verlorenen Jahre waren vorbei – einst würde er beklagen, daß es die besten waren, die er hatte nutzlos vergehen lassen. In der Literatur hat er den Sinn seines Daseins, gleichsam die ihm gemäße Existenzform gefunden; eine Existenzform, in der reales Erleben und Imagination ineinander übergehen. Schreiben bedeutet für ihn ›existieren‹, weil es ihn vor dem Vergessen und dem Vergessenwerden bewahrt; daher sein fast zwanghaftes Bemühen, ihm wichtige Augenblicke zu fixieren, für spätere Zeiten nacherlebbar zu machen, somit die Grenzen zwischen Vergangenheit und Gegenwart aufhebend. Minutiös geführte Tagebücher, ›Kalender‹ und Inschriften, die er in die Mauern der geliebten Île-Saint-Louis in Paris ritzt, werden zum Schlüssel seiner Erinnerung.

Wenn für Restif Schreiben ein Lebensbedürfnis war – der Umfang des Gesamtwerkes wird auf fast 60 000 Seiten in 194 Bänden geschätzt –, so war es mit seiner Entscheidung, Schriftsteller zu werden, auch zu einer Notwendigkeit geworden, hatte er doch nun ausschließlich von den Erträgen seiner Feder zu leben. Ohne Mäzen mußte er sich als ›freier‹ Autor den Bedingungen des inzwischen längst nach Marktgesetzen funktionierenden Literaturbetriebes ebenso unterwerfen wie den auch ihm häufig Grenzen setzenden Maßstäben der königlichen Zensurbehörde. Dabei war man ihm hier mitunter wohlgesonnen; das galt vor allem für den Freund Pidansat de Mairobert (1727–1779), der ihm sogar, will man Restif hier Glauben schenken, noch einige vorab und blanko ausgestellte Druckgenehmigungen hinterließ, bevor er in den Freitod ging.

Der wirkliche Durchbruch für Restif stellte sich allerdings erst 1775 ein, als er mit dem Roman ›Le Paysan perverti‹ (Der verderbte Bauer), Nachfahr des berühmten ›Le Paysan parvenu‹ (Der Bauer als Emporkömmling, 1735) von Marivaux (1688–1763) für einiges Aufsehen sorgte. In der damals beliebten Form des Briefromans wird hier die Geschichte eines Bauernsohns erzählt, der den väterlichen Hof verläßt, um in der Stadt sein Glück zu machen. Das große Interesse dürfte in der krassen Schilderung des Lasters, das den Helden dort erwartet und dem er unterliegt, seine Ursache gehabt haben. Selbst in der kurz zuvor von Jacob-Henri Meister (1744–1826) übernommenen berühmten ›Correspondance littéraire‹ Melchior Grimms wies man darauf hin, ›... daß manche Leute [das Werk –M.B.] Herrn Diderot und die meisten Herrn von Beaumarchais zugeschrieben haben‹.

Über den kommerziellen Erfolg hinaus markiert dieser Roman eine wichtige Zäsur im Denken Restifs. Ganz sicher verarbeitet er auch hier persönliche Lebenserfahrung, wenn er zu dem ›verderblichen‹ Einfluß des städtischen Milieus das aus der Erinnerung heraus allerdings verklärende utopische Gegenmodell eines ländlichen Gemeinwesens entwirft. Diese ›Dorfassoziation‹, aufbauend auf gemeinschaftlichen Eigentums- und patriarchalischen Familienstrukturen, bildet in den folgenden Jahren den Kern seiner Gesellschaftsentwürfe, die er stetig weiterentwickelt und auch auf andere soziale Bereiche überträgt. In dem 1782 erschienenen ›Andrographe‹ finden sie ihren vorläufigen Höhepunkt. Während er sich zuvor, gleichsam als Zwischenstufe, kleinbürgerlich-egalitaristischen Konzepten zur Lösung der Eigentumsfrage zugewandt hatte – seine Nähe zu Rousseau ist hier unverkennbar –, legt er im ›Andrographe‹ ein Programm zur Umgestaltung der gesamten Gesellschaft auf kooperativer Basis dar, das er trotz mancher Einschränkung und Korrektur auch während der Revolution verteidigt. So ist es keinesfalls Selbstironie, wenn er es bedauert, nicht in den Konvent gewählt worden zu sein, um so seine Projekte verwirklichen zu können. Die Enttäuschung, mit seinem ›Andrographe‹ zu keiner Zeit, erst recht nicht während der Revolution, Anerkennung gefunden zu haben, ist offensichtlich. Dabei ist ihm die Unausführbarkeit ›in dem gegenwärtigen System, da alle Besitztümer Einzelnen gehören‹, bewußt, und er empfiehlt wie Rousseau, stets darüber zu wachen, daß Privateigentum niemals zu Luxuszwecken mißbraucht würde, es aber auch vor jeglichen Anschlägen geschützt sei. In diesem Kontext ist seine heftige Kritik an den Pariser Ladenstürmen von 1793 zu verstehen.

Im Bewußtsein Restifs vollzogen sich durchaus Veränderungen, Rückwendungen, Korrekturen, wenn nicht gar Wandlungen. Häufig geschah das sehr abrupt, und wenn er den politischen Wendungen folgt, erweckt er mitunter den Eindruck, seine Positionen niemals zu weit von den jeweils herrschenden Machtkonstellationen entfernen zu wollen.

So ist zum Beispiel sein ambivalentes Urteil über Jean-Paul Marat aus heutiger Sicht nur schwer nachvollziehbar, bewegt es sich doch von völliger Ablehnung zu Beginn der Revolution bis zur Glorifizierung des ›erst im Tode vollkommenen‹ Patrioten.

Sehr viel intensiver und um schlüssige Begründung bemüht, setzte Restif sich mit der Rolle von König und Monarchie auseinander. In den ersten Revolutionsjahren sieht er in der Herrschaft eines Monarchen noch immer die einzig verläßliche Garantie für Ordnung und Gerechtigkeit. Das ist nicht nur seine persönliche, die Realität völlig verkennende Überzeugung, sondern auch Reflex einer im Volk noch immer tief verwurzelten Verehrung der Monarchie, als einer ›von Gottes Gnaden‹ geschaffenen Einrichtung. Diese Vergötterung macht jedoch nicht ewig blind, sehr genau wird jeder öffentliche, noch genauer jeder heimliche Schritt des Königs verfolgt, so daß der Ruf nach dem Kopf des ›Tyrannen‹ auch für Restif am Ende eine selbstverständliche Konsequenz ist. Er beweist seinen wesentlich geschärften Blick, indem er Ludwig XVI. schon unmittelbar nach dessen mit der Verhaftung in Varennes im Juni 1791 kläglich scheiternden Fluchtversuch als ›entthront‹ betrachtet, selbst wenn dieser noch über ein Jahr in Amt und Würden stehen sollte.

Die Republik bestand erst wenige Monate, als Restif in der Rückschau auf vier vergangene Revolutionsjahre schreibt: ›Warum bin ich heute, am 13. April 1793, trotz all der nahen Gefahren, die sie bedrohen, von der Dauerhaftigkeit der neuen Ordnung überzeugt? Weil die Wiederherstellung des Alten unmöglich ist.‹ Diese Erkenntnis ist das Ergebnis seiner Auseinandersetzung mit der während der Revolution in all ihren Umbrüchen besonders gedrängt erlebten Geschichte, die er als einen objektiv und irreversibel verlaufenden Prozeß anerkennt. Das bedeutet natürlich nicht zwangsläufig, daß für ihn die Reflexion eben dieses Prozesses widerspruchsfrei und ohne Irrtümer verlief, die Flut der Ereignisse konnte es auch gar nicht anders zulassen. Die komplizierten, oft gegenläufigen und schwer durchschaubaren Entwicklungen jener Jahre sieht der bewußte ›Beobachter‹, auch wenn ›bei einigen Geschehnissen nicht persönlich Zeuge‹, stets nur aus individuellem, zwangsläufig ausschnitthaftem Blickwinkel. Der Authentizität seiner Stimme tut dies indes keinerlei

Abbruch, zumal er ›die Tatsachen ... unter dem Eindruck der ... jeweils vorherrschenden Meinung‹ niedergeschrieben hat, wie er im Vorwort zum Zweiten Teil versichert.

Als ein ›Betroffener‹, der die geschichtlichen Ereignisse nicht nur beobachtete, sondern auch durchlebte, und der sich zudem mühte, sie zu ergründen, kann er das heutige Bild von der Französischen Revolution um manche Facette bereichern. Auch die Revolution hatte ihren Alltag, der jenseits der großen Politik lag und doch ein Stück von ihr war. Er ist auch in den ›kleinen wahren Begebenheiten‹ zu finden, die Restif gewissermaßen ›von unten‹, sich ›unter das Volk mischend‹, beschreibt. Er gewährt so atmosphärische und sittengeschichtliche Einblicke in das alltägliche Dasein der Menschen, zeigt, wie sich veränderte Einstellungen und Verhaltensweisen durchsetzen.

Sein Bestreben, die sich ihm darbietende Wirklichkeit zu erfassen und zu werten, ist immer ein Suchen, das auch dann noch nicht beendet sein kann, wenn er den Leser am Schluß mit dem bekenntnishaften Ausruf ›Vive la Montagne‹ entläßt. Diese Sympathie für die Jakobinerdiktatur, der sein Abrücken von girondistischen Positionen vorausging, ist letztlich Sympathie für die ›mittleren Stände‹. Davon wird sein Denken durchgängig bestimmt: Nur hier findet er, was weder der ›nutzlose Aristokrat‹, noch der ›arbeitsscheue und ungebildete Pöbel‹ zu sein vermag, den ›homme par excellence‹, von dessen produktivem und nutzbringendem Tun allein der Fortbestand der Gesellschaft abhängt.

Im umfangreichen Œuvre Restifs läßt sich wohl kaum ein Werk finden, in dem er sich nicht den Frauen zuwendet. Schon von frühester Kindheit an erkennt er ihnen die entscheidende Rolle auch in seinem persönlichen Leben zu. Will man ihm folgen, so ist nicht ein einziges seiner Bücher entstanden, ohne daß ihm eine ›Muse‹ Inspiration und Elan verliehen hätte, so wäre er ohne das Bedürfnis nach ›unsterblicher Liebe‹ niemals Schriftsteller geworden. Wenn auch die zahlreichen Angebeteten seine Verehrung nicht einmal zur Kenntnis nahmen, Restif gefiel sich in der Illusion eines erfolgreichen Liebhabers und vielfachen Vaters. Phantasie und Wunschdenken lassen hier die Realität weit hinter sich, aber was im Leben ein unerfüllter Traum bleiben muß, könnte mit der Literatur zu Wirklichkeit werden. Die Grenzen bleiben verschwommen.

Dabei hatte er im Grunde ein recht widersprüchliches Bild von den Frauen. Schön und verführerisch sollten sie in jedem Fall sein. Für sein Ideal nicht minder ausschlaggebend waren jedoch weibliche Tugend und Unterordnung unter die ›Vollkommenheit‹ des Mannes. In Restifs Vorstellung sind Frauen meist schwach und schutzbedürftig. Nur allzugern fügt er sich deshalb in die Rolle des vor groben Anschlägen oder Verführungen des Lasters bewahrenden Retters. Häufig verbindet er mit derartigen Demonstrationen selbstloser Männlichkeit eine moralische Lektion.

Mit großer Skepsis betrachtet er das zunehmende politische Interesse und Engagement der Frauen, vor allem der Sansculotten. Mit Distanz, wenn nicht Ablehnung, beschreibt er den Zug der Pariser Marktfrauen nach Versailles im Oktober 1789. Blind seien sie Aufrührern und Banditen gefolgt, da sie selbst meist niederster Herkunft waren. Noch unmißverständlicher ist seine kleinbürgerliche Interpretation der Pariser Ladenstürme: Es wären die Frauen des Pöbels, die aus Neid, Habgier und Unwissenheit ihre eigenen Lebensgrundlagen – und die ihrer Familien – zerstörten. Das zwingende Motiv des Hungers bleibt bei ihm ungenannt.

Erste Bestrebungen, Bürgerrecht und Gleichberechtigung für die Frauen durchzusetzen, nahm er nicht wahr oder verschwieg sie. So finden weder die Entstehung von Frauenklubs noch die von Olympe de Gouges (1748–1793) im September 1791 veröffentlichte ›Erklärung der Rechte der Frau und Bürgerin‹ bei ihm Erwähung.

Ein gewisses Maß an Patriotismus, unter männlicher Aufsicht, gesteht er ihnen jedoch zu, wenn er von eifrigen Tribünen-Besucherinnen und kämpferischen Jakobinerinnen berichtet, die Straßenreden halten, ihre weiblichen Reize in den Dienst der Revolution stellen oder Uniformen für die Frontsoldaten nähen.

Auch im privaten Bereich sollten die Frauen, vor allem die jungen Mädchen, niemals nur dem eigenen Ermessen überlassen werden. Die gescheiterte Ehe seiner Tochter bietet ihm Anlaß für ein Buch, ›... geeignet zu beweisen, wie gefährlich es für junge Mädchen ist, sich eigensinnig und übereilt gegen den Willen ihrer Eltern zu verheiraten‹ – vielsagender Untertitel seines 1789 erschienenen Romans ›Ingénue Saxancour‹, in dem Augé, der verhaßte Schwiegersohn, als Verkörperung des Lasters, alles Bösen und Gemeinen erscheint. Dieser war es dann auch, der Restif mit seinen ›Verleumdungen‹ im Oktober 1789 in Verdacht brachte, Verfasser konterrevolutionärer Schriften und zudem ein königstreuer Spion zu sein. Eine Vowegnahme seiner bis heute im Dunkel liegenden, von ihm sorgsam verborgen gehaltenen Spitzeldienste für das Polizeiministerium Joseph Fouchés? Zum ›heimlichen Späher‹ fühlte er sich wohl berufen.

Eine Erfahrung, die ihn schwer traf, waren seine Verhaftung und langwierige Verhöre, die er in allen Details beschreibt, wobei er sogar die Protokolle der Polizei, die von den Vernehmungen und Zeugenaussagen gemacht wurden, zitiert. In einer zusätzlichen ›Achten Nacht‹ teilt er dem Leser das Geschehene minutiös, ja beinahe pedantisch mit, als könne er sich so davon befreien. Er eröffnet damit auch Einblicke in die Tätigkeit von Polizei und Justiz. Da die Darstellung der Revolution hierdurch jedoch einschneidend unterbrochen wird, die flüssige Lesbarkeit insgesamt verlorengeht, wurde in dieser Ausgabe bewußt auf die ›Achte Nacht‹ verzichtet.

Die Revolutionsjahre waren für Restif auch Jahre finanzieller Schwierigkeiten. Mit der Abwertung der Assignaten, in die er sein ohnehin nur bescheidenes Vermögen investiert hatte, verschlechterte sich seine wirtschaftliche Lage so erheblich, daß er gezwungen war, seine kleine Druckerei zu verkaufen. Darüberhinaus blieb der literarische Erfolg aus, seine Bücher fanden kaum noch Absatz. Die Buchhändler, finanzielle Verluste und Probleme mit den Behörden fürchtend, weigerten sich, die ›Revolutionsnächte‹ zum Verkauf zu übernehmen. Nur dank der Hilfe eines finanzkräftigen Bewunderers entging Restif dem völligen Ruin. Auch durch eine Pension, die ihm als ›Verfasser zahlreicher Werke‹ vom Nationalkonvent im Oktober 1794 zugebilligt wurde, konnte er seine existenzbedrohende Lage überwinden.

›Die Erschütterungen, die die Revolution der Literatur brachte‹, hatten jedoch noch weitere Konsequenzen. Die grundlegenden politischen und sozialen Wandlungen veränderten die Bedingungen für die Literatur, ihre Produktion und Wirkung tiefgreifend. Restif setzte sich mit den neuen Literaturverhältnissen sehr intensiv auseinander. Einerseits wurde seine Auffassung vom Schriftsteller als wichtigstem Bildungs- und Erziehungsträger durch die kulturpolitischen Bemühungen der Revolutionsregierungen bestätigt, andererseits ließen ihn aber eigene bittere Erfahrungen auch deren Grenzen wahrnehmen. So erkannte er recht bald, daß sich die am 13. Januar 1791 per Dekret verkündete Pressefreiheit und Aufhebung des königlichen Zensurrechts als Illusion erwies. Als Schriftsteller und Druckereibesitzer war er um so mehr empört über Repressalien, denen politische Publizisten ausgesetzt waren. Er verurteilte scharf die Zerstörung der Druckereien zweier girondistischer Blätter als Angriff auf das Eigentum und die Freiheit politischer Meinungsäußerung.

Restif vergißt dabei keineswegs die ästhetischen, die inhaltlichen und formalen Aspekte, die das Wesen der neuen Literatur ausmachen, und liefert selbst, Traditionelles und Neues verbindend, experimentelle Beiträge zur Bereicherung der Revolutionsliteratur. Sehr schnell wurde deutlich, daß sich von den herkömmlichen Genres vor allem das Theater behauptete. Die klassische Dramatik schien prädestiniert, nationale und republikanische Themen zu gestalten, und wurde besonders gefördert. In Paris vervierfachte sich die Zahl der Bühnen, seit es im Zusammenhang mit der Aufhebung der königlichen Zensur das Recht eines jeden Bürgers wurde, ›ein Theater zu eröffnen und dort Stücke aller Art aufzuführen‹. Ein Theater konnte aber auch wieder geschlossen werden. Die politische Brisanz deutet Restif mit seinen Bemerkungen über die Ereignisse um Chéniers ›Karl IX.‹ an. Im Kontext seiner Kritik aktueller Inszenierungen zu Beginn des Jahres 1790 befürwortete er die Erneuerung der dramatischen Kunst, die Überwindung der heroisierenden antiken Verklärung der Revolution. Er unterstützte Merciers Konzept eines bürgerlichen Schauspiels, das auf die Reformvorschläge Diderots aufbauend, die ›mittleren Stände‹ und deren Alltag auf die Bühne brachte. Eigene dramatische Versuche Restifs gingen in diese Richtung, fanden jedoch wenig Resonanz.

Die epischen Gattungen lagen ihm weitaus besser. Roman und Erzählung wurden seine bevorzugten Ausdrucksformen. Besonders Erzählungen erschienen ihm leicht zugänglich, einprägsam und deshalb auch am besten geeignet, das Publikum zu unterhalten und zu erziehen. Auch in den ›Revolutionsnächten‹ verzichtet er nicht auf sie. Die zumeist fiktiven Figuren der amourösen Episoden sind zunächst im bürgerlich-privaten Familienmilieu angesiedelt, und auch wenn ihr Handeln psychologisch motiviert ist, entgeht Restif nicht der Gefahr, mitunter übertrieben zu moralisieren. In dem später entstandenen zweiten Teil gelingt es ihm indes zunehmend, mit realistischen Bezügen zur sozialen Wirklichkeit die Ursachen für moralische Verfallserscheinungen zu benennen. Seine Beschreibung der gängigen Praxis von Kinderhandel und -prostitution als einer direkten Folge materieller Not wirkt besonders eindringlich. Auch sind die Erzählungen hier nicht mehr wie im ersten Teil weitgehend autonom, sondern in den Bericht vom Gang der Revolution integriert, haben einen konkreten historischen Hintergrund. Die Geschichte des ›Cidevant, der eine Jakobinerin zur Frau nehmen will‹ findet ihren Kontext in dem Bemühen der Girondisten, und mit ihnen des um seinen Besitz bangenden Bürgertums, das für sie bedrohliche Erstarken der Montagne im Frühjahr 1793 mit allen Mitteln zu verhindern. Wie von Restif beobachtet, gehörte dazu die Infiltration der Sektionsversammlungen und revolutionären Klubs ebenso wie patriotische Gesinnung vortäuschendes ›Spenden für das Vaterland‹.

Nach 1789 hatten sich neue Formen öffentlicher Kommunikation durchgesetzt und Eingang in die Literatur gefunden. Es entstanden neue Genres, die ein sofortiges Reagieren auf die tagespolitischen Forderungen zuließen. Neben Bewährtem wie Almanachen und Kalendern, Broschüren und Pamphleten waren es vor allem Journale, Periodika und Katechismen revolutionärer Orientierung. Schnelle Information, Belehrung und die Herausbildung staatsbürgerlicher Tugenden waren ihr gemeinsames Ziel, sieht man davon ab, daß sich auch die oppositionellen royalistischen Stimmen dieser modernen Genres bedienten.

In den ›Revolutionsnächten‹ wird der Versuch unternommen, diese Entwicklungstendenzen im eigenen literarischen Werk umzusetzen. Mit der offenen, montageartigen Struktur als durchgängigem Gestaltungsprinzip treten Stilmittel der Erzählung neben solche des Journalismus, die psychologisch-literarische Analyse neben die Chronik. Der Zeitbericht ist von persönlich Erlebtem oder auch nur Kolportiertem ebenso geprägt wie von dokumentarischem Material, politischen Reden, Gerichtsprotokollen, Zeitungsartikeln und anderem mehr.

Das bewußte Neben-, Mit- oder Gegeneinander von Umgangssprache und gehobenem Stil entspricht der inhaltlichen Vielfalt. Bestrebungen, die Umgangssprache in die Literatur einzubringen, waren schon in den siebziger Jahren deutlich geworden. Beschleunigt wurde dieser Prozeß durch das Eindringen des Jargons der Straße und der Markthallen in den Journalismus und von dort in die Literatur. Auffällig ist bei Restif der häufige Gebrauch von Neologismen, denen er große Bedeutung für die Weiterentwicklung der Sprache beimaß. Einige seiner Schöpfungen sind in den Sprachgebrauch eingegangen.

In den ›Revolutionsnächten‹ verbindet Restif bewährte ästhetische

Mittel traditioneller Gattungen mit den Möglichkeiten populärer Literaturformen. Damit gehört er zu den Protagonisten einer literarischen Moderne, von der auch Impulse für die Literaturentwicklung des 19. Jahrhunderts ausgingen.

Die literarische Auseinandersetzung mit der Revolution bedeutet für Restif, teilzuhaben an den Bewegungen seiner Zeit und mit dem Genie des Schriftstellers bei der ›Erneuerung‹ einer alten Welt mitzuwirken.

Martina Bender

INHALT

ERSTER TEIL 5
SIEBEN NÄCHTE IN PARIS 7

Vorrede 9

Erste Nacht (27. April 1789) 10
Zweite Nacht (12. Juli [1789]) 28
Dritte Nacht (13. Juli [1789]) 39
Vierte Nacht (Der 14. Juli) [1789]) 51
Fünfte Nacht (Der 17. Juli [1789]) 68
Sechste Nacht (Der 22. Juli [1789]) 81
Siebente Nacht (Vom 5. zum 6. Oktober [1789]) 97
Schlußrede 116

ZWEITER TEIL 137
ZWANZIG NÄCHTE IN PARIS 139

Vorwort 141

Erste Nacht (Vom 13. zum 14. Juli 1790) 143
Zweite Nacht 149
Dritte Nacht (Vom 27. zum 28. Februar 1791) 151
Vierte Nacht (Vom 17. bis 18. April [1791]) 158
Fünfte Nacht (Vom 21. zum 22. Juni 1791) 164
Sechste Nacht (Vom 23. zum 24. Juni [1791]) 169
Siebente Nacht (Vom 16. zum 17. Juli [1791]) 176
Achte Nacht (Vom 26. zum 27. September [1791]) 183
Neunte Nacht (Vom 19. zum 20. Juni 1792) 191
Zehnte Nacht (Vom 9. zum 10. August 1792) 198
Elfte Nacht (Vom 28. zum 29. August [1792]) 209

Zwölfte Nacht (Die Massaker vom 2. bis zum 5. September [1792]) 214
Dreizehnte Nacht (Vom 3. zum 4. September [1792]) 224
Vierzehnte Nacht (Vom 5. zum 6. Oktober [1792]) 229
Fünfzehnte Nacht (25. November 1792) 233
Sechzehnte Nacht (Vom 25. zum 26. Dezember 1792) 240
Siebzehnte Nacht (Vom 25. zum 26. Januar [1793]) 246
Achtzehnte Nacht (Vom 20. zum 21. Januar 1793) 256
Neunzehnte Nacht (Vom 27. zum 28. Januar 1793) 269
Zwanzigste Nacht (Vom 26. zum 27. Februar 1793) 275
Einundzwanzigste Nacht (28. Februar 1793) 282
Erste angefügte Nacht (2., 3., 4. April 1793) 292
24. April [1793] 299
Zweite angefügte Nacht (6. und 23. Mai 1793) 307
Dritte angefügte Nacht (31. Mai; 1. bis 5. Juni 1793) 313
Vierte angefügte Nacht (13.–16. Juli 1793) 324
Fünfte angefügte Nacht (20.–28. August 1793) 329
Politisches Glaubensbekenntnis des Verfassers 338
Nachtrag 345

ANHANG 349

Anmerkungen 351
Nachwort 399